프로그래밍 대회 공략을 위한

알고리즘과 자료 구조 입문

PROGRAMMING CONTEST KORYAKU NO TAME NO ALGORITHM TO
DATA KOZO

written by Yutaka Watanobe, in collaboration with Ozy and Takuya Akiba

圖版制作 企画室ミクロ／島村龍胆
編集担当 山口正樹

프로그래밍 대회 공략을 위한 알고리즘과 자료 구조 입문

초판 1쇄 발행 2021년 11월 18일 **지은이** 와타노베 유타카 **옮긴이** 윤인성 **펴낸이** 한기성 **펴낸곳** (주)도서출판인사이트 **편집** 백주옥 **제작·관리** 이유현, 박미경 **용지** 에이페이퍼 **출력·인쇄** 에스제이피앤비 **제본** 서정바인텍 **등록번호** 제2002-000049호 **등록일자** 2002년 2월 19일 **주소** 서울특별시 마포구 연남로5길 19-5 **전화** 02-322-5143 **팩스** 02-3143-5579 **블로그** http://blog.insightbook.co.kr **이메일** insight@insightbook.co.kr **ISBN** 978-89-6626-327-1 책값은 뒤표지에 있습니다. 잘못 만들어진 책은 바꾸어 드립니다. 이 책의 정오표는 http://blog.insightbook.co.kr에서 확인하실 수 있습니다.

일러두기: 본문에 있는 백준 온라인 저지의 문제들은 (주)스타트링크의 허락을 받아 수록한 것임을 알려드립니다.

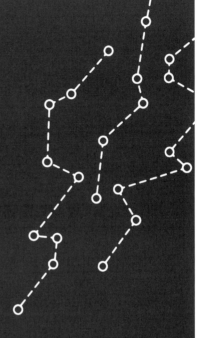

프로그래밍 대회 공략을 위한

알고리즘과 자료 구조 입문

와타노베 유타카 지음 오카다 유우이치, 아키바 타쿠야 도움

윤인성 옮김 최백준 도움

인사이트

차례

1부 준비편 프로그래밍 대회를 공략하기 위한 공부 방법   1

1장   온라인 저지 활용하기   3

2부 [기초편] 프로그래밍 대회를 위한 알고리즘과 자료 구조　　29

3부 [응용편] 프로그래밍 대회 필수 라이브러리 315

옮긴이의 글

어떤 분야를 열심히 공부해도 자신이 그 분야의 일을 얼마나 잘할 수 있는지 증명하는 일은 쉽지 않습니다. 그래서 대학을 졸업한 많은 학생이 자신의 능력을 증명하기 위해서, 때론 자신이 하고자 하는 일과 관계없는 스펙을 쌓고 자격증을 따기위해서 노력합니다.

또한 어떤 분야에 오랜 시간 몸담고 있어도 자신이 그 분야에서 어느 정도의 실력을 갖추고 있는지 증명하는 일도 쉽지 않습니다. 그래서 많은 기업이 단순하게경력 등의 수치를 통해서 사람의 실력을 판단합니다.

그에 비해 개발이라는 영역은 자신의 능력과 실력을 증명하는 일이 비교적 쉬운편입니다. 내가 어떤 코드를 작성할 수 있는지, 어떤 코드를 작성해 왔는지 보여 주면 되기 때문입니다. 코드를 보여 주는 방법은 굉장히 다양합니다. 그래도 (1) 짧은시간 동안, (2) 명확한 기준을 갖고, (3) 정보 공개와 관련된 문제없이 코드를 보여줄 수 있는 대표적인 방법은 바로 프로그래밍 대회입니다. 그래서 프로그래밍 대회문제는 개발 분야에서 신입을 뽑을 때도 경력직을 뽑을 때도 많이 활용됩니다.

이 책은 프로그래밍 대회에서 많이 활용되는 기본적인 알고리즘과 자료 구조를다룹니다. 알고리즘과 자료 구조를 가르치다 보면 "내가 지금 어디까지 알고 있는지 몰라서, 어디부터 공부해야 할지 모르겠다"라는 질문을 많이 받게 됩니다. 이 책은 지금 어디까지 알고 있는지와 같은 지식을 굉장히 세부적으로 나누고 마치 게임의 스킬 트리처럼 보여 주므로, 쉽게 자신이 어디에 있는지, 그리고 이제 어디부터공부해야 하는지를 명확하게 알 수 있게 해 줍니다. 또한 전체적인 스킬 트리 내에서 자신에게 부족한 부분을 찾고, 그 부분만 보완할 수도 있을 것입니다.

이 책은 C/C++를 기준으로 설명하지만, 알고리즘과 자료 구조는 범용적인 내용이므로 다른 프로그래밍 언어를 활용하는 경우에도 참고할 수 있을 거라 생각합니다(물론 C/C++라는 언어의 특수성으로 약간의 코드 차이는 발생할 수밖에 없습니다).

이 책의 마지막 예제 문제에는 맨해튼 거리와 A* 알고리즘 정도가 사용됩니다. 이미 이 정도의 알고리즘을 자유자재로 다룰 수 있는 분들에게는 쉬울 수 있다고 생각합니다. 그래도 알고리즘 문제는 언제나 재미있으므로, 이미 알고리즘 문제를 잘 풀 수 있는 분들에게도 좋은 재밋거리가 될 수 있으리라 생각합니다.

2021년 10월
윤인성

지은이의 글

이 책의 개요

이 책은 프로그래밍 대회 문제를 풀 수 있게 해 주는, 기초적인 '알고리즘과 자료 구조'를 설명하는 참고서입니다. 입문자가 체계적으로 알고리즘과 자료 구조의 기초를 공부할 수 있는 입문서이기도 합니다.

프로그래밍 대회에서 높은 순위를 얻으려면, 굉장히 수준 높은 수학 능력이 필요합니다. 하지만 대부분의 입문자에게는 기초 알고리즘을 응용해 보는 것이 눈앞에 놓인 알고리즘 문제를 푸는 데 도움이 됩니다. 기초적인 내용을 공부하고 나면, 입문자 단계에서 문제를 풀고 순위를 올릴 수 있어 대회를 좀더 재미있게 즐길 수 있을 것입니다.

알고리즘과 자료 구조라는 말이 어렵게 들릴 수 있겠지만, 이를 배우고 응용해 보면 재미있다고 느낄 것입니다. 또한 새로운 자료 구조와 알고리즘을 수집한다는 느낌으로 공부하면, 점점 이러한 것들이 쌓여가는 모습을 보는 재미도 있을 것입니다. 이러한 재미도 느끼고 공부도 할 수 있게 이 책에서는 프로그래밍 대회와 유사한 온라인 저지 프로그램을 활용합니다.

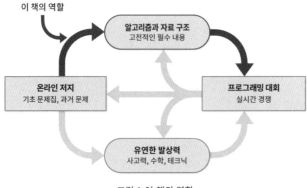

그림 1 이 책의 역할

온라인 저지에서 학습한 알고리즘과 자료 구조는 라이브러리[1]로 만들어 두고 프로 그래밍 대회에서 활용할 수 있습니다. 하지만 대회에서 높은 순위에 오르려면, 보 다 정교한 알고리즘, 유연한 발상력, 수학 능력이 필요합니다. 이 책에서 그러한 부 분까지 다루지는 않습니다. 하지만 그 단계에 진입하기 전에 활용할 수 있는 온라 인 저지 활용 방법, 프로그래밍 대회 공부 방법 등을 소개하겠습니다.

강사분들께

이 책은 알고리즘 개요와 복잡도의 개념을 포함해서, 프로그래머에게 필요한 일반 적인 알고리즘과 자료 구조에 대해 살펴봅니다. 따라서 프로그래밍 대회를 준비하 는 목적 이외에도, 프로그래밍, 알고리즘, 자료 구조를 공부하기 위한 과목의 교재 로도 활용할 수 있습니다.

온라인 저지 활용하기

알고리즘과 자료 구조는 단순한 지식이 아니므로, 책을 읽는 것만으로는 배울 수 없습니다. 연습 문제를 풀기 위한 코드를 직접 구현해 보고, 그 정확성과 성능을 검 증하는 과정이 반복적으로 필요합니다. 하지만 대부분의 경우, 알고리즘을 구현한 프로그램에 버그가 발생하며, 사양에 맞지 않는 비효율적인 프로그램을 작성하게 되어 버립니다. 온라인 저지는 엄격한 채점 데이터를 기반으로, 프로그램의 결함을 찾고, 알고리즘과 자료 구조를 제대로 구현할 수 있게 해 줍니다. 또한 반복적인 학 습을 통해 다음과 같은 능력을 얻을 수 있게 해 줍니다.

▶ 프로그래머로서 알고리즘과 자료 구조에 대한 기본적이면서도 광범위한 지식을 배 울 수 있습니다.
▶ 프로그래머로서 요구되는 능력을 얻을 수 있습니다. 기본적으로 문서에서 요구하 는 내용을 정확하게 이해하고, 버그 없는 프로그램을 구현하는 방법을 배울 수 있습 니다. 또한 계산 효율, 메모리 사용량, 컴퓨터 리소스를 생각하면서 설계하고 코딩 할 수 있는 능력을 기를 수 있습니다.

또한 문제를 스스로 풀었을 때, 온라인 저지가 정답을 판정해 주는 순간의 작은 즐

---

1 범용적으로 프로그램에서 재사용할 수 있는 형태의 함수 집합 등을 라이브러리라고 부릅니다.

거움도 느낄 수 있습니다. 이러한 동기(motivation)를 유지하면서, 게임을 하는 것처럼 알고리즘과 자료 구조를 공부할 수 있습니다. 게임처럼 경험치를 얻고, 새로운 문제를 해결하고, 그 경험으로 레벨업하고 새로운 스킬을 배우고, 더 어려운 문제를 해결하는 느낌을 느껴보세요. 동전과 우표를 수집하는 느낌으로, 프로그래밍 스킬을 하나하나 수집하는 것이 취미처럼 될 것입니다.

이 책에서 다루는 문제

이 책의 문제는 온라인 저지에 있는 문제를 시각적으로 쉽게 이해할 수 있게, 다음과 같이 카드 형태의 그림으로 시작됩니다.

ALDS 1_X_X Convex Hull

제한 시간: 1초 | **메모리 제한**: 65536KB | **정답률**: 12.34%

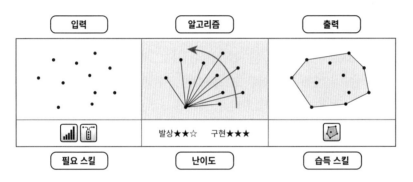

그림 2 문제와 알고리즘 카드

이 카드는 문제의 개요를 나타내며, 다음과 같은 정보로 구성되어 있습니다.

▶ 기본 정보: 온라인 저지의 문제 ID, 제목, CPU와 메모리 제한, 정답률 등의 기초 정보를 적었습니다. 제한 시간은 제출한 프로그램의 실행 시간 제한을 의미합니다.

▶ 입력과 출력: 어떤 입력에서 어떤 출력을 내야 하는지 이해하기 쉽게 간단한 그림을 넣었습니다.

▶ 알고리즘: 어떤 알고리즘으로 문제를 해결할 수 있는지 시각적으로 확인할 수 있는 그림을 넣었습니다. '?'라고 표기된 경우, 무엇을 의미하는지 직접 생각하는 재미를 느껴보세요.

▶ 난이도: 발상력과 구현력이 어느 정도 필요한 문제인지 5점 만점의 별로 적었습니다. ★는 1점, ☆는 0.5점을 나타냅니다. '발상' 점수가 높을수록 알고리즘이 어려우며,

'구현' 점수가 높을수록 코딩해야 하는 양이 많습니다. 이때 코딩해야 하는 양은 표준 라이브러리를 '기본적인 알고리즘과 자료 구조 구현에 사용한 경우'를 나타냅니다.

▶ 필요 스킬(아이콘): 해당 문제를 풀기 위해 알아야 하는 스킬을 나타냅니다. 이 책의 문제들을 차례대로 풀어야 할 필요는 없습니다. 필요한 스킬만 충족된다면, 바로 도전해도 괜찮습니다.

▶ 습득 스킬(아이콘): 이 문제를 풀면서 얻을 수 있는 스킬을 나타냅니다. 습득 스킬은 이후에 푸는 다른 문제의 필요 스킬이 됩니다. 이 책을 통해 배울 수 있는 스킬 목록은 부록에서 확인할 수 있습니다.

이 책을 시작하기 전에 필요한 스킬은 '변수'와 '사칙연산' 등을 포함해서 다음과 같이 7가지입니다.

그림 3 이 책을 보려면 알아야 하는 스킬[2]

이러한 스킬은 프로그래밍 언어(C/C++, 자바 등)를 공부했다면 이미 알고 있는 내용일 것입니다. 이러한 지식에 자신이 없다면, 입문서를 다시 살펴보는 것을 추천합니다.

이 책에서 다루는 문제는 정보 처리에서 굉장히 기초적이고, 범용적으로 사용되는 내용들입니다. 따라서 일부 프로그래밍 언어에서는 기본 라이브러리로 제공하고 있습니다. 단순하게 표준 라이브러리를 사용할 수도 있겠지만, 프로그래머로서 라이브러리의 성능, 실제로 어떤 처리가 이루어지는지, 무엇을 할 수 있고, 무엇을 할 수 없는지 등을 깊게 이해하는 것이 중요하므로 공부해 보면 좋을 것입니다.

물론 이 책에서도 C++ 표준 템플릿 라이브러리(STL)의 범용적인 알고리즘과 자료 구조를 적절한 시점부터 소개하고 사용합니다. 그리고 기본적인 알고리즘과 자료 구조를 조합하고 응용하여 더 어려운 문제를 풀어 나갑니다.

2　(옮긴이) 자바, 자바스크립트, 파이썬, 루비 같은 프로그래밍 언어를 공부한 경우에는 '구조체'를 '클래스'로, '포인터'를 '얕은 복사와 깊은 복사'로 생각하면 됩니다.

이 책의 활용 방법

이 책의 각 장은 다음과 같은 항목으로 구성되어 있습니다(1과 4는 필요한 경우에만 있습니다).

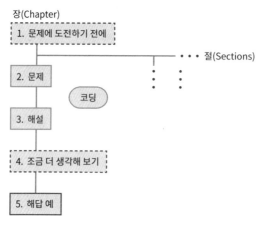

그림 4 이 책의 활용 방법

일단 각 장의 도입부에서 해당 주제와 관련된 용어와 개념을 간단하게 설명합니다. 기초적인 알고리즘과 자료 구조의 개요도 설명합니다. 이어지는 절들은 다음과 같은 항목을 포함합니다.

'문제'는 실제로 도전할 문제입니다. '해설'에서는 해당 문제를 풀기 위한 알고리즘과 구현 방법을 설명합니다. 스스로 문제를 보았을 때 생각되는 난이도에 따라서 다음과 같은 형태로 진행하세요.

▶ 문제 → 해설 → 코딩 → 조금 더 생각해 보기와 해답 예

이 책에서는 다양한 기초 지식(기초적인 알고리즘 지식을 확인하기 위한 문제)을 다루므로, 입문자라면 문제를 읽고 바로 코딩하기 힘들 수 있습니다. 무리하지 말고, 해설을 읽은 뒤에 코딩에 도전해 보기 바랍니다. 온라인 저지에서 직접 코드를 넣어 보고 정답이 나왔다면, '조금 더 생각해 보기'와 '해답 예'를 확인하면서 자신이 구현한 코드와 비교해 보기 바랍니다.

▶ 문제 → 코딩 → 해설 → 조금 더 생각해 보기와 해답 예

힌트 없이 문제를 스스로 생각하면서 도전해 보는 형태입니다. 온라인 저지에서 직접 코드를 넣어보고, 정답으로 처리되면 문제를 완료한 것이 되지만, 스스로 생각한 것 이외의 다른 방법이 있지는 않은지 살펴본다는 의미에서 '해설'과 '조

금 더 생각해 보기'를 확인해 보기 바랍니다.

'조금 더 생각해 보기'에서는 알고리즘의 복잡도, 특징, 주의점을 생각해 봅니다.

'해답 예'에서는 문제의 해답 예로 온라인 저지에서 실제로 정답으로 처리되는 C 또는 C++ 언어 코드를 소개합니다. 물론 문제에는 다양한 해답이 존재하며, 소개하는 코드보다도 더 훌륭한 구현 방법이 존재할 수 있습니다. 이 점을 고려하면서 참고한다는 느낌으로만 살펴보기 바랍니다.

1부

준비편

프로그래밍 대회를 공략하기 위한 공부 방법

'준비편'에서는 앞으로 프로그래밍 대회에 도전할 사람이나 입문자들을 위해서, 조금이라도 순위를 올릴 수 있는 공부 방법을 소개하겠습니다.

이 책은 아이즈 온라인 저지(Aizu Online Judge)의 문제를 기반으로 알고리즘과 자료 구조를 소개하는 책입니다. 스스로 구현해 보고, 온라인 저지를 활용해서 답을 확인하면서 공부할 수 있습니다. 국내 독자들을 위해 백준 온라인 저지의 문제도 추가로 수록해 놓았으니 다양하게 문제를 풀어보기 바랍니다.

필자가 처음 프로그래밍을 공부하기 시작했을 때는 자료를 찾는 일에 많은 시간을 낭비했습니다. 최근에는 온라인 저지 사이트가 등장해서 쉽게 새로운 지식과 기술을 습득하고, 구현 능력까지 빠르게 갖출 수 있습니다. 이 책이 공부하는 데 도움이 되길 바랍니다.

1장

온라인 저지 활용하기

온라인 저지(Online Judge)는 온라인으로 제출된 프로그램의 정확성과 효율성을 자동으로 판정하는 웹 시스템입니다. 인터넷으로 아무때나 자유롭게 접근해서 문제를 풀 수 있습니다. 이 책에서는 아이즈 온라인 저지 사이트의 문제를 기반으로 설명하지만, 알고리즘과 자료 구조는 모든 프로그래밍 대회(와 온라인 저지)에서 활용할 수 있습니다.

1.1 프로그래밍 대회를 공략하는 방법

프로그래밍 대회 소개

세상에는 다양한 프로그래밍 대회가 있습니다. 특정한 주제를 기반으로 애플리케이션을 개발하는 대회도 있고, 게임 인공지능을 만들어서 장기적으로 바둑 대회 등에 참여하는 대회도 있으며, 인공지능으로 데이터를 분석하는 대회도 있습니다. 이 책에서 다루는 프로그래밍 대회는 주로 '문제를 풀어서' 경쟁하는 형식의 대회입니다.

프로그래밍 대회의 기본적인 형식은 다음과 같습니다.

▶ 제한 시간 내에 주어진 문제들을 풉니다.
▶ 정답 문제 수 또는 점수 합을 기반으로 순위가 결정됩니다.
▶ 정답 문제 수 또는 점수가 동일한 경우, 문제를 빨리 푼 팀의 순위가 더 높게 됩니다.

이와 같은 경기 형식을 기반으로 다양한 난이도의 문제가 출제되므로, 입문자 단계부터 차근차근 도전해 볼 수 있습니다. 프로그래밍 기술, 사고력, 발상력, 알고리즘 지식, 팀워크 등을 향상시킬 수 있는 교육 효과가 높은 활동이라고 할 수 있습니다.

일단 대표적인 프로그래밍 대회 몇 가지를 소개하겠습니다.

▶ 국제정보올림피아드(IOI, *http://www.ioikorea.or.kr/main/index.asp*)[1]
  국제과학올림피아드 중에 하나로 고등학생 이하의 학생(개인)을 대상으로 하는 국제 대회입니다. 국제정보올림피아드 한국 대표 선발 대회에서 우수한 성적을 받은 선수가 한국을 대표해서 국제정보올림피아드에 출전합니다. 정보올림피아드는 우수한 알고리즘을 생각해 낼 수 있는 높은 수준의 공학적 능력, 수학적 능력, 논리적 능력이 필요합니다. 굉장히 수준 높은 대회입니다.

▶ ACM-ICPC(국제 대학생 프로그래밍 대회, *https://icpc.global/*)
  컴퓨터 과학 분야에서 영향력이 굉장히 큰 ACM 학회가 주최하는 대학생 프로그래밍 대회입니다. 3명이 한 조를 이루어서 참가합니다. 3명이 참가하지만 컴퓨터는 1대이므로, 팀워크가 중요합니다. 한국의 경우 아시아 지역 예선에서 우수한 성적을 올리면, 세계 대회에 출전할 수 있습니다. 고급 알고리즘 설계와 함께 높은 구현 능력, 팀워크가 필요한 대회입니다.

▶ TopCoder(*http://www.topcoder.com/*)
  프로그래밍 대회와 소프트웨어 클라우드 소싱[2]을 하는 서비스입니다. 여러 가지 부문이 있으며, 정기적으로 개최되는 SRM(Single Round Match)이 가장 대표적인 부문입니다. SRM은 알고리즘과 관련된 문제를 1시간 정도의 시간 내에 해결해야 하는 부문입니다. 결과에 따라서 사용자에게 색이 부여됩니다. 참고로, 붉은색이 가장 높은 레벨입니다. 《TopCoder 알고리즘 트레이닝》(한빛미디어, 2013)이라는 책도 나와 있으니 참고하세요.

▶ AtCoder(*https://atcoder.jp/*)
  정기적으로 프로그래밍 대회를 개최합니다. 문제가 영어로도 제공되며, 입문자를 위한 대회도 개최되고 있으므로, 프로그래밍을 처음 공부하는 사람들도 가볍게 참가해 볼 수 있습니다.

이러한 대회에서는 프로그래밍으로 해결할 수 있는 다양한 분야의 문제가 출제됩니다. 완성된 프로그램을 심판(저지 시스템)에게 제출해서 정답을 판정 받습니다.

---

1 (옮긴이) 국내 대회는 KOI(Korea Olympiad in Informatics, 한국정보올림피아드)라고 부릅니다.
2 기업에서 필요한 소프트웨어 개발을 대회로 개최해서 참가자에게 만들어 달라고 하는 것입니다.

저지 시스템이 가진 테스트 데이터로 프로그램의 효율성과 정확성이 엄격하게 테스트됩니다.

이러한 형식의 대회에서 참가자에게 필요한 것은 실수하지 않고, 빠르게 문제를 푸는 능력입니다.

▶ 문제 지문(사양)을 확실하게 이해합니다.
▶ 문제에 맞는 효율적인 알고리즘을 생각합니다.
▶ 프로그램을 작성합니다.
▶ 최대한 버그가 없게 프로그램을 작성합니다.

프로그래밍 대회 팁

프로그래밍 대회에서 순위를 높이기 위한 팁을 세 가지 소개하겠습니다.

1. 프로그래밍 언어

대회에서 문제를 적어도 하나라도 풀려면, 프로그래밍 언어의 기본 문법을 알아야 합니다. 대부분의 프로그래밍 대회에서는 C, C++, 자바 등을 사용할 수 있습니다. 어떤 프로그래밍 언어라도 괜찮으므로, 하나의 프로그래밍 언어를 선택하고 변수, 표준 입출력, 조건 분기, 반복문, 배열 등의 기본 문법을 공부해 둡니다. 이 책에서는 C++를 추천하며, 주로 해답 예로 C++를 사용한 프로그램을 소개합니다.

2. 기본적인 알고리즘 지식과 라이브러리 활용

초급부터 중급까지의 문제는 대부분 기본적인 알고리즘과 자료 구조, 또는 이와 관련된 기본적인 라이브러리로 해결할 수 있습니다. 정확하고 효율적인 알고리즘과 자료 구조를 알고 있다면, 굉장히 빠르게 문제를 풀 수 있습니다.

고급 알고리즘과 자료 구조도 문제로 출제될 수 있습니다. 미리 자주 사용되는 고급 알고리즘과 자료 구조를 라이브러리로 만들어 두면, 이를 활용해서 문제를 빠르고 정확하게 풀 수 있습니다.[3]

3. 유연한 발상력과 수준 높은 알고리즘

프로그래밍 대회에서 높은 순위를 얻으려면, 발상력, 창의력, 폭넓은 지식, 높은 구

---

3 (옮긴이) 온라인 대회는 대부분 개인이 만든 라이브러리를 활용할 수 있습니다. 오프라인 대회에서는 개인이 만든 라이브러리를 갖고 가는 것을 허용하는 곳도 있고, 허용하지 않는 곳도 있으므로 대회 정보를 확인해야 합니다.

현 능력이 필요합니다. 이런 내용까지 이 책에서 다루지는 못합니다. 국내에 출간된 여러 고급 알고리즘 대회 서적을 보면서 관련 내용을 학습하기 바랍니다.

더 높은 순위를 얻으려면

프로그래밍 대회에서 더 높은 순위를 얻으려면, 새로운 책을 읽거나, 기출 문제를 풀어보는 것도 하나의 방법입니다. 하지만 배운 내용들을 계속 코딩해 보고, 반복 연습하는 것이 더 중요합니다. 다음과 같은 두 가지 방법을 자신의 공부 패턴에 도입해 보세요.

▶ 정기적으로 프로그래밍 대회에 출전한다

정기적으로 개최되는 대회에 출전해 보고, 접했던 문제들을 계속해서 반복적으로 풀어보는 것이 좋습니다. 실전에서 풀지 못한 문제(자신의 레벨보다 높은 레벨의 문제)는 해설과 해답 예를 참고하면서 최대한 맞추려 노력하고 복습하면, 계속해서 나아갈 수 있을 것입니다. TopCoder, UVa, AtCoder, Codeforces 등이 정기적으로 온라인 프로그래밍 대회를 개최하므로 공부한다는 생각으로 참여해 보세요.

▶ 온라인 저지를 활용한다

어느 정도 기초를 다진 다음 대회에 참가하고 싶거나, 정기적으로 대회에 참가하는 것이 어려울 경우에는 자신이 원하는 시간에 자신이 원하는 만큼 문제를 풀 수 있는 온라인 저지를 활용해 보세요. 다음 절에서 온라인 저지의 활용 방법을 소개하겠습니다.

온라인 저지 최대한 활용하기

온라인 저지는 다음과 같은 세 가지 의미를 갖고 활용하는 것이 좋습니다.

▶ 대회와 같은 자동 채점 시스템: 엄격함에 익숙해지자

  ◦ 입문자라면 컴퓨터가 자동으로 채점하는 자동 채점 시스템에 익숙해져야 합니다. 문제의 사양을 충족하는 여러 입력 데이터를 기반으로 올바른 출력을 내는 프로그램을 작성할 수 있어야 합니다. 사소한 알고리즘 설계 실수나 코딩에서 실수해도 오답으로 처리되는 걸 체감하기 바랍니다. 여러 상황을 고려해서 다양한 입력에 대응할 수 있는 프로그램을 작성할 수 있도록 노력합시다.

  ◦ 대회에서 제한(시간, 메모리)을 넘는 CPU와 메모리를 사용하는 비효율적인

알고리즘은 오답 처리됩니다. 입력 제약을 기반으로, 작성한 프로그램의 복잡도를 예측해 보고, 프로그램이 실제로 어느 정도의 리소스를 사용할지 생각하는 감(경험)을 기르도록 합시다. 스스로 만족할 수 있는 수준의 코드가 나오면, 이를 비슷한 문제의 고정적인 템플릿으로 활용합시다.

▶ 정리되어 있는 문제 코스와 풍부한 과거 기출 문제 살펴보기: 수많은 지식 배우기

　◦ 프로그래밍 언어 하나를 배웠다면, 반드시 기본 알고리즘을 습득합시다. 알고리즘 이해와 코딩 정확성 검증을 위해서 온라인 저지를 활용하면 좋습니다. 체계적으로 정리된 온라인 저지 문제를 활용하면, 단기간에 광범위한 기본 알고리즘, 자료 구조, 고전적인 문제들을 배울 수 있습니다.

　◦ 기출 문제에 도전해서 다양한 문제에 대한 테크닉을 쌓아봅시다. 기출 문제를 풀 때는 몇 가지 주의 사항이 있습니다. 첫째, 계속해서 비슷한 문제에 도전하려는 경우, 이전보다 더 나은 코드를 작성할 수 있게 의식하고 반복해서 연습합시다. 둘째, 자신의 레벨에 맞는 좋은 문제를 선택해야 합니다. 많은 사람이 비공식 난이도 표(ICPC 등)를 정리해서 인터넷에서 공유하고 있으므로, 이러한 것들을 활용해서 자신의 레벨에 맞는, 그리고 더 나아갈 수 있게 하는 문제를 풀어보세요.

▶ 전 세계의 다양한 사용자와 함께하기: 함께 경쟁하고 배우기

　◦ 온라인 저지에는 전 세계의 다양한 사용자들이 등록되어 있습니다. 그리고 사용자의 문제 풀이 현황 등이 공개되어 있습니다. 라이벌(친구)을 정하고, 그 사람과의 차이를 의식하면서 온라인 저지를 활용해 보세요. 예를 들어 라이벌이 도전했던 문제를 풀어보는 식으로 활용하면, 계속해서 동기를 유지할 수 있습니다.

　◦ 다른 사용자가 공개한 코드를 참고해서, 자신의 코드를 더 다듬는 데 활용할 수 있습니다. 정답 처리된 문제라도 다른 앞선 사람의 코드를 확인하면서 개발 실력을 향상시켜 나갑시다!

1.2 온라인 저지

온라인 저지는 수많은 문제를 제공합니다. 사용자는 이러한 문제에 적혀 있는 사양(내용)과 제한(CPU 시간과 메모리 사용량) 등에 맞는 코드를 만들면 됩니다. 문제

에 대한 프로그램 소스 코드를 온라인 저지에 제출하면, "사양에 따라 입력 데이터를 처리해서 출력하는가?", "지정된 제약 내에서 처리하는가?" 등을 자동으로 판정하고, 결과를 피드백해 줍니다.

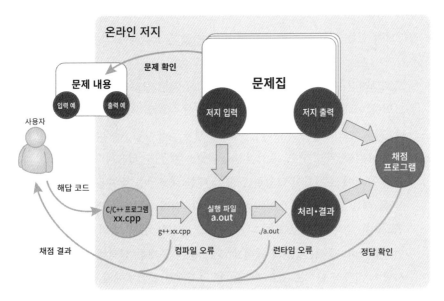

그림 1.1 온라인 저지 개요

그림처럼 온라인 저지에서는 컴파일과 실행부터 저지 데이터를 사용한 테스트까지 자동으로 이루어집니다. 각 문제에는 여러 개의 입력 데이터(저지 데이터)와 이에 대한 출력 데이터(저지 출력)가 준비되어 있으며, 제출된 프로그램에 저지 입력을 전달해서 실행한 출력 결과를 기반으로 채점해서 사용자에게 결과를 알려 줍니다.

세계의 다양한 프로그래밍 대회와 사이트는 대부분의 문제를 영어로 제공합니다. 이 책에서는 일본에서 컴퓨터공학부로 유명한 아이즈대학에서 제공하는 온라인 저지 사이트인 아이즈 온라인 저지(Aizu Online Judge, AOJ)의 문제를 기반으로 알고리즘과 자료 구조를 살펴봅니다. 문제가 영어로 제공되지만, 이 책에서는 모두 한국어로 번역했습니다. 이후에 TopCoder 등의 다른 프로그래밍 대회에 참여하려면 프로그래밍 문제를 영어로 읽는 것에 익숙해지는 것이 좋습니다. 책의 내용을 살펴보고, 사이트에 들어가서 영어로도 문제를 살펴보는 것을 추천합니다.[4]

---

4 (옮긴이) 국내에서 한국어로 볼 수 있는 저지 사이트로는 백준 온라인 저지(*https://www.acmicpc.net/*), 프로그래머스(*https://programmers.co.kr/learn/challenges*) 등이 있습니다. 이 책에서는 독자들이 좀더 친근하게 문제를 풀 수 있도록 각 장의 맨 마지막에 본문 내용과 관련된 백준 온라인 저지의 문제를 선별하여 수록해 놓았으니 공부하는 데 참고하기 바랍니다.

1.3 아이즈 온라인 저지(AOJ)

그럼 먼저 간단하게 AOJ를 사용하는 방법을 알아보겠습니다. AOJ 사이트의 URL은 다음과 같습니다.

http://judge.u-aizu.ac.jp/onlinejudge/

그림 1.2 AOJ의 메인 페이지

AOJ 메인 페이지의 상단에 있는 메뉴를 클릭하면, 다음과 같은 기능을 가진 페이지로 이동할 수 있습니다.

그림 1.3 AOJ의 기본 메뉴

▶ PROBLEM: 분류에 따라 정리되어 있는 문제 세트 페이지입니다. 이 책에서 사용하는 문제 세트와 관련된 내용은 1.3.2절에서 설명합니다.

▶ RANKING: 사용자들의 순위를 볼 수 있는 페이지입니다. 이 책에서는 다루지 않

지만, 문제를 얼마나 풀었는지 등으로 사용자의 순위가 평가됩니다.

▶ STATUS: 출제 프로그램 채점 결과 목록입니다. 자세한 내용은 1.3.4절에서 설명합니다.

▶ CONTEST: 이 책에서 다루지는 않지만, 과거에 개최된 프로그래밍 대회, 개최 예정 대회 등의 정보를 소개하는 페이지입니다.

▶ COURSE: 알고리즘과 프로그래밍 입문 등 기본적인 주제를 기반으로 문제를 차례대로 풀어볼 수 있는 페이지입니다. 이 책에서 살펴볼 문제 세트는 1.3.2절에 서 설명합니다.

1.3.1 사용자 등록하기

온라인 저지에 프로그램을 제출하려면, 사용자 등록을 해야 합니다. 사용자 등록은 페이지 상단의 메뉴 오른쪽에 있는 'Register/Setting' 버튼을 눌러서 진행할 수 있습니다. 버튼을 누르면 다음과 같이 새로운 사용자 등록 페이지가 나옵니다.

그림 1.4 새로운 사용자 등록 페이지

사용자 등록을 하기 전에 오른쪽 위에 있는 'Notes on the submission(제출과 관련된 주의사항)'을 읽어보기 바랍니다. 사용자 등록에 반드시 필요한 정보는 사용자 ID(User ID), 비밀번호(Password), 이름(Name), 소속(Affiliation: 학교 또는 회사 등)[5]입니다.

---

5 (옮긴이) 소속을 따로 입력하기 귀찮다면 study, personal, student 등의 아무 글자나 입력해도 상관없습니다.

추가적으로 국가(Country)를 'Republic of Korea', 표시 언어(Display Language)를 'English'로 변경한 다음, 'Send' 버튼을 누르면 'Thank you for your registration'이라는 메시지가 출력되며 등록이 완료됩니다.

헤더 메뉴의 'Login' 버튼을 누른 뒤에 등록할 때 입력한 사용자 ID와 비밀번호를 입력하고, 'Sign In' 버튼을 누르면 로그인할 수 있습니다.

👆 포인트

AOJ는 로그인하지 않아도 문제를 확인하고 프로그램을 제출할 수 있습니다. 다만 로그인하면 다음과 같은 장점이 있습니다.

▶ 지금까지 푼 문제와 진척도를 확인할 수 있습니다.
▶ 이전에 제출한 소스 코드를 확인할 수 있습니다.
▶ 게시판, 태그, 북마크 등의 기능을 사용할 수 있습니다.

1.3.2 문제 확인하기

문제의 종류

AOJ에는 기본적인 문제를 포함해서, 다양한 대회에 출제되었던 과거 문제들이 수록되어 있습니다. 기본적으로 PROBLEM 메뉴에서 문제를 찾거나, COURSE 메뉴에서 문제를 찾아 풉니다.

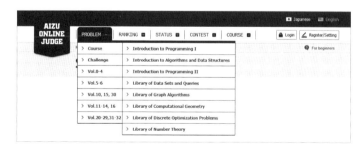

그림 1.5 문제 세트 목록

PROBLEM에 문제 세트가 들어 있습니다. 아래쪽에 있는 Vol. 0 ~ Vol. 32에는 다양한 문제들이 수록되어 있습니다. 이는 도전 문제라고 부르는 문제집이지만, 이 책에서는 다루지 않습니다. 이 책에서는 목록 가장 위에 있는 Course 내부에 있는 내용을 연습 문제로 활용합니다. Course에는 다음과 같은 문제 세트가 있습니다.

▶ Introduction to Programming에는 프로그래밍과 관련된 아주 기초적인 문제가 수록되어 있습니다.

▶ Introduction to Algorithms and Data Structures에는 알고리즘 및 자료 구조와 관련된 문제가 수록되어 있습니다. 이 책의 전반부에서 다룹니다.

▶ Library of ○○○에는 라이브러리를 작성하는 데 도움이 되는 문제들이 수록되어 있습니다. 이 책의 후반부에서 다룹니다.

문제 세트에서 문제 찾기

PROBLEM 메뉴에서 문제 세트를 선택해서 들어가면, 다음과 같이 문제 목록이 나옵니다.

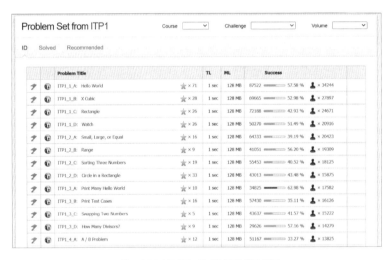

그림 1.6 PROBLEM 메뉴의 문제 세트 목록

목록에서는 각 문제의 제한 시간, 메모리 제한 크기, 정답률, 이전에 풀었던 문제인지 등을 확인할 수 있습니다.

코스 찾기

주제 분류에 따라서 자신의 진척도 등을 확인하면서 문제를 풀고 싶을 때는 COURSE 메뉴를 사용합니다. 헤더에 있는 COURSE 메뉴를 선택하면, 다음과 같은 화면이 나옵니다.

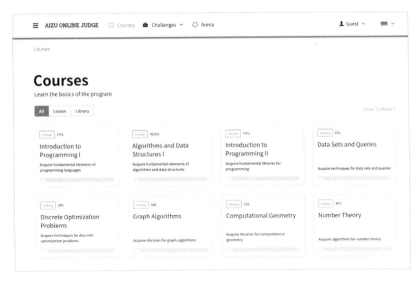

그림 1.7 COURSE 메뉴의 토픽 리스트

각 코스에는 여러 가지 주제가 들어 있으며, 각각의 달성도(%)와 점수를 쉽게 확인할 수 있습니다. 각 주제는 여러 문제 목록으로 구성됩니다. 문제 목록에서는 각 문제의 득점 등을 확인할 수 있습니다.

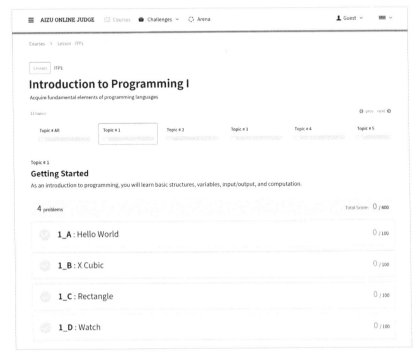

그림 1.8 COURSE 메뉴의 문제 목록

1.3.3 문제 풀기

문제 읽기

문제를 선택하면 문제 페이지로 이동합니다. 문제 페이지에서는 다음과 같이 문제를 확인할 수 있습니다.

그림 1.9 문제 페이지

문제 페이지는 헤더와 문제 내용으로 구성됩니다. 헤더에는 문제와 관련된 다음과 같은 기본적인 정보가 포함되어 있습니다.

▶ 제한: 문제에서 사용할 수 있는 CPU 시간과 메모리 크기 제한을 나타냅니다. 프로그램이 이러한 실행 시간과 메모리 사용량을 넘어버리면 오답 처리됩니다.
▶ 언어 변경: 언어 변경 버튼이 있습니다.[6]
▶ 메뉴 링크: 헤더 오른쪽 위에는 다음과 같은 아이콘들이 배치되어 있습니다.

---

6 (옮긴이) 독자들 대부분 'English'로 문제를 풀게 될 텐데, 가끔 문제 지문의 기호들이 제대로 출력되지 않을 때가 있습니다. 이럴 때는 'Japanese' 버튼을 한 번 클릭한 다음, 다시 'English' 버튼을 클릭하면 문제가 제대로 출력됩니다.

아이콘		의미
⬆	제출	프로그램 제출 양식을 엽니다.
🥧	통계	문제의 통계 정보 페이지로 이동합니다. 통계 정보 페이지에서는 정답률, 정답자 목록, 랭킹 등을 확인할 수 있습니다.
💬	게시판	문제와 관련된 토론 등이 나옵니다. 대부분 일본어로 되어 있습니다.
🔍	해답 예	해답 예 페이지로 이동합니다. 정답 소스 코드를 확인할 수 있습니다.
🏷	태그	문제 카테고리, 알고리즘 카테고리 태그 등을 확인할 수 있습니다.

표 1.1 문제 헤더 메뉴

문제 내용에는 다음과 같은 것들이 들어 있습니다.

▶ 문제 지문: 문제의 내용이 적혀 있습니다. 문제 지문에 정의된 사양을 만족하는 프로그램을 작성하면 됩니다.

▶ 입력 설명: 입력 데이터와 관련된 설명이 적혀 있습니다. 프로그램은 여기에 정의된 입력 형식으로 입력 형태를 읽어 들여야 합니다. 특별한 언급이 없다면, '표준 입력'에서 읽어 들이면 됩니다.

▶ 출력 설명: 출력 데이터와 관련된 설명이 적혀 있습니다. 프로그램은 여기에 정의된 출력 형식으로 출력해야 합니다. 특별한 언급이 없다면, '표준 출력'에 출력합니다.

▶ 제약: 문제에는 문제 입력 값의 범위와 제약이 적혀 있습니다. 채점 데이터에 사용되는 데이터의 크기 상한 등이 적혀 있으므로, 알고리즘을 설계할 때 참고할 수 있습니다.

▶ 입출력 예: 입출력 예는 채점 데이터로 주어지는 입력과 출력의 예입니다. 입력 예는 입력 설명에서 정의된 형식을 따르며, 출력 예는 해당 입력 예를 사용했을 때의 정답 출력을 나타냅니다.

👆포인트

입력 예와 출력 예로 문제 입출력 형식을 확인할 수 있습니다. 예에 있는 것으로 정답이 나오더라도, 실제로는 훨씬 큰 데이터로 채점되므로 오답 처리될 수 있습니다.

> **포인트**
>
> 온라인 저지에서는 출력 결과를 굉장히 엄격하게 확인합니다. 단순하게 입력을 확인하기 위한 목적, 디버그를 위한 목적으로 문제와 상관없는 메시지를 출력하지 않게 주의하세요. 또한 문제에서 지시하지 않은 공백과 줄바꿈 등을 포함하면 안 되므로, 문제에 맞게 공백과 줄바꿈을 넣어 주세요.

프로그램 제출하기

문제 페이지의 제출 아이콘을 클릭하면, 제출 입력 양식이 나옵니다. 필요한 항목을 입력해 주세요.[7] 문제 예에서 나온 '하나의 정수 x를 입력 받고, x를 3제곱해서 출력'하는 프로그램을 만들어서 제출해 보겠습니다(다음 그림의 프로그램은 x를 2제곱하는데, 일부러 틀리기 위해서 의도적으로 적은 것입니다).

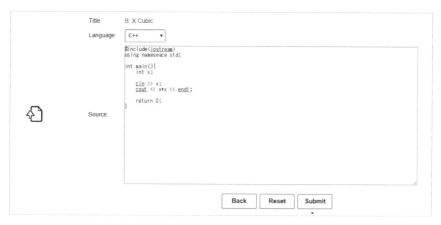

그림 1.10 프로그램 제출 입력 양식

제출 입력 양식은 다음과 같은 항목을 포함합니다.

▶ 사용자 정보: 사용자 ID와 비밀번호를 입력합니다. 로그인하고 제출 페이지로 들어왔다면, 자동으로 입력됩니다.

▶ 문제 번호와 제목: 제출할 프로그램의 문제 번호와 제목이 출력됩니다.

▶ 프로그래밍 언어: 제출할 프로그래밍 언어를 선택합니다. AOJ에서는 C, C++, C++11, C++14, 자바, C#, D, 루비, 파이썬, PHP, 자바스크립트, 스칼라, 하스켈,

---

7 문제 분류에 따라서 제출 양식 디자인이 약간 다를 수 있지만, 기본적인 내용은 모두 같습니다.

OCaml 등으로 작성된 프로그램을 제출할 수 있습니다.

▶ 소스 코드: 프로그램 소스 코드를 붙여 넣습니다. 프로그램을 자신이 사용하는 에디터에서 모두 작성한 뒤, 복사해서 붙여 넣어 주세요.

> **☞ 포인트**
>
> AOJ는 웹에서 코드를 쉽게 작성할 수 있는 에디터를 지원하지 않습니다. 따라서 프로그램을 웹에서 작성하지 말고, 자신이 좋아하는 에디터에서 코드를 작성하고, 동작을 확인한 뒤에 붙여 넣기 바랍니다. 다양한 확장 기능이 있는 에디터(Emacs 등) 사용을 추천합니다.

항목을 모두 입력하고, 아래의 'Submit(제출)' 버튼을 누르면 프로그램이 제출됩니다. 'Reset(리셋)' 버튼을 누르면 소스 코드를 모두 지울 수 있고, 'Cancel(취소)' 버튼으로 입력 양식을 닫을 수 있습니다. 모든 항목을 입력한 뒤 'Submit' 버튼을 눌러서 정상적으로 프로그램이 제출되면, 채점 결과 페이지로 이동합니다.

1.3.4 채점 결과 확인하기

프로그램 채점 결과는 다음과 같이 최근 저지 결과를 보여 주는 상태 목록에서 확인할 수 있습니다.[8]

	Run#	Author	Problem	Status		Score	Language	CPU Time	Memory	Size	
<	1071495	db2	ITP1_1_B	✓	Wrong Answer	25	C++	0.00 sec	1164 KB	123 B	>
<	1071493	db2	ITP1_1_A		Wrong Answer	0	C++	0.00 sec	1160 KB	120 B	>
<	1058755	db2	ITP1_1_A	✓	Accepted	100	C++	0.00 sec	1112 KB	80 B	>
<	1058746	db2	ITP1_1_A		Wrong Answer	0	C++	0.00 sec	1112 KB	81 B	>
<	1040455	db2	ITP1_1_A		Wrong Answer	0	C++	0.00 sec	1040 KB	51 B	>
<	1001471	db2	ITP1_1_C	⊕	Runtime Error	0	JAVA	0.00 sec	0 KB	7 B	>
<	998836	db2	ITP1_1_A		Time Limit Exceeded	0	C++	20.00 sec	844 KB	24 B	>
<	980821	db2	ITP1_1_D	✓	Accepted	100	C++	0.00 sec	1164 KB	193 B	>
<	980820	db2	ITP1_1_D		Wrong Answer	0	C++	0.00 sec	1164 KB	193 B	>
<	949879	db2	ITP1_1_A	⊕	Runtime Error	0	Python	0.02 sec	4308 KB	46 B	>
<	949457	db2	ITP1_1_B	✓	Accepted	100	Python	0.02 sec	4176 KB	18 B	>
<	746843	db2	ITP1_1_A	✓	Accepted	100	C++	0.00 sec	1076 KB	75 B	>
<	701415	db2	ITP1_1_B	✓	Wrong Answer	25	C++	0.00 sec	1160 KB	87 B	>

그림 1.11 채점 결과 화면

상태 목록에서는 제출 상태와 채점 상태가 최신 순서로 나옵니다. 맞았다면 'Accepted', 틀렸다면 'Wrong Answer' 등의 메시지가 출력됩니다.

---

8 문제에 따라서 디자인이 조금씩 다를 수 있지만, 기본적인 내용은 모두 같습니다.

목록에는 다음과 같은 정보들이 포함되어 있습니다.

▶ Run#: 제출한 프로그램의 고유 ID입니다. ID를 기반으로 채점 결과와 소스 코드 등이 관리됩니다. 클릭하면 채점 결과 상세 페이지로 이동합니다.

▶ Author(제출자): 사용자 ID가 출력됩니다. 클릭하면 사용자 정보 페이지로 이동합니다.

▶ Problem(문제): 프로그램의 문제 번호입니다. 클릭하면 문제 페이지로 이동합니다.

▶ Status(결과): 제출 프로그램의 채점 결과입니다. 채점 결과로 다음과 같은 메시지가 출력됩니다. 표의 위에서 아래로 차례대로 채점합니다. 즉, 아래의 어떤 단계까지 갔다면, 위의 모든 단계는 통과했다는 의미입니다.

	상태	의미
	In Queue	제출한 프로그램이 큐에 추가된 상태입니다. 저지 서버에 전달되기 전 대기 상태입니다.
	Waiting Judge	프로그램을 실행하고 있는 상태입니다. 채점 결과를 대기합니다. 브라우저를 새로고침하거나, 링크를 다시 클릭해 주세요.
	Judge Not Available	일시적으로 판정할 수 없는 상태입니다. 데이터가 준비 중이거나, 시스템의 어떠한 문제가 발생한 상태입니다.
	Compile Error	제출한 프로그램이 컴파일에 실패한 상태입니다. Compile Error 링크를 클릭하면 오류를 확인할 수 있습니다.
	Runtime Error	제출한 프로그램에서 런타임 오류가 발생한 상태입니다. 대부분 잘못된 메모리 접근, 스택 오버플로, 0으로 나눈 경우 등이 원인입니다. main 함수에서 0을 리턴하지 않은 경우에도 발생할 수 있습니다.
	Time Limit Exceeded	프로그램이 문제에서 지정한 제한 시간 내에 문제를 풀지 못한 상태입니다. 오답 처리됩니다.
	Memory Limit Exceeded	프로그램이 문제에서 지정한 메모리 제한 내에 문제를 풀지 못한 상태입니다. 오답 처리됩니다.
	Output Limit Exceeded	프로그램이 문제에서 지정한 제한을 넘는 출력을 낸 상태입니다. 오답 처리됩니다.
	Wrong Answer	제출한 프로그램이 다른 답을 출력해서, 채점 프로그램(special judge)이 오답으로 판정한 상태입니다.

	WA:Presentation Error	출력 형식이 잘못된 상태입니다. 제출한 프로그램이 제대로 된 계산 결과를 출력하지만, 불필요한 공백 또는 줄바꿈을 출력해서 오답이라 판정한 상태입니다.
✔	Partial Points	부분 점수를 얻을 수 있는 상태입니다.
✔	Accepted	정답 처리된 경우입니다. 제출한 프로그램이 위의 모든 과정을 무사히 지나 정답으로 판정된 것입니다.

표 1.2 채점 결과

▶ Language(언어): 제출한 프로그램의 언어를 의미합니다. 링크를 클릭하면 버전 정보 등을 확인할 수 있습니다.

▶ CPU Time(CPU 사용량): 제출한 프로그램이 해당 문제의 입력 데이터를 기반으로 결과를 출력할 때 걸린 초 단위 시간을 의미합니다. AOJ는 제한 시간의 2배 정도만 프로그램을 실행합니다(주의: 언어에 따라서 차이가 있습니다). 여러 입력 데이터가 있는 경우, 가장 큰 입력 데이터로 프로그램을 실행했을 때 걸린 시간을 출력합니다.

▶ Memory(메모리 사용량): 제출한 프로그램이 해당 문제의 입력 데이터를 기반으로 결과를 출력할 때 사용한 메모리 사용량(KB 단위)을 의미합니다. 여러 입력 데이터가 있는 경우, 가장 큰 입력 데이터로 프로그램을 실행했을 때 사용한 메모리 사용량을 출력합니다.

▶ Size(코드 길이): 제출한 프로그램의 바이트 크기를 의미합니다.

▶ Time(제출 시간): 프로그램을 제출한 시간을 의미합니다.

Run# 또는 Status 링크를 클릭하면, 다음과 같은 채점 결과 상세 페이지로 이동합니다.

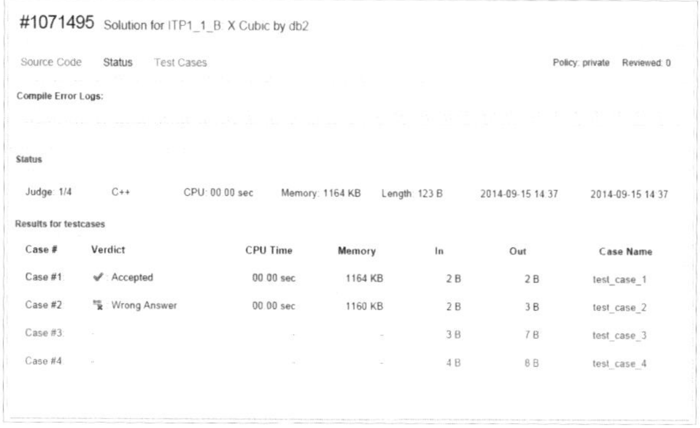

그림 1.12 채점 결과 상세 페이지

상세 페이지에서는 저지 로그(컴파일 오류 등)를 확인할 수 있습니다. 온라인 저지는 여러 테스트 케이스(미리 만들어진 입력과 출력)로 채점합니다. 채점 결과 페이지에서는 각 테스트 케이스별로 채점 결과와 성능 등을 확인할 수 있습니다.

채점 결과 상세 페이지의 입출력 파일 링크 또는 상세 내용을 더블 클릭하면, 다음과 같은 테스트 케이스 확인 페이지로 이동합니다. 여기에서 어떤 데이터로 채점이 이루어졌는지 확인할 수 있습니다(일부 데이터는 비공개로 되어 있기도 합니다).

그림 1.13 테스트 케이스 확인(케이스 1)

페이지 왼쪽에 입력 데이터, 오른쪽에 출력 데이터가 출력됩니다. 위의 그림에서는 1번째 테스트 케이스가 Accepted(정답)라고 출력하고 있습니다.

화살표 버튼(링크)을 클릭하면, 다음과 같이 테스트 케이스를 확인할 수 있습니다.

그림 1.14 테스트 케이스 확인(케이스 2)

위의 그림에서는 2번째 테스트 케이스가 Wrong Answer(오답)라고 출력하고 있습니다. 입력이 3일 때에는 27을 출력해야 하지만, 제출한 프로그램은 다른 것을 출력하고 있다는 의미입니다. 프로그램을 수정해서 정답이 나오면 Status가 Accepted로 바뀝니다.

> 🖑 포인트
>
> 온라인 저지에서는 채점을 여러 번 해도 아무 문제가 없습니다. 정답이 나올 때까지 혹은 문제에서 요구하는 시간 제한과 메모리 제한 내에 문제를 해결할 수 있는 프로그램을 만들 때까지 계속 도전해 보세요!

1.3.5 마이 페이지

마이 페이지(사용자 페이지)에서는 자신 또는 다른 사용자의 정보를 확인할 수 있습니다. 기본적으로 지금까지 푼 문제 수와 점수가 나옵니다. 아래 부분에서는 레이더 차트로 각 분야의 진행 정도 등을 확인할 수 있습니다.

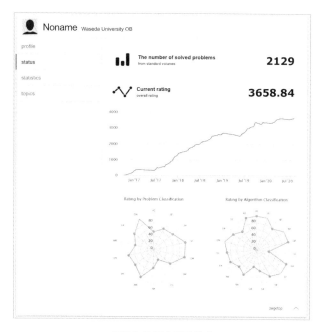

그림 1.15 문제 도전 상태

👆 **포인트**

문제 도전 상태에 이 책에서 다루는 코드 문제 결과는 반영되지 않습니다.[9] 이 책에 있는 문제들을 모두 공부하면서 알고리즘과 자료 구조의 기본을 익힌 뒤에 다른 문제들을 꼭 살펴보기 바랍니다.

1.3.6 책과 함께 활용하기

이 책에는 Algorithms and Data Structures I에 있는 47개의 문제와 Library of ○○○의 문제를 몇 가지 선별해서 수록해 놓았습니다. 해설을 보기 전에 사이트에서 문제 ID로 문제를 찾아서 먼저 도전해 보세요.

---

9 (옮긴이) Vol.1 ~ Vol.32에 있는 Standard Volume 문제만 반영됩니다.

직접 프로그램을 작성하고, 제출하고, 채점 결과를 확인해 보세요. 점수와 진척도를 확인하면서 목표를 설정해 보면, 공부가 훨씬 재미있을 것입니다.

1.4 백준 온라인 저지(BOJ)[10]

이 절에서는 국내 온라인 저지 사이트인 백준 온라인 저지(Baekjoon Online Judge, BOJ)의 사용 방법을 알아보겠습니다. 백준 온라인 저지의 URL은 다음과 같습니다.

https://www.acmicpc.net

메인 페이지의 상단 메뉴는 다음과 같이 구성되어 있습니다.

주요 페이지의 기능을 설명하면 다음과 같습니다.

▶ 문제: BOJ에서 풀 수 있는 문제 목록이 정리되어 있습니다.

▶ 문제집: 유저들이 올려놓은 문제집이 정리되어 있습니다.

▶ 대회: BOJ에서 열리는 대회에 참가할 수 있습니다.

▶ 채점 현황: 유저가 제출한 프로그램의 채점 현황을 볼 수 있습니다.

▶ 랭킹: 유저들의 순위가 나와 있습니다.

1.4.1 문제

BOJ에서 문제를 볼 수 있는 페이지는 매우 많습니다.

문제	문제	출처	ICPC
› 전체 문제	› 내가 실패한 문제	› ICPC	› Regionals
› 문제 출처	› 내가 못 푼 문제	› Olympiad	› World Finals
› 단계별로 풀어보기	› 나만 푼 문제	› 한국정보올림피아드	› Korea Regional
› 알고리즘 분류	› 푼 사람이 한 명인 문제	› 한국정보올림피아드시.도지역본선	› Africa and the Middle East Regionals
› 새로 추가된 문제	› 아무도 못 푼 문제	› 전국 대학생 프로그래밍 대회 동아리 연합	› Europe Regionals
› 새로 추가된 영어 문제	› 최근 제출된 문제	› 대학교 대회	› Latin America Regionals
› 문제 순위	› 최근 풀린 문제	› 카카오 코드 페스티벌	› North America Regionals
› 북마크	› 안 푼 문제 랜덤	› Coder's High	› South Pacific Regionals
	› 전체 문제 랜덤		

첫 번째 '문제' 메뉴의 '전체 문제'에서는 수록되어 있는 문제 전체를 볼 수 있고, '문

---

10 이 절은 백준 온라인 저지의 운영자 최백준 님이 추가로 작성한 글입니다.

제 출처'에서는 출처별로 정리된 문제를 볼 수 있습니다. '단계별로 풀어보기'에는 단계별로 문제들이 정리되어 있고, '알고리즘 분류'에는 문제의 풀이 알고리즘별로 문제가 분류되어 있습니다.

'출처' 메뉴에서는 출처별로 분류된 문제를 볼 수 있습니다. ICPC에서는 ICPC의 각 지역별 기출 문제, 월드 파이널(세계 대회) 문제, Olympiad에서는 전 세계 여러 나라 및 지역에서 열리는 올림피아드 대회의 문제들을 볼 수 있습니다. University 에서는 우리나라에 있는 대학교를 포함해 다양한 대학교에서 열린 교내 대회 문제 들을 볼 수 있습니다.

문제 찾기

'전체 문제' 페이지의 오른쪽 상단에 있는 옵션을 클릭하면 다음과 같은 옵션 페이 지가 열립니다. 여기서 다양한 옵션을 이용해 문제를 정렬해서 볼 수 있습니다.

1.4.2 문제 풀기

문제 읽기

문제 페이지에는 문제 본문과 시간 제한, 메모리 제한 등이 나와 있습니다.

여기서 문제를 읽고 문제를 해결할 소스 코드를 작성한 다음, '제출' 메뉴를 클릭하여 제출 페이지로 이동합니다.

프로그램 제출하기

제출 페이지에서는 언어를 설정할 수 있고,[11] 제출할 소스 코드의 공개 설정도 정할 수 있습니다.

---

11 BOJ에서 사용할 수 있는 언어는 *https://help.acmicpc.net/language/info*에서 볼 수 있습니다. 일부 언어는 문제에 적혀 있는 시간보다 큰 시간 제한/메모리 제한을 갖습니다. 이 값은 언어 정보에서 볼 수 있습니다.

문제를 해결하는 소스 코드를 작성한 다음 소스 코드 하단의 '제출' 버튼을 누르면
채점이 시작됩니다.

1.4.3 채점 현황

제출하고 나면 채점 현황 페이지로 자동으로 이동하게 됩니다. 여기서 채점 결과를
볼 수 있고, 제출한 코드가 사용한 메모리의 양과 수행 시간도 볼 수 있습니다.

제출 번호	아이디	문제	결과	메모리	시간	언어	코드 길이	제출한 시간
33407519	baekjoon	🖩 1000	맞았습니다!!	2020 KB	0 ms	C++17 / 수정	126 B	12초 전

채점 기준

입력은 Standard Input(stdin)에서 받아야 하고, 출력은 Standard Output(stdout)에
해야 합니다. Standard Error(stderr)에 출력을 하면 런타임 에러를 받게 됩니다.

  문제별로 준비되어 있는 데이터 파일을 하나씩 넣어서 실행해 보고 그 출력 파일
과 미리 구해 놓은 정답 파일을 비교합니다.

  문제의 출력 형식을 지키지 않으면 틀리게 됩니다. 채점은 유저가 제출한 프로그
램의 출력과 미리 준비해 둔 정답 파일을 글자 단위로 비교하는 방식입니다. 따라
서 문제의 출력 형식에서 언급하지 않은 출력을 하는 경우에는 '틀렸습니다'를 받게

되니 주의하기 바랍니다.

문제의 정답이 여러 가지인 경우에는 스페셜 저지[12]로 채점을 하게 되는데, 스페셜 저지로 채점하는 문제는 문제 제목 옆에 '스페셜 저지'라고 표시되어 있습니다.

사용한 메모리는 각 데이터를 입력했을 때 사용한 메모리의 최댓값이며, KB를 사용합니다.

수행 시간은 각 데이터를 입력했을 때, 프로그램이 실행된 시간의 최댓값이며, 단위는 ms(1/1000초)를 사용합니다. 예를 들어, 어떤 제출이 각각의 데이터에서 32ms, 28ms, 44ms, 16ms가 걸렸다면, 이 제출의 수행 시간은 44ms입니다.

채점 결과

BOJ에서 받을 수 있는 채점 결과는 다음과 같습니다.

- 기다리는 중: 채점을 기다리는 중입니다.
- 재채점을 기다리는 중: 재채점을 기다리는 중입니다.
- 채점 준비 중: 채점 프로그램이 채점을 하기 위해 여러 가지 작업을 수행하는 중입니다. 소스 코드 컴파일, 실행 환경 세팅 등이 포함됩니다.
- 채점 중: 채점을 하는 중입니다.
- 맞았습니다!!: 제출한 프로그램이 모든 데이터에서 정답을 구한 경우에 받게 됩니다.
- 출력 형식이 잘못되었습니다: 답을 올바르게 구했으나, 문제에 나와 있는 출력 형식과 다른 경우입니다.
- 틀렸습니다: 출력 결과가 정답과 다른 경우입니다.
- 시간 초과: 프로그램이 제한된 시간 이내에 끝나지 않은 경우입니다. 시간 제한을 초과하면 실행을 즉시 중단합니다. 따라서, 정답이 맞았는지 틀렸는지는 알 수 없습니다.
- 메모리 초과: 프로그램이 허용된 메모리보다 많은 메모리를 사용한 경우입니다. 시간 초과와 마찬가지로, 메모리 제한을 초과하면 실행을 즉시 중단합니다.
- 출력 초과: 프로그램이 너무 많은 출력을 하는 경우에 발생합니다. '이 결과는 틀렸습니다'와 같은 의미를 갖습니다. 정확하게는 미리 구해놓은 정답 파일 크기의 2배를 넘어가면 이 결과를 받게 됩니다.

12 스페셜 저지는 유저가 출력한 답을 검증하는 코드를 통해서 정답 유무를 결정하는 방식입니다.

- 런타임 에러: 프로그램이 비정상적으로 종료한 경우입니다.
- 컴파일 에러: 컴파일에 실패한 경우입니다.

1.4.4 맞은 사람

문제 페이지 상단에 있는 '맞은 사람' 메뉴를 클릭하면, 이 문제를 맞힌 사람의 결과를 볼 수 있습니다.

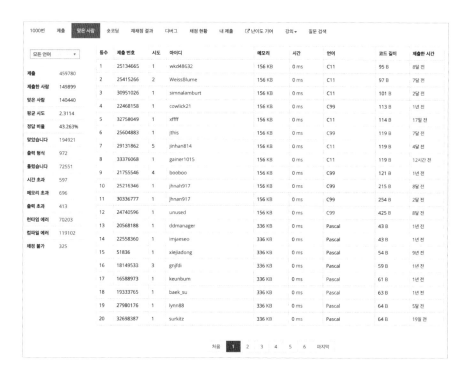

| 1000번 | 제출 | 맞은 사람 | 숏코딩 | 재채점 결과 | 디버그 | 채점 현황 | 내 제출 | ⎘ 난이도 기여 | 강의▾ | 질문 검색 |

모든 언어 ▾		등수	제출 번호	시도	아이디	메모리	시간	언어	코드 길이	제출한 시간
제출	459780	1	25134665	1	wkd48632	156 KB	0 ms	C11	95 B	8달 전
제출한 사람	149899	2	25415266	2	WeissBlume	156 KB	0 ms	C11	97 B	7달 전
맞은 사람	140440	3	30951026	1	simnalamburt	156 KB	0 ms	C11	101 B	2달 전
평균 시도	2.3114	4	22468158	1	cowlick21	156 KB	0 ms	C99	113 B	1년 전
정답 비율	43.263%	5	32758049	1	xffff	156 KB	0 ms	C11	114 B	17일 전
맞았습니다	194921	6	25604883	1	jthis	156 KB	0 ms	C99	119 B	7달 전
출력 형식	972	7	29131862	5	jinhan814	156 KB	0 ms	C11	119 B	4달 전
틀렸습니다	72551	8	33376068	1	gainer1015	156 KB	0 ms	C11	119 B	12시간 전
시간 초과	597	9	21755546	4	booboo	156 KB	0 ms	C99	121 B	1년 전
메모리 초과	696	10	25216346	1	jhnah917	156 KB	0 ms	C99	215 B	8달 전
출력 초과	413	11	30336777	1	jhnan917	156 KB	0 ms	C99	254 B	2달 전
런타임 에러	70203	12	24740596	1	unused	156 KB	0 ms	C99	425 B	8달 전
컴파일 에러	119102	13	20568188	1	ddmanager	336 KB	0 ms	Pascal	43 B	1년 전
채점 불가	325	14	22558360	1	imjaeseo	336 KB	0 ms	Pascal	43 B	1년 전
		15	51836	1	xiejiadong	336 KB	0 ms	Pascal	54 B	9년 전
		16	18149533	3	gnjfdi	336 KB	0 ms	Pascal	59 B	1년 전
		17	16588973	1	keunbum	336 KB	0 ms	Pascal	61 B	1년 전
		18	19333765	1	baek_su	336 KB	0 ms	Pascal	63 B	1년 전
		19	27980176	1	lynn88	336 KB	0 ms	Pascal	64 B	5달 전
		20	32698387	1	surkitz	336 KB	0 ms	Pascal	64 B	19일 전

처음 **1** 2 3 4 5 6 마지막

표에서 언어가 클릭할 수 있는 링크라면 제출한 소스 코드를 볼 수 있습니다.

1.4.5 내 제출

문제 페이지 상단에 있는 '내 제출' 메뉴에서는 내가 제출한 모든 소스 코드를 볼 수 있습니다.

2부

기초편

프로그래밍 대회를 위한
알고리즘과 자료 구조

'기초편'에서는 기본적인 알고리즘과 자료 구조를 학습하고, 이와 관련된 문제를 풀어보겠습니다. 여기서 다루는 알고리즘과 자료 구조는 범용적으로 사용되는 내용이므로, 표준 라이브러리로 제공되는 경우도 많습니다. 따라서 다음과 같은 점에 의의를 두고 공부하면 좋을 것 같습니다.

▶ 표준 라이브러리로 처리할 수 없는 것들을 스스로 대응할 수 있는 힘을 기를 수 있습니다.

▶ 장점, 단점, 복잡도를 기반으로 적절한 알고리즘을 선택할 수 있고, 문제가 발생한 경우에도 대응할 수 있습니다.

▶ 언어와 라이브러리의 사용 방법을 넘어서 스스로 알고리즘을 구현하는 연습 과제로서 활용할 수 있습니다.

2장

Algorithms and Data Structures for Programming Contest

알고리즘과 복잡도

기본적인 프로그래밍 언어의 문법과 작성 방법을 어느 정도 습득하면, 이를 활용해서 다양한 문제를 해결할 수 있게 됩니다. 문제를 해결할 때는 특정 언어의 문법보다는 "어떠한 과정을 통해서 문제를 해결할 것인가?"라는 알고리즘 설계 능력이 필요합니다.

이번 장에서는 간단한 문제를 풀어보며, 알고리즘과 복잡도의 개념에 대해서 살펴보겠습니다.

2.1 알고리즘이란?

알고리즘은 '산법' 또는 '연산 과정'이라고 직역하기도 하지만, 넓은 의미에서는 '어떤 일을 해결하기 위한 과정'을 뜻합니다. "아침에 일어나서 → 옷을 갈아입고 → 아침 식사를 한 뒤 → 자전거를 타고 학교에 간다"와 같은 일련의 일상적인 행동도 알고리즘의 일종입니다. 컴퓨터 세계에서는 일반적으로 데이터 처리, 숫자 계산, 조합 계산, 시뮬레이션 등의 문제를 해결하기 위한 절차를 알고리즘이라고 부릅니다.

엄밀하게 말하면 알고리즘은 '문제에 대한 올바른 출력을 하고, 중지하는 것'이라고 정의된 고전적인 규칙입니다. 세상에 존재하는 모든 문제에는 해결 방법이 무수하게 많으므로 알고리즘도 무수하게 많지만, 어떤 알고리즘을 선택하는지에 따라서 계산 시간이 크게 달라집니다. 새로운 시스템을 개발하거나, 문제를 해결할 때 앞선 사람들이 미리 연구한 수많은 고전적인 알고리즘을 사용하고 응용하면, 문제를 더 효율적으로 해결할 수 있게 됩니다. 알고리즘을 처음부터 스스로 만들어야 하는 경우에도, 이러한 앞선 사람들의 알고리즘을 알고 있으면 도움이 됩니다.

2.2 문제와 알고리즘의 예

간단한 문제를 통해서 알고리즘을 살펴봅시다.

문제: Top 3

어떤 게임에서 플레이어 10명의 점수가 기록된 데이터를 읽고, 상위 3명의 점수를 차례대로 출력하세요. 점수는 100점 만점을 기준으로 합니다.

입력 예

```
25 36 4 55 71 18 0 71 89 65
```

출력 예

```
89 71 71
```

이러한 문제를 프로그램으로 구현하려면 어떻게 해야 할까요? 간단한 문제지만 다음과 같은 몇 가지 알고리즘을 생각해 볼 수 있습니다.

알고리즘 1: 3회 탐색하기

1. 각 플레이어의 득점을 배열 A[10]에 입력합니다.
2. A에 포함된 10개의 숫자 중에서 최댓값을 탐색해서 출력합니다.
3. 2에서 구한 요소를 제외한 9개의 숫자 중에서 최댓값을 탐색해서 출력합니다.
4. 3에서 구한 요소를 제외한 8개의 숫자 중에서 최댓값을 탐색해서 출력합니다.

알고리즘 2: 정렬하고 상위 3개의 점수 출력하기

1. 각 플레이어의 득점을 배열 A[10]에 입력합니다.
2. A를 내림차순으로 정렬합니다.
3. A의 앞에 있는 요소 3개를 차례대로 출력합니다.

알고리즘 3: 점수별로 사람 수 세기

1. 점수 p를 받은 사람 수를 C[p]에 기록합니다.
2. C[100], C[99], … 형태로 반복을 돌면서, C[p]가 1 이상인 경우에 p를 출력합니다(3번만 출력합니다).

알고리즘 1은 일반적으로 가장 먼저 떠올릴 수 있는 방법입니다. 다만 데이터를 정렬하기 위한 알고리즘을 쉽게 활용할 수 있다면, 알고리즘 2가 훨씬 더 간단하게 프로그램을 구현할 수 있는 방법일 것입니다. 또한 데이터를 정렬하기 위한 알고리즘도 다양하므로, 어떤 알고리즘을 선택하는지에 따라서도 계산 효율이 달라질 것입니다.

알고리즘 3은 계산 효율은 좋지만 상황에 따라서 큰 기억 영역이 필요할 수도 있습니다. 사용하는 데이터가 점수 또는 사람의 나이처럼 범위가 작은 경우에는 기억 영역을 많이 사용하지 않으므로 계산 효율이 좋은, 굉장히 좋은 방법입니다. 하지만 사용하는 데이터의 범위가 너무 넓은 경우에는 큰 기억 영역이 필요하므로 실용적이지 않습니다.

이처럼 주어진 문제를 해결하는 방법은 한 가지가 아니고 다양합니다. 문제의 성질, 입력의 크기와 제약, 자신의 능력, 컴퓨터의 자원 등도 함께 고려해야 합니다.

'문제: Top 3'를 일반화한 다음과 같은 문제를 살펴봅시다.

문제: Top N

m개의 정수 $a_i(i = 1, 2, \cdots, m)$가 주어질 때, 값이 큰 순서대로 n개를 출력하세요.

제약 $m \leq 1,000,000$

$n \leq 1,000$

$0 \leq a_i \leq 10^6$

이번 문제에는 어떤 알고리즘이 적합할까요? 알고리즘 설계에서 중요한 것은 문제에서 주어진 입력 값의 제약입니다. 컴퓨터는 굉장히 빠르게 작동하지만 m, n, a_i가 굉장히 큰 값이라면, 어떤 방법을 사용해도 문제를 빠르게 해결할 수는 없습니다.

프로그램의 간결함과 작성의 편리성 등을 기준으로 알고리즘을 선택할 수도 있지만, 알고리즘에서 가장 중요한 것은 계산 효율과 메모리 사용량입니다. 2.4절에서 문제의 입력 상한을 기반으로 알고리즘의 계산 효율을 어느 정도 예측하는 방법을 알아보겠습니다.

2.3 의사 코드

알고리즘을 설명하는 방법도 여러 가지가 있습니다. 그중 하나는 자연 언어(한국어와 영어 등)와 프로그래밍 언어 구문을 조합한 의사 코드(pseudo code)입니다.

이 책에서는 상황에 따라서 일부 알고리즘을 의사 코드로 설명합니다. 의사 코드는 알고리즘의 설명서이면서, 다양한 프로그래밍 언어로 프로그램을 구현하기 위한 단서가 됩니다. 이 책에서 사용하는 의사 코드는 어떤 명확한 문법이 있지는 않지만, 최대한 다음과 같은 방법으로 작성되어 있습니다.

▶ 변수는 영어로 표현합니다. 선언문과 자료형은 생략합니다.

▶ 구문은 여러 프로그래밍 언어에서 사용되고 있는 if, while, for 구문을 사용합니다.

▶ 블록은 {}가 아니라 들여쓰기(indent)로 표현합니다.

▶ C/C++ 언어의 연산자를 사용합니다. 예를 들어 대입 연산자로 =, 일치 연산자로 ==, 불일치 연산자로 !=를 사용합니다. 또한 논리 연산자는 논리 합으로 ||, 논리 곱으로 &&, 부정으로 !를 사용합니다.

▶ 배열 A의 길이(크기)는 A.length로 표기합니다.

▶ 배열 A의 i번째 요소는 A[i]로 표기합니다.

▶ 배열의 인덱스는 0-기반[1]과 1-기반을 상황에 따라서 구분해서 사용합니다.

2.4 알고리즘의 효율성

컴퓨터는 계산을 순식간에 하는 것처럼 보이지만, 실제로는 입력의 크기와 알고리즘의 효율성에 따라서 그만큼의 프로세스 리소스를 사용합니다. 빠르게 동작하는 좋은 프로그램을 작성하려면, 문제의 본질을 충분히 고려해서, 가능한 모든 입력에 대해 효율적으로 동작하는 알고리즘을 생각해야 합니다.

힘들게 알고리즘을 생각하고 구현했는데, 효율성이 좋지 않아 오답 처리되는 경우도 많습니다. 알고리즘을 생각하고, 프로그램을 구현하기 전에 효율성을 예측할 수 있다면, 문제를 주어진 제한 시간과 메모리 사용량 내에 풀 수 있는지 미리 예측할 수 있습니다.

컴퓨터의 처리 능력은 매일매일 향상되고 있습니다. 그리고 처리해야 하는 데이터의 양과 복잡성도 함께 증가하고 있습니다. 효율적인 알고리즘 설계는 빅데이터[2]의 활용, 에너지 절약으로도 이어집니다. 따라서 지금도 효율적인 알고리즘을 위한 많은 연구가 진행되고 있습니다.

---

1 0-기반은 배열의 인덱스를 0부터 셉니다. 크기가 N인 배열은 0번째부터 $N - 1$번째까지의 요소가 존재합니다.
2 거대한 데이터 집합을 활용하기 위한 분석, 탐색, 시각화 등의 기술적인 과제에 대한 연구가 활발하게 이루어지고 있습니다.

2.4.1 복잡도 평가

알고리즘의 효율성은 주로 다음과 같은 두 가지 복잡도로 평가됩니다.

▶ 시간 복잡도(time complexity): 프로그램의 실행에 필요한 시간을 평가합니다. 프로세서를 어느 정도 사용하는지를 예측할 때 사용합니다.
▶ 공간 복잡도(space complexity): 프로그램의 실행에 필요한 기억 장치를 평가합니다. 메모리를 어느 정도 사용하는지를 예측할 때 사용합니다.

일반적으로 시스템 환경을 고려해서, 시간 복잡도와 공간 복잡도의 트레이드 오프 (trade-off)[3]와 균형을 생각하며 알고리즘을 설계합니다. 공간 복잡도보다는 시간 복잡도가 더 문제가 되는 경우가 많습니다. 따라서 이 책에서 별도의 추가 설명 없이 '복잡도'라고 하면, 시간 복잡도를 의미합니다.

2.4.2 O 표기법

알고리즘의 효율성을 평가하는 대표적인 기준으로 O 표기법이 있습니다. O 표기 법은 '빅 오 표기법(Big-Oh-Notation)'이라고도 부르며, 입력의 크기를 n이라고 했 을 때 $O(n)$, $O(n^2)$과 같은 형태의 함수를 사용해 알고리즘의 효율성을 표기하는 방법입니다.[4] $O(g(n))$은 복잡도가 $g(n)$과 비례한다는 의미입니다.[5] 일반적인 프로 그래밍 대회의 문제는 입력 상한이 주어지므로, 이러한 정보를 기반으로 알고리즘 을 평가할 수 있습니다.

예를 들어 "n개의 데이터를 오름차순으로 정렬하세요. n은 최대 1,000입니다"라 는 문제를 A라는 알고리즘을 사용해 푼다고 해 봅시다. A의 복잡도가 $O(n^2)$라면 복잡도가 n^2과 비례한다는 의미입니다. $O(n^2)$ 알고리즘은 데이터 양이 10배 늘어 날 때, 복잡도는 100배 늘어납니다. 이 문제에서는 n이 최대 1,000이므로 최악의 경우에도 대충 복잡도가 1,000,000 정도 나온다고 예측할 수 있습니다.

그럼 이전에 살펴보았던 'Top N' 문제로 알고리즘의 복잡도를 생각해 봅시다. 알 고리즘 1은 $O(n \times m)$이 나옵니다(4장에서 살펴봅니다). 알고리즘 2는 $O(m \log m + n)$이 나옵니다(7장에서 살펴봅니다). 알고리즘 3은 $O(n + m + \max(a_i))$이며, 정수 값 a_i의 최댓값에 비례해서 메모리가 필요합니다(7장에서 살펴봅니다).

---

3 (옮긴이) A를 하면 B를 못하고, B를 하면 A를 못하게 되는 관계를 트레이드 오프라고 부릅니다.
4 (옮긴이) 입으로 소리 내서 읽을 때 O는 "오더(order)"라고 읽으며, $O(n)$, $O(n^2)$은 각각 "오더 엔", "오더 엔 제곱"이라고 읽습니다.
5 O 표기법의 정확한 정의는 '비례한다'가 아니지만, 입문자 단계에서는 이 정도로만 간단하게 이해해도 괜찮습니다.

알고리즘의 복잡도는 최선의 경우, 평균, 최악의 경우로 구분해서 생각할 수 있습니다. 평균 복잡도와 최악의 복잡도가 거의 비슷한 경우가 많기에 최악의 복잡도를 예측하고 나면 그 이상으로는 생각할 필요가 없다는 점에서 일반적으로 알고리즘을 설계할 때는 최악의 복잡도를 사용합니다.

2.4.3 복잡도 비교

알고리즘 평가에서 자주 볼 수 있는 고전적인 복잡도를 입력 크기 n과 함께 표로 정리하면 다음과 같습니다.

n	$\log n$	$\sqrt{n}$	$n\log n$	n^2	2^n	$n!$
5	2	2	10	25	32	120
10	3	3	30	100	1,024	3,628,800
20	4	4	80	400	1,048,576	약 2.4×10^{18}
50	5	7	250	2,500	약 10^{15}	약 3.0×10^{64}
100	6	10	600	10,000	약 10^{30}	약 9.3×10^{157}
1,000	9	31	9,000	1,000,000	약 10^{300}	약 $4.0 \times 10^{2,567}$
10,000	13	100	130,000	100,000,000	약 $10^{3,000}$	약 $10^{35,660}$
100,000	16	316	1,600,000	10^{10}	약 $10^{30,000}$	약 $10^{456,574}$
1,000,000	19	1,000	19,000,000	10^{12}	약 $10^{300,000}$	약 $10^{5,565,709}$

어떤 함수가 어느 정도로 효율성이 좋은지 또는 나쁜지 생각해 봅시다. 복잡도가 $O(\sqrt{n})$, $O(\log n)$, $O(n)$, $O(n\log n)$인 알고리즘은 n이 증가해도 계산량이 그렇게 많이 증가하지 않으므로, 효율성이 좋다고 알려져 있습니다.

반면 복잡도가 $O(2^n)$, $O(n!)$인 알고리즘은 입력 n이 조금만 커져도 계산량이 급격하게 증가합니다. 지구상의 어떤 컴퓨터를 사용해도 수백 년 내에 해결하기 힘든 복잡도입니다. 이러한 비효율적인 알고리즘은 복잡도에 대한 생각 없이 프로그램을 작성하다 보면 흔히 볼 수 있는 복잡도입니다. 따라서 프로그램을 구현하기 전에 입력 상한을 기반으로 알고리즘의 최악의 복잡도를 생각할 수 있어야 합니다.

복잡도를 예측하고, 해당 프로그램이 실용적이라고 판단할 수 있는 기준은 계산 내용과 실행 환경 등에 영향을 받습니다. 현재 컴퓨터의 처리 능력을 생각하면, 비교와 기본적인 연산은 계산 횟수가 수천만이라도 몇 초 안에 처리할 수 있습니다. 하지만 복잡한 계산과 거대한 입력 크기에도 빠르게 동작할 수 있는 프로그램을 만들 수 있게, 작은 알고리즘을 구현할 때부터 복잡도를 고려하도록 합시다.

2.5 도입 문제

알고리즘 설계와 복잡도를 생각하면서 문제를 함께 풀어봅시다. 이번 문제에는 특별한 알고리즘 지식은 필요 없지만, 몇 가지 주의해야 하는 부분이 있습니다. 다음과 같은 내용을 생각하면서 문제를 직접 풀어보세요.

▶ 문제 지문을 잘 읽고, 정확한 알고리즘을 설계합니다.
▶ 제약에 적혀 있는 입력 크기를 고려하면서, 효율성이 좋은 알고리즘을 생각합니다(효율성이 좋지 않은 알고리즘은 피합니다).
▶ 입출력 예를 힌트로 제약을 벗어나지 않는 여러 입력 예를 생각해 보며, 제대로 동작하는지 확인합니다.

ALDS1_1_D Maximum Profit

제한 시간: 1초 | **메모리 제한**: 65536KB | **정답률**: 18.54%

FX 거래는 다른 나라와 통화를 교환해서 환율 차이를 이득으로 얻을 수 있습니다. 예를 들어 1달러를 1,000원일 때 1,000달러 구매하고, 1달러에 1,200원이 되었을 때 매도하면 (1,200원 − 1,000원) × 1,000달러 = 200,000원의 이득을 얻을 수 있습니다.

어떤 통화의 시간 t에서의 가격 $R_t (t = 0, 1, 2, \cdots, n − 1)$가 입력으로 주어질 때, 가격 차이 $R_j − R_i$(단, $j > i$)의 최댓값을 구하세요.

입력 1번째 줄에 정수 n이 주어집니다. 이어지는 n개의 줄에 정수 $R_t (t = 0, 1, 2, \cdots, n − 1)$가 차례대로 주어집니다.

출력 최댓값을 1번째 줄에 출력합니다.

제약 $2 \leq n \leq 200,000$

$1 \leq R_t \leq 10^9$

입력 예 1

```
6
5
3
1
3
4
3
```

출력 예 1

```
3
```

입력 예 2

```
3
4
3
2
```

출력 예 2

```
-1
```

입출력 예 1의 경우 가치가 1일 때 사서, 4일 때 팔면 $4 - 1 = 3$으로 최대 3의 이익을 얻을 수 있습니다. 물론 $5 - 1 = 4$가 가능하다면 더 큰 이익을 얻을 수 있겠지만, $R_j - R_i$에서 $j > i$라는 조건이 있으므로 불가능합니다.

입출력 예 2를 보면 가격이 계속해서 감소하는 경우입니다. $j > i$라는 조건을 지켜야 하므로 최대 이익이 음수 -1로 나올 수도 있다는 것을 알 수 있습니다.

틀렸을 때의 체크포인트 _____

- R_t가 계속 감소하는 경우를 고려했는지 확인해 보세요.
- 최댓값의 초깃값이 충분히 작은 수인지 확인해 보세요. R_t의 상한도 확인해 보세요.
- 복잡도가 $O(n^2)$인 알고리즘으로 구현하지 않았는지 확인해 보세요. $200,000^2$은 굉장히 크므로 효율성이 좋지 않습니다.

해설

최대 이익을 maxv라고 할 때, 다음과 같은 알고리즘으로 조건을 만족하는 출력을 얻을 수 있습니다.

프로그램 2.1 최대 이익을 구하는 기본적인 알고리즘

```
1   for j를_1부터_n-1까지
2     for i를_0부터_j-1까지
3       maxv = maxv와_(R[j]-R[i])_중에서_큰_것
```

이 알고리즘은 $i < j$가 되는 모든 i와 j 조합을 구하고, $R_j - R_i$를 확인해서 maxv를 구합니다.

이때 maxv의 초깃값을 주의해서 설정해야 합니다. 문제에서 $R_t \leq 10^9$라고 제한을 걸었으므로, 최대 이익이 음수가 되는 경우를 고려해서, maxv의 초깃값을 $10^9 \times (-1)$ 이하로 잡아야 합니다. 또는 $R_1 - R_0$를 초깃값으로 설정해도 좋습니다.

물론 이 알고리즘은 제대로 된 출력이 나오지만, 복잡도가 $O(n^2)$이므로 입력 제한($n \leq 200,000$)을 고려하면, 입력이 클 경우 제한 시간 내에 작업을 완료할 수 없습니다. 따라서 더 빠른 알고리즘을 생각해 봐야 합니다.

다음 그림과 같이 알고 싶은 값은 j보다 왼쪽(앞)에 있는 최솟값입니다. 이를 이전과 같이 단순한 알고리즘으로 구하면 $O(n)$이 걸리고, 이를 j번 반복하므로 $O(n^2)$의 복잡도가 나오는 것입니다. 그런데 j를 증가시키는 과정에서 R_j의 최솟값(이를 minv라고 하겠습니다)을 저장해 두면, 시간 j에서의 최대 이익을 $O(1)$로 구할 수 있습니다. $O(1)$은 복잡도가 입력의 크기에 영향을 받지 않고 일정하다는 것을 나타냅니다.

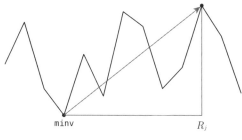

그림 2.1 최대 이익 변경

최대 이익의 변경 판정을 n번 하면 되므로, 다음과 같은 알고리즘이 됩니다.

프로그램 2.2 최대 이익을 구하는 알고리즘

```
1   minv = R[0]
2   for j를_1부터_n−1까지
3     maxv = maxv와_(R[j]−minv)_중에서_큰_것
4     minv = minv와_R[j]_중에서_작은_것
```

조금 더 생각해 보기

n을 기반으로 하는 이중 반복문으로 구현한 $O(n^2)$ 알고리즘을 하나의 반복문으로 구현한 $O(n)$ 알고리즘으로 개선할 수 있었습니다. 추가로 개선한 알고리즘은 입력

을 배열에 저장할 필요가 없어져서 메모리 사용량도 개선되었습니다.

해답 예

C++

```cpp
1   #include<iostream>
2   #include<algorithm>
3   using namespace std;
4   static const int MAX = 200000;
5
6   int main() {
7     int R[MAX], n;
8
9     cin >> n;
10    for(int i = 0; i < n; i++) cin >> R[i];
11
12    int maxv = -2000000000;   // 충분히 작은 값을 초깃값으로 설정
13    int minv = R[0];
14
15    for(int i = 1; i < n; i++) {
16      maxv = max(maxv, R[i] - minv);   // 최댓값 변경
17      minv = min(minv, R[i]);          // 해당 시점까지의 최솟값 저장해 두기
18    }
19
20    cout << maxv << endl;
21
22    return 0;
23  }
```

3장

간단한 정렬

데이터 정렬은 데이터를 쉽게 다룰 수 있게 해 주며, 수많은 알고리즘의 기초가 됩니다. 이번 장에서는 효율성은 좋지 않지만, 구현이 간단한 정렬 알고리즘과 관련된 문제를 풀어보겠습니다. 효율적이면서 실용적인 정렬 알고리즘은 7장에서 살펴보도록 하겠습니다.

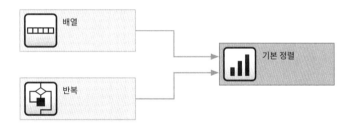

> 이번 장의 문제를 풀려면 배열과 반복 처리 등의 기본적인 프로그래밍 스킬이 필요합니다. 알고리즘 및 자료 구조와 관련된 별도의 사전 지식은 필요하지 않습니다.

3.1 정렬: 문제에 도전하기 전에

데이터를 데이터가 가진 키를 기준으로 오름차순(작은 것부터) 또는 내림차순(큰 것부터)으로 배열하는 것을 정렬(sort)이라고 부릅니다. 예를 들어 정수의 에 $A = \{4, 1, 3, 8, 6, 5\}$를 오름차순으로 정렬하면 $A = \{1, 3, 4, 5, 6, 8\}$이 되고, 내림차순으로 정렬하면 $A = \{8, 6, 5, 4, 3, 1\}$이 됩니다.

수열을 배열로 관리하고, 반복 처리로 요소를 스왑하면 데이터를 정렬할 수 있습니다.

일반적으로 문제의 데이터는 여러 가지 속성을 갖는 표로 주어지며, 정렬 키(sort key)라고 부르는 특정 속성을 기준으로 정렬해야 합니다. 예를 들어 'ID', 'A 시험의 점수', 'B 시험의 점수'라는 3개의 속성을 갖는 데이터를 생각해 봅시다. 이러한 데이터를 기반으로 'ID' 순서로 입력 데이터를 정렬하면 표 3.1처럼 되고, 'A 시험의 점수' 순서로 내림차순 정렬하면 표 3.2처럼 됩니다.

ID	A	B
player1	70	80
player2	90	95
player3	95	60
player4	80	95

표 3.1 ID 순서로 입력 데이터를 정렬한 결과

ID	A	B
player3	95	60
player2	90	95
player4	80	95
player1	70	80

표 3.2 A 시험의 점수를 기준으로 정렬한 결과

일반적으로 데이터는 구조체 배열 또는 클래스 배열을 사용해서 관리합니다.

알고리즘을 설계하고 선택할 때 중요한 요소 중 하나가 복잡도이지만, 정렬 알고리즘에서는 "정렬이 안정적인가?"도 고려해야 합니다. 키 값이 같은 요소를 2개 이상 포함하는 데이터를 정렬할 때, 처리 전후로 이러한 요소의 순서가 변하지 않는 알고리즘을 안정적인 정렬(stable sort)이라고 부릅니다.

예를 들어 표 3.1의 'ID 순서로 입력 데이터를 정렬한 결과'를 B 시험의 점수를 기준으로 내림차순으로 정렬하면, 다음과 같은 출력을 생각할 수 있습니다.

ID	A	B
player2	90	95
player4	80	95
player1	70	80
player3	95	60

표 3.3 B 시험의 점수(안정)

ID	A	B
player4	80	95
player2	90	95
player1	70	80
player3	95	60

표 3.4 B 시험의 점수(불안정)

표 3.3과 표 3.4의 결과를 보면, B 시험의 점수가 같은 player2와 player4의 순서가 다릅니다. 안정적인 정렬 알고리즘은 항상 입력된 player2 → player4 순서로 출력합니다. 하시만 안정적이지 않은 정렬 알고리즘은 입력 순서와는 반대로 player4

→ player2 순서로 출력할 가능성이 있습니다.

지금까지 여러 가지 정렬 알고리즘이 고안되고 연구되었습니다. 따라서 정렬의 특징을 파악해서, 문제에 맞는 적절한 알고리즘을 선택하는 것이 중요합니다.

▶ 복잡도와 안정성
▶ 데이터를 저장하는 1개의 배열 이외에 메모리가 필요한지 여부
▶ 입력 데이터의 특징이 복잡도에 영향을 주는지 여부

3.2 삽입 정렬

ALDS 1_1_A Insertion Sort

제한 시간: 1초 | **메모리 제한:** 65536KB | **정답률:** 29.64%

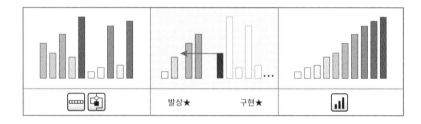

삽입 정렬(insertion sort)은 손으로 트럼프 카드를 잡고, 책상 위에 순서대로 정렬할 때도 사용하는 굉장히 자연스럽게 떠올릴 수 있는 쉬운 알고리즘입니다. 트럼프 카드를 손에 잡고 책상 위에 왼쪽에서부터 작은 순서로 정렬하려면, 손에 있는 카드 뭉치에서 한 장의 카드를 추출해서 이를 해당 시점에 이미 정렬해서 책상 위에 배치한 카드의 적당한 위치에 삽입하는 과정을 반복하면 됩니다.

삽입 정렬은 다음과 같은 알고리즘입니다.

```
1   insertionSort(A, N)  // N개의 요소를 포함하는 0-기반 배열 A
2     for i를_1부터_N-1까지
3       v = A[i]
4       j = i - 1
5       while j >= 0 && A[j] > v
6         A[j+1] = A[j]
7         j--
8       A[j+1] = v
```

N개의 요소를 포함하는 배열 A를 오름차순으로 삽입 정렬하는 프로그램을 작성하세요. 위의 의사 코드에 따라서 알고리즘을 구현하세요. 알고리즘의 동작을 확인

할 수 있게 각 단계에서의 배열(입력 직후에 한 번, i번째 처리가 종료된 직후에 한 번)을 출력하세요.

입력 입력의 1번째 줄에 수열의 길이를 나타내는 정수 N이 주어집니다. 2번째 줄에 N개의 정수가 공백으로 구분되어 주어집니다.

출력 출력은 N줄입니다. 삽입 정렬의 각 계산 단계에서의 결과를 하나의 줄에 출력합니다. 배열의 요소는 공백(띄어쓰기 1칸)으로 구분해서 출력합니다. 마지막 요소 뒤에 공백이나 줄바꿈이 포함되면 에러가 발생하니 주의하세요.

제약 $1 \leq N \leq 100$

       $0 \leq A$의 요소 $\leq 1,000$

입력 예

```
6
5 2 4 6 1 3
```

출력 예

```
5 2 4 6 1 3
2 5 4 6 1 3
2 4 5 6 1 3
2 4 5 6 1 3
1 2 4 5 6 3
1 2 3 4 5 6
```

☑ **틀렸을 때의 체크포인트** _____

- 배열 크기를 충분하게 확보했는지 확인해 보세요.
- 배열의 인덱스를 0-기반과 1-기반으로 섞어 쓰지 않았는지 확인해 보세요.
- 반복 변수(예를 들어 i와 j)를 잘못 쓰지 않았는지 확인해 보세요.
- 공백 등을 잘못 출력한 부분이 있지 않은지 확인해 보세요.

해설

삽입 정렬을 할 때는 계산 단계마다 배열을 그림처럼 '정렬된 부분'과 '아직 정렬되지 않은 부분'으로 나눕니다.

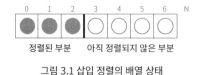

정렬된 부분   아직 정렬되지 않은 부분

그림 3.1 삽입 정렬의 배열 상태

> **▦ 삽입 정렬**
>
> ▸ 가장 앞의 요소는 '정렬된 부분'이라고 취급합니다.
>
> ▸ '아직 정렬되지 않은 부분'이 없어질 때까지 다음 처리를 반복합니다.
>
> 1. '아직 정렬되지 않은 부분'의 앞에서 요소 하나를 추출해서 v에 기록합니다.
>
> 2. '정렬된 부분'에서 v보다 큰 요소를 뒤로 한 칸씩 이동시킵니다.
>
> 3. 반복 처리 후에 빈 위치에 '앞에서 추출했던 v'를 삽입합니다.

예를 들어 배열 $A = \{8, 3, 1, 5, 2, 1\}$을 삽입 정렬한다면 다음과 같습니다.

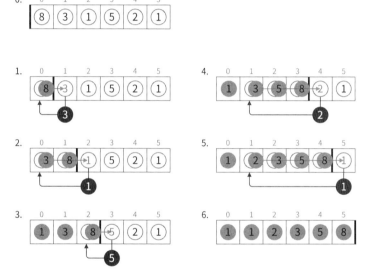

그림 3.2 삽입 정렬

1번에서는 앞쪽의 요소 $A[0](= 8)$이 이미 정렬되어 있다고 보고, $A[1](= 3)$을 추출해서 '정렬된 부분'의 적당한 위치에 삽입합니다. 일단 $A[0](= 8)$이 $A[1](= 3)$보다 크므로, $A[0]$을 한 칸 뒤($A[1]$)로 이동시킵니다. 이어서 빈 공간 $A[0]$에 3을 삽입합니다. 이렇게 하면 앞쪽의 요소 2개가 정렬됩니다.

2번에서는 $A[2](= 1)$를 적당한 위치에 삽입합니다. 1보다 큰 $A[1](= 8)$과 $A[0]$ $(= 3)$을 뒤로 한 칸씩 이동시키고, 빈 공간 $A[0]$에 1을 삽입합니다.

3번에서는 $A[3](= 5)$을 적당한 위치에 삽입합니다. 5보다 큰 $A[2](= 8)$를 뒤로 한 칸 이동시키고, 빈 공간 $A[2]$에 5를 삽입합니다.

삽입 정렬을 구현하는 데 사용되는 주요 변수를 정리하면 다음과 같습니다.

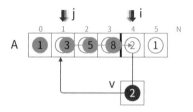

그림 3.3 삽입 정렬에 사용되는 주요 변수

A[N]	크기가 N인 정수 자료형의 배열
i	'아직 정렬되지 않은 부분'의 가장 앞쪽을 나타내는 반복 변수
v	A[i]의 값을 일시적으로 저장하기 위한 변수
j	'정렬된 부분'에서 v를 삽입하기 위한 위치를 찾는 반복 변수

외부의 반복 처리에서 i를 1부터 하나씩 증가시키고, 각각의 반복 처리에서는 일단 v에 A[i]의 값을 일시적으로 저장합니다.

이어서 내부의 반복 처리에서는 '정렬된 부분'에서 v보다 큰 요소를 뒤로 한 칸씩 이동시킵니다. 이때 j를 i-1부터 하나씩 감소시키면서, v보다 큰 A[j]를 A[j+1]로 이동시킵니다. 'j가 -1에 도달' 또는 'A[j]가 v 이하'가 되는 경우에는 반복 처리를 종료하고, 이때의 j+1에 v를 삽입합니다.

조금 더 생각해 보기

삽입 정렬은 떨어진 두 요소를 직접 교차시키지 않고, 추출한 값 v보다 큰 요소를 뒤로 이동시키므로 안정적인 정렬 알고리즘입니다.

그럼 삽입 정렬의 복잡도를 생각해 봅시다. i번의 반복이고, 각 반복에서 A[j]의 요소를 뒤로 이동시키는 처리가 일어납니다. 최악의 경우 i번째 루프의 각 처리가 i번 일어나므로, $1 + 2 + \cdots + (N - 1) = \frac{N^2 - N}{2}$가 되어 $O(N^2)$ 알고리즘이 됩니다. 이처럼 복잡도 계산에서는 일반적으로 대략적인 계산 단계 수를 구하고, 식에서 가장 영향을 많이 주는 항목을 남기고, 다른 부분(상수 부분 등)을 제거하면 복잡도를 구할 수 있습니다. 예를 들어 $\frac{N^2}{2} - \frac{N}{2}$의 경우, N^2에 비해서 N의 영향이 작으므로 N 부분을 무시할 수 있습니다(N이 굉장히 크다고 가정하면 영향이 작습니다). 따라서 복잡도는 $O(N^2)$가 되는 것입니다.

삽입 정렬은 입력 데이터의 정렬이 복잡도에 크게 영향을 미치는 재미있는 알고리즘입니다. 복잡도가 $O(N^2)$으로 나오는 최악의 경우는 입력이 내림차순으로 주어지는 경우입니다. 반면 오름차순으로 이미 정렬된 배열이 주어지면, A[j]를 이동할 필요 자체가 없어지므로 *N*번의 비교만으로 계산이 끝납니다. 따라서 삽입 정렬은 어느 정도 정렬된 데이터에서는 빠르게 동작한다는 특징이 있다고 할 수 있습니다.

해답 예

C

```c
1   #include<stdio.h>
2
3   /* 배열의 요소를 차례대로 출력 */
4   void trace(int A[], int N) {
5     int i;
6     for(i = 0; i < N; i++) {
7       if(i > 0) printf(" ");   /* 요소 사이에 공백을 1개 출력합니다. */
8       printf("%d", A[i]);
9     }
10    printf("\n");
11  }
12
13  /* 삽입 정렬(0-기반 배열) */
14  void insertionSort(int A[], int N) {
15    int j, i, v;
16    for(i = 1; i < N; i++) {
17      v = A[i];
18      j = i - 1;
19      while(j >= 0 && A[j] > v) {
20        A[j + 1] = A[j];
21        j--;
22      }
23      A[j + 1] = v;
24      trace(A, N);
25    }
26  }
27
28  int main() {
29    int N, i, j;
30    int A[100];
31
32    scanf("%d", &N);
33    for(i = 0; i < N; i++) scanf("%d", &A[i]);
34
35    trace(A, N);
36    insertionSort(A, N);
37
38    return 0;
39  }
```

3.3 버블 정렬

ALDS1_2_A Bubble Sort

제한 시간: 1초 | **메모리 제한**: 65536KB | **정답률**: 43.80%

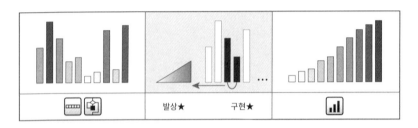

버블 정렬(bubble sort)은 이름 그대로 거품(bubble)이 수면 위로 올라가는 것처럼 배열의 요소가 움직입니다. 버블 정렬은 다음과 같은 알고리즘으로 수열을 오름차순으로 정렬합니다.

```
1  bubbleSort(A, N)  // N개의 요소를 포함하는 0-기반 배열 A
2    flag = 1        // 인접한 요소의 크기 관계가 반대로 되어 있는 경우
3    while flag
4      flag = 0
5      for j를_N-1부터_1까지
6        if A[j] < A[j-1]
7          A[j]와_A[j-1]를_스왑
8          flag = 1
```

수열 A를 읽어 들이고, 버블 정렬을 사용해서 오름차순으로 정렬해 출력하는 프로그램을 작성하세요. 또한 버블 정렬 과정에서 발생한 스왑 횟수도 출력하세요.

입력 입력의 1번째 줄에는 수열의 길이를 나타내는 정수 N이 주어집니다. 2번째 줄에 N개의 정수가 공백으로 구분되어 주어집니다.

출력 출력은 두 줄로 이루어집니다. 1번째 줄에 정렬된 수열을 한 줄로 출력합니다. 요소들은 공백으로 구분합니다. 2번째 줄에는 스왑 횟수를 출력합니다.

제약 $1 \leq N \leq 100$

$0 \leq A$의 요소 ≤ 100

입력 예
```
5
5 3 2 4 1
```

출력 예
```
1 2 3 4 5
8
```

해설

버블 정렬은 삽입 정렬과 마찬가지로 각각의 단계에서 배열을 '정렬된 부분'과 '아직 정렬되지 않은 부분'으로 나눌 수 있습니다.

> ⊞ **버블 정렬**
>
> ▶ 순서가 반대로 되어 있는 인접 요소가 없어질 때까지 다음 처리를 반복합니다.
>   1. 배열의 끝부터 인접한 요소를 차례대로 비교해서, 크기 관계가 반대로 되어 있으면 스왑합니다.

예를 들어 배열 $A = \{5, 3, 2, 4, 1\}$을 버블 정렬한다면 다음과 같습니다.

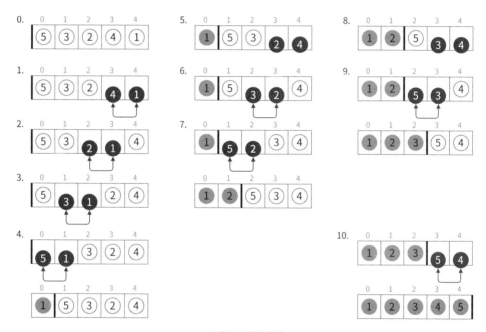

그림 3.4 버블 정렬

버블 정렬 알고리즘은 배열의 앞쪽부터 정렬이 완료된 데이터가 차례대로 결정됩니다. 예를 들어 1번에서 4번까지의 과정을 완료하면, 데이터 중에서 가장 작은 요소가 배열의 가장 앞인 $A[0]$으로 이동합니다. 마찬가지로 5번에서 7번까지의 처리를 완료하면 2번째로 작은 요소가 $A[1]$로 이동합니다. 이러한 형태로 8번에서 9번까지 처리되며, 10번에서 정렬이 완료된 부분의 뒷부분에 정렬이 완료된 데이터가 차례대로 추가됩니다.

예시에서 알 수 있는 것처럼 외부의 반복문을 한 번 완료할 때마다 정렬된 요소가 하나씩 늘어납니다. 따라서 외부의 반복문은 최대 N번 실행되고, 내부의 반복문 처리 범위는 1씩 좁아집니다. 외부에 반복 변수 i를 두는 형태로 버블 정렬 알고리즘을 구현하면 다음과 같습니다.

프로그램 3.1 버블 정렬 구현

```
1   bubbleSort()
2     flag = 1
3     i = 0  // 정렬되지 않은 부분의 가장 앞쪽 인덱스
4     while flag
5       flag = 0
6       for j = N-1부터_i+1까지
7         if A[j] < A[j-1]
8           A[j]와_A[j-1]을_스왑
9           flag = 1
10      i++
```

버블 정렬을 구현하는 데 필요한 주요 변수를 정리하면 다음과 같습니다.

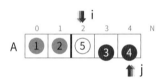

그림 3.5 버블 정렬에 사용되는 주요 변수

A[N]	크기가 N인 정수 자료형 배열
i	정렬되지 않은 부분의 앞쪽 부분을 나타내는 반복 변수. 배열의 앞쪽에서 뒷쪽을 향해 이동합니다.
j	정렬되지 않은 부분에서 비교를 위해 사용하는 반복 변수. A의 끝에 있는 N-1부터 시작해서 i+1까지 감소합니다.

조금 더 생각해 보기

버블 정렬은 배열 요소끼리 비교하고 스왑하므로, 요소의 값이 같은 경우에는 스왑이 일어나지 않습니다. 따라서 버블 정렬은 안정적인 정렬입니다. 다만 요소를 비교하는 연산 A[j] < A[j-1]에 부등호를 넣어 A[j] <= A[j-1]로 코드를 작성하면, 쓸데없는 연산이 추가로 일어나서 안정적이지 않은 정렬로 바뀌므로 주의하기 바

랍니다.

버블 정렬의 복잡도를 생각해 봅시다. 데이터의 수가 N이라고 하면, 버블 정렬은 정렬되지 않은 부분에서 다른 요소와 비교하는 횟수가 $N-1$번, $N-2$번, $\cdots$, 1번으로, 총 $\dfrac{N^2 - N}{2}$번입니다. 따라서 최악의 경우 $\dfrac{N^2 - N}{2}$번의 비교 연산이 일어나므로 복잡도가 $O(N^2)$인 알고리즘입니다.

참고로, 버블 정렬의 스왑 횟수를 기반으로 배열이 얼마나 정렬되지 않았는지 등을 표현하기도 합니다.

해답 예

C++

```cpp
1   #include<iostream>
2   using namespace std;
3
4   // flag를 사용한 버블 정렬
5   int bubbleSort(int A[], int N) {
6       int sw = 0;
7       bool flag = 1;
8       for(int i = 0; flag; i++) {
9           flag = 0;
10          for(int j = N - 1; j >= i + 1; j--) {
11              if(A[j] < A[j - 1]) {
12                  // 인접한 요소 스왑하기
13                  swap(A[j], A[j - 1]);
14                  flag = 1;
15                  sw++;
16              }
17          }
18      }
19      return sw;
20  }
21
22  int main() {
23      int A[100], N, sw;
24      cin >> N;
25      for(int i = 0; i < N; i++) cin >> A[i];
26
27      sw = bubbleSort(A, N);
28
29      for(int i = 0; i < N; i++) {
30          if (i) cout << " ";
31          cout << A[i];
32      }
33      cout << endl;
```

```
34    cout << sw << endl;
35
36    return 0;
37 }
```

3.4 선택 정렬

ALDS1_2_B Selection Sort

제한 시간: 1초 | **메모리 제한**: 65536KB | **정답률**: 58.04%

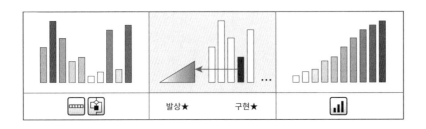

선택 정렬(selection sort)은 각각의 단계에서 하나의 최솟값을 '선택'해서 정렬하는 직관적인 알고리즘입니다.

```
1  selectionSort(A, N) // N개의 요소를 포함하는 0-기반 배열 A
2    for i를_0부터_N-1까지
3      minj = i
4      for j를_i부터_N-1까지
5        if A[j] < A[minj]
6          minj = j
7      A[i]와_A[minj]를_스왑
```

배열 A를 읽어 들이고, 오름차순으로 정렬해서 출력하는 프로그램을 작성하세요. 위의 의사 코드에 따라서 알고리즘을 구현하세요.

의사 코드의 7번째 줄에서 i와 minj의 값이 다르므로 실질적으로 스왑이 일어나는 횟수도 함께 출력하세요.

입력 입력의 1번째 줄에 배열의 길이를 나타내는 정수 N이 주어집니다. 2번째 줄에는 N개의 정수가 공백으로 구분되어 주어집니다.

출력 출력은 두 줄로 이루어집니다. 1번째 줄에 정렬된 배열을 한 줄로 출력합니다. 이때 정수들은 공백으로 구분해서 출력합니다. 2번째 줄에 실질적인 스왑 횟수를 출력합니다.

제약 $1 \leq N \leq 100$

$0 \leq A$의 요소 ≤ 100

입력 예

```
6
5 6 4 2 1 3
```

출력 예

```
1 2 3 4 5 6
4
```

해설

선택 정렬도 삽입 정렬이나 버블 정렬처럼 계산 단계마다 배열이 '정렬된 부분'과 '아직 정렬되지 않은 부분'으로 나뉩니다.

> ### ⊞ 선택 정렬
>
> ▶ 다음 처리를 $N - 1$번 반복합니다.
>   1. 정렬되지 않은 부분에서 최솟값을 갖는 요소의 위치 minj를 특정합니다.
>   2. 'minj의 위치에 있는 요소'와 '정렬되지 않은 부분의 가장 앞쪽 요소'를 스왑합니다.

예를 들어 배열 $A = \{5, 4, 8, 7, 9, 3, 1\}$을 선택 정렬한다면 다음과 같습니다.

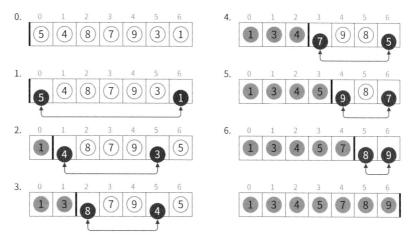

그림 3.6 선택 정렬

0의 초기 상태에서는 모든 요소가 '아직 정렬되지 않은 부분'에 속합니다.

1번에서는 '아직 정렬되지 않은 부분'에서 최솟값의 위치를 찾고(minj = 6), 이 위치의 요소 $A[6](= 1)$과 '아직 정렬되지 않은 부분'의 가장 앞쪽 요소 $A[0](= 5)$을 스왑합니다. 정렬 완료된 요소가 하나 늘어났습니다.

2번에서는 '아직 정렬되지 않은 부분'에서 최솟값의 위치를 찾고($minj = 5$), 이 위치의 요소 $A[5](= 3)$와 '아직 정렬되지 않은 부분'의 가장 앞쪽 요소 $A[1](= 4)$을 스왑합니다. 이를 반복해서 배열의 앞쪽부터 작은 순서대로 값을 차근차근 결정합니다.

선택 정렬을 구현하는 데 필요한 주요 변수를 정리하면 다음과 같습니다.

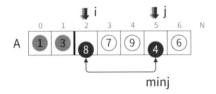

그림 3.7 선택 정렬에 사용되는 주요 변수

A[N]	크기가 N인 정수 자료형 배열
i	정렬되지 않은 부분의 앞쪽 부분을 나타내는 반복 변수. 배열의 앞쪽에서 뒷쪽을 향해 이동합니다.
minj	각각의 반복 처리에서 i번째부터 N–1번째까지의 요소 중 최솟값의 위치
j	정렬되지 않은 부분에서 최솟값의 위치(minj)를 찾기 위해 사용하는 반복 변수

i번째 반복에서 j를 i부터 N–1까지 확인해서 minj를 결정합니다. minj가 결정되면, 앞의 요소 A[i]와 최솟값 A[minj]를 스왑합니다.

조금 더 생각해 보기

숫자와 문자가 적혀 있는 카드가 있을 때, 선택 정렬을 사용해 숫자를 기준으로 오름차순 정렬하는 경우를 생각해 봅시다. 다음 예에는 3이 적혀 있는 숫자가 3H와 3D로 2개 있습니다. 초기 상태에서 순서는 '3H' → '3D'입니다.

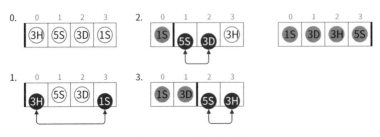

그림 3.8 선택 정렬의 불안정성

정렬이 끝나면 '3D' → '3H'로 바뀌어 있는 것을 알 수 있습니다. 이처럼 선택 정렬은 같은 값을 가진 요소도 교환하므로 안정적인 정렬이 아닙니다.

선택 정렬의 복잡도를 생각해 봅시다. 데이터의 수를 N이라고 하면, 선택 정렬은 정렬되지 않은 부분의 최솟값을 찾기 위해 $N - 1$번, $N - 2$번, $N - 3$번, $\cdots$, 1번 비교하게 됩니다. 따라서 총 비교 계산 횟수는 항상 $\dfrac{N^2 - N}{2}$가 되므로, 선택 정렬의 복잡도는 N^2와 비례해서 복잡도가 $O(N^2)$인 알고리즘입니다.

그럼 지금까지 살펴보았던 버블 정렬, 선택 정렬, 삽입 정렬 알고리즘의 특징을 비교해 봅시다. 버블 정렬과 선택 정렬은 '역순으로 인접한 요소를 비교해서 정렬'과 '전체에서 최솟값을 선택해서 정렬'이라는 큰 차이가 있습니다. 하지만 최솟값을 앞쪽으로 보내므로, 외부의 반복문 처리가 i번 이루어지면 앞쪽부터 i개의 요소가 완전히 정렬됩니다. 반면, 삽입 정렬은 외부의 반복문이 i번 이루어지면, 앞쪽 i개끼리만 정렬된 상태가 됩니다. 또한 플래그(flag)를 사용하지 않는 형태로 단순하게 구현한 버블 정렬과 선택 정렬은 데이터의 종류와 상관없이 비교 연산 횟수가 같습니다. 하지만 삽입 정렬은 데이터에 따라서 비교 연산 수가 줄어들 수 있으므로 삽입 정렬이 조금 더 빠른 경우가 있습니다.

해답 예

C

```
1   #include<stdio.h>
2
3   /* 선택 정렬(0-기반) */
4   int selectionSort(int A[], int N) {
5     int i, j, t, sw = 0, minj;
6     for(i = 0; i < N - 1; i++) {
7       minj = i;
8       for(j = i; j < N; j++) {
9         if(A[j] < A[minj]) minj = j;
10      }
11      t = A[i]; A[i] = A[minj]; A[minj] = t;
12      if(i != minj) sw++;
13    }
14    return sw;
15  }
16
17  int main() {
18    int A[100], N, i, sw;
19
```

```
20    scanf("%d", &N);
21    for(i = 0; i < N; i++) scanf("%d", &A[i]);
22
23    sw = selectionSort(A, N);
24
25    for(i = 0; i < N; i++) {
26      if(i > 0) printf(" ");
27      printf("%d", A[i]);
28    }
29    printf("\n");
30    printf("%d\n", sw);
31
32    return 0;
33  }
```

3.5 안정적인 정렬

ALDS1_2_C Stable Sort

제한 시간: 1초 | **메모리 제한**: 65536KB | **정답률**: 33.54%

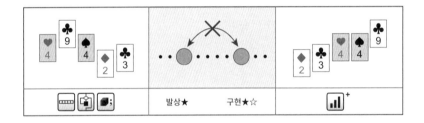

트럼프 카드에 있는 4개의 문양(suit) S, H, C, D와 9개의 숫자(value) 1, 2, …, 9로 구성된 36개의 카드가 있다고 합시다. 그리고 하트 8은 'H8', 다이아몬드 1은 'D1'처럼 나타내겠습니다. 이러한 트럼프 카드를 정렬해 봅시다.

버블 정렬 또는 선택 정렬 알고리즘을 사용해서, 주어진 N개의 카드를 숫자 기준으로 오름차순으로 정렬하는 프로그램을 작성하세요. 알고리즘은 각각 다음과 같은 의사 코드에 따라서 구현합니다. 다음 의사 코드에서 배열은 0-기반입니다.

```
1   BubbleSort(C, N)
2     for i = 0 to N-1
3       for j = N-1 downto i+1
4         if C[j].value < C[j-1].value
5           C[j]와_C[j-1]를_스왑
6
7   SelectionSort(C, N)
```

```
8    for i = 0 to N-1
9      minj = i
10     for j = i to N-1
11       if C[j].value < C[minj].value
12         minj = j
13     C[i]와_C[minj]를_스왑
```

추가로, 각각의 알고리즘이 주어진 입력에 대해 안정적인 출력을 하는지 출력하세요.

이때 '안정적인 출력'이란 같은 숫자를 가진 카드가 여러 개 있을 때, 이들을 입력 순서대로 출력하는 것[1]을 의미합니다. (항상 안정적인 출력을 하는 정렬 알고리즘을 안정적인 정렬 알고리즘이라고 부릅니다.)

입력 1번째 줄에 카드의 수 N이 주어집니다.

2번째 줄에 N장의 카드가 주어집니다. 카드는 문양과 숫자가 함께 쌍으로 표시되며, 각각의 카드는 공백으로 구분되어 주어집니다.

출력 1번째 줄에 버블 정렬한 카드를 순서대로 출력합니다. 각각의 카드는 공백으로 구분합니다.

2번째 줄에 정렬된 결과가 안정적인지(Stable), 안정적이지 않은지(Not stable)를 출력합니다.

3번째 줄에 선택 정렬한 카드를 순서대로 출력합니다. 각각의 카드는 공백으로 구분합니다.

4번째 줄에 정렬된 결과가 안정적인지(Stable), 안정적이지 않은지(Not stable)를 출력합니다.

제약 $1 \leq N \leq 36$

입력 예

```
5
H4 C9 S4 D2 C3
```

출력 예

```
D2 C3 H4 S4 C9
Stable
D2 C3 S4 H4 C9
Not stable
```

---

1 (옮긴이) H3 S3 D3를 입력으로 받았을 때, 모두 3으로 같으므로 따로 변경 없이 H3 S3 D3로 출력하는 것을 의미합니다.

해설

N의 값이 작으므로, 단순하게 다음과 같은 $O(N^4)$의 알고리즘을 활용해서 정렬 결과가 안정적인지 확인하겠습니다.

프로그램 3.2 안정적인지 판단하기

```
1   isStable(in, out)
2     for i = 0 to N-1
3       for j = i+1 to N-1
4         for a = 0 to N-1
5           for b = a+1 to N-1
6             if in[i] == in[j] || in[i] == out[b] && in[j] == out[a]
7               return false
8     return true
```

조금 더 생각해 보기

이번 문제는 $O(N^4)$ 알고리즘으로 충분하지만, N의 값이 커진다면 추가적인 발상이 필요합니다. 버블 정렬은 안정적인 정렬이므로 항상 'Stable'을 출력합니다. 선택 정렬은 안정적인 정렬이 아니므로 출력 결과를 확인해야 하는데, 버블 정렬 결과와 비교하는 형태로 구현하면 $O(N)$으로 안정적인지 판별할 수 있습니다.

해답 예

C++

```
1   #include<iostream>
2   using namespace std;
3
4   struct Card { char suit, value; };
5
6   void bubble(struct Card A[], int N) {
7     for(int i = 0; i < N; i++) {
8       for(int j = N - 1; j >= i + 1; j--) {
9         if(A[j].value < A[j - 1].value) {
10          Card t = A[j]; A[j] = A[j - 1]; A[j - 1] = t;
11        }
12      }
13    }
14  }
15
16  void selection(struct Card A[], int N) {
17    for(int i = 0; i < N; i++) {
18      int minj = i;
19      for(int j = i; j < N; j++) {
```

```
20        if(A[j].value < A[minj].value) minj = j;
21      }
22      Card t = A[i]; A[i] = A[minj]; A[minj] = t;
23    }
24 }
25
26 void print(struct Card A[], int N) {
27    for(int i = 0; i < N; i++) {
28      if(i > 0) cout << " ";
29      cout << A[i].suit << A[i].value;
30    }
31    cout << endl;
32 }
33
34 // 버블 정렬과 선택 정렬의 결과 비교
35 bool isStable(struct Card C1[], struct Card C2[], int N) {
36    for(int i = 0; i < N; i++) {
37      if(C1[i].suit != C2[i].suit) return false;
38    }
39    return true;
40 }
41
42 int main() {
43    Card C1[100], C2[100];
44    int N;
45    char ch;
46
47    cin >> N;
48    for(int i = 0; i < N; i++) {
49      cin >> C1[i].suit >> C1[i].value;
50    }
51
52    for(int i = 0; i < N; i++) C2[i] = C1[i];
53
54    bubble(C1, N);
55    selection(C2, N);
56
57    print(C1, N);
58    cout << "Stable" << endl;
59    print(C2, N);
60    if(isStable(C1, C2, N)) {
61      cout << "Stable" << endl;
62    } else {
63      cout << "Not stable" << endl;
64    }
65
66    return 0;
67 }
```

3.6 셸 정렬

※ 이번 문제는 조금 어렵습니다. 너무 어렵게 느껴진다면 일단 건너뛰고, 실력을 쌓은 후에 다시 도전하기 바랍니다.

ALDS1_2_D Shell Sort

제한 시간: 6초 | **메모리 제한:** 131072KB | **정답률:** 16.45%

발상★★☆   구현★★

다음 프로그램은 삽입 정렬을 응용해서 n개의 정수를 포함하는 배열 A를 오름차순으로 정렬하는 프로그램입니다.

```
1   insertionSort(A, n, g)
2       for i = g to n-1
3           v = A[i]
4           j = i - g
5           while j >= 0 && A[j] > v
6               A[j+g] = A[j]
7               j = j - g
8               cnt++
9           A[j+g] = v
10
11  shellSort(A, n)
12      cnt = 0
13      m = ?
14      G[] = {?, ?,..., ?}
15      for i = 0 to m-1
16          insertionSort(A, n, G[i])
```

shellSort(A, n)은 일정 간격 g만큼 떨어진 요소만을 대상으로 insertionSort(A, n, g)를 적용합니다. 이때 g의 값은 처음에는 크게 잡고, 반복을 거치면서 조금씩 작게 만듭니다. 이를 셸 정렬(shell sort)이라고 부릅니다.

의사 코드의 ? 부분을 채워서 프로그램을 완성하세요. n과 배열 A가 주어질 때 의사 코드에 있는 m, m개의 정수 $G_i(i = 0, 1, \cdots, m - 1)$, 입력 A를 오름차순으로 정렬한 결과를 출력하는 프로그램을 작성하세요. 다만 출력은 다음과 같은 조건을 지켜야 합니다.

- $1 \leq m \leq 100$
- $0 \leq G_i \leq n$
- cnt 값은 $\lceil n^{1.5} \rceil$를 넘지 않음

입력 1번째 줄에 정수 n이 주어집니다. 이어지는 n개의 줄에 n개의 정수 $A_i(i = 0,$ $1, \cdots, n - 1)$가 주어집니다.

출력 1번째 줄에 정수 m, 2번째 줄에 m개의 정수 $G_i(i = 0, 1, \cdots, m - 1)$을 공백으로 구분해서 출력합니다.

3번째 줄에 최종적인 cnt 값을 출력합니다.

이어지는 n개의 줄에 정렬한 $A_i(i = 0, 1, \cdots, n - 1)$를 출력합니다.

이 문제에서는 하나의 입력에도 여러 개의 답이 나올 수 있습니다. 조건만 만족한다면 모두 정답으로 인정합니다.

제약 $1 \leq n \leq 1,000,000$

$0 \leq A_i \leq 10^9$

입력 예	출력 예
5	2
5	4 1
1	3
4	1
3	2
2	3
	4
	5

틀렸을 때의 체크포인트

- $g = 1$로 삽입 정렬을 할 때 제대로 정렬하는지 확인하세요.

해설

셸 정렬은 어느 정도 정렬된 배열을 굉장히 빠르게 정렬하는 알고리즘입니다. 셸 정렬은 일정한 간격 g만큼 떨어진 요소만을 대상으로 삽입 정렬을 반복합니다. 예를 들어 $A = \{4, 8, 9, 1, 10, 6, 2, 5, 3, 7\}$이 있고, g로 $\{4, 3, 1\}$을 사용해서 셸 정렬한다면, 다음과 같습니다.

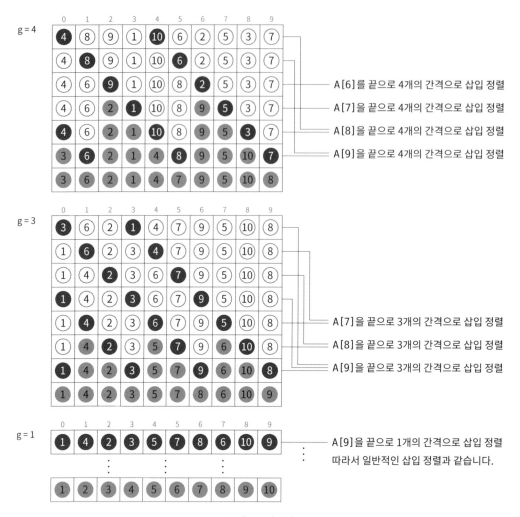

그림 3.9 셸 정렬

이 그림은 배열의 요소가 처리 순서대로 위에서부터 아래로 그려져 있습니다. 각
계산 단계에서 A[i](하나 뒤의 진한 회색 요소)를 기준으로 앞쪽으로 g만큼 떨어져
있는 요소들(해당 시점에서 이미 정렬된 요소들)에서 적절한 위치에 삽입합니다.
그림의 오른쪽에 있는 추가 설명은 g로 삽입 정렬하는 각 그룹을 나타냅니다. 이러
한 그룹이 순서대로 처리되는 것은 아니라는 것에 주의하세요.

가장 마지막에 $g = 1$로 단순한 삽입 정렬을 해야 하지만, 해당 정렬에서는 데이
터가 어느 정도 정렬되어 있으므로, 삽입 정렬이 빠르게 이루어집니다.

조금 더 생각해 보기

$g = G_i$ 선택 방법은 굉장히 많으며, 현재까지도 굉장히 많은 연구가 이루어지고 있습니다. 이와 관련된 자세한 내용은 굉장히 어렵고 내용도 많습니다. 간단하게만 정리하면, $g = 1, 4, 13, 40, 121, \cdots$로 $g_{n+1} = 3g_n + 1$을 사용하면 복잡도는 $O(n^{1.25})$가 나온다고 알려져 있습니다. 물론 이러한 수열을 활용하지 않아도, 충분히 효율적으로 데이터를 정렬할 수 있습니다. 다만 2의 제곱수($2^p = 1, 2, 4, 8, \cdots$)처럼 $g = 1$까지 감소하는 과정에서 정렬되지 않는 요소가 너무 많이 발생하는 수열은 효율을 제대로 낼 수 없습니다.

해답 예

C++

```
1   #include<iostream>
2   #include<cstdio>
3   #include<algorithm>
4   #include<cmath>
5   #include<vector>
6   using namespace std;
7
8   long long cnt;
9   int l;
10  int A[1000000];
11  int n;
12  vector<int> G;
13
14  // 간격 g를 지정한 삽입 정렬
15  void insertionSort(int A[], int n, int g) {
16    for(int i = g; i < n; i++) {
17      int v = A[i];
18      int j = i - g;
19      while(j >= 0 && A[j] > v) {
20        A[j + g] = A[j];
21        j -= g;
22        cnt++;
23      }
24      A[j + g] = v;
25    }
26  }
27
28  void shellSort(int A[], int n) {
29    // 수열 G = {1, 4, 13, 40, 121, 364, 1093, ...} 생성
30    for(int h = 1; ;) {
31      if(h > n) break;
32      G.push_back(h);
```

```
33        h = 3*h + 1;
34    }
35
36    for(int i = G.size()-1; i >= 0; i--) {   // 역순으로 G[i] = g를 지정
37        insertionSort(A, n, G[i]);
38    }
39 }
40
41 int main() {
42    cin >> n;
43    // cin보다 빠른 scanf를 사용했습니다.
44    for(int i = 0; i < n; i++) scanf("%d", &A[i]);
45    cnt = 0;
46
47    shellSort(A, n);
48
49    cout << G.size() << endl;
50    for(int i = G.size() - 1; i >= 0; i--) {
51        printf("%d", G[i]);
52        if(i) printf(" ");
53    }
54    printf("\n");
55    printf("%d\n", cnt);
56    for(int i = 0; i < n; i++) printf("%d\n", A[i]);
57
58    return 0;
59 }
```

3.7 백준 온라인 저지 문제[2]

2750번 수 정렬하기

제한 시간: 1초 | **메모리 제한:** 128MB | **정답률:** 58.33%

N개의 수가 주어졌을 때, 이를 오름차순으로 정렬하는 프로그램을 작성하시오.

입력 첫째 줄에 수의 개수 N이 주어진다. 둘째 줄부터 N개의 줄에는 정수가 하나씩 주어진다.

출력 첫째 줄부터 N개의 줄에 입력으로 주어진 수를 오름차순으로 정렬한 결과를 한 줄에 하나씩 출력한다.

---

2 이 절은 백준 온라인 저지에서 발췌한 문제들입니다. 이후의 장들에서도 각 장 맨 마지막에 본문과 관련된 문제들을 수록해 놓았으니 참고하기 바랍니다.

제약 $1 \le N \le 1{,}000$

$-1{,}000 \le$ 수 $\le 1{,}000$

수는 중복되지 않는다.

입력 예

```
5
5
2
3
4
1
```

출력 예

```
1
2
3
4
5
```

18868번 멀티버스 I

제한 시간: 1초 | **메모리 제한:** 512MB | **정답률:** 59.61%

M개의 우주가 있고, 각 우주에는 1부터 N까지 번호가 매겨진 행성이 N개 있다. 행성의 크기를 알고 있을 때, 균등한 우주의 쌍이 몇 개인지 구해보려고 한다. 구성이 같은데 순서만 다른 우주의 쌍은 한 번만 센다.

두 우주 A와 B가 있고, 우주 A에 있는 행성의 크기는 A_1, A_2, $\cdots$, A_N, 우주 B에 있는 행성의 크기는 B_1, B_2, $\cdots$, B_N이라고 하자. 두 우주의 행성 크기가 모든 $1 \le i$, $j \le N$에 대해서 아래와 같은 조건을 만족한다면, 두 우주를 균등하다고 한다.

- $A_i < A_j \rightarrow B_i < B_j$
- $A_i = A_j \rightarrow B_i = B_j$
- $A_i > A_j \rightarrow B_i > B_j$

입력 첫째 줄에 우주의 개수 M과 각 우주에 있는 행성의 개수 N이 주어진다. 둘째 줄부터 M개의 줄에 공백으로 구분된 행성의 크기가 한 줄에 하나씩 1번 우주부터 차례대로 주어진다.

출력 첫째 줄에 균등한 우주의 쌍의 개수를 출력한다.

제약 $2 \le M \le 10$

$3 \le N \le 100$

$1 \le$ 행성의 크기 $\le 10{,}000$

입력 예 1

```
2 3
1 3 2
12 50 31
```

출력 예 1

```
1
```

입력 예 2

```
2 3
1 3 2
12 50 10
```

출력 예 2

```
0
```

4장

자료 구조

효율성이 좋은 알고리즘을 구현하려면, 효율적으로 데이터를 다루는 '자료 구조'를 사용할 수 있어야 합니다. 지금까지 컴퓨터 과학의 수많은 문제를 해결하기 위해 다양한 자료 구조가 만들어졌습니다.

이번 장에서는 기초적인 자료 구조를 활용하는 문제를 풀어보겠습니다.

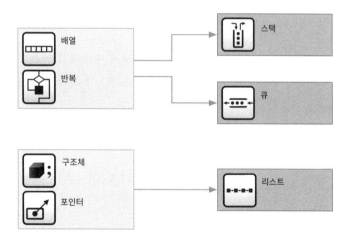

이번 장의 문제를 풀려면 배열, 반복 처리와 같은 기본적인 프로그래밍 스킬이 필요합니다. 또한 자료 구조를 직접 만들 수 있어야 하므로 포인터 및 구조체(클래스)와 관련된 지식도 필요합니다.

4.1 자료 구조: 문제에 도전하기 전에

자료 구조란 프로그램에서 자료들의 집합을 체계적으로 관리하기 위한 형식으로, 단순하게 자료 집합을 표현할 뿐만 아니라 다음과 같은 세 가지 개념으로 구성되어 있습니다.

▶ 자료 집합: 대상이 되는 자료의 본체를 나타냅니다. 배열 또는 구조체 등의 기본적인 자료 구조를 기반으로 자료 집합을 저장합니다.
▶ 규칙: 자료 집합을 일정한 규칙에 따라서 조작, 관리, 유지하기 위해 정한 것입니다. 어떤 순서로 자료를 꺼낼지 등을 결정합니다.
▶ 조작: '요소를 삽입한다'와 '요소를 추출한다'처럼 자료 집합에 적용하는 처리를 의미합니다. '자료 집합의 요소 수'와 '자료 집합이 비어 있는지' 등을 확인하는 처리도 조작에 해당합니다.

그림 4.1 자료 구조의 개념

어떤 자료 구조를 살펴볼 때는 이러한 세 가지 개념에 주목해서 살펴보는 것이 좋습니다. 그럼 스택과 큐라는 자료 구조를 통해서 이러한 세 가지 개념이 어떻게 적용되는지 알아봅시다.

스택

스택(stack)은 마지막으로 들어간 자료를 먼저 꺼내게 되는 후입선출(Last In First Out, LIFO)이라는 규칙에 따라서 자료를 관리합니다.

조작

▶ push(x): 스택의 탑(top, 가장 위)에 요소 x를 추가합니다.
▶ pop(): 스택의 탑에 있는 요소를 추출합니다.
▶ isEmpty(): 스택이 비어 있는지 확인합니다.
▶ isFull(): 스택이 꽉 찼는지 확인합니다.
　※ 일반적으로 스택은 이외에도 탑에 있는 요소를 참조하거나, 스택 내부에 어떤 자료가 포함되어 있는지 탐색하는 조작도 포함합니다.

규칙

마지막에 들어간 자료가 가장 먼저 추출됩니다. 즉, pop()으로 추출되는 요소는 가장 마지막에 push한 요소입니다(push된 시간이 가장 최근인 요소).

큐

큐(queue)는 '대기열'이라고도 부르며, 자료를 도착한 순서대로 처리하고 싶은 경우에 사용하는 자료 구조입니다. 가장 먼저 들어간 자료를 먼저 꺼내게 되는 선입선출(First In First Out, FIFO)이라는 규칙에 따라서 자료를 관리합니다.

조작

▶ enqueue(x): 큐 끝에 요소 x를 추가합니다.

▶ dequeue(): 큐 가장 앞의 요소를 추출합니다.

▶ isEmpty(): 큐가 비어 있는지 확인합니다.

▶ isFull(): 큐가 꽉 찼는지 확인합니다.

　※ 일반적으로 큐는 이외에도 가장 앞에 있는 요소를 참조하거나, 큐 내부에 어떤 자료가 포함되어 있는지 탐색하는 조작도 포함합니다.

규칙

가장 먼저 들어간 자료(enqueue된 시간이 가장 오래된 요소)가 가장 먼저 추출됩니다. 즉, dequeue는 추가된 순서대로 요소를 추출할 때 활용할 수 있습니다.

리스트

큐와 스택처럼 자료를 삽입하고 추출하는 조작을 많이 활용하는 자료 구조는 자료를 얼마나 저장하게 될지 예측하기 힘듭니다. 따라서 초기에 크기를 고정해야 하는 배열을 활용해서 구현하면, out of index 오류 등이 발생하기 쉽습니다. 그래서 일반적으로 양방향 연결 리스트(doubly linked list, 간단하게 '리스트'라고 표현합니다)를 사용해서 구현합니다. 리스트와 같은 기본적인 자료 구조를 알아야 다른 고급 자료 구조를 살펴볼 수 있습니다.

　또한 기본적인 자료 구조는 규칙과 조작이 굉장히 간단하지만, 다양한 알고리즘 설계에서 활용됩니다. 프로그램이 어떤 자료 구조를 활용하고, 자료 구조 자체를 어떻게 구현했는지에 따라서 알고리즘의 효율성이 크게 달라집니다.

4.2 스택

ALDS1_3_A Stack

제한 시간: 1초 | **메모리 제한**: 65536KB | **정답률**: 38.56%

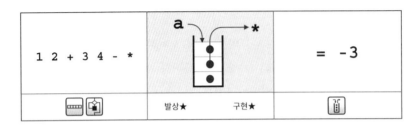

역폴란드 표기법은 연산자를 피연산자 뒤에 작성하는 표기 방법입니다. 예를 들어 일반적인 중간 표기법으로 작성된 수식 (1+2)*(5+4)는 역폴란드 표기법으로는 1 2 + 5 4 + *로 작성됩니다. 역폴란드 표기법은 중위 표기법에서는 필요한 괄호 등이 없어도 된다는 장점이 있습니다.

역폴란드 표기법을 사용해서 주어진 수식을 계산하고, 수식의 결과를 출력하세요.

입력 1번째 줄에 수식 1개가 주어집니다. 각각의 심벌(피연산자 또는 연산자)은 공백으로 구분됩니다.

출력 계산 결과를 1번째 줄에 출력합니다.

제약 $2 \leq$ 수식에 포함된 피연산자의 수 ≤ 100

$1 \leq$ 수식에 포함된 연산자의 수 ≤ 99

연산자는 +, -, *만 포함되며, 각각의 피연산자는 10^6 이하의 값을 갖는 양의 정수입니다.

$-1 \times 10^9 \leq$ 계산 과정에서 나오는 값 $\leq 10^9$

입력 예

```
1 2 + 3 4 - *
```

출력 예

```
-3
```

☑ **틀렸을 때의 체크포인트**

- 배열의 크기를 충분히 확보했는지 확인해 보세요.
- 뺄셈의 순서가 정확한지 확인해 보세요.
- 두 자리 이상의 숫자(피연산자)를 제대로 처리하는지 확인해 보세요.

해설

역폴란드 표기법으로 작성된 수식은 스택을 사용해서 계산할 수 있습니다. 식을 평가하려면, 일단 다음 그림처럼 수식의 심벌을 하나씩 읽어 들이고, 심벌이 피연산자(숫자)라면 스택에 값을 넣습니다. 만약 심벌이 연산자(+, −, *)라면 스택에서 값을 2개 꺼내고, 연산자에 따라 연산한 뒤 다시 스택에 넣습니다. 이를 반복하면 수식을 계산할 수 있습니다. 최종적으로 스택에 남은 값이 최종 결과입니다.

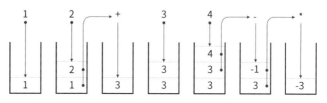

그림 4.2 스택으로 계산식 평가하기

스택과 같은 자료 구조 구현은 배열과 리스트(포인터) 등을 활용할 수 있습니다. 이책에서는 자료 구조의 구현보다는 조작과 제한을 이해하는 데 초점을 맞추므로, 간단하게 정수 자료형의 배열을 사용해서 스택을 구현하겠습니다.

배열을 사용한 스택 구현에 필요한 주요 변수와 함수는 다음과 같습니다.

▶ 자료를 저장하기 위한 정수 자료형의 1차원 배열: S

push된 데이터들을 저장하는 배열입니다. 문제에 맞게 충분한 크기의 저장 공간을 확보해야 합니다. 이번 구현에서는 S[0]를 사용하지 않습니다. 그림 4.3은 S[0]을 사용하지 않고, S[1]부터 3개의 요소가 저장되어 있는 크기가 5인 스택을 나타냅니다.

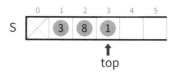

그림 4.3 스택 구현에 사용되는 주요 변수

▶ 스택 포인터(top의 인덱스)를 나타내는 정수 자료형의 변수: top

스택의 가장 마지막 요소(top)를 나타내는 정수 자료형의 인덱스입니다. 배열에서 가장 마지막에 추가된 값을 저장하고 있는 위치를 나타냅니다. 이 변수를 스택 포인터라고 부르며, 스택의 요소 수와 같은 값을 갖습니다.

▶ 스택에 요소 x를 추가하는 함수: push(x)

   top을 1만큼 늘리고, S[top]에 x를 할당합니다.

▶ 스택 top의 요소를 추출하는 함수: pop()

   S[top]의 값을 리턴하고, top을 1만큼 감소시킵니다.

스택이라는 자료 구조가 어떤 형태로 작동하는지 조금 더 쉽게 이해할 수 있게 그림 4.4를 살펴봅시다. 그림 4.4는 스택에 적당한 값을 넣고 빼는 모습을 나타낸 것입니다.

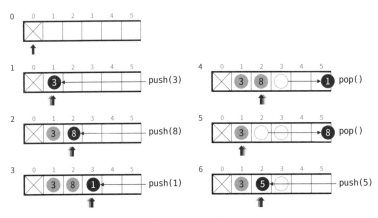

그림 4.4 스택 시뮬레이션

push(x)로 전달된 요소는 top을 1만큼 증가시킨 위치에 삽입됩니다. 그리고 pop()은 top이 가리키는 요소를 리턴하고, top을 1만큼 감소시킵니다.

   배열로 스택을 구현한다면 다음과 같이 구현할 수 있습니다.

프로그램 4.1 배열로 스택 구현하기

```
1   initialize()
2     top = 0
3
4   isEmpty()
5     return top == 0
6
7   isFull()
8     return top >= MAX - 1
9
10  push(x)
11    if isFull()
12      오류(오버플로)
13    top++
```

```
14    S[top] = x
15
16  pop()
17    if isEmpty()
18      오류(언더플로)
19    top--
20    return S[top+1]
```

initialize 함수는 top을 0으로 변경해서 스택을 비웁니다. 물론 배열(메모리)에 요소 값이 남아 있을 수 있지만, 이러한 값은 이후의 push 조작을 할 때 덮어 써지므로 무시해도 됩니다. isEmpty 함수는 top이 0인지 확인해서 스택이 비어 있는지 여부를 판정합니다.

isFull 함수는 스택이 꽉 찼는지 여부를 판정합니다. 0-기반일 때 배열의 용량이 MAX로 정의되어 있다면, top이 MAX-1 이상일 때 스택이 꽉 찼다는 것을 알 수 있습니다.

push 함수는 top을 1만큼 증가시키고, 해당 위치에 x를 추가합니다. 다만 스택이 꽉 찼다면, 오류 처리를 합니다.

pop 함수는 top이 가리키는 요소(스택 가장 위의 요소)를 리턴하고, top의 값을 1만큼 줄여서 가장 위의 요소를 제거합니다. 다만 스택이 비어 있다면, 오류 처리를 합니다.

조금 더 생각해 보기

자료 구조의 설계와 구현을 기반으로 각 처리에서 소모되는 복잡도를 추정할 수 있습니다. 방금 살펴보았던 스택의 경우 pop, push 모두 스택 포인터의 증가와 감소, 그리고 할당 연산만 하면 되므로 복잡도는 $O(1)$입니다.

> 🖑 포인트
>
> 일반적으로 자료 구조는 구조체와 클래스로 구현합니다. 클래스로 구현해 두면 여러 자료 구조를 쉽게 관리하고 사용할 수 있습니다.

해답 예

C

```
1   #include<stdio.h>
2   #include<stdlib.h>
3   #include<string.h>
```

```
4
5    int top, S[1000];
6
7    void push(int x) {
8    /* top을 1만큼 더하고 삽입 */
9      S[++top] = x;
10   }
11
12   int pop() {
13     top--;
14   /* top에 있던 요소 리턴 */
15     return S[top+1];
16   }
17
18   int main() {
19     int a, b;
20     top = 0;
21     char s[100];
22
23     while(scanf("%s", s) != EOF) {
24       if(s[0] == '+') {
25         a = pop();
26         b = pop();
27         push(a + b);
28       } else if(s[0] == '-') {
29         b = pop();
30         a = pop();
31         push(a - b);
32       } else if(s[0] == '*') {
33         a = pop();
34         b = pop();
35         push(a * b);
36       } else {
37         push(atoi(s));
38       }
39     }
40
41     printf("%d\n", pop());
42
43     return 0;
44   }
```

참고로 atoi()는 문자열로 표현되어 있는 숫자를 int 자료형으로 변환하는 C 언어의 표준 라이브러리 함수입니다.

4.3 큐

ALDS1_3_B Queue

제한 시간: 1초 | **메모리 제한:** 65536KB | **정답률:** 34.38%

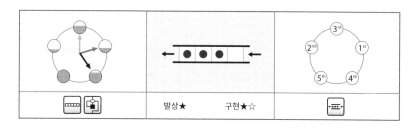

이름 $name_i$과 필요한 처리 시간 $time_i$을 가진 n개의 프로세스가 일렬로 존재합니다. 라운드 로빈 스케줄링(round robin scheduling)이라고 부르는 처리 방법에서는 CPU가 프로세스를 차례대로 처리합니다. 각 프로세스는 최대 $q$ms(퀀텀이라고 부릅니다)만큼 처리됩니다. 만약 $q$ms만큼 처리를 했는데도 프로세스가 완료되지 않았다면, 프로세스를 다음에 처리하기로 예약하고, 일단 이어지는 프로세스를 처리합니다.

예를 들어 q는 100이고 다음과 같은 프로세스가 있다고 해 봅시다.

$$A(150) - B(80) - C(200) - D(200)$$

일단 프로세스 A를 100ms만큼 처리하고, 남은 필요 시간 50ms를 저장하고 열의 끝으로 이동합니다.

$$B(80) - C(200) - D(200) - A(50)$$

이어서 프로세스 B를 80ms만큼 처리합니다. 따라서 180ms 시점에서 B가 열에서 제거됩니다.

$$C(200) - D(200) - A(50)$$

이어서 프로세스 C를 100ms만큼 처리하고, 남은 필요 시간 100ms를 저장하고 열의 끝으로 이동합니다.

$$D(200) - A(50) - C(100)$$

이와 같은 처리를 모든 프로세스를 종료할 때까지 반복합니다.

이와 같은 라운드 로빈 스케줄링을 모방(시뮬레이션)하는 프로그램을 작성하세요.

입력 입력 형식은 다음과 같습니다.

$n\ q$

$name_1\ time_1$

$name_2\ time_2$

…

$name_n\ time_n$

1번째 줄에 프로세스의 수를 나타내는 정수 n과 퀀텀을 나타내는 정수 q가 주어집니다.

이어지는 n개의 줄에 프로세스 정보가 순서대로 주어집니다. 문자열 $name_i$과 정수 $time_i$은 공백으로 구분되어 있습니다.

출력 프로세스가 완료된 순서대로 프로세스의 이름과 종료 시점을 공백으로 구분해서 한 줄씩 출력합니다.

제약 $1 \le n \le 100{,}000$

$1 \le q \le 1{,}000$

$1 \le time_i \le 50{,}000$

$1 \le$ 문자열 $name_i$의 길이 ≤ 10

$1 \le time_i$의 합계 $\le 1{,}000{,}000$

입력 예

```
5 100
p1 150
p2 80
p3 200
p4 350
p5 20
```

출력 예

```
p2 180
p5 400
p1 450
p3 550
p4 800
```

☑ **틀렸을 때의 체크포인트**

- 복잡도가 $O(n^2)$인 알고리즘으로 구현하지 않았는지 확인해 보세요
- 배열의 크기를 충분히 확보했는지 확인해 보세요.

해설

라운드 로빈 스케줄링은 프로세스를 저장하고 관리하는 큐를 사용해서 시뮬레이션

할 수 있습니다. 일단 초기 상태의 프로세스를 차례대로 큐에 넣습니다. 이어서 큐가 비워질 때까지 '큐의 앞에서 프로세스를 추출하고 퀀텀에 따라 처리한 뒤, 아직 필요한 처리(시간)가 남은 경우에는 다시 큐에 추가한다'라는 처리를 반복하면 됩니다.

이번 예제에서는 정수 자료형의 데이터가 저장되어 있는 큐를, 배열을 사용해 구현하는 방법을 소개하겠습니다. 배열을 사용한 큐 구현에 필요한 주요 변수와 함수는 다음과 같습니다.

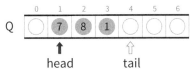

그림 4.5 큐 구현에 사용되는 변수

▶ 자료를 저장하기 위한 정수 자료형의 1차원 배열: Q

enqueue된 데이터들을 저장하는 배열입니다. 문제에 맞게 충분한 크기의 저장 공간을 확보해야 합니다. 그림 4.5는 이미 몇 개의 요소가 저장되어 있는 상태입니다.

▶ 앞쪽 포인터(인덱스)를 나타내는 정수 자료형의 변수: head

큐의 가장 앞쪽 요소를 나타내는 정수 자료형의 변수입니다. dequeue되면 head가 가리키고 있는 요소를 꺼냅니다. 큐의 가장 앞쪽 요소의 인덱스가 항상 0인 것은 아니므로 주의하세요.

▶ 뒤쪽 포인터(인덱스)를 나타내는 정수 자료형의 변수: tail

큐의 **가장 마지막 요소 + 1**의 위치를 나타내는 변수입니다. tail은 새로운 요소를 추가할 위치를 나타냅니다. head와 tail로 감싸진 부분(tail이 나타내는 요소 부분은 제외)이 큐의 내용물입니다.

▶ 큐에 요소 x를 추가하는 함수: enqueue(x)

Q[tail]에 x를 할당하고, tail을 1만큼 증가시킵니다.

▶ 큐의 가장 앞쪽 요소를 꺼내는 함수: dequeue()

Q[head]의 값을 리턴하고, head를 1만큼 증가시킵니다.

큐라는 자료 구조가 어떤 형태로 작동하는지 조금 더 쉽게 이해할 수 있게 그림 4.6을 살펴봅시다. 그림 4.6은 큐에 적당한 값을 넣고 빼는 모습을 나타낸 것입니다.

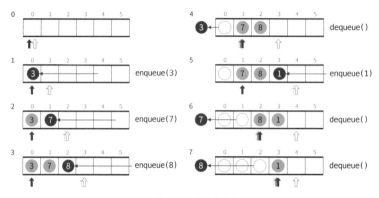

그림 4.6 큐 시뮬레이션

head와 tail이 일치하면, 큐가 비어 있다는 의미입니다. 참고로 큐가 비어 있다고 head와 tail의 값이 0인 것은 아닙니다. enqueue(x)가 실행되어 새로운 요소가 추가되면, 새로운 요소는 tail의 위치에 할당되고, tail 값이 1만큼 증가합니다. dequeue()는 head 위치의 요소를 리턴하고, head를 1만큼 증가시킵니다.

배열로 큐를 구현하면, 그림 4.6처럼 데이터 추가와 제거가 반복되면서, 큐의 내용물이 배열의 끝(그림에서 오른쪽)으로 이동합니다. 이렇게 되면 tail과 head가 배열의 범위를 금방 넘어서 버리게 됩니다. tail이 배열의 범위를 넘으면, 오버플로가 발생해서 더 이상 요소를 추가할 수 없는 문제가 발생합니다. 또한 head 앞쪽에 비어 버린 부분이 낭비됩니다. 이를 해결하겠다고 dequeue()를 실행할 때 head를 항상 0으로 유지할 수 있게 데이터 전체를 앞(그림에서 왼쪽)으로 당기면, $O(n)$만큼의 계산이 지속적으로 발생합니다.

이러한 문제를 해결하는 방법 중에 하나로 링 버퍼(ring buffer)처럼 데이터를 관리하는 방법이 있습니다.

링 버퍼는 1차원 배열로 구현한 큐의 범위를 나타내는 head와 tail이 배열의 범위를 넘어설 때, 이를 순환시킵니다. 즉, 포인터를 하나씩 늘리다가 배열의 범위를 넘어서면, 포인터를 0으로 설정하는 것입니다.

그림 4.7은 데이터가 일부 포함되어 있는 큐에 enqueue()와 dequeue()를 몇 번 실행하는 예입니다. 처음에 enqueue(1)로 1을 추가하면, tail의 값이 1만큼 증가합니다. 그런데 이때 tail의 값이 7이었으므로, 1을 증가시키면 배열의 영역을 넘어 버

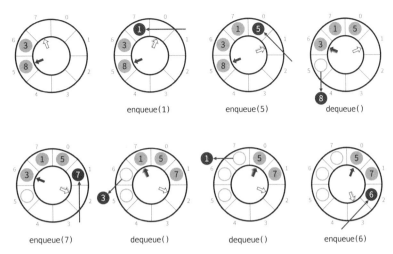

그림 4.7 배열을 사용한 링 버퍼

립니다. 따라서 이때 tail을 0으로 다시 설정합니다. 링 버퍼를 시계 방향으로 보면, 큐에 데이터가 있는 경우에는 포인터가 항상 head → tail 순서로 유지됩니다. 또한 큐가 비어 있을 때와 꽉 찬 경우를 구별할 수 있게 tail → head 순서에서는 사이에 항상 하나 이상의 빈 공간을 설정하게 합니다.

배열을 사용한 큐는 다음과 같이 구현할 수 있습니다.

프로그램 4.2 배열로 큐 구현하기

```
1   initialize()
2     head = tail = 0
3
4   isEmpty()
5     return head == tail
6
7   isFull()
8     return head == (tail + 1) % MAX
9
10  enqueue(x)
11    if isFull()
12       오류(오버플로)
13    Q[tail] = x
14    if tail + 1 == MAX
15       tail = 0
16    else
17       tail++
18
19  dequeue()
20    if isEmpty()
21       오류(언더플로)
```

```
22    x = Q[head]
23    if head + 1 == MAX
24        head = 0
25    else
26        head++
27    return x
```

initialize 함수는 head와 tail의 값을 같게 설정해서, 빈 큐를 설정합니다. isEmpty 함수는 head와 tail의 값이 같은지 확인해서 큐가 비어 있는지 판정합니다.

isFull 함수는 큐가 꽉 찼는지 확인합니다. 예를 들어 배열이 0-기반이고, 배열의 크기가 MAX라고 할 때, head가 (tail + 1) % MAX와 같다면 큐가 꽉 찼다고 판정할 수 있습니다. 여기에서 $a \% b$는 a를 b로 나눈 나머지를 나타냅니다.

enqueue 함수는 tail이 나타내는 위치에 x를 추가합니다. 요소가 1개 증가하므로, tail을 1만큼 증가시킵니다. 이때 tail이 배열의 크기 MAX 이상이 되는 경우에는 tail을 0으로 변경해서 순환하게 합니다. 또한 만약 배열이 꽉 찬 상태에서 enqueue 함수를 실행하면 오류 처리를 합니다.

dequeue 함수는 head가 나타내는 큐의 앞쪽 부분의 요소를 변수 x에 일시적으로 기록하고 head를 1만큼 증가시킨 뒤, x를 리턴합니다. 이때 head가 배열의 크기 MAX 이상이 되는 경우에는 head를 0으로 변경해서 순환하게 합니다. 또한 만약 큐가 빈 상태에서 dequeue 함수를 실행하면 오류 처리를 합니다.

조금 더 생각해 보기

배열을 사용해서 큐를 구현할 때는 메모리를 유효하게 활용하면서 $enqueue$와 $dequeue$ 조작을 각각 $O(1)$의 알고리즘으로 구현하는 것이 포인트입니다. 링 버퍼를 사용하면 $enqueue$, $dequeue$를 모두 $O(1)$의 알고리즘으로 구현할 수 있습니다.

해답 예

C

```c
1    #include<stdio.h>
2    #include<string.h>
3    #define LEN 100005
4
5    /* 프로세스를 나타내는 구조체 */
6    typedef struct pp {
7      char name[100];
8      int t;
9    } P;
```

```
10
11  P Q[LEN];
12  int head, tail, n;
13
14  void enqueue(P x) {
15    Q[tail] = x;
16    tail = (tail + 1) % LEN;
17  }
18
19  P dequeue() {
20    P x = Q[head];
21    head = (head + 1) % LEN;
22    return x;
23  }
24
25  int min(int a, int b) { return a < b ? a : b; }  /* 최솟값 리턴 */
26
27  int main() {
28    int elaps = 0, c;
29    int i, q;
30    P u;
31    scanf("%d %d", &n, &q);
32
33    /* 모든 프로세스를 큐에 차례대로 추가 */
34    for(i = 1; i <= n; i++) {
35      scanf("%s", Q[i].name);
36      scanf("%d", &Q[i].t);
37    }
38    head = 1; tail = n + 1;
39
40    /* 시뮬레이션 */
41    while(head != tail) {
42      u = dequeue();
43      c = min(q, u.t);          /* q 또는 필요한 시간 u.t만큼 처리 */
44      u.t -= c;                 /* 남은 필요 시간 계산 */
45      elaps += c;               /* 경과 시간 추가 */
46      if(u.t > 0) enqueue(u);   /* 처리가 완료되지 않았다면 큐에 다시 추가 */
47      else {
48        printf("%s %d\n",u.name, elaps);
49      }
50    }
51
52    return 0;
53  }
```

4.4 연결 리스트

ALDS 1_3_C Doubly Linked List

제한 시간: 1초 | **메모리 제한**: 65536KB | **정답률**: 15.90%

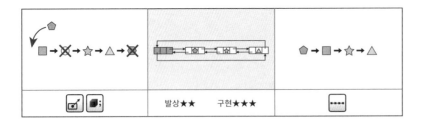

다음 명령을 받고 처리할 수 있는 양방향 연결 리스트를 구현하세요.

- insert x: 연결 리스트의 가장 앞에 키 x를 가진 요소를 추가합니다.
- delete x: 키 x를 가진 첫 번째 요소를 연결 리스트에서 제거합니다.
- deleteFirst: 연결 리스트의 가장 앞 요소를 제거합니다.
- deleteLast: 연결 리스트의 가장 뒤 요소를 제거합니다.

입력 입력은 다음과 같은 형식으로 주어집니다.

n

$command_1$

$command_2$

$...$

$command_n$

1번째 줄에는 명령의 수(n)가 주어집니다. 이어서 n개의 줄에 명령이 주어집니다. 명령은 위에서 언급한 4개의 명령 중 하나입니다. 키는 정수로만 주어집니다.

출력 모든 명령이 종료된 후에 연결 리스트 내부의 키를 순서대로 출력합니다. 이때 키 사이에는 띄어쓰기 하나를 넣어 주세요.

제약 명령의 수는 2,000,000을 넘지 않습니다.

delete x 명령의 수는 20을 넘지 않습니다.

$0 \leq$ 키의 수 $\leq 10^9$

명령 과정에서 리스트의 요소 수는 10^6을 넘지 않습니다.

입력 예	출력 예
7 insert 5 insert 2 insert 3 insert 1 delete 3 insert 6 delete 5	6 1 2

☑ **틀렸을 때의 체크포인트**

- C++ 언어의 경우 cin보다 scanf가 더 빠릅니다. 빠른 입출력을 사용해서 시간을 단축해 보세요.

해설

데이터를 동적으로 변화시켜야 하는 자료 구조를 구현할 때에는 메모리 확보와 해제를 확실하게 해 줘야 합니다. 메모리 확보와 포인터를 활용해서 링크를 연결하는 방법을 구체적으로 살펴볼 수 있게 양방향 연결 리스트를 C++ 언어로 구현하는 프로그램을 차근차근 살펴봅시다.

양방향 연결 리스트는 다음과 같이 데이터 자체(다음 그림에서 정수 값 key)와 함께 자신의 앞 요소와 뒤 요소를 가리키는 포인터 prev와 next를 갖는 구조체 변수를 포인터로 연결해서 구현합니다. 이때 리스트의 각 요소를 '노드(node)'라고 부릅니다.

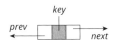

그림 4.8 양방향 연결 리스트의 노드

프로그램 4.3 C++ 언어의 양방향 연결 리스트 노드

```
1    struct Node {
2      int key;
3      Node *prev, *next;
4    };
```

리스트의 가장 앞 요소(또는 가장 뒤 요소)를 나타내는 센티넬이라는 특별한 노드를 배치해서 간단하게 구현하겠습니다. 센티넬(sentinel)은 실제 데이터를 포함

하지는 않지만, 포인터 연결을 간단하게 만드는 데 활용할 수 있는 대상을 의미합니다.

리스트 초기화를 하는 init 함수에서는 센티넬을 나타내는 NIL[1] 노드를 생성하고, 다음 그림과 같이 prev와 next를 센티넬과 연결해서 빈 리스트를 만듭니다.

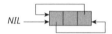

그림 4.9 양방향 연결 리스트의 센티넬

프로그램 4.4 양방향 리스트 초기화

```
1   Node *nil;
2
3   void init() {
4     nil = (Node *)malloc(sizeof(Node));
5     nil->next = nil;
6     nil->prev = nil;
7   }
```

이러한 센티넬을 시작점으로 요소를 추가해 나갑니다. 다음 코드에서 malloc은 지정한 크기만큼 메모리를 동적으로 확보하는 C 언어의 표준 라이브러리 함수입니다. 또한 ->는 포인터 변수에서 멤버에 접근할 때 사용하는 연산자로 화살표 연산자라고 부릅니다.

insert 함수는 주어진 키를 가진 노드를 생성하고, 이를 리스트 앞에 추가합니다. 그림 4.10처럼 센티넬을 시작점으로 포인터를 차례대로 연결하는 것입니다.

프로그램 4.5 양방향 리스트에 요소 삽입하기

```
1   void insert(int key) {
2     Node *x = (Node *)malloc(sizeof(Node));
3     x->key = key;
4     // 센티넬 바로 뒤에 요소 추가
5     x->next = nil->next;
6     nil->next->prev = x;
7     nil->next = x;
8     x->prev = nil;
9   }
```

---

1 NIL(닐) 또는 NULL(널)은 프로그래밍에서 '아무것도 아님'이라는 의미를 나타낼 때 사용됩니다. 프로그래밍 언어에 따라서 의미가 조금씩 다르기는 하지만, 이 책에서는 NIL을 '아무것도 아님'이라는 의미로 사용하며, 존재하지 않는 것을 나타내는 변수로서 사용하겠습니다.

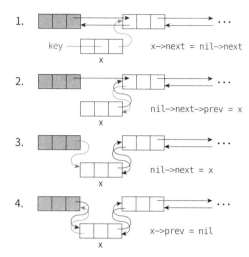

그림 4.10 양방향 연결 리스트: 삽입

요소를 탐색하는 listSearch 함수는 주어진 키를 가진 노드를 찾고, 그 포인터를 리턴합니다. 현재 위치의 노드에 대한 포인터를 cur로 만들고, 이를 기반으로 센티넬의 next가 가리키는 노드부터 차례대로 리스트를 순회합니다(cur = cur->next 부분).

프로그램 4.6 양방향 리스트의 요소 탐색하기

```
1  Node* listSearch(int key) {
2    Node *cur = nil->next;  // 센티넬 다음 요소부터 순회
3    while(cur != nil && cur->key != key) {
4      cur = cur->next;
5    }
6    return cur;
7  }
```

이 과정에서 key를 찾거나 센티넬 NIL로 돌아오는 경우에는 탐색을 종료하고, 해당 시점의 cur를 리턴합니다.

deleteNode 함수는 다음과 같이 포인터 연결을 변경하고, 지정한 노드 t를 제거합니다. 이때 제거한 노드의 메모리를 해제해야 합니다. 여기서 free는 필요 없어진 메모리를 해제하는 C 언어의 표준 라이브러리 함수입니다.

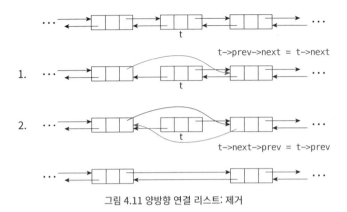

그림 4.11 양방향 연결 리스트: 제거

프로그램 4.7 양방향 리스트의 요소 제거하기

```
1    void deleteNode(Node *t) {
2      if(t == nil) return;  // t가 센티넬이라면 처리하지 않습니다.
3      t->prev->next = t->next;
4      t->next->prev = t->prev;
5      free(t);
6    }
7
8    void deleteFirst() {
9      deleteNode(nil->next);
10   }
11
12   void deleteLast() {
13     deleteNode(nil->prev);
14   }
15
16   void deleteKey(int key) {
17     // 탐색한 노드를 제거
18     deleteNode(listSearch(key));
19   }
```

deleteFirst 함수, deleteLast 함수는 각각 센티넬의 next, prev가 가리키는 노드를 제거합니다.

deleteKey 함수는 키를 지정하면, 이를 listSearch 함수로 찾고, deleteNode 함수로 제거하는 함수입니다.

조금 더 생각해 보기

양방향 연결 리스트에 요소를 추가하는 작업은 포인터의 연결을 바꾸기만 하면 되므로 $O(1)$로 처리할 수 있습니다.

배열은 A[i]처럼 정수 시간으로 지정한 요소에 접근할 수 있지만, 리스트는 요소를 찾으려면 포인터를 기반으로 순회해야 합니다. 따라서 N개의 요소를 포함하는 리스트에 대한 탐색은 $O(N)$ 알고리즘이 됩니다.

양방향 연결 리스트의 앞과 뒤에 있는 요소는 $O(1)$로 제거할 수 있지만, 특정 key를 가진 노드를 제거하려면 리스트의 요소를 차례대로 순회해야 하므로 $O(N)$만큼의 복잡도가 필요합니다.

이번 절에서 소개한 리스트 구현은 탐색과 제거에 $O(N)$만큼의 복잡도가 필요하므로 크게 실용성이 없습니다. 하지만 이후에 설명하는 자료 구조를 구현할 때 필요한 내용이므로 확실하게 이해하고 넘어가기 바랍니다.

해답 예

C++

```
1   #include<cstdio>
2   #include<cstdlib>
3   #include<cstring>
4
5   struct Node {
6     int key;
7     Node *next, *prev;
8   };
9
10  Node *nil;
11
12  Node* listSearch(int key) {
13    Node *cur = nil->next;   // 센티넬 다음 요소부터 순회
14    while(cur != nil && cur->key != key) {
15      cur = cur->next;
16    }
17    return cur;
18  }
19
20  void init() {
21    nil = (Node *)malloc(sizeof(Node));
22    nil->next = nil;
23    nil->prev = nil;
24  }
25
26  void printList() {
27    Node *cur = nil->next;
28    int isf = 0;
29    while(1) {
30      if(cur == nil) break;
```

```
31        if(isf++ > 0) printf(" ");
32        printf("%d", cur->key);
33        cur = cur->next;
34    }
35    printf("\n");
36  }
37
38  void deleteNode(Node *t) {
39    if(t == nil) return;  // t가 센티넬이라면 처리하지 않습니다.
40    t->prev->next = t->next;
41    t->next->prev = t->prev;
42    free(t);
43  }
44
45  void deleteFirst() {
46    deleteNode(nil->next);
47  }
48
49  void deleteLast() {
50    deleteNode(nil->prev);
51  }
52
53  void deleteKey(int key) {
54    // 탐색한 노드를 제거
55    deleteNode(listSearch(key));
56  }
57
58  void insert(int key) {
59    Node *x = (Node *)malloc(sizeof(Node));
60    x->key = key;
61    // 센티넬 바로 뒤에 요소 추가
62    x->next = nil->next;
63    nil->next->prev = x;
64    nil->next = x;
65    x->prev = nil;
66  }
67
68  int main() {
69    int key, n, i;
70    int size = 0;
71    char com[20];
72    int np = 0, nd = 0;
73    scanf("%d", &n);
74    init();
75    for(i = 0; i < n; i++) {
76      scanf("%s%d", com, &key);  // cin보다 빠른 scanf를 사용했습니다.
77      if(com[0] == 'i') { insert(key); np++; size++; }
78      else if(com[0] == 'd') {
```

```
79      if(strlen(com) > 6) {
80        if(com[6] == 'F') deleteFirst();
81        else if(com[6] == 'L') deleteLast();
82      } else {
83        deleteKey(key); nd++;
84      }
85      size--;
86    }
87  }
88
89  printList();
90
91  return 0;
92 }
```

4.5 표준 라이브러리의 자료 구조

4.5.1 C++의 표준 라이브러리

이 책은 범용적인 알고리즘과 자료 구조를 구현하기 위한 기본적인 발상, 특징, 복잡도 등의 지식 제공을 목표로 하고 있습니다. 하지만 대부분의 프로그래밍 언어에는 입출력, 문자열뿐만 아니라 알고리즘 및 자료 구조와 관련된 클래스와 함수를 라이브러리로 제공합니다. 따라서 프로그래머는 이를 직접 구현하지 않고도 효율적이고 신뢰성 있는 라이브러리의 혜택을 누릴 수 있습니다.

다만 라이브러리는 알고리즘과 자료 구조의 특징과 복잡도를 잘 알아야 효율적으로 사용할 수 있으며, 이를 기반으로 고급 알고리즘과 자료 구조 구현에 활용할 수 있습니다. 따라서 이 책의 해답에서는 문제와 관련된 알고리즘과 자료 구조를 직접 구현하며 설명한 이후에 라이브러리를 사용해서 설명하겠습니다.

C++ 라이브러리의 대부분은 '템플릿'으로 제공됩니다. 템플릿이란 자료형을 이후에 지정할 수 있는 함수 또는 클래스를 의미합니다. 이 책에서는 템플릿과 관련된 내용을 자세히 설명하지 않습니다(C++ 기본서를 참고하세요). 템플릿을 기반으로 만들어진 표준 템플릿 라이브러리(Standard Template Library, STL)의 사용 방법만 소개하겠습니다.

STL은 효율적인 알고리즘으로 데이터를 관리할 수 있게 해 주는 라이브러리입니다. STL은 컨테이너라고 부르는 자료 집합을 관리하는 동적 배열, 리스트, 스택, 큐 등의 다양한 클래스를 제공합니다. 그리고 멤버 함수와 알고리즘을 호출해서 다양한 조작을 할 수 있습니다. 그럼 간단하게 stack, queue, vector, list에 대해서 알아보겠습니다.

4.5.2 stack

다음 프로그램은 STL의 stack을 사용해서 정수 값을 관리하는 프로그램입니다.

프로그램 4.8 stack의 사용 방법

```
1    #include<iostream>
2    #include<stack>
3    using namespace std;
4
5    int main() {
6      stack<int> S;
7
8      S.push(3);              // 스택에 3을 추가합니다.
9      S.push(7);              // 스택에 7을 추가합니다.
10     S.push(1);              // 스택에 1을 추가합니다.
11     cout << S.size() << " "; // 스택의 크기 = 3
12
13     cout << S.top() << " ";  // 1
14     S.pop();                 // 스택의 탑에 있는 요소를 제거합니다.
15
16     cout << S.top() << " ";  // 7
17     S.pop();
18
19     cout << S.top() << " ";  // 3
20
21     S.push(5);
22
23     cout << S.top() << " ";  // 5
24     S.pop();
25
26     cout << S.top() << endl; // 3
27
28     return 0;
29   }
```

출력

```
3 1 7 3 5 3
```

#include<stack>으로 STL stack 코드를 읽어 들입니다.

stack<int> S; 선언문으로 int 자료형의 요소를 관리하는 스택을 만듭니다. stack
은 템플릿을 사용하므로, < > 사이에 자료형을 지정해서 원하는 형태의 데이터를
관리할 수 있습니다.

stack에는 다음과 같은 멤버 함수가 정의되어 있습니다.

함수 이름	기능	복잡도
size()	스택의 요소 수를 리턴합니다.	$O(1)$
top()	스택의 가장 위에 있는 요소를 리턴합니다.	$O(1)$
pop()	스택의 가장 위에 있는 요소를 제거합니다.	$O(1)$
push(x)	스택에 요소 x를 추가합니다.	$O(1)$
empty()	스택이 빈 경우 true를 리턴합니다.	$O(1)$

표 4.1 stack의 멤버 함수 예

STL을 사용해 연습 문제를 풀어봅시다. ALDS1_3_A: Stack은 STL stack을 사용해서 다음과 같이 구현할 수 있습니다.

```cpp
1   #include<iostream>
2   #include<cstdlib>
3   #include<stack>
4   using namespace std;
5
6   int main() {
7     // 표준 라이브러리 stack 사용
8     stack<int> S;
9     int a, b, x;
10    string s;
11
12    while(cin >> s){
13      if(s[0] == '+') {
14        a = S.top(); S.pop();
15        b = S.top(); S.pop();
16        S.push(a + b);
17      } else if(s[0] == '-') {
18        b = S.top(); S.pop();
19        a = S.top(); S.pop();
20        S.push(a - b);
21      } else if(s[0] == '*') {
22        a = S.top(); S.pop();
23        b = S.top(); S.pop();
24        S.push(a * b);
25      } else {
26        S.push(atoi(s.c_str()));
27      }
28    }
29
30    cout << S.top() << endl;
31
32    return 0;
33  }
```

4.5.3 queue

다음 프로그램은 STL의 queue를 사용해서 문자열을 큐로 관리하는 프로그램입니다.

프로그램 4.9 queue의 사용 방법

```
1   #include<iostream>
2   #include<queue>
3   #include<string>
4   using namespace std;
5
6   int main() {
7     queue<string> Q;
8
9     Q.push("red");
10    Q.push("yellow");
11    Q.push("yellow");
12    Q.push("blue");
13
14    cout << Q.front() << " ";  // red
15    Q.pop();
16
17    cout << Q.front() << " ";  // yellow
18    Q.pop();
19
20    cout << Q.front() << " ";  // yellow
21    Q.pop();
22
23    Q.push("green");
24
25    cout << Q.front() << " ";   // blue
26    Q.pop();
27
28    cout << Q.front() << endl;  // green
29
30    return 0;
31  }
```

출력

```
red yellow yellow blue green
```

#include<queue>로 STL queue 코드를 읽어 들입니다.

queue<string> Q; 선언문으로 string 자료형의 요소를 관리하는 큐를 만듭니다. queue는 템플릿을 사용하므로, < > 사이에 자료형을 지정해서 원하는 형태의 데이터를 관리할 수 있습니다.

queue에는 다음과 같은 멤버 함수가 정의되어 있습니다.

함수 이름	기능	복잡도
size()	큐의 요소 수를 리턴합니다.	$O(1)$
front()	큐의 가장 앞쪽 요소를 리턴합니다.	$O(1)$
pop()	큐에서 요소를 추출해서 제거합니다.	$O(1)$
push()	큐에 요소 x를 추가합니다.	$O(1)$
empty()	큐가 빈 경우 true를 리턴합니다.	$O(1)$

표 4.2 queue의 멤버 함수 예

STL을 사용해 연습 문제를 풀어봅시다. ALDS1_3_B: Queue는 STL queue를 사용해서 다음과 같이 구현할 수 있습니다.

```cpp
#include<iostream>
#include<string>
#include<queue>
#include<algorithm>
using namespace std;

int main() {
  int n, q, t;
  string name;
  // 표준 라이브러리의 queue 사용
  queue<pair<string, int> > Q;   // 프로세스 큐

  cin >> n >> q;

  // 모든 프로세스를 큐에 차례대로 추가
  for(int i = 0; i < n; i++) {
    cin >> name >> t;
    Q.push(make_pair(name, t));
  }

  pair<string, int> u;
  int elaps = 0, a;

  // 시뮬레이션
  while(!Q.empty()) {
    u = Q.front(); Q.pop();
    a = min(u.second, q);   // q 또는 필요한 시간 u.t만큼 처리
    u.second -= a;          // 남은 필요 시간 계산
    elaps += a;             // 경과 시간 추가
    if(u.second > 0) {
      Q.push(u);            // 처리가 완료되지 않았다면 큐에 다시 추가
    } else {
      cout << u.first << " " << elaps << endl;
    }
```

```
35    }
36
37    return 0;
38  }
```

코드에서 사용한 pair는 값을 한 쌍으로 저장할 수 있게 해 주는 구조체 템플릿입니다. < > 내부에 2개의 자료형을 지정해서 선언합니다. make_pair로 한 쌍을 생성할 수 있으며, 이때 첫 번째 요소는 first, 두 번째 요소는 second로 접근합니다.

4.5.4 vector

요소를 추가했을 때 크기가 확장되는 배열을 동적 배열 또는 가변 길이 배열이라고 부릅니다. 반면 미리 정해진 요소 수만큼만 저장할 수 있는 배열을 정적 배열이라고 부릅니다.

다음 프로그램은 STL의 vector를 사용해서 동적 배열로 데이터를 관리하는 프로그램입니다.

프로그램 4.10 vector의 사용 방법

```
1   #include<iostream>
2   #include<vector>
3   using namespace std;
4
5   void print(vector<double> V) {
6     for(int i = 0; i < V.size(); i++) {
7       cout << V[i] << " ";
8     }
9     cout << endl;
10  }
11
12  int main() {
13    vector<double> V;
14
15    V.push_back(0.1);
16    V.push_back(0.2);
17    V.push_back(0.3);
18    V[2] = 0.4;
19    print(V);  // 0.1 0.2 0.4
20
21    V.insert(V.begin() + 2, 0.8);
22    print(V);  // 0.1 0.2 0.8 0.4
23
24    V.erase(V.begin() + 1);
25    print(V);  // 0.1 0.8 0.4
26
```

```
27    V.push_back(0.9);
28    print(V);  // 0.1 0.8 0.4 0.9
29
30    return 0;
31 }
```

출력

```
0.1 0.2 0.4
0.1 0.2 0.8 0.4
0.1 0.8 0.4
0.1 0.8 0.4 0.9
```

#include<vector>로 STL vector 코드를 읽어 들입니다.

vector<double> V; 선언문으로 double 자료형의 요소를 관리하는 벡터를 만듭니다. vector는 템플릿을 사용하므로, < > 사이에 자료형을 지정해서 원하는 형태의 데이터를 관리할 수 있습니다. vector의 요소에 접근할 때는 배열과 마찬가지로 [ ] 연산자를 사용할 수 있습니다.

vector에는 다음과 같은 멤버 함수가 정의되어 있습니다.

함수 이름	기능	복잡도
size()	벡터의 요소 수를 리턴합니다.	$O(1)$
push_back(x)	벡터의 가장 마지막에 요소 x를 추가합니다.	$O(1)$
pop_back()	벡터의 가장 마지막 요소를 제거합니다.	$O(1)$
begin()	벡터의 가장 앞 요소를 가리키는 이터레이터를 리턴합니다.	$O(1)$
end()	벡터의 마지막 요소 다음 위치를 가리키는 이터레이터를 리턴합니다.	$O(1)$
insert(p, x)	벡터의 p 위치에 요소 x를 삽입합니다.	$O(n)$
erase(p)	벡터의 p 위치에 있는 요소를 제거합니다.	$O(n)$
clear()	벡터의 모든 요소를 제거합니다.	$O(n)$

표 4.3 vector의 멤버 함수 예

표에서 이터레이터는 포인터 비슷한 것이라고 생각하면 됩니다. 자세한 내용은 5.5절에서 설명하겠습니다.

vector는 가변 길이 배열이므로 편리하게 사용할 수 있는 편리한 자료 구조이지만, 요소의 수가 n인 vector의 특정 위치에 데이터를 삽입하거나 삭제할 때 복잡도가 $O(n)$이나 되므로 주의해서 사용해야 합니다.

4.5.5 list

다음 프로그램은 STL의 list를 사용해서 양방향 연결 리스트로 데이터를 관리하는 프로그램입니다.

프로그램 4.11 list의 사용 방법

```
1   #include<iostream>
2   #include<list>
3   using namespace std;
4
5   int main() {
6     list<char> L;
7
8     L.push_front('b');   // [b]
9     L.push_back('c');    // [bc]
10    L.push_front('a');   // [abc]
11
12    cout << L.front();   // a
13    cout << L.back();    // c
14
15    L.pop_front();       // [bc]
16    L.push_back('d');    // [bcd]
17
18    cout << L.front();        // b
19    cout << L.back() << endl; // d
20
21    return 0;
22  }
```

출력

```
acbd
```

#include<list>로 STL list를 읽어 들입니다.

list<char> L;의 선언문으로 char 자료형의 요소를 관리하는 양방향 연결 리스트를 생성합니다. list에는 표 4.4와 같은 멤버 함수가 정의되어 있습니다.

list는 vector와 다르게 [ ] 연산자로 요소에 접근할 수 없습니다. 이터레이터(5.5절 참고)를 사용해야 순서대로 접근할 수 있습니다. list는 vector와 다르게 요소의 삽입과 삭제를 $O(1)$으로 빠르게 할 수 있다는 특징이 있습니다.

함수 이름	기능	복잡도
size()	리스트의 요소 수를 리턴합니다.	$O(1)$
begin()	리스트의 가장 앞 요소를 가리키는 이터레이터를 리턴합니다.	$O(1)$
end()	리스트의 마지막 요소 다음 위치를 가리키는 이터레이터를 리턴합니다.	$O(1)$
push_front(x)	리스트의 가장 앞에 요소 x를 추가합니다.	$O(1)$
push_back(x)	리스트의 가장 뒤에 요소 x를 추가합니다.	$O(1)$
pop_front()	리스트의 가장 앞 요소를 제거합니다.	$O(1)$
pop_back()	리스트의 가장 뒤 요소를 제거합니다.	$O(1)$
insert(p, x)	리스트의 p 위치에 요소 x를 삽입합니다.	$O(1)$
erase(p)	리스트의 p 위치에 있는 요소를 제거합니다.	$O(1)$
clear()	리스트의 모든 요소를 제거합니다.	$O(n)$

표 4.4 list의 멤버 함수 예

STL을 사용해 연습 문제를 풀어봅시다. ALDS1_3_C: Doubly Linked List는 STL list를 사용해서 다음과 같이 구현할 수 있습니다.

```
1   #include<cstdio>
2   #include<list>
3   #include<algorithm>
4   using namespace std;
5
6   int main() {
7     int q, x;
8     char com[20];
9     // 표준 라이브러리 list 사용
10    list<int> v;
11    scanf("%d", &q);
12    for(int i = 0; i < q; i++) {
13      scanf("%s", com);
14      if(com[0] == 'i') {          // insert
15        scanf("%d", &x);
16        v.push_front(x);
17      } else if(com[6] == 'L') {  // deleteLast
18        v.pop_back();
19      } else if(com[6] == 'F') {  // deleteFirst
20        v.pop_front();
21      } else if(com[0] == 'd') {  // delete
22        scanf("%d", &x);
23        for(list<int>::iterator it = v.begin(); it != v.end(); it++) {
24          if(*it == x) {
```

```
25          v.erase(it);
26          break;
27        }
28      }
29    }
30  }
31  int i = 0;
32  for(list<int>::iterator it = v.begin(); it != v.end(); it++) {
33    if(i++) printf(" ");
34    printf("%d", *it);
35  }
36  printf("\n");
37
38  return 0;
39 }
```

4.6 자료 구조 응용: 면적 계산

※ 이번 문제는 조금 어렵습니다. 너무 어렵게 느껴진다면 일단 건너뛰고, 실력을 쌓은 후에 다시 도전하기 바랍니다.

ALDS1_3_D Areas on the Cross-Section Diagram

제한 시간: 1초 | **메모리 제한**: 65536KB | **정답률**: 42.42%

어떤 지역에 비가 많이 내릴 경우를 대비해서, 홍수 피해 상황을 시뮬레이션해 보는 프로그램을 만든다고 합시다. 그림처럼 $1 \times 1(\text{m}^2)$으로 이루어진 격자에 어떤 지역의 대략적인 단면도가 제공된다고 할 때, 고여 있는 물의 면적을 계산하세요.

특정 지역에 무한하게 비가 내린 이후에 넘친 물은 좌우(바다 등)로 흘러서 사라진다고 가정합니다. 그래서 최종적으로 만들어지는 웅덩이에 고여 있는 물의 양만 계산하면 됩니다. 예를 들어 위 그림의 단면도는 왼쪽에서부터 면적이 4, 2, 1, 19만큼 물이 고이게 됩니다.

입력 경사가 있는 곳은 '/'와 '\', 평지는 '_'로 표현한 한 줄의 문자열로 단면도가 주어집니다. 예를 들어 위 그림의 단면도는 문자열 \\///_/\/\\\\\/_/\\///로 주어집니다.

출력 1번째 줄에 지역 전체에 고여 있는 물의 양을 출력합니다.

2번째 줄에는 웅덩이의 수 k, 각 웅덩이에 있는 물의 양 $L_i(i = 1, 2, \cdots, k)$를 단면도의 왼쪽에서부터 차례대로 공백으로 구분해서 출력합니다.

제약 $1 \leq$ 문자열의 길이 $\leq 20{,}000$

입력 예	출력 예
\\///_/\/\\\\\/_/\\///___\\/_\/_/\	35 5 4 2 1 19 9

해설

이번 문제는 정렬 알고리즘을 응용하는 등 다양한 방법으로 풀 수 있지만, 스택을 사용하는 알고리즘으로 풀어보겠습니다.

일단 전체 면적(처음에 출력해야 하는 것)은 다음과 같은 알고리즘으로 구할 수 있습니다.

입력된 문자 s_i를 차례대로 확인해서

▶ \라면 해당 위치(앞에서부터 몇 번째 문자인지)를 나타내는 정수 i를 스택 $S1$에 삽입합니다.

▶ /라면 스택 $S1$의 탑에서 대응되는 \의 위치 i_p를 추출하고, 현재 위치와의 거리 $i - i_p$를 전체 면적에 더합니다.

문자 _는 \와 / 쌍의 거리를 하나만큼 늘릴 뿐이므로 _를 따로 사용하지 않아도 \와 /와의 거리를 구할 수 있습니다.

이어서 각 웅덩이의 면적을 구하는 알고리즘을 생각해 봅시다.

각 웅덩이의 면적은 추가적인 스택 $S2$를 사용해서 저장합니다. 스택 $S2$에는 (해당 웅덩이 가장 왼쪽의 \ 위치, 해당 웅덩이의 해당 시점에서의 면적) 쌍을 저장합니다. 예를 들어 다음 그림의 상황에서 i를 현재의 /를 나타내는 위치, j를 대응되는 \의 위치라고 하면, $S2$에는 $(j + 1, 5)$와 $(k, 4)$라는 2개의 웅덩이가 저장됩니다.

그림 4.12 물 웅덩이 통합

이때 새로 만들어지는 웅덩이의 면적은 $S2$에 저장되어 있는 j 직전까지의 웅덩이 면적의 총합과 새로 만들어지는 면적 $i - j$의 합이 됩니다. 이때 참조된 (여러 개의) 물 웅덩이를 $S2$에서 추출하고, 새로 만들어진 물 웅덩이를 $S2$에 저장합니다.

해답 예

C++

```
1   #include<iostream>
2   #include<stack>
3   #include<string>
4   #include<vector>
5   #include<algorithm>
6   using namespace std;
7
8   int main() {
9     stack<int> S1;
10    stack<pair<int, int> > S2;
11    char ch;
12    int sum = 0;
13    for(int i = 0; cin >> ch; i++) {
14      if(ch == '\\') S1.push(i);
15      else if(ch == '/' && S1.size() > 0) {
16        int j = S1.top(); S1.pop();
17        sum += i - j;
18        int a = i - j;
19        while(S2.size() > 0 && S2.top().first > j) {
20          a += S2.top().second; S2.pop();
21        }
22        S2.push(make_pair(j, a));
23      }
24    }
25
26    vector<int> ans;
27    while(S2.size() > 0) { ans.push_back(S2.top().second); S2.pop(); }
28    reverse(ans.begin(), ans.end());
29    cout << sum << endl;
30    cout << ans.size();
31    for(int i = 0; i < ans.size(); i++) {
32      cout << " ";
33      cout << ans[i];
34    }
35    cout << endl;
36
37    return 0;
38  }
```

4.7 백준 온라인 저지 문제

2257번 화학식량

제한 시간: 2초 | **메모리 제한**: 128MB | **정답률**: 34.78%

H_2O, CH_3COOH와 같은 화학식은 알파벳, 숫자, 괄호로 구성된다. 알파벳은 원자를 의미하고, 알파벳 뒤에 따르는 숫자는 그 원자가 몇 개 포함되어 있는지를 의미한다. 이 문제에서 숫자는 항상 2 이상 9 이하로만 주어진다. 따라서 $CO23$과 같이 숫자가 두 자리인 경우는 없다.

화학식에 사용하는 괄호는 하나의 새로운 원자와 같은 작용을 한다. 예를 들어, $CH(CO2H)(CO2H)(CO2H)$는 $CH(CO2H)3$과 같이 나타낼 수 있다. 괄호 안에 알파벳이 없는 경우에는 괄호가 없는 것과 같다.

화학식량이란 그 화학식에 포함되어 있는 모든 원자의 질량의 합을 말한다. 수소 원자 하나의 질량은 1, 탄소 원자 하나의 질량은 12, 산소 원자 하나의 질량은 16이다. H_2O의 경우 화학식량은 18이다.

화학식이 주어졌을 때, 이 화학식의 화학식량을 계산하는 프로그램을 작성하시오.

입력 첫째 줄에 화학식이 주어진다.

출력 첫째 줄에 화학식량을 출력한다.

제약 화학식은 H, C, O, (,), 2, 3, 4, 5, 6, 7, 8, 9로만 이루어져 있다.

　　　$1 \leq$ 화학식의 길이 ≤ 100

　　　$1 \leq$ 화학식량 $\leq 10,000$

입력 예	출력 예
H2O	18

17298번 오큰수

제한 시간: 1초 | **메모리 제한**: 512MB | **정답률**: 33.85%

크기가 N인 수열 A_1, A_2, $\cdots$, A_N이 있고, 각 원소 A_i에 대해서 오큰수 $NGE(i)$를 구해보자. A_i의 오큰수 $NGE(i)$는 오른쪽에 있으면서 A_i보다 큰 수 중에서 가장 왼쪽에 있는 수를 의미한다. 그러한 수가 없는 경우에 오큰수는 −1이다.

입력 첫째 줄에 수열 A의 크기 N이 주어진다. 둘째 줄에 수열 A의 원소 A_1, A_2, $\cdots$, A_N이 주어진다.

출력 총 N개의 수 $NGE(1)$, $NGE(2)$, $\cdots$, $NGE(N)$을 공백으로 구분해 출력한다.

제약 $1 \le N \le 1{,}000{,}000$

  $1 \le A_i \le 1{,}000{,}000$

입력 예 1

```
4
3 5 2 7
```

출력 예 1

```
5 7 7 -1
```

입력 예 2

```
4
9 5 4 8
```

출력 예 2

```
-1 8 8 -1
```

2504번 괄호의 값[2]

제한 시간: 1초 | **메모리 제한:** 128MB | **정답률:** 28.02%

괄호 문자열은 '(', ')', '[', ']'로 이루어진 문자열이고, 올바른 괄호 문자열은 다음과 같다.

- ()와 [ ]는 올바른 괄호 문자열이다.
- X가 올바른 괄호 문자열인 경우 (X)와 $[X]$도 올바른 괄호 문자열이다.
- X와 Y가 모두 올바른 괄호 문자열이라면 XY도 올바른 괄호 문자열이다.

올바른 괄호 문자열의 값은 다음과 같이 구한다.

- ()의 값은 2이다.
- [ ]의 값은 3이다.
- (X)의 값은 $2 \times (X$의 값)이다.
- $[X]$의 값은 $3 \times (X$의 값)이다.
- XY의 값은 $(X$의 값$) + (Y$의 값)이다.

괄호 문자열이 입력으로 주어졌을 때, 그 괄호 문자열의 값을 구하시오.

---

2 출처: KOI 지역본선 2008

입력 첫째 줄에 괄호 문자열이 주어진다.

출력 첫째 줄에 괄호 문자열이 올바른 괄호 문자열이면 값을 출력한다. 그렇지 않은 경우에는 0을 출력한다.

제약 $1 \le$ 문자열의 길이 ≤ 30

입력 예 1

```
(()[[]])([])
```

출력 예 1

```
28
```

입력 예 2

```
[][]((])
```

출력 예 2

```
0
```

2346번 풍선 터뜨리기

제한 시간: 2초 | **메모리 제한**: 4MB | **정답률**: 40.88%

1번부터 N번까지 N개의 풍선이 원형으로 놓여 있다. I번 풍선의 오른쪽에는 $i + 1$번이, 왼쪽에는 $i - 1$번이 있다. 단, 1번의 왼쪽에는 N번, N번의 오른쪽에는 1번이 있다.

각 풍선 안에는 종이가 한 장씩 들어 있다. 종이에는 정수가 하나 적혀 있다.

우선, 제일 처음에는 1번 풍선을 터뜨린다. 다음에는 풍선 안에 있는 종이를 꺼내어 그 종이에 적혀있는 값만큼 이동하여 다음 풍선을 터뜨린다. 양수가 적혀 있을 경우에는 오른쪽으로, 음수가 적혀 있을 때는 왼쪽으로 이동한다. 이동할 때에는 이미 터진 풍선은 빼고 이동한다.

풍선 안에 있는 종이에 적힌 값이 주어졌을 때, 터진 풍선의 번호를 순서대로 구하시오.

입력 첫째 줄에 풍선의 개수 N, 둘째 줄에는 각 풍선 안에 적혀 있는 수가 주어진다.

출력 첫째 줄에 터진 풍선의 번호를 공백으로 구분해 출력한다.

제약 $1 \le N \le 1,000$

$-N \le$ 종이에 적힌 정수 $\le N$(0은 종이에 적혀 있지 않음)

입력 예 1

```
5
3 2 1 -3 -1
```

출력 예 1

```
1 4 5 3 2
```

5장

탐색

탐색(또는 검색)이란 데이터의 집합 내부에서 원하는 요소를 찾는 처리를 나타냅니다. 요소들은 여러 종류로 구성될 수도 있지만, 이번 장에서는 주로 키와 값이 같은 단순한 데이터를 탐색하는 문제를 풀어보겠습니다.

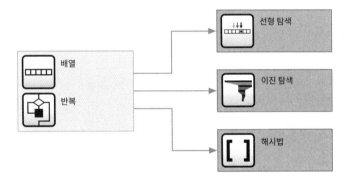

이번 장의 문제를 풀려면 배열과 반복문 처리 등의 기본적인 프로그래밍 스킬이 필요합니다.

5.1 탐색: 문제에 도전하기 전에

탐색이란 예를 들어 '배열 {8, 13, 5, 7, 21, 11}에서 7은 몇 번째에 있는가?'처럼 데이터의 집합 내부에서 주어진 키의 위치 또는 존재 유무를 확인하는 문제입니다. 기본적인 탐색 알고리즘으로는 선형 탐색, 이진 탐색, 해시법이 있습니다.

선형 탐색

선형 탐색(linear search)은 배열의 앞쪽부터 차례대로 각각의 요소가 주어진 값과 같은지 확인합니다. 그리고 동일한 것이 발견되면, 해당 위치를 리턴하며 탐색을 종료합니다. 끝까지 값이 발견되지 않으면, 해당 상황을 나타내는 특별한 값을 리턴합니다. 선형 탐색은 효율성이 굉장히 좋지 않지만, 데이터의 정렬 여부와 관계없이 사용할 수 있다는 특징이 있습니다.

이진 탐색

데이터가 정렬되어 있다면, 선형 탐색보다 효율적인 알고리즘을 활용할 수 있습니다. 이진 탐색(binary search)은 데이터의 대소 관계를 활용하는 굉장히 빠른 탐색 알고리즘입니다.

키가 배열에 오름차순으로 정렬되어 있다면, 이진 탐색 알고리즘은 다음과 같습니다.

⊞ 이진 탐색 알고리즘

1. 배열 전체를 탐색 범위로 합니다.
2. 탐색 범위 내부에서 중앙에 있는 값을 확인합니다.
3. 목적 키와 중앙 요소의 키가 일치하면 탐색을 종료합니다.
4. 목적 키가 중앙 요소의 키보다 작으면 앞의 절반 부분, 크면 뒤의 절반 부분을 탐색 범위로 잡고 2로 돌아가서 반복합니다.

각 계산 단계에서 탐색 범위가 반으로 줄어들어 굉장히 빠르게 탐색할 수 있습니다.

해시법

해시법은 해시 함수라는 함수의 값으로 탐색 위치를 결정합니다. 해시법은 해시 테이블이라는 표 형태의 자료 구조를 활용하는 알고리즘입니다. 요소의 키(값)를 매개변수로 함수를 호출하는 것만으로 위치를 특정할 수 있으므로, 데이터의 종류에 따라서는 굉장히 빠른 탐색이 가능합니다.

5.2 선형 탐색

ALDS1_4_A Linear Search

제한 시간: 1초 | **메모리 제한**: 65536KB | **정답률**: 27.99%

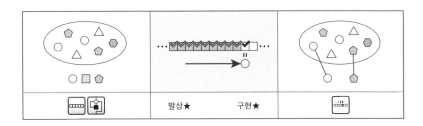

n개의 정수를 포함하는 수열 S와 q개의 다른 정수를 포함하는 수열 T를 읽어 들이고, T에 포함되어 있는 정수 중에서 S에 포함되어 있는 것의 개수 C를 출력하는 프로그램을 작성하세요.

입력   1번째 줄에 n, 2번째 줄에 S를 나타내는 n개의 정수, 3번째 줄에 q, 4번째 줄에 T를 나타내는 q개의 정수가 주어집니다.

출력   1번째 줄에 C를 출력합니다.

제약 $n \leq 10{,}000$ $\qquad\qquad$ $0 \leq S$의 요소 $\leq 10^9$

$\qquad$ $q \leq 500$ $\qquad\qquad\qquad$ $0 \leq T$의 요소 $\leq 10^9$

$\qquad\qquad\qquad\qquad\qquad\qquad$ T의 요소는 서로 다름

입력 예

```
5
1 2 3 4 5
3
3 4 1
```

출력 예

```
3
```

해설

수열 S 내부에 T의 요소가 포함되어 있는지를 선형 탐색으로 확인합니다. 선형 탐색은 for 반복문을 사용해 다음과 같이 구현할 수 있습니다.

프로그램 5.1 선형 탐색

```
1  linearSearch()
2    for i를_0에서_n−1까지
3      if A[i]와_key가_같으면
```

```
4       return i
5   return NOT_FOUND
```

일반적으로 선형 탐색은 '센티넬'을 활용해서 몇 배의 성능 향상을 만들어 낼 수 있습니다. 센티넬은 배열 등의 요소로서 넣는 특별한 값으로, 반복문 제어를 간단하게 하기 위한 목적으로 사용되는 프로그래밍 테크닉입니다. 선형 탐색에서 다음과 같이 탐색 대상 배열의 끝에 목적 키를 가진 데이터를 센티넬로 설치하는 경우를 생각해 봅시다.

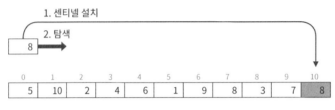

그림 5.1 센티넬을 사용한 선형 탐색

센티넬을 사용한 선형 탐색은 다음과 같이 구현할 수 있습니다.

프로그램 5.2 센티넬을 사용한 선형 탐색

```
1   linearSearch()
2     i = 0
3     A[n] = key
4     while A[i]와_key가_다르면
5       i++
6     if i가_n에_도달한_경우
7       return NOT_FOUND
8     return i
```

프로그램 5.1과 프로그램 5.2의 차이는 메인 반복문의 비교 연산 수입니다. 프로그램 5.1에서는 비교가 두 번, 즉 for 반복문의 종료 조건(예를 들어 C 언어에서는 for (i = 0; i < n; i++)) 비교와 키 비교가 일어납니다. 반면 프로그램 5.2에서는 일치하지 않는지만 한 번 비교합니다. 센티넬로 while 반복문이 반드시 종료될 것이 보장되므로, 종료 조건을 생략할 수 있습니다.

조금 더 생각해 보기

선형 탐색은 복잡도가 $O(n)$인 알고리즘이지만, 센티넬을 활용하면 성능을 몇 배 향상시킬 수 있습니다. 데이터를 대규모로 처리할 때는 이러한 스킬을 유용하게 활용할 수 있습니다.

이번 문제(ALDS1_4_A: Linear Search)는 n개의 요소 배열에 선형 탐색을 q번 하므로 $O(qn)$ 알고리즘으로 해결할 수 있습니다.

해답 예

C

```c
1   #include<stdio.h>
2
3   // 선형 탐색
4   int search(int A[], int n, int key) {
5     int i = 0;
6     A[n] = key;
7     while(A[i] != key) i++;
8     return i != n;
9   }
10
11  int main() {
12    int i, n, A[10000+1], q, key, sum = 0;
13
14    scanf("%d", &n);
15    for(i = 0; i < n; i++) scanf("%d", &A[i]);
16
17    scanf("%d", &q);
18    for(i = 0; i < q; i++) {
19      scanf("%d", &key);
20      if(search(A, n, key)) sum++;
21    }
22    printf("%d\n", sum);
23
24    return 0;
25  }
```

5.3 이진 탐색

ALDS1_4_B Binary Search

제한 시간: 1초 | **메모리 제한**: 65536KB | **정답률**: 26.45%

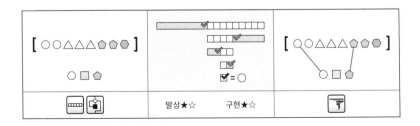

n개의 정수를 포함하는 수열 S와 q개의 다른 정수를 포함하는 수열 T를 읽어 들이고, T에 포함되어 있는 정수 중에서 S에 포함되어 있는 것의 개수 C를 출력하는 프로그램을 작성하세요.

입력   1번째 줄에 n, 2번째 줄에 S를 나타내는 n개의 정수, 3번째 줄에 q, 4번째 줄에 T를 나타내는 q개의 정수가 주어집니다.

출력 C를 1번째 줄에 출력합니다.

제약 S의 요소는 오름차순으로 정렬되어 있습니다.

$n \le 100{,}000$

$q \le 50{,}000$

$0 \le S$의 요소 $\le 10^9$

$0 \le T$의 요소 $\le 10^9$

T의 요소는 서로 다름

입력 예

```
5
1 2 3 4 5
3
3 4 1
```

출력 예

```
3
```

☑ **틀렸을 때의 체크포인트**

- $O(qn)$ 알고리즘인지 확인해 보세요. 제약을 주의하면서 빠른 알고리즘을 생각해 보세요.

해설

기본적인 발상은 이전에 살펴보았던 선형 탐색 문제와 같습니다. 탐색으로 수열 S 내부에 T의 요소가 포함되어 있는지 하나하나 확인하면 됩니다. 다만 $O(n)$ 선형 탐색으로는 제한 시간 내에 문제가 해결되지 않습니다. 따라서 이번에는 'S의 요소는 오름차순으로 정렬되어 있습니다'라는 제약을 활용해야 합니다. 이진 탐색을 활용하면 적당할 것 같습니다.

n개의 요소를 가진 배열 A에서 key를 찾는 이진 탐색 알고리즘은 다음과 같습니다.

프로그램 5.3 이진 탐색

```
1   binarySearch(A, key)
2     left = 0
3     right = n
4     while left < right
5       mid = (left + right) / 2
6       if A[mid] == key
7         return mid
8       else if key < A[mid]
9         right = mid
10      else
11        left = mid + 1
12    return NOT_FOUND
```

이진 탐색을 구현할 때는 다음과 같이 탐색 범위를 나타내는 변수 left, right와 중앙의 위치를 나타내는 mid를 사용합니다.

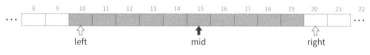

그림 5.2 이진 탐색에 사용되는 변수

left는 탐색 범위의 앞쪽 요소를 의미하고, right는 탐색 요소의 끝 다음 요소를 나타냅니다. mid는 left와 right를 더한 뒤 2로 나눈 값(소수점 아래 제거)입니다.

　구체적인 예를 살펴봅시다. 다음 그림은 오름차순으로 정렬되어 있는 14개의 요소를 포함하는 배열에서 이진 탐색으로 36을 찾는 과정을 나타낸 그림입니다.

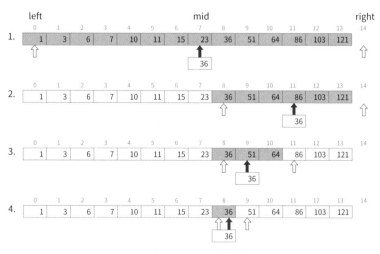

그림 5.3 이진 탐색의 흐름

그림을 프로그램 5.3과 함께 확인해 봅시다. 일단 데이터 전체가 탐색 범위이므로 left는 0, right는 n(요소 수)으로 초기화합니다.

while 반복문 내부에서 현재 시점의 탐색 범위 중앙 위치 mid를 (left + right)/2 로 구하고, mid가 가리키는 요소 A[mid]와 key를 비교합니다. 일치하는 경우에는 곧 바로 mid를 리턴합니다. 만약 key가 A[mid]보다 작다면, 원하는 값이 mid보다 앞에 있다는 의미이므로, right를 mid로 할당한 뒤, 앞쪽을 다시 탐색합니다. 반대의 경우에는 left를 mid + 1로 할당한 뒤, 뒤쪽을 다시 탐색합니다. 앞의 예에서는 첫 번째 단계에서 key(= 36)가 중앙값 A[mid]보다 크므로, left를 8로 할당하고 다시 탐색합니다(8 앞쪽을 탐색하는 것은 의미 없는 일입니다).

while 반복문의 조건이 left < right라면 탐색 범위가 아직 존재한다는 것을 나타내며, 탐색 범위가 더 이상 없거나 key를 발견하지 못하면 NOT_FOUND를 리턴합니다.

조금 더 생각해 보기

다음 표는 n개의 요소를 가진 배열을 대상으로 선형 탐색을 할 때와 이진 탐색을 할 때, 최악의 경우 비교 연산 횟수입니다.

요소 수	선형 탐색	이진 탐색
100	100회	7회
10,000	10,000회	14회
1,000,000	1,000,000회	20회

최악의 경우 비교 연산 횟수는 선형 탐색은 n회, 이진 탐색은 대략 $\log_2 n$회가 나옵니다. 이진 탐색의 계산 효율이 $O(\log n)$이 된다는 것은 비교 연산을 한 번 할 때마다 탐색 범위가 반이 된다는 성질을 기준으로 도출해 낼 수 있습니다.

이번 문제(ALDS1_4_B: Binary Search)는 T의 각 요소에 이진 탐색을 해야 하므로, 최종적으로 $O(q \log n)$의 알고리즘으로 해결할 수 있습니다.

이번 문제에서는 입력이 정렬된 상태로 주어졌기 때문에 이진 탐색을 사용할 수 있었습니다. 만약 그렇지 않다면 미리 전처리로 정렬을 한 후에 이진 탐색을 하면 됩니다. 이처럼 '정렬하면 이진 탐색을 사용할 수 있다'라는 형태는 다양한 문제에 응용할 수 있습니다. 다만 데이터 크기기 클 경우, 기본적인 정렬 알고리즘으로 정렬하면 배보다 배꼽이 더 큰 상황이 됩니다. 따라서 7장에서 다루게 될 고급 정렬 알고리즘이 필요합니다.

해답 예

C

```c
1   #include<stdio.h>
2
3   int A[1000000], n;
4
5   /* 이진 탐색 */
6   int binarySearch(int key) {
7     int left = 0;
8     int right = n;
9     int mid;
10    while(left < right) {
11      mid = (left + right) / 2;
12      if(key == A[mid]) return 1;        /* key 발견 */
13      if(key > A[mid]) left = mid + 1;    /* 뒷부분 탐색 */
14      else if(key < A[mid]) right = mid;  /* 앞부분 탐색 */
15    }
16    return 0;
17  }
18
19  int main() {
20    int i, q, k, sum = 0;
21
22    scanf("%d", &n);
23    for(i = 0; i < n; i++) {
24      scanf("%d", &A[i]);
25    }
26
27    scanf("%d", &q);
28    for(i = 0; i < q; i++) {
29      scanf("%d", &k);
30      if(binarySearch(k)) sum++;
31    }
32    printf("%d\n", sum);
33
34    return 0;
35  }
```

5.4 해시법

ALDS1_4_C Dictionary

제한 시간: 2초 | 메모리 제한: 65536KB | 정답률: 17.29%

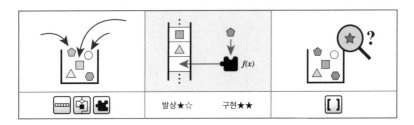

다음 명령을 실행할 수 있는 간단한 '딕셔너리'를 구현하세요.

▶ insert *str*: 딕셔너리에 문자열 *str*을 추가합니다.

▶ find *str*: 해당 시점에서 딕셔너리에 *str*이 포함되어 있다면 'yes', 포함되어 있지 않다면 'no'를 출력합니다.

입력 1번째 줄에 명령의 수 *n*이 주어집니다. 이어지는 *n*개의 줄에 *n*개의 명령이 차례대로 주어집니다. 명령의 형식은 위와 같습니다.

출력 find 명령을 실행한 결과(yes 또는 no)를 한 줄씩 출력합니다.

제약 주어지는 문자열은 'A', 'C', 'G', 'T'라는 네 가지 종류의 문자로 구성됩니다.

$1 \leq$ 문자열의 길이 ≤ 12

$n \leq 1,000,000$

입력 예

```
6
insert AAA
insert AAC
find AAA
find CCC
insert CCC
find CCC
```

출력 예

```
yes
no
yes
```

해설

해시법은 탐색 알고리즘 중 하나로, 요소의 값을 기반으로 저장하는 해시 테이블을 사용해서 데이터를 빠르게 탐색합니다. 해시 테이블은 키를 갖는 데이터 집합에 동적으로 데이터를 삽입, 탐색, 삭제할 수 있는 효율적인 자료 구조 중 하나입니다. 연결 리스트를 사용해도 동일한 작업을 할 수 있지만, 탐색과 삭제에 $O(n)$의 복잡도가 소모됩니다.

해시 테이블은 m개의 요소를 저장할 수 있는 배열 T와 데이터 키를 기반으로 배열의 인덱스를 결정하는 함수로 구성됩니다. 따라서 데이터를 삽입해야 하는 위치를 함수를 기반으로 구하는 것입니다. 해시 테이블은 다음과 같은 형태로 구현할 수 있습니다.

프로그램 5.4 해시 테이블 구현(간단한 구현)

```
1    insert(data)
2      T[h(data.key)] = data
3
4    search(data)
5      return T[h(data.key)]
```

여기에서 $h(k)$는 k를 기반으로 배열 T의 인덱스를 구하는 함수로, 해시 함수라고 부릅니다. 그리고 해시 함수가 리턴하는 값을 해시 값이라고 부릅니다. 해시 함수는 해시 값이 $0 \sim (m-1)$의 범위가 되게 구현합니다(m은 배열 T의 크기). 이러한 조건을 충족하려면, 나머지 연산을 사용해서 출력 값을 $0 \sim (m-1)$ 범위로 맞추면 됩니다. 예를 들어 해시 함수로

$$h(k) = k \bmod m$$

를 사용할 수 있습니다(여기서 $a \bmod b$는 a를 b로 나눈 나머지를 의미합니다). 다만 이렇게만 처리하면, 다른 key가 같은 해시 값을 리턴하는 '충돌'이 발생할 수 있습니다.

충돌을 해결하는 대표적인 방법으로는 오픈 어드레스(open address)법이 있습니다. 이번 절에서는 더블 해시를 사용한 오픈 어드레스법을 소개하겠습니다. 더블 해시는 충돌이 발생할 경우, 다음과 같이 다른 해시 함수를 사용해 해시 값을 구합니다.

$$H(k) = h(k, i) = (h_1(k) + i \times h_2(k)) \bmod m$$

이 해시 함수는 $h(k, i)$ 형태로 사용하며, 키 k 이외에도 정수 i를 매개변수로 받습니다. 여기에서 i는 충돌이 발생해서 다시 해시 값을 계산한 횟수를 나타냅니다. 따라서 해시 함수 $H(k)$는 충돌이 일어나면 $h(k, 0)$, $h(k, 1)$, $h(k, 2)$, $\cdots$ 형태로 계속해서 계산하며, 충돌이 발생하지 않는 최초의 $h(k, i)$를 리턴합니다. 다음 그림을

살펴봅시다. 다음 그림은 일단 인덱스를 $h_1(k)$로 구하고, 충돌이 일어나면 인덱스를 $h_2(k)$로 이동하면서, 빈 위치를 찾는 것을 나타낸 것입니다.

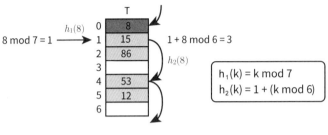

그림 5.4 해시법

여기에서 $h_2(k)$만큼 인덱스를 이동하므로, $h_2(k)$와 T의 크기 m이 서로소가 아니면, 생성할 수 없는 인덱스가 발생합니다. 이러한 문제는 m은 소수로, $h_2(k)$는 m보다 작은 값으로 설정해서 피할 수 있습니다.

예를 들어 해시법은 다음과 같이 구현할 수 있습니다.

프로그램 5.5 해시법

```
1   h1(key)
2     return key mod m
3
4   h2(key)
5     return 1 + (key mod (m-1))
6
7   h(key, i)
8     return (h1(key)+i*h2(key)) mod m
9
10  insert(T, key)
11    i = 0
12    while true
13      j = h(key, i)
14      if T[j] == NIL
15        T[j] = key
16        return j
17      else
18        i = i+1
19
20  search(T, key)
21    i = 0
22    while true
23      j = h(key, i)
24      if T[j] == key
25        return j
26      else if T[j] == NIL or i >= m
```

```
27        return NIL
28      else
29        i = i+1
```

위의 구현에서는 T[j]가 NIL일 때 해당 위치가 비어 있다는 것을 확인할 수 있습니다.

조금 더 생각해 보기

해시법은 충돌이 발생하지 않으면 $O(1)$로 요소 삽입과 탐색을 할 수 있습니다. 해시 함수는 암호 등을 활용한 여러 알고리즘을 사용합니다. 이번 절에서는 아주 기본적인 해시 함수를 살펴본 것입니다.

해답 예

C

```c
1   #include<stdio.h>
2   #include<string.h>
3
4   #define M 1046527
5   #define NIL (-1)
6   #define L 14
7
8   char H[M][L];
9
10  // 문자를 숫자로 변환
11  int getChar(char ch) {
12    if(ch == 'A') return 1;
13    else if(ch == 'C') return 2;
14    else if(ch == 'G') return 3;
15    else if(ch == 'T') return 4;
16    else return 0;
17  }
18
19  // 문자열을 숫자로 변환해서 key를 생성
20  long long getKey(char str[]) {
21    long long sum = 0, p = 1, i;
22    for(i = 0; i < strlen(str); i++) {
23      sum += p*(getChar(str[i]));
24      p *= 5;
25    }
26    return sum;
27  }
28
29  int h1(int key){ return key % M; }
```

```
30  int h2(int key){ return 1 + (key % (M - 1)); }
31
32  int find(char str[]) {
33    long long key, i, h;
34    key = getKey(str);   // 문자열을 숫자로 변환
35    for(i = 0;; i++) {
36      h = (h1(key) + i * h2(key)) % M;
37      if(strcmp(H[h],str) == 0) return 1;
38      else if(strlen(H[h]) == 0) return 0;
39    }
40    return 0;
41  }
42
43  int insert(char str[]) {
44    long long key, i, h;
45    key = getKey(str);   // 문자열을 숫자로 변환
46    for(i = 0; ; i++) {
47      h = (h1(key) + i * h2(key)) % M;
48      if(strcmp(H[h],str) == 0) return 1;
49      else if(strlen(H[h]) == 0) {
50        strcpy(H[h], str);
51        return 0;
52      }
53    }
54    return 0;
55  }
56
57  int main() {
58    int i, n, h;
59    char str[L], com[9];
60    for(i = 0; i < M; i++) H[i][0] = '\0';
61    scanf("%d", &n);
62    for(i = 0; i < n; i++) {
63      scanf("%s %s", com, str);   // cin보다 빠른 scanf를 사용했습니다.
64
65      if(com[0] == 'i') {
66        insert(str);
67      } else {
68        if(find(str)) {
69          printf("yes\n");
70        } else {
71          printf("no\n");
72        }
73      }
74    }
75    return 0;
76  }
```

5.5 표준 라이브러리의 탐색

STL에는 정렬과 탐색을 포함해 다양한 알고리즘 라이브러리가 포함되어 있습니다. 이번 절에서는 STL이 제공하는 탐색과 관련된 라이브러리를 소개하겠습니다.

5.5.1 이터레이터

STL의 컨테이너와 알고리즘을 사용하려면, 이터레이터(iterator, 반복자)라는 개념을 이해해야 합니다.

이터레이터는 STL의 컨테이너 요소에 반복 처리를 적용하기 위한 객체입니다. 이터레이터는 어떤 컨테이너 내부의 특정 위치를 나타내며, 다음과 같은 연산자를 사용할 수 있습니다.

++	이터레이터를 다음 요소로 이동합니다.
==, !=	두 개의 이터레이터가 같은 위치를 나타내는지 리턴합니다.
=	왼쪽 변의 이터레이터가 참고하고 있는 요소의 '위치'에 오른쪽 변의 값을 대입합니다.
*	해당 위치에 있는 요소를 리턴합니다.

이터레이터는 모든 종류의 컨테이너에 같은 문법을 사용해서 요소에 차례대로 접근할 수 있습니다. 또한 배열의 요소를 C/C++의 일반적인 포인터처럼 다룰 수 있습니다. 따라서 이터레이터는 공통 인터페이스(함수 등의 사용 방법)를 기반으로 컨테이너에 반복을 적용할 수 있는 포인터라고 생각하면 됩니다. 다만 인터페이스가 같아도, 컨테이너에 따라서 구현과 동작이 조금씩 다릅니다.

컨테이너는 이터레이터를 리턴하는 같은 이름의 멤버 함수를 제공합니다.[1] 일반적으로 다음과 같은 두 함수를 많이 사용합니다.

▶ begin(): 컨테이너의 앞부분을 나타내는 이터레이터입니다.
▶ end(): 컨테이너의 끝부분을 나타내는 이터레이터입니다. 이때 끝부분이란 마지막 요소의 다음 위치를 나타냅니다.

예를 들어 다음과 같은 프로그램 5.6은 이터레이터를 사용해서 벡터의 요소를 읽고 쓰는 프로그램입니다.

---

1 (옮긴이) vector, list, map, set, stack, queue 등이 모두 begin()과 end()처럼 같은 이름으로 멤버 함수가 만들어져 있습니다.

프로그램 5.6 이터레이터의 예

```cpp
1   #include<iostream>
2   #include<vector>
3   using namespace std;
4
5   void print(vector<int> v) {
6     // 벡터의 앞쪽부터 차례대로 접근
7     vector<int>::iterator it;
8     for(it = v.begin(); it != v.end(); it++) {
9       cout << *it;
10    }
11    cout << endl;
12  }
13
14  int main() {
15    int N = 4;
16    vector<int> v;
17
18    for(int i = 0; i < N; i++) {
19      int x;
20      cin >> x;
21      v.push_back(x);
22    }
23
24    print(v);
25
26    vector<int>::iterator it = v.begin();
27    *it = 3;   // 앞의 요소 v[0]에 3을 할당
28    it++;      // 1만큼 뒤로 이동
29    (*it)++;   // v[1]의 요소에 1을 추가
30
31    print(v);
32
33    return 0;
34  }
```

입력 예

```
2 0 1 4
```

출력 예

```
2014
3114
```

5.5.2 lower_bound

STL은 이진 탐색과 관련된 라이브러리로 binary_search, lower_bound, upper_bound를 제공합니다. 이 중에서 lower_bound를 설명하겠습니다.

lower_bound는 정렬된 범위에 적용하는 알고리즘으로, 지정한 값 value 이상의 첫 요소의 위치를 이터레이터로 리턴합니다. 다른 말로, 지정된 범위에서 요소의

순서(정렬 상태)를 파괴하지 않고, value를 삽입할 수 있는 첫 위치를 나타냅니다.

다음 프로그램 5.7은 lower_bound를 간단하게 사용해 보는 프로그램입니다.

프로그램 5.7 lower_bound로 이진 탐색하기

```
1   #include<iostream>
2   #include<algorithm>
3   using namespace std;
4
5   int main() {
6     int A[14] = {1, 1, 2, 2, 2, 4, 5, 5, 6, 8, 8, 8, 10, 15};
7     int *pos;
8     int idx;
9
10    pos = lower_bound(A, A + 14, 3);
11    idx = distance(A, pos);
12    cout << "A[" << idx << "] = " << *pos << endl;   // A[5] = 4
13
14    pos = lower_bound(A, A + 14, 2);
15    idx = distance(A, pos);
16    cout << "A[" << idx << "] = " << *pos << endl;   // A[2] = 2
17
18    return 0;
19  }
```

출력

```
A[5] = 4
A[2] = 2
```

lower_bound()는 첫 번째 매개변수와 두 번째 매개변수로 대상 배열 또는 컨테이너 의 범위를 지정합니다. lower_bound(A, A+14, 3)은 배열 A의 시작 부분부터 14개 만큼 떨어진 위치(따라서 마지막 위치까지) 사이에서 탐색하겠다는 것을 의미합니 다. A가 vector라면 A.begin(), A.end()로 지정할 수도 있습니다.

lower_bound()의 세 번째 매개변수에는 value를 지정합니다. 현재 value가 3 이므로, 3 이상의 첫 요소인 A[5](= 4)를 나타내는 포인터가 *pos에 대입됩니다. distance()는 두 포인터의 거리를 계산하는 함수입니다. 따라서 11번째 줄의 distance(A, pos)는 A의 앞쪽부터 pos까지의 거리(= 5)를 리턴합니다.

STL을 사용해 연습 문제를 풀어봅시다. ALDS1_4_B: Binary Search는 STL의 lower_bound를 사용해서 다음과 같이 구현할 수 있습니다.

```
1   #include<iostream>
2   #include<stdio.h>
3   #include<algorithm>
4   using namespace std;
5
6   int A[1000000], n;
7
8   int main() {
9     cin >> n;
10    for(int i = 0; i < n; i++) {
11      scanf("%d", &A[i]);
12    }
13
14    int q, k, sum = 0;
15    cin >> q;
16    for(int i = 0; i < q; i++) {
17      scanf("%d", &k);
18      // 표준 라이브러리 lower_bound 사용
19      if(*lower_bound(A, A + n, k) == k) sum++;
20    }
21
22    cout << sum << endl;
23
24    return 0;★☆
25  }
```

5.6 탐색 응용: 최적의 답 계산하기

※ 이번 문제는 조금 어렵습니다. 너무 어렵게 느껴진다면 일단 건너뛰고, 실력을 쌓은 후에 다시 도전하기 바랍니다.

ALDS1_4_D Allocation

제한 시간: 1초 | **메모리 제한**: 65536KB | **정답률**: 24.51%

n개의 짐이 각각 $w_i(i = 0, 1, \cdots, n - 1)$의 가중치를 갖고, 컨베이어 벨트 위에서 차례대로 움직이고 있습니다. 이러한 짐을 k대의 트럭에 쌓아야 합니다. 각각의 트럭에는 0개 이상의 화물을 실을 수 있지만, 무게 합이 트럭의 적재량 P를 초과할

수 없습니다. 트럭의 적재량 P는 모든 트럭이 동일하다고 가정합니다.

n, k, w_i가 주어졌을 때, 모든 짐을 쌓는 데 필요한 적재량 P의 최솟값을 구하는 프로그램을 작성하세요.

입력 1번째 줄에 정수 n과 정수 k가 공백으로 구분되어 주어집니다. 이어지는 n개의 줄에 n개의 정수 w_i가 한 줄에 하나씩 주어집니다.

출력 P의 최솟값을 1번째 줄에 출력합니다.

제약 $1 \leq n \leq 100,000$

$1 \leq k \leq 100,000$

$1 \leq w_i \leq 10,000$

입력 예

```
5 3
8
1
7
3
9
```

출력 예

```
10
```

현재 예의 경우, 1번째 트럭에 2개의 짐 $\{8, 1\}$, 2번째 트럭에 2개의 짐 $\{7, 3\}$, 3번째 트럭에 1개의 짐 $\{9\}$을 쌓는다면, 적재량 10으로 모든 짐을 실을 수 있습니다.

해설

일단 적재량 P를 결정했을 때, k대 이하의 트럭으로 몇 개의 짐을 어떻게 실을 수 있을지 구하는 알고리즘을 생각해 봐야 합니다. 각각의 트럭에 적재량이 P 이하가 되게 물건을 하나씩 넣어보면 될 것입니다. 따라서 일단 P를 입력했을 때, 쌓을 수 있는 짐의 수 v를 리턴하는 함수 $v = f(P)$를 만들어야 합니다. 이 함수는 $O(n)$ 알고리즘이 됩니다.

이러한 함수를 활용해 P를 0부터 1만큼 늘려보면서, v가 n 이상이 되는 첫 번째 P가 바로 답입니다. 다만 P를 모두 차례대로 살펴보면, $O(Pn)$의 알고리즘이 되어서 문제의 제약으로는 제한 시간을 넘어 버리는 문제가 생길 수 있습니다.

따라서 P를 늘리면, v의 값이 증가한다는 성질(엄밀하게 말하면 P를 증가시켜도 v가 감소하는 것은 아닌 성질)을 활용하면, P를 구할 때 이진 탐색을 적용할 수 있습니다. 이진 탐색을 활용하면 이번 문제는 $O(n \log P)$의 알고리즘으로 해결할 수 있습니다.

해답 예

C++

```
1   #include<iostream>
2   using namespace std;
3   #define MAX 100000
4   typedef long long llong;
5
6   int n, k;
7   llong T[MAX];
8
9   // 적재량이 P인 트럭 k대에 몇 개의 짐을 실을 수 있는가?
10  int check(llong P) {
11    int i = 0;
12    for(int j = 0; j < k; j++) {
13      llong s = 0;
14      while(s + T[i] <= P) {
15        s += T[i];
16        i++;
17        if(i == n) return n;
18      }
19    }
20    return i;
21  }
22
23  int solve() {
24    llong left = 0;
25    llong right = 100000 * 10000; // 짐의 개수 × 1개당 최대 중량
26    llong mid;
27    while(right - left > 1) {
28      mid = (left + right) / 2;
29      int v = check(mid); // mid == P에서 몇 개를 적재할 수 있는지 확인하기
30      if(v >= n) right = mid;
31      else left = mid;
32    }
33
34    return right;
35  }
36
37  main() {
38    cin >> n >> k;
39    for(int i = 0; i < n; i++) cin >> T[i];
40    llong ans = solve();
41    cout << ans << endl;
42  }
```

5.7 백준 온라인 저지 문제

10815번 숫자 카드

제한 시간: 2초 | **메모리 제한**: 256MB | **정답률**: 48.87%

상근이는 정수 하나가 적혀 있는 숫자 카드 N개를 가지고 있다. 정수 M개가 주어졌을 때, 이 수가 적혀 있는 숫자 카드를 상근이가 가지고 있는지 아닌지를 구하는 프로그램을 작성하시오.

입력 첫째 줄에 카드의 개수 N, 둘째 줄에 카드에 적혀 있는 정수가 주어진다.

셋째 줄에는 M, 넷째 줄에는 상근이가 가지고 있는 카드에 적혀 있는지 아닌지 구해야 할 M개의 정수가 주어진다.

모든 정수는 공백으로 구분되어 있다.

출력 입력으로 주어진 M개의 수에 대해서, 각 수가 적힌 카드를 가지고 있으면 1, 아니면 0을 공백으로 구분해 출력한다.

제약 $1 \leq N, M \leq 500,000$

$-10,000,000 \leq$ 카드에 적혀 있는 정수 $\leq 10,000,000$

$-10,000,000 \leq M$개의 정수 $\leq 10,000,000$

(두 카드에 같은 정수가 적혀 있는 경우는 없음)

입력 예

```
5
6 3 2 10 -10
8
10 9 -5 2 3 4 5 -10
```

출력 예

```
1 0 0 1 1 0 0 1
```

10816번 숫자 카드 2

제한 시간: 1초 | **메모리 제한**: 256MB | **정답률**: 35.64%

상근이는 정수 하나가 적혀 있는 숫자 카드 N개를 가지고 있다. 정수 M개가 주어졌을 때, 이 수가 적혀 있는 카드를 상근이가 몇 개 가지고 있는지 구하는 프로그램을 작성하시오.

입력 첫째 줄에 카드의 개수 N, 둘째 줄에 카드에 적혀 있는 정수가 주어진다.

셋째 줄에는 M, 넷째 줄에는 상근이가 몇 개 가지고 있는지 구해야 할 M개의 정수가 주어진다.

모든 정수는 공백으로 구분되어 있다.

출력 입력으로 주어진 M개의 수에 대해서, 각 수가 적힌 카드를 몇 개 가지고 있
는지 공백으로 구분해 출력한다.

제약 $1 \leq N, M \leq 500{,}000$

$-10{,}000{,}000 \leq$ 카드에 적혀 있는 정수 $\leq 10{,}000{,}000$

$-10{,}000{,}000 \leq M$개의 정수 $\leq 10{,}000{,}000$

입력 예

```
10
6 3 2 10 10 10 -10 -10 7 3
8
10 9 -5 2 3 4 5 -10
```

출력 예

```
3 0 0 1 2 0 0 2
```

2110번 공유기 설치

제한 시간: 2초 | **메모리 제한**: 128MB | **정답률**: 40.23%

집 N개가 수직선 위에 있고, 집의 좌표는 $x_1, x_2, \cdots, x_N$이다.

공유기 C개를 집에 설치하려고 한다. 한 집에는 공유기를 하나만 설치할 수 있
다. 가장 인접한 두 공유기 사이의 거리를 가능한 한 크게 만들려고 한다.

가장 인접한 두 공유기 사이의 거리를 최대로 하는 프로그램을 작성하시오.

입력 첫째 줄에 집의 개수 N, 공유기의 개수 C가 주어진다. 둘째 줄부터 N개의
줄에는 집의 좌표 x_i가 한 줄에 하나씩 주어진다.

출력 가장 인접한 두 공유기 사이의 최대 거리를 출력한다.

제약 $2 \leq N \leq 200{,}000$

$2 \leq C \leq N$

$0 \leq x_i \leq 1{,}000{,}000{,}000$

두 집이 같은 좌표를 가지는 경우는 없다.

입력 예

```
5 3
1
2
8
4
9
```

출력 예

```
3
```

힌트 공유기를 1, 4, 8 또는 1, 4, 9에 설치하면 가장 인접한 두 공유기 사이의 거리
는 3이고, 이 거리보다 크게 공유기 3개를 설치할 수 없다.

2343번 기타 레슨

제한 시간: 2초 | **메모리 제한**: 128MB | **정답률**: 30.74%

N개의 기타 강의 동영상을 블루레이 M개에 넣으려고 한다. 블루레이에 넣을 때
강의의 순서가 바뀌면 안 된다. 즉, i번 강의와 j번 강의를 같은 블루레이에 넣으려
면 i와 j 사이의 모든 강의도 같은 블루레이에 있어야 한다.

강의의 길이가 주어졌을 때, 블루레이의 크기(녹화 가능한 길이)를 최소로 하는
프로그램을 작성하시오(M개의 블루레이는 모두 같은 크기가 되어야 한다).

입력 첫째 줄에 강의의 수 N, 블루레이의 수 M이 주어진다. 둘째 줄에는 강의 순
서대로 분 단위로 기타 강의의 길이가 주어진다.

출력 가능한 블루레이 크기 중 최소를 출력한다.

입력 예	출력 예
9 3 1 2 3 4 5 6 7 8 9	17

힌트 강의는 총 9개, 블루레이는 총 3개가 있다.

1번 블루레이에 1, 2, 3, 4, 5번 강의, 2번 블루레이에 6, 7번 강의, 3번 블루레
이에 8, 9번 강의를 넣으면, 각 블루레이의 크기는 15, 13, 17이 된다. 블루레
이의 크기는 모두 같아야 하기 때문에, 블루레이의 크기는 17이 되어야 한다.
17보다 더 작은 크기를 갖는 블루레이를 만들 수 없다.

1300번 K번째 수

제한 시간: 2초 | **메모리 제한**: 128MB | **정답률**: 37.67%

크기가 $N \times N$인 배열 A가 있고, $A[i][j] = i \times j$이다. 이 수를 1차원 배열 B에 넣고
오름차순 정렬했다고 하자. 정수 k가 주어졌을 때, $B[k]$를 구해보자.

배열의 인덱스는 1부터 시작한다.

입력 첫째 줄에 배열의 크기 N, 둘째 줄에 k가 주어진다.

출력 $B[k]$를 출력한다.

제약

$1 \leq N \leq 100,000$

$1 \leq k \leq min(10^9, N^2)$

입력 예

```
3
7
```

출력 예

```
6
```

6장

재귀와 분할 정복

문제를 작게 나눈 다음, 이렇게 나눈 작은 문제를 하나하나 해결한 뒤, 원래 문제를 해결하는 테크닉은 다양한 알고리즘에서 사용됩니다. 대표적인 예가 바로 분할 정복 알고리즘입니다.

이번 장에서는 분할 정복 알고리즘과 이를 구현하기 위해 재귀를 활용하는 문제를 풀어봅니다. 이어지는 7장에서는 분할 정복을 응용한 실용적인 알고리즘을 살펴보겠습니다.

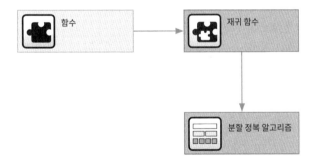

> 이번 장의 문제를 풀려면 기본적인 프로그래밍 스킬과 '함수'와 관련된 지식이 필요합니다.

6.1 재귀와 분할 정복: 문제에 도전하기 전에

재귀 함수는 함수 내부에서 자기 자신(함수)을 호출하는 형태로 알고리즘을 구현하는 테크닉입니다. 예를 들어 n 팩토리얼을 구하는 함수를 재귀 함수로 정의한다면, 다음과 같이 정의할 수 있습니다.

프로그램 6.1 n 팩토리얼을 계산하는 재귀 함수

```
1   factorial(n)
2     if n == 1
3       return 1
4     return n * factorial(n - 1)
```

n 팩토리얼은 $n! = n \times (n-1) \times (n-2) \cdots \times 1 = n \times (n-1)!$ 이며, n이 1보다 큰 경우에는 $(n-1)$ 팩토리얼을 구하는 작은 문제를 포함합니다. 따라서 매개변수 n 을 조금씩 줄이면서, 동일한 처리를 하는 함수(즉, 자기 자신)를 활용하면 원래 문 제를 해결할 수 있습니다. 재귀 함수는 'n이 1이라면 1을 리턴한다'처럼 반드시 어 디에선가 종료할 수 있는 종료 조건이 있어야 한다는 점에 주의해야 합니다.

이러한 재귀 테크닉을 활용하면, 문제를 2개 이상의 작은 문제로 분할하고, 각각 의 부분에서 문제를 해결한 뒤, 결과를 통합해서 원래 문제의 답을 구할 수 있습니 다. 이러한 프로그래밍 테크닉을 분할 정복 알고리즘(Divide and Conquer algo-rithm)이라고 부릅니다. 분할 정복 알고리즘은 다음과 같은 단계로 구현합니다.

⊞ 분할 정복 알고리즘

1. 주어진 문제를 부분 문제로 '분할'합니다(Divide).

2. 부분 문제를 재귀적으로 해결합니다(Solve).

3. 부분 문제의 답을 '통합'해서 원래 문제를 해결합니다(Conquer).

예를 들어 배열 A에서 최댓값을 선형 탐색으로도 찾을 수 있지만, 다음과 같은 분 할 정복 알고리즘으로도 찾을 수 있습니다. 다음 코드에서 함수 findMaximum(A, l, r)은 배열 A의 l ~ r 범위(r을 포함하지 않음)에서 최댓값을 리턴하는 함수입니다.

프로그램 6.2 최댓값을 구하는 알고리즘

```
1   findMaximum(A, l, r)
2     m = (l + r) / 2 // Divide
3     if l == r - 1   // 요소 수가 1개
4       return A[l]
5     else
6       u = findMaximum(A, l, m) // 앞부분 문제 Solve
7       v = findMaximum(A, m, r) // 뒷부분 문제 Solve
8       x = max(u, v)            // Conquer
9     return x
```

6.2 전체 탐색

ALDS1_5_A Exhaustive Search

제한 시간: 5초 | **메모리 제한**: 65536KB | **정답률**: 51.21%

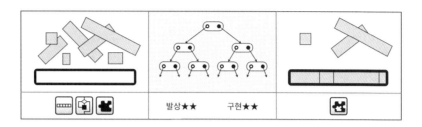

수열 A(길이 n)와 정수 m이 있을 때, A의 요소 내부에서 몇 개의 요소를 더했을 때, m을 만들 수 있는지 판정하는 프로그램을 작성하세요. A의 각 요소는 한 번씩만 사용할 수 있습니다.

수열 A가 주어진 상태에서 질문으로 q개의 m_i가 주어집니다. 각각에 대해서 'yes' 또는 'no'를 출력합니다.

입력 1번째 줄에 n, 2번째 줄에 A를 나타내는 n개의 정수, 3번째 줄에 q, 4번째 줄에 q개의 정수 m_i가 주어집니다.

출력 A의 요소를 더해서 m_i를 만들 수 있다면 i번째 줄에 yes를 출력하고, 만들 수 없다면 i번째 줄에 no를 출력합니다.

제약 $n \leq 20$

$q \leq 200$

$1 \leq A$의 요소 $\leq 2,000$

$1 \leq m_i \leq 2,000$

입력 예	출력 예
5 1 5 7 10 21 4 2 4 17 8	no no yes yes

해설

이번 문제는 n의 값이 작으므로, 수열에서 요소를 선택하고 조합해서 모두 알아보는 알고리즘을 적용할 수 있습니다. 각 요소에 대해서 '선택할지' 아니면 '선택하지

않을지'라는 2개의 선택지가 나오므로 2^n가지의 조합이 만들어집니다. 이는 다음
과 같은 재귀 알고리즘으로 생성할 수 있습니다.

프로그램 6.3 조합을 모두 구하는 재귀 함수

```
1   makeCombination()
2     for i를_0부터_n-1까지
3       S[i] = 0  // i를 선택하지 않음
4     rec(0)
5
6   rec(i)
7     if i가_n에_도달하면
8       print S
9       Return
10
11    rec(i + 1)
12    S[i] = 1  // i를 선택함
13    rec(i + 1)
14    S[i] = 0  // i를 선택하지 않음
```

S의 S[i]는 i번째 정수를 1이라면 선택한 경우를, 0이라면 선택하지 않은 경우를 나
타냅니다. 이를 재귀적으로 첫 요소부터 i가 n에 도달할 때까지 반복하므로, S가 하
나의 조합을 나타내게 되며, 최종적으로 0부터 $2^n - 1$까지 2^n개의 비트열을 출력합
니다.

이 재귀 함수를 사용하면 i번째 요소를 선택할지 선택하지 않을지의 모든 조합을
구할 수 있습니다. 예를 들어 n이 3이라면 rec(0)은 S에 기록된 비트열로서 {0, 0,
0}, {0, 0, 1}, {0, 1, 0}, {0, 1, 1}, {1, 0, 0}, {1, 0, 1}, {1, 1, 0}, {1, 1, 1}을 차례대
로 생성합니다.[1]

이를 응용하면, 다음과 같은 하나의 함수를 정의해서 문제를 해결할 수 있습니
다. solve(i, m)을 'i번째 이후의 요소를 사용해 m을 만들 경우 true를 리턴'이라
는 함수로 두면, solve(i, m)은 보다 작은 문제인 solve(i+1, m)와 solve(i+1, m –
A[i])로 분할할 수 있습니다. 여기에서 A[i]를 빼는 것은 'i번째 요소를 사용한다'에
해당합니다. 이를 재귀적으로 호출하면 원래 문제인 solve(0, m)을 판정할 수 있습
니다.

프로그램 6.4 정수가 만들어지는지 판정하는 재귀 함수

```
1   solve(i, m)
2     if m == 0
```

---

[1] 이와 같은 비트열은 시프트 연산과 비트 연산을 사용해서도 구할 수 있습니다.

```
3       return true
4     if i >= n
5       return false
6     res = solve(i + 1, m) || solve(i + 1, m - A[i])
7     return res
```

solve(i, m)으로 주어진 정수를 만들 때 m은 0이 됩니다. i가 n 이상인 경우와 m이 0보다 작아지는 경우에는 정수를 만들 수 없습니다. 부분 문제인 solve(i+1, m) 또는 solve(i+1, m - A[i]) 중에 하나가 true라면 solve(i, m)이 true가 됩니다.

예를 들어 다음 그림은 수열 $A = \{1, 5, 7\}$로 8이 만들어지는지 판정하는 예입니다.

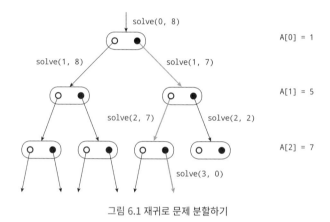

그림 6.1 재귀로 문제 분할하기

이처럼 '1을 선택한다' → '5를 선택하지 않는다' → '7을 선택한다' 등의 조합으로 8이 만들어지는지 확인할 수 있습니다. 함수 내부에서 i번째 요소를 '선택할지'와 '선택하지 않을지' 재귀적으로 처리하며 확인합니다.

조금 더 생각해 보기

재귀 함수 내부에서 2개의 재귀 함수를 호출하는 것을 반복하므로 $O(2^n)$ 알고리즘이 됩니다. 따라서 모든 조합을 찾는 방법은 n이 큰 경우에는 적용할 수 없습니다.

이 알고리즘은 (i, m) 쌍에 대해서 solve(i, m)이 여러 번 쓸데없이 계산되는 문제가 있습니다. 이는 동적 계획법이라는 방법으로 개선할 수 있습니다. 이와 관련된 내용은 11장에서 설명하겠습니다.

해답 예

C

```c
1  #include<stdio.h>
2
3  int n, A[50];
4
5  // 입력 값 m부터 선택한 요소를 빼서 재귀 호출
6  int solve (int i, int m) {
7    if(m == 0) return 1;
8    if(i >= n) return 0;
9    int res = solve(i + 1, m) || solve(i + 1, m - A[i]);
10   return res;
11 }
12
13 int main() {
14   int q, M, i;
15
16   scanf("%d", &n);
17   for(i = 0; i < n; i++) scanf("%d", &A[i]);
18   scanf("%d", &q);
19   for(i = 0; i < q; i++) {
20     scanf("%d", &M);
21     if(solve(0, M)) printf("yes\n");
22     else printf("no\n");
23   }
24
25   return 0;
26 }
```

6.3 코흐 곡선

ALDS1_5_C Koch Curve

제한 시간: 1초 | **메모리 제한**: 65536KB | **정답률**: 48.18%

n		
•	•	
	발상★★☆ 구현★★☆	

정수 n을 입력했을 때, 깊이 n의 재귀 호출로 만들어지는 코흐 곡선의 정점 좌표를 출력하는 프로그램을 작성하세요.

코흐 곡선은 프랙탈 재귀 구조를 가진 도형으로, 다음과 같은 재귀 함수를 호출해서 그릴 수 있습니다.

▶ 주어진 선분 (p1, p2)를 3등분합니다.
▶ 선분을 3등분하는 두 점 s, t를 정점으로 하는 정삼각형 (s, u, t)를 만듭니다.
▶ 선분 $(p1, s)$, 선분 (s, u), 선분 (u, t), 선분 $(t, p2)$에 대해서 위의 작업을 반복합니다.

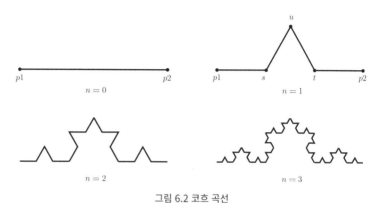

그림 6.2 코흐 곡선

$(0, 0)$, $(100, 0)$을 선분의 양쪽 끝으로 시작합니다.

입력 하나의 정수 n이 주어집니다.

출력 코흐 곡선 각 정점 좌표 (x, y)를 출력합니다. 한 줄에 하나의 좌표를 출력합니다. 왼쪽 끝점 $(0, 0)$에서 시작해서 오른쪽의 끝점 $(100, 0)$으로 끝나는 형태로 코흐 곡선이 연결된 순서로 정점 좌표를 출력합니다. 출력은 0.0001 이하의 오차 정도는 포함해도 괜찮습니다.

제약 $0 \leq n \leq 6$

입력 예

```
1
```

출력 예

```
0.00000000 0.00000000
33.33333333 0.00000000
50.00000000 28.86751346
66.66666667 0.00000000
100.00000000 0.00000000
```

해설

코흐 곡선의 정점 좌표를 차례대로 출력하는 재귀 함수는 다음과 같습니다.

프로그램 6.5 코흐 곡선 그리기

```
1   koch(d, p1, p2)
2     if d == 0
3       return
4
5     // p1, p2를 기준으로 s, u, t의 좌표를 계산합니다.
6
7     koch(d-1, p1, s)
8     print s
9     koch(d-1, s, u)
10    print u
11    koch(d-1, u, t)
12    print t
13    koch(d-1, t, p2)
```

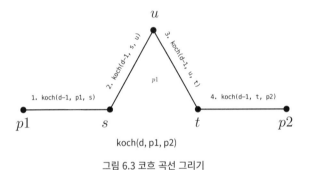

그림 6.3 코흐 곡선 그리기

함수 koch는 재귀 깊이를 나타내는 d, 선분의 끝점 $p1$과 $p2$를 매개변수로 받습니다. 이러한 재귀 함수에서는 그림처럼 일단 선분 $p1p2$를 기반으로 선분을 3등분하는 점 s와 t를 구하고, 선분 su, ut, ts가 정삼각형의 형태를 만들 수 있게 하는 점 u를 구합니다. 이어서 다음과 같은 처리를 차례대로 해서 선분을 구합니다.

1. 선분 $p1s$를 기반으로 koch를 재귀적으로 호출하고, s의 좌표를 출력합니다.
2. 선분 su를 기반으로 koch를 재귀적으로 호출하고, u의 좌표를 출력합니다.
3. 선분 ut를 기반으로 koch를 재귀적으로 호출하고, t의 좌표를 출력합니다.
4. 선분 $tp2$를 기반으로 koch를 재귀적으로 호출합니다.

u의 좌표는 벡터 계산(자세한 내용은 16장에서 살펴봅니다)으로 구할 수 있습니다. 일단 s와 t의 좌표는 다음과 같은 식으로 구할 수 있습니다.

$$s.x = (2 \times p1.x + 1 \times p2.x)/3$$
$$s.y = (2 \times p1.y + 1 \times p2.y)/3$$

$$t.x = (1 \times p1.x + 2 \times p2.x) / 3$$
$$t.y = (1 \times p1.y + 2 \times p2.y) / 3$$

점 u는 점 t를 점 s를 기반으로 반시계 방향으로 60도 회전한 위치입니다. 따라서 원점을 중심으로 회전 행렬을 이용하면, 점 u는 다음과 같은 식으로 구할 수 있습니다.

$$u.x = (t.x - s.x) \times \cos 60^\circ - (t.y - s.y) \times \sin 60^\circ + s.x$$
$$u.y = (t.x - s.x) \times \sin 60^\circ + (t.y - s.y) \times \cos 60^\circ + s.y$$

초기 상태의 끝점 $p1$과 $p2$를 사용해 koch 함수를 호출하면, $p1$부터 $p2$까지의 모든 정점을 차례대로 출력할 수 있습니다.

해답 예

C++

```
1   #include<stdio.h>
2   #include<math.h>
3
4   struct Point { double x, y; };
5
6   void koch(int n, Point a, Point b) {
7     if (n == 0) return;
8
9     Point s, t, u;
10    double th = M_PI * 60.0 / 180.0;   // 도 단위를 라디안 단위로 변환
11
12    s.x = (2.0 * a.x + 1.0 * b.x) / 3.0;
13    s.y = (2.0 * a.y + 1.0 * b.y) / 3.0;
14    t.x = (1.0 * a.x + 2.0 * b.x) / 3.0;
15    t.y = (1.0 * a.y + 2.0 * b.y) / 3.0;
16    u.x = (t.x - s.x) * cos(th) - (t.y - s.y) * sin(th) + s.x;
17    u.y = (t.x - s.x) * sin(th) + (t.y - s.y) * cos(th) + s.y;
18
19    koch(n - 1, a, s);
20    printf("%.8f %.8f\n", s.x, s.y);
21    koch(n - 1, s, u);
22    printf("%.8f %.8f\n", u.x, u.y);
23    koch(n - 1, u, t);
24    printf("%.8f %.8f\n", t.x, t.y);
25    koch(n - 1, t, b);
26  }
27
28  int main() {
29    Point a, b;
30    int n;
```

```
31
32    scanf("%d", &n);
33
34    a.x = 0;
35    a.y = 0;
36    b.x = 100;
37    b.y = 0;
38
39    printf("%.8f %.8f\n", a.x, a.y);
40    koch(n, a, b);
41    printf("%.8f %.8f\n", b.x, b.y);
42
43    return 0;
44 }
```

6.4 백준 온라인 저지 문제

10870번 피보나치 수 5

제한 시간: 1초 | **메모리 제한**: 256MB | **정답률**: 63.86%

0번째 피보나치 수는 0, 1번째 피보나치 수는 1이다. 그 다음 2번째부터는 바로 앞 두 피보나치 수의 합이다.

$F_n = n$번째 피보나치 수라고 했을 때, $F_n = F_{n-1} + F_{n-2}$ $(n \geq 2)$이다.

n이 주어졌을 때, n번째 피보나치 수를 구하는 프로그램을 작성하시오.

입력   첫째 줄에 n이 주어진다.

출력   첫째 줄에 n번째 피보나치 수를 출력한다.

제약 $0 \leq n \leq 20$

입력 예	출력 예
10	55

10872번 팩토리얼

제한 시간: 1초 | **메모리 제한**: 256MB | **정답률**: 49.94%

0보다 크거나 같은 정수 N이 주어진다. 이때, $N!$을 출력하는 프로그램을 작성하시오.

입력   첫째 줄에 N이 주어진다.

출력   첫째 줄에 $N!$을 출력한다.

제약 $0 \leq N \leq 12$

입력 예 1	출력 예 1
10	3628800

입력 예 2	출력 예 2
0	1

1759번 암호 만들기

제한 시간: 2초 | **메모리 제한**: 128MB | **정답률**: 44.88%

암호는 서로 다른 L개의 알파벳 소문자들로 구성되며, 최소 한 개의 모음(a, e, i, o, u)과 최소 두 개의 자음으로 구성되어 있다. 암호를 이루는 알파벳은 암호에서 증가하는 순서로 배열되어 있다.

암호로 사용할 수 있는 문자는 C가지가 있다. C개의 문자가 주어졌을 때, 가능성이 있는 암호들을 모두 구하는 프로그램을 작성하시오.

입력 첫째 줄에 L, C가 주어진다. 둘째 줄에는 C개의 문자가 주어진다. 문자는 공백으로 구분되어 주어진다.

출력 가능성 있는 암호를 사전순으로 한 줄에 하나씩 출력한다.

제약 $3 \leq L \leq C \leq 15$

주어지는 문자는 알파벳 소문자이며, 중복되지 않는다.

입력 예	출력 예
4 6	acis
a t c i s w	acit
	aciw
	acst
	acsw
	actw
	aist
	aisw
	aitw
	astw
	cist
	cisw
	citw
	istw

2447번 별 찍기 - 10

제한 시간: 1초 | **메모리 제한**: 256MB | **정답률**: 51.77%

N이 3의 거듭제곱일 때, 크기 N의 패턴은 $N \times N$ 정사각형 모양이다.

크기 3의 패턴은 가운데에 공백이 있고, 가운데를 제외한 모든 칸에 별이 하나씩 있는 패턴이다.

```
***
* *
***
```

N이 3보다 큰 경우, 크기 N의 패턴은 공백으로 채워진 가운데의 $(N/3) \times (N/3)$ 정사각형을 크기 $N/3$의 패턴으로 둘러싼 형태이다.

N이 주어졌을 때, 크기 N의 패턴을 출력하는 프로그램을 작성하시오.

입력 첫째 줄에 N이 주어진다.

출력 크기 N의 패턴을 출력한다.

제약 어떤 정수 k에 대해서, $N = 3^k$이고, $1 \le k < 8$이다.

입력 예

```
27
```

출력 예

```
***************************
* ** ** ** ** ** ** ** ** *
***************************
***   ******   ******   ***
* *   * ** *   * ** *   * *
***   ******   ******   ***
***************************
* ** ** ** ** ** ** ** ** *
***************************
*********         *********
* ** ** *         * ** ** *
*********         *********
***   ***         ***   ***
* *   * *         * *   * *
***   ***         ***   ***
*********         *********
* ** ** *         * ** ** *
*********         *********
***************************
* ** ** ** ** ** ** ** ** *
***************************
***   ******   ******   ***
* *   * ** *   * ** *   * *
***   ******   ******   ***
***************************
* ** ** ** ** ** ** ** ** *
***************************
```

1074번 Z

제한 시간: 0.5초(추가 시간 없음) | **메모리 제한**: 512MB | **정답률**: 36.60%

크기가 $2^N \times 2^N$인 2차원 배열을 Z모양으로 탐색하려고 한다. 예를 들어, 2×2 배열은 다음 그림과 같이 방문하면 Z모양이다. 각 칸에 적힌 수는 방문한 순서이며, 순서는 0부터 시작한다.

$N > 1$이라면 배열을 크기가 $2^{(N-1)} \times 2^{(N-1)}$로 4등분 한 후에 재귀적으로 순서대로 방문한다.

다음 예는 $2^2 \times 2^2$ 크기의 배열을 방문한 순서이다.

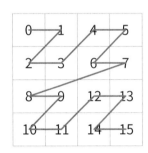

N이 주어졌을 때, r행 c열을 몇 번째로 방문하는지 출력하는 프로그램을 작성하시오.

입력 첫째 줄에 정수 N, r, c가 주어진다.

출력 r행 c열을 몇 번째로 방문했는지 출력한다.

제약 $1 \le N \le 15$

$0 \le r, c < 2^N$

입력 예 1	출력 예 1
2 3 1	11

입력 예 2	출력 예 2
3 7 7	63

1780번 종이의 개수

제한 시간: 2초 | **메모리 제한:** 256MB | **정답률:** 58.80%

$N \times N$ 크기의 행렬로 표현하는 종이가 있다. 종이의 각 칸에는 $-1, 0, 1$ 중 하나가 저장되어 있다. 행렬을 다음과 같은 규칙에 따라 자르려고 한다.

1. 종이가 모두 같은 수로 되어 있다면, 이 종이를 그대로 사용한다.
2. (1)이 아닌 경우 종이를 같은 크기 종이 9개로 자르고, 각각의 잘린 종이에 대해서 (1)의 과정을 반복한다.

위와 같이 종이를 잘랐을 때, -1로만 채워진 종이의 개수, 0으로만 채워진 종이의 개수, 1로만 채워진 종이의 개수를 구하는 프로그램을 작성하시오.

입력 첫째 줄에 N이 주어진다. 다음 N개의 줄에는 N개의 정수로 행렬이 주어진다.

출력 첫째 줄에 -1로만 채워진 종이의 개수를, 둘째 줄에 0으로만 채워진 종이의 개수를, 셋째 줄에 1로만 채워진 종이의 개수를 출력한다.

제약 $1 \leq N \leq 3^7$

N은 3^k 꼴

입력 예

```
9
0 0 0 1 1 1 -1 -1 -1
0 0 0 1 1 1 -1 -1 -1
0 0 0 1 1 1 -1 -1 -1
1 1 1 0 0 0 0 0 0
1 1 1 0 0 0 0 0 0
1 1 1 0 0 0 0 0 0
0 1 -1 0 1 -1 0 1 -1
0 -1 1 0 1 -1 0 1 -1
0 1 -1 1 0 -1 0 1 -1
```

출력 예

```
10
12
11
```

7장

고급 정렬

3장에서 $O(n^2)$로 느린 정렬 알고리즘들을 살펴보았습니다. 이러한 기본 정렬 알고리즘은 입력이 큰 경우에는 사용하기 힘듭니다. 하지만 이를 기반으로 지금까지 살펴보았던 재귀와 분할 정복 알고리즘을 사용하면 더 빠른 정렬 알고리즘을 구현할 수 있습니다.

이번 장에서는 $O(n \log n)$으로 빠른 알고리즘과 조건에 따라서 $O(n)$(선형 시간)으로 정렬할 수 있는 정렬 알고리즘 문제를 풀어보겠습니다.

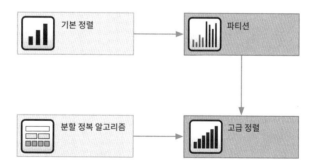

이번 장의 문제를 풀려면 기본 정렬 알고리즘 지식뿐만 아니라 재귀와 분할 정복 알고리즘 등을 응용할 수 있는 능력이 필요합니다.

7.1 병합 정렬

ALDS1_5_B Merge Sort

제한 시간: 1초 | **메모리 제한**: 65536KB | **정답률**: 33.84%

병합 정렬(merge sort)은 다음과 같이 분할 정복 알고리즘을 기반으로 하는 빠른 알고리즘입니다.

```
1   merge(A, left, mid, right)
2     n1 = mid - left
3     n2 = right - mid
4     L[0...n1], R[0...n2]를_생성
5     for i = 0 to n1-1
6       L[i] = A[left + i]
7     for i = 0 to n2-1
8       R[i] = A[mid + i]
9     L[n1] = INFTY
10    R[n2] = INFTY
11    i = 0
12    j = 0
13    for k = left to right-1
14      if L[i] <= R[j]
15        A[k] = L[i]
16        i = i + 1
17      else
18        A[k] = R[j]
19        j = j + 1
20
21  mergeSort(A, left, right)
22    if left+1 < right
23      mid = (left + right)/2
24      mergeSort(A, left, mid)
25      mergeSort(A, mid, right)
26      merge(A, left, mid, right)
```

n개의 정수를 포함하는 배열 S를 위의 의사 코드에 따라 병합 정렬해서 오름차순으로 정렬하는 프로그램을 작성하세요. 추가로 merge에서 비교가 일어나는 전체

횟수도 함께 출력합니다.

입력　1번째 줄에 n, 2번째 줄에 S를 나타내는 n개의 정수가 주어집니다.

출력　1번째 줄에 정렬된 배열 S를 출력합니다. 수열의 정수 사이에는 1개의 공백을 넣어 구분합니다. 2번째 줄에는 비교 횟수를 출력합니다.

제약　$n \leq 500,000$

　　　$0 \leq S$의 요소 $\leq 10^9$

입력 예

```
10
8 5 9 2 6 3 7 1 10 4
```

출력 예

```
1 2 3 4 5 6 7 8 9 10
34
```

해설

버블 정렬과 같은 $O(n^2)$의 기초적인 정렬 알고리즘은 크기가 큰 배열 처리에 적합하지 않습니다. 병합 정렬은 큰 크기의 데이터에 활용할 수 있는 고급 알고리즘 중 하나입니다.

⊞ 병합 정렬

▶ 배열 전체를 대상으로 mergeSort를 적용합니다.

▶ mergeSort는 다음과 같은 처리를 합니다.

　1. 지정한 n개의 요소를 포함하는 부분 배열을 $n/2$개의 요소를 포함하는 2개의 부분 배열로 '분할'합니다(Divide).

　2. 분할된 2개의 부분 배열에 각각 mergeSort를 적용해 정렬합니다(Solve).

　3. 정렬된 2개의 부분 배열을 merge해서 '결합'합니다(Conquer).

병합 정렬은 이미 정렬이 완료된 2개의 배열을 결합하는 merge 알고리즘을 사용합니다. 요소의 개수가 n1인 배열 L과 요소의 개수가 n2인 배열 R을 결합해서 배열 A를 만드는 경우를 생각해 봅시다. L과 R은 모두 오름차순으로 정렬되어 있다고 하고, L과 R의 모든 요소가 오름차순으로 정렬되게 A에 복사합니다.

　이때 merge는 단순하게 L과 R을 연결한 후에 일반적인 정렬 알고리즘을 적용해서 정렬하는 것이 아닙니다. merge는 이미 정렬되어 있는 L과 R을 기반으로 $O(n1 + n2)$의 복잡도를 갖는 결합과 정렬을 동시에 하는 알고리즘을 사용합니다. 예를 들어 이미 정렬되어 있는 $L = \{1, 5\}$와 $R = \{2, 4, 8\}$이라는 2개의 배열이 있을 때, merge 처리를 그림으로 나타내면 다음과 같습니다.

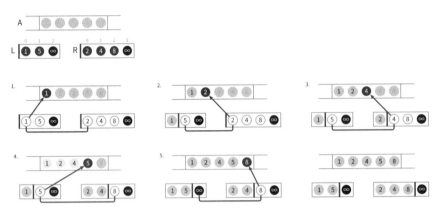

그림 7.1 이미 정렬되어 있는 2개의 배열에 merge 적용하기

merge는 L과 R의 뒤에 센티넬로 다른 요소보다 큰 값을 배치해서, 구현을 간단하게 할 수 있습니다. L과 R의 요소를 비교하는 과정에서 다른 요소와 센티넬을 비교해야 하는 경우가 발생하기는 하지만, 센티넬로 큰 값을 설정하므로(센티넬이 가장 뒤에 배치되므로), 센티넬끼리 비교하는 최악의 경우에도 반복 변수 i와 j가 각각 n1와 n2를 넘지 않습니다.

그럼 이제 mergeSort를 살펴봅시다. mergeSort는 '배열 A'와 '배열 A의 부분 배열의 범위를 나타내는 변수 left와 right'를 매개변수로 갖습니다. 다음 그림처럼 left는 부분 배열의 가장 앞 요소, right는 **부분_배열의_가장_뒤_요소+1**의 요소를 가리킵니다.

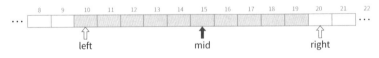

그림 7.2 병합 정렬에서 사용하는 인덱스

예를 들어 배열 $\{9, 6, 7, 2, 5, 1, 8, 4, 2\}$에 mergeSort를 적용한다면 다음과 같습니다.

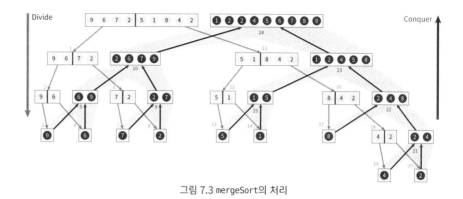

그림 7.3 mergeSort의 처리

아래로 내려가는 화살표는 분할(mergeSort 호출), 위로 올라가는 화살표는 결합 (merge 호출)을 나타냅니다. 그리고 화살표의 숫자가 처리 순서를 나타냅니다.

mergeSort는 부분 배열의 요소 수가 1이라면 아무것도 하지 않고 종료합니다. 그 밖의 경우에는 부분 배열의 중앙 위치 mid를 계산해서 앞쪽 부분 배열은 left ~ mid(mid는 포함하지 않음), 뒤쪽 부분 배열은 mid ~ right(right는 포함하지 않음)으로 나눕니다. 이어서 각각의 부분을 기반으로 mergeSort를 재귀적으로 호출합니다.

조금 더 생각해 보기

merge는 이미 처리해야 하는 2개의 부분 배열이 정렬이 완료된 상태이므로 $O(n1 + n2)$ 알고리즘입니다.

그림 7.3의 배열 $\{9, 6, 7, 2, 5, 1, 8, 4, 2\}$에서 9개의 데이터를 1개까지 분할하는 과정은 $9 \rightarrow 5 \rightarrow 3 \rightarrow 2 \rightarrow 1$로 4번 이루어지며, 5개의 계층을 만듭니다. 데이터가 8개라면 $8 \rightarrow 4 \rightarrow 2 \rightarrow 1$로 분할이 3번 이루어지며, 4개의 계층을 만듭니다. 일반화하면 대충 $\log_2 n$개의 계층이 만들어진다고 할 수 있습니다. 각 계층별로 $O(n)$의 merge 알고리즘이 실행되므로, 병합 정렬의 복잡도는 $O(n \log n)$입니다.

병합 정렬은 떨어진 요소들을 비교하지만, 직접 스왑하지는 않습니다. 이미 정렬이 완료된 앞부분의 부분 배열과 뒷부분의 부분 배열을 merge하는 처리에서 대상이 되는 2개의 요소가 같은 경우는 항상 앞부분의 배열을 우선하므로, 같은 값을 갖는 요소도 순서가 바뀌지 않습니다. 따라서 병합 정렬은 안정적인 정렬 알고리즘입니다.

병합 정렬은 굉장히 빠르고 안정적인 알고리즘이지만, 입력 데이터를 저장하고 있는 배열 이외에 일시적으로 메모리 영역이 더 필요하다는 특징이 있습니다.

해답 예

C++

```cpp
1   #include<iostream>
2   using namespace std;
3   #define MAX 500000
4   #define SENTINEL 2000000000
5
6   int L[MAX/2+2], R[MAX/2+2];
7   int cnt;
8
9   void merge(int A[], int n, int left, int mid, int right) {
10    int n1 = mid - left;
11    int n2 = right - mid;
12    for(int i = 0; i < n1; i++) L[i] = A[left + i];
13    for(int i = 0; i < n2; i++) R[i] = A[mid + i];
14    L[n1] = R[n2] = SENTINEL;
15    int i = 0, j = 0;
16    for(int k = left; k < right; k++) {
17      cnt++;
18      if(L[i] <= R[j]) {
19        A[k] = L[i++];
20      } else {
21        A[k] = R[j++];
22      }
23    }
24  }
25
26  void mergeSort(int A[], int n, int left, int right) {
27    if(left+1 < right){
28      int mid = (left + right) / 2;
29      mergeSort(A, n, left, mid);
30      mergeSort(A, n, mid, right);
31      merge(A, n, left, mid, right);
32    }
33  }
34
35  int main() {
36    int A[MAX], n, i;
37    cnt = 0;
38
39    cin >> n;
40    for(i = 0; i < n; i++) cin >> A[i];
41
42    mergeSort(A, n, 0, n);
43
44    for(i = 0; i < n; i++) {
45      if(i) cout << " ";
46      cout << A[i];
47    }
```

```
48    cout << endl;
49
50    cout << cnt << endl;
51
52    return 0;
53  }
```

7.2 파티션

ALDS1_6_B Partition

제한 시간: 1초 | **메모리 제한**: 65536KB | **정답률**: 50.32%

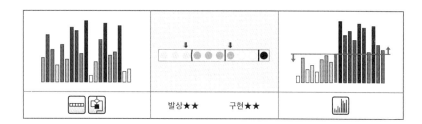

$partition(A, p, r)$은 배열 $A[p..r]$가 있을 때, $A[q]$라는 임의의 기준으로 $A[p..q-1]$의 모든 요소는 $A[q]$ 이하가 되게, $A[q+1..r]$의 모든 요소는 $A[q]$보다 큰 값이 되게 분할하고, 인덱스 q를 리턴하는 함수입니다.[1]

배열 A를 읽어 들이고, 다음 의사 코드를 기반으로 $partition$ 처리를 하는 프로그램을 작성하세요.

```
1  partition(A, p, r)
2    x = A[r]
3    i = p-1
4    for j = p to r-1
5      if A[j] <= x
6        i = i+1
7        A[i]과_A[j]를_스왑
8    A[i+1]와_A[r]를_스왑
9    return i+1
```

위의 코드에서 r은 배열 A의 마지막 요소를 나타내는 인덱스이며, 배열 분할의 기준이 되는 값은 $A[r]$입니다.

---

1 (옮긴이) 표현이 어려운데, $A[q]$보다 작은 요소를 왼쪽으로, $A[q]$보다 큰 요소를 오른쪽으로 이동시킨다는 의미입니다.

입력 1번째 줄에 수열 A의 길이를 나타내는 정수 n이 주어집니다. 2번째 줄에 n개의 정수가 공백으로 구분되어 주어집니다.

출력 분할한 수열을 1번째 줄에 출력합니다. 수열의 요소는 공백으로 구분해서 출력하며, $partition$의 기준이 되는 요소는 [ ]로 감싸서 출력합니다.

제약 $1 \leq n \leq 100,000$

$0 \leq A_i \leq 100,000$

입력 예

```
12
13 19 9 5 12 8 7 4 21 2 6 11
```

출력 예

```
9 5 8 7 4 2 6 [11] 21 13 19 12
```

해설

다음 그림처럼 배열 A에서 $partition$ 대상이 되는 범위는 p에서 r까지(p와 r을 포함)입니다. 이때 $partition$의 기준이 되는 요소 $A[r]$을 x라고 표시하겠습니다. 기준이 되는 x 이하의 요소를 $p \sim i$ 범위(i 포함), x보다 큰 요소를 $i + 1 \sim j$ 범위(j는 포함하지 않음)에 있게 요소들을 이동합니다. 처음에 i는 $p - 1$, j는 p로 초기화합니다.

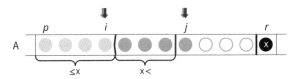

그림 7.4 파티션에 사용하는 인덱스

각각의 계산 단계에서 j를 반드시 하나 뒤로 이동시키며, $A[j]$를 두 그룹 중에 하나에 넣습니다. 그룹에 넣는 방법은 두 가지로 구분할 수 있습니다.

일단 $A[j]$가 x보다 크면 요소를 이동할 필요가 없으며, j를 1만큼 뒤로 이동하기만 하면 $A[j]$가 'x보다 큰 그룹'에 포함됩니다.

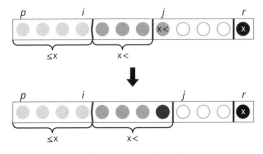

그림 7.5 파티션: 1번째 경우

$A[j]$가 x보다 작은 경우에는 일단 i를 1만큼 뒤로 이동시키고, $A[j]$와 $A[i]$를 스왑합니다. $A[j]$는 'x 이하의 그룹'으로 이동하며, j가 1만큼 뒤로 이동하므로 $A[i]$에 해당하는 요소는 'x보다 큰 그룹'에 포함됩니다.

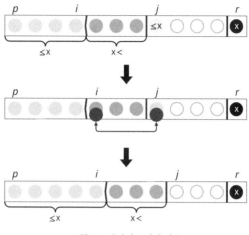

그림 7.6 파티션: 2번째 경우

예를 들어 수열 $\{3, 9, 8, 1, 5, 6, 2, 5\}$에 *partition*을 적용한다면 그림 7.7과 같은 과정으로 이루어집니다.

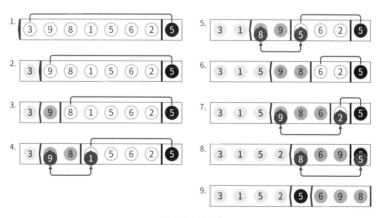

그림 7.7 파티션

마지막(그림의 8 → 9)으로 $A[i + 1]$과 $A[r]$을 스왑해서 파티션을 완료합니다.

조금 더 생각해 보기

j가 p에서 $r - 1$까지 매회 1개씩 뒤로 이동하므로, 파티션 처리 자체는 $O(n)$ 알고리즘입니다.

파티션은 요소를 스왑하므로, 정렬에 응용할 때는 주의해서 사용해야 합니다.

해답 예

C

```c
1   #include<stdio.h>
2   #define MAX 100000
3
4   int A[MAX], n;
5
6   int partition(int p, int r) {
7     int x, i, j, t;
8     x = A[r];
9     i = p - 1;
10    for(j = p; j < r; j++) {
11      if(A[j] <= x) {
12        i++;
13        t = A[i]; A[i] = A[j]; A[j] = t;
14      }
15    }
16    t = A[i + 1]; A[i + 1] = A[r]; A[r] = t;
17    return i + 1;
18  }
19
20  int main() {
21    int i, q;
22
23    scanf("%d", &n);
24    for(i = 0; i < n; i++) scanf("%d", &A[i]);
25
26    q = partition(0, n - 1);
27
28    for(i = 0; i < n; i++) {
29      if(i) printf(" ");
30      if(i == q) printf("[");
31      printf("%d", A[i]);
32      if(i == q) printf("]");
33    }
34    printf("\n");
35
36    return 0;
37  }
```

7.3 퀵 정렬

ALDS1_6_C Quick Sort

제한 시간: 1초 | **메모리 제한**: 65536KB | **정답률**: 23.51%

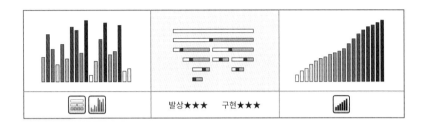

n장의 카드를 정렬합니다. 각 카드에는 1개의 문양(S, H, C, D)과 1개의 숫자가 적혀 있습니다. 이를 다음과 같은 의사 코드를 기반으로 퀵 정렬해서 오름차순으로 정렬하는 프로그램을 작성하세요. partition 함수는 ALDS_1_6_B의 의사 코드를 기반으로 합니다.

```
1  quickSort(A, p, r)
2    if p < r
3      q = partition(A, p, r)
4      quickSort(A, p, q-1)
5      quickSort(A, q+1, r)
```

여기에서 A는 카드가 저장되는 배열이고, $partition$에서의 비교는 카드에 적힌 '숫자'를 기준으로 이루어져야 합니다.

또한 주어진 입력에 대해서 안정적인 출력을 하는지를 함께 출력해 주세요. 같은 번호를 가진 카드가 여러 장 있을 때, 이들이 입력된 순서로 정렬되는 경우를 '안정적인 출력'이라고 합니다.

입력 1번째 줄에 카드의 수 n이 주어집니다.

2번째 줄부터 n장의 카드가 주어집니다. 각 카드는 문양을 나타내는 문자 하나와 숫자(정수)가 쌍으로 한 줄에 주어집니다. 문양과 숫자는 1개의 공백으로 구분됩니다.

출력 1번째 줄에 출력이 안정적인지 또는 불안정적인지(Stable 또는 Not stable)를 출력합니다.

2번째 줄부터 입력과 같은 형식으로 정렬된 카드를 차례대로 출력합니다(n은 출력하지 않습니다).

제약 $1 \leq n \leq 100{,}000$

   $1 \leq$ 카드에 적힌 수 $\leq 10^9$

   입력 그림과 숫자가 모두 같은 카드는 존재하지 않습니다.

입력 예

```
6
D 3
H 2
D 1
S 3
D 2
C 1
```

출력 예

```
Not stable
D 1
C 1
D 2
H 2
D 3
S 3
```

해설

퀵 정렬(quick sort)은 다음과 같은 분할 통합법을 기반으로 하는 알고리즘입니다.

⊞ 퀵 정렬

▶ 배열 전체를 대상으로 quickSort를 실행합니다.

▶ quickSort는 다음과 같습니다.

  1. partition으로 대상 배열을 부분 배열 2개로 분할합니다(Divide).

  2. 분할된 앞쪽 부분 배열을 대상으로 quickSort를 실행합니다(Solve).

  3. 분할된 뒤쪽 부분 배열을 대상으로 quickSort를 실행합니다(Solve).

퀵 정렬 함수 quickSort는 다음 그림처럼 대상 배열을 partition으로 2개로 분할하고, 각각의 부분 배열에 재귀적으로 quickSort를 실행합니다. 예를 들어 $A = \{13, 19, 9, 5, 12, 8, 7, 4, 21, 2, 5, 3, 14, 6, 11\}$에 퀵 정렬을 적용한다면, 다음과 같이 됩니다.

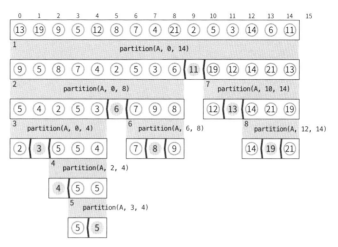

그림 7.8 퀵 정렬

조금 더 생각해 보기

퀵 정렬도 병합 정렬과 마찬가지로 분할 정복 알고리즘을 기반으로 하는 알고리즘이지만, 분할해서 파티션을 실행할 때에 이미 배열 내부에서 정렬이 완료되므로, (병합 정렬처럼) 정복에 해당하는 명시적인 처리를 하지 않습니다.

퀵 정렬은 partition 내부에서 요소를 스왑하므로, 안정적인 정렬 알고리즘이 아닙니다. 반면 병합 정렬이 $O(n)$의 외부 메모리를 필요로 하는 것과는 반대로 퀵 정렬은 추가적인 메모리 영역을 필요로 하지 않습니다. 이처럼 추가적인 메모리 영역을 사용하지 않는 정렬을 인플레이스 정렬(in-place sort) 특징을 갖고 있다고 표현합니다.

퀵 정렬은 partition으로 균형 있게 절반씩 분할될 경우, 병합 정렬과 마찬가지로 $\log_2 n$ 단계의 계층이 발생합니다. 퀵 정렬의 평균 복잡도는 $O(n \log n)$으로, 일반적으로 가장 빠른 알고리즘으로 알려져 있습니다. 하지만 문제의 의사 코드에서 볼 수 있는 것처럼 기준이 일정하므로, 데이터의 정렬 상태에 따라서(예를 들어 이미 정렬된 데이터) 효율성이 좋지 않을 수 있으며, 최악의 경우 $O(n^2)$의 복잡도가 나옵니다. 또한 데이터 정렬 상태에 따라서 재귀가 깊어질 수 있으며, 스택 오버플로가 발생할 수 있는 위험성이 있습니다. 따라서 기준을 랜덤하게 선택하거나, 배열에서 적당한 값을 선택하거나, 그 중앙값을 선택하는 등의 다양한 연구가 이루어지고 있습니다.

해답 예

C

```
1   #include<stdio.h>
2   #define MAX 100000
3   #define SENTINEL 2000000000
4
5   struct Card {
6     char suit;
7     int value;
8   };
9
10  struct Card L[MAX / 2 + 2], R[MAX / 2 + 2];
11
12  void merge(struct Card A[], int n, int left, int mid, int right) {
13    int i, j, k;
14    int n1 = mid - left;
15    int n2 = right - mid;
16    for(i = 0; i < n1; i++) L[i] = A[left + i];
17    for(i = 0; i < n2; i++) R[i] = A[mid + i];
18    L[n1].value = R[n2].value = SENTINEL;
19    i = j = 0;
20    for(k = left; k < right; k++) {
21      if(L[i].value <= R[j].value) {
22        A[k] = L[i++];
23      } else {
24        A[k] = R[j++];
25      }
26    }
27  }
28
29  void mergeSort(struct Card A[], int n, int left, int right) {
30    int mid;
31    if(left + 1 < right) {
32      mid = (left + right) / 2;
33      mergeSort(A, n, left, mid);
34      mergeSort(A, n, mid, right);
35      merge(A, n, left, mid, right);
36    }
37  }
38
39  int partition(struct Card A[], int n, int p, int r) {
40    int i, j;
41    struct Card t, x;
42    x = A[r];
43    i = p - 1;
44    for(j = p; j < r; j++) {
45      if(A[j].value <= x.value) {
46        i++;
```

```
47       t = A[i]; A[i] = A[j]; A[j] = t;
48     }
49   }
50   t = A[i + 1]; A[i + 1] = A[r]; A[r] = t;
51   return i + 1;
52 }
53
54 void quickSort(struct Card A[], int n, int p, int r) {
55   int q;
56   if(p < r) {
57     q = partition(A, n, p, r);
58     quickSort(A, n, p, q - 1);
59     quickSort(A, n, q + 1, r);
60   }
61 }
62
63 int main() {
64   int n, i, v;
65   struct Card A[MAX], B[MAX];
66   char S[10];
67   int stable = 1;
68
69   scanf("%d", &n);
70
71   for(i = 0; i < n; i++) {
72     scanf("%s %d", S, &v);
73     A[i].suit = B[i].suit = S[0];
74     A[i].value = B[i].value = v;
75   }
76
77   mergeSort(A, n, 0, n);
78   quickSort(B, n, 0, n - 1);
79
80   for(i = 0; i < n; i++) {
81     // 병합 정렬과 퀵 정렬의 결과 비교
82     if(A[i].suit != B[i].suit) stable = 0;
83   }
84
85   if(stable == 1) printf("Stable\n");
86   else printf("Not stable\n");
87   for(i = 0; i < n; i++) {
88     printf("%c %d\n", B[i].suit, B[i].value);
89   }
90
91   return 0;
92 }
```

7.4 계수 정렬

ALDS1_6_A Counting Sort

제한 시간: 1초 | **메모리 제한**: 65536KB | **정답률**: 18.50%

계수 정렬(또는 버킷 정렬)은 모든 요소가 0 이상 k 이하이고, 요소가 n개인 수열에 대해 선형 시간($O(n + k)$)으로 동작하는 안정적인 정렬 알고리즘입니다.

다음은 계수 정렬의 의사 코드입니다. 입력 수열 A의 요소를 A_j라고 할 때, A_j 이하의 요소 수를 카운터 배열 C에 기록하고, 카운터 배열 C의 값을 기반으로 출력 배열 B에 A_j를 출력합니다. 입력 배열에 같은 값이 있는 경우도 고려했습니다.

```
1   CountingSort(A, B, k)
2       for i = 0 to k
3           C[i] = 0
4
5       /* C[i]에 i의 출현 횟수를 기록 */
6       for j = 1 to n
7           C[A[j]]++
8
9       /* C[i]에 i 이하 값의 출현 횟수를 기록 */
10      for i = 1 to k
11          C[i] = C[i] + C[i-1]
12
13      for j = n downto 1
14          B[C[A[j]]] = A[j]
15          C[A[j]]--
```

수열 A를 읽고, 계수 정렬 알고리즘을 사용해 오름차순으로 정렬해서 출력하는 프로그램을 작성하세요. 위의 의사 코드에 따라 알고리즘을 구현합니다.

입력 1번째 줄에 n, 2번째 줄에 A를 나타내는 n개의 정수가 주어집니다.

출력 정렬된 수열을 1번째 줄에 출력합니다. 수열의 정수 사이에 1개의 공백을 넣어 출력합니다.

제약 $1 \leq n \leq 2,000,000$

$0 \leq A_j \leq 10,000$

입력 예

```
7
2 5 1 3 2 3 0
```

출력 예

```
0 1 2 2 3 3 5
```

해설

이번 문제의 계수 정렬은 입력 수열을 조금 더 편리하게 이해할 수 있게 1-기반 배열을 사용하겠습니다. 예를 들어 입력 배열 $A = \{4, 5, 0, 3, 1, 5, 0, 5\}$로 계수 정렬을 하는 경우를 생각해 봅시다. 일단 다음 그림과 같이 배열 A의 요소가 출현하는 횟수를 배열 C에 기록합니다.

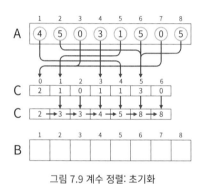

그림 7.9 계수 정렬: 초기화

예를 들어 A 내부에 5는 3개 포함되어 있으므로, C[5]가 3이 됩니다. 이어서 카운터 배열 C의 요소들의 누적 합계를 구해서, 카운터 배열 C를 변경합니다.

따라서 카운터 배열의 요소 C[x]에는 배열 A의 요소 x 이하의 요소 수가 기록됩니다. 이를 기반으로 다음 그림과 같이 출력 배열 B에 A의 요소를 차례대로 복사합니다. 이렇게 하는 것만으로 배열 A의 요소가 오름차순으로 정렬됩니다.

A의 요소를 뒤에서부터 차례대로 참조해서, B의 적절한 위치에 복사합니다. 1번에서는 A[8](= 5)를 복사하는데, C[5](= 8) 이하의 요소가 8개 있으므로, B[8]에 5를 복사합니다. 이때 C[5]를 1만큼 감소시킵니다. 이렇게 하면 A에 있는 같은 값(= 5)을 갖는 다른 요소(A[2], A[6])와 같은 위치를 차지하게 되는 충돌을 막을 수 있습니다.

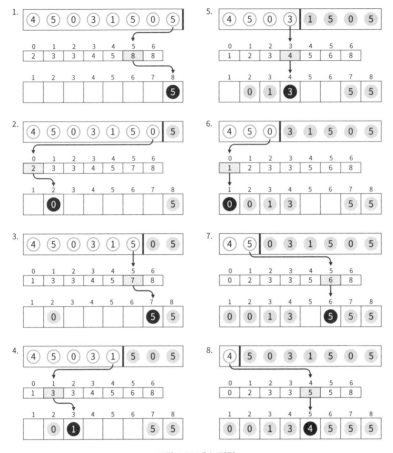

그림 7.10 계수 정렬

2번에서는 A[7](= 0)을 복사하는데, A[7](= 0) 이하의 요소가 2개 있으므로, B[2]에 0을 복사합니다. 3번에서는 A[6](= 5)을 복사하는데, A[6](= 5) 이하의 요소가 7개 있으므로(이전에 카운터 배열을 1만큼 감소시켰으므로), B[7]에 5를 복사합니다. 다른 요소들도 이와 같은 방법으로 위치를 결정합니다.

조금 더 생각해 보기

계수 정렬은 입력 배열 A의 요소를 뒤에서부터 선택해서 정렬하므로, 안정적인 배열입니다. 참고로 그림 7.10의 예에서 A의 요소를 앞에서부터 선택한다면, 중복되어 있는 0과 5는 각각 역순으로 B에 복사되어 버립니다. 따라서 뒤에서부터 차례대로 요소를 선택하는 것입니다.

현재 문제의 계수 정렬은 'A_j가 0 이상이라는 조건'과 'A_j의 최대 크기에 비례하는 저장 공간'이 필요합니다. 하지만 이것만 만족한다면 선형 시간 $O(n + k)$로 정렬할 수 있는 굉장히 빠르고 안정적인 알고리즘입니다.

해답 예

C

```c
#include<stdio.h>
#include<stdlib.h>
#define MAX 2000001
#define VMAX 10000

int main() {
  unsigned short *A, *B;

  int C[VMAX+ 1];
  int n, i, j;
  scanf("%d", &n);

  A = malloc(sizeof(short) * n + 1);
  B = malloc(sizeof(short) * n + 1);

  for(i = 0; i <= VMAX; i++) C[i] = 0;

  for(i = 0; i < n; i++) {
    scanf("%hu", &A[i + 1]);
    C[A[i + 1]]++;
  }

  for(i = 1; i <= VMAX; i++) C[i] = C[i] + C[i - 1];

  for(j = 1; j <= n; j++) {
    B[C[A[j]]] = A[j];
    C[A[j]]--;
  }

  for(i = 1; i <= n; i++) {
    if(i > 1) printf(" ");
    printf("%d", B[i]);
  }
  printf("\n");

  return 0;
}
```

7.5 표준 라이브러리를 사용한 정렬

STL은 배열과 컨테이너에 사용할 수 있는 다양한 알고리즘을 제공합니다. 그중에서 가장 범용적으로 사용되는 함수는 요소를 정렬하는 sort입니다.

7.5.1 sort

다음 프로그램 7.1은 STL의 sort를 사용해서 vector의 요소를 오름차순으로 정렬하는 프로그램입니다.

프로그램 7.1 sort를 사용한 vector 정렬

```
1   #include<iostream>
2   #include<vector>
3   #include<algorithm>
4   using namespace std;
5
6   int main() {
7     int n;
8     vector<int> v;
9
10    cin >> n;
11    for(int i = 0; i < n; i++) {
12      int x; cin >> x;
13      v.push_back(x);
14    }
15
16    sort(v.begin(), v.end());
17
18    for(int i = 0; i < v.size(); i++) {
19      cout << v[i] << " ";
20    }
21    cout << endl;
22
23    return 0;
24  }
```

입력

```
5
5 3 4 1 2
```

출력

```
1 2 3 4 5
```

sort의 첫 번째 매개변수에는 정렬 대상의 가장 앞 이터레이터, 두 번째 매개변수에는 가장 끝 이터레이터를 지정합니다(이때 정렬 대상에 끝의 대상은 포함되지 않습니다[2]).

배열의 요소를 정렬하고 싶은 경우에는 다음과 같이 매개변수로 포인터를 지정합니다.

프로그램 7.2 sort로 배열 정렬하기

```
1    #include<iostream>
2    #include<algorithm>
3    using namespace std;
4
5    int main() {
6      int n, v[5];
7
8      for(int i = 0; i < 5; i++) cin >> v[i];
9
10     sort(v, v + 5);
11
12     for(int i = 0; i < 5; i++) {
13       cout << v[i] << " ";
14     }
15     cout << endl;
16
17     return 0;
18   }
```

입력

8 6 9 10 7

출력

6 7 8 9 10

일반적으로 STL의 sort는 퀵 정렬을 기반으로 하므로, $O(n \log n)$으로 작동하는 굉장히 빠른 정렬입니다. 또한 내부적으로 퀵 정렬의 약점이라 할 수 있는 '최악의 경우에는 $O(n^2)$이 된다'에 대한 대책도 마련됩니다. 다만 안정적인 정렬이 아니므로 약간의 주의가 필요합니다.

STL로 안정적인 정렬을 하고 싶은 경우에는 병합 정렬을 기반으로 하는 stable_sort를 사용하면 됩니다. 복잡도도 $O(n \log n)$으로 굉장히 빠르지만, sort와 비교해서 메모리를 더 필요로 하며 속도도 약간 떨어집니다.

---

2 (옮긴이) end() 멤버 함수의 리턴 값은 벡터의 마지막 요소 바로 다음의 아무것도 없는 위치를 가리키는 이터레이터입니다. 따라서 정렬 대상에 포함하지 않습니다.

7.6 반전 수

※ 이번 문제는 조금 어렵습니다. 너무 어렵게 느껴진다면 일단 건너뛰고, 실력을 쌓은 후에 다시 도전하기 바랍니다.

ALDS1_5_D The Number of Inversions

제한 시간: 1초 ｜ **메모리 제한**: 65536KB ｜ **정답률**: 24.04%

수열 $A = \{a_0, a_1, \cdots, a_{n-1}\}$에 대해서 $a_i > a_j$이면서 $i < j$인 조합 (i, j)인 것의 수를 반전 수(number of inversions)라고 부릅니다. 반전 수는 다음과 같은 버블 정렬의 스왑 횟수와 같습니다.

```
1   bubbleSort(A)
2     cnt = 0 // 반전 수
3     for i = 0 to A.length-1
4       for j = A.length-1 downto i+1
5         if A[j] < A[j-1]
6           swap(A[j], A[j-1])
7           cnt++
8     return cnt
```

배열 A가 주어질 때, A의 반전 수를 구하세요. 위의 의사 코드 알고리즘을 그대로 사용해서 구현하면 제한 시간을 넘어버리므로 주의하세요.

입력 1번째 줄에 수열 A의 길이 n이 주어집니다. 2번째 줄에 $a_i(i = 0, 1, \cdots, n - 1)$이 공백으로 구분되어 주어집니다.

출력 1번째 줄에 반전 수를 출력합니다.

제약 $1 \leq n \leq 200,000$

$0 \leq a_i \leq 10^9$

a_i는 모두 다른 값입니다.

입력 예

```
5
3 5 2 1 4
```

출력 예

```
6
```

해설

실제로 버블 정렬을 해서 답을 찾으려고 하면, $O(n^2)$ 알고리즘이라서 시간 내에 출력을 얻을 수 없습니다.

분할 정복 알고리즘을 응용해 보도록 합시다. 병합 정렬의 merge 함수로 작은 처리를 결합하는 형태로 코드를 작성하면, 반전 수를 더 빠르게 구할 수 있습니다.

예를 들어 $A = \{5, 3, 6, 2, 1, 4\}$의 반전 수를 생각해 봅시다. 다음 그림과 같이 배열의 인덱스 k에 대해서 k보다 왼쪽에 있는 $A[k]$보다 큰 값의 수를 $C[k]$라고 하면, $C[k]$의 합계가 배열 A의 반전 수가 됩니다.

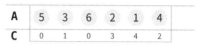

그림 7.11 반전 수 계산(1)

위의 그림 예의 경우, 반전 수가 10입니다. 이러한 $C[i]$의 값은 어떤 순서로 계산해도 상관없으므로 병합 정렬을 활용하겠습니다. ALDS1_5_B의 mergeSort와 merge 의사 코드를 사용하겠습니다.

일단 다음 그림과 같이 배열을 2개로 분할한 경우의 $C[k]$를 각각 생각해 봅시다.

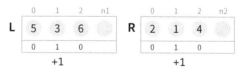

그림 7.12 반전 수 계산(2)

배열 L과 R을 각각 정렬하면서 반전 수를 구하고, 이를 합치면 2가 됩니다.

이어서 다음 그림과 같이 정렬된 배열 L과 R을 결합하면서 반전 수를 더합니다. 배열 R의 요소 $R[j]$를 기준으로 L에 포함된 결합 후에 $R[j]$보다도 뒤로 이동해야 하는 요소의 수는 L의 크기를 $n1$, L의 인덱스를 i라고 할 때, $n1 - i$로 구할 수 있습니다.

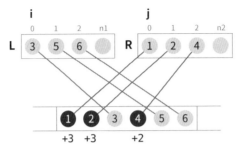

그림 7.13 반전 수 계산(3)

따라서 R의 요소 $\{1, 2, 4\}$는 $\{3, 3, 2\}$가 되며, 배열 A 전체의 반전 수는 앞에서 구했던 2를 합쳐서 10이 됩니다.

해답 예

C++

```
1   #include<iostream>
2   using namespace std;
3
4   #define MAX 200000
5   #define SENTINEL 2000000000
6   typedef long long llong;
7
8   int L[MAX / 2 + 2], R[MAX / 2 + 2];
9
10  llong merge(int A[], int n, int left, int mid, int right) {
11    int i, j, k;
12    llong cnt = 0;
13    int n1 = mid - left;
14    int n2 = right - mid;
15    for(i = 0; i < n1; i++) L[i] = A[left + i];
16    for(i = 0; i < n2; i++) R[i] = A[mid + i];
17    L[n1] = R[n2] = SENTINEL;
18    i = j = 0;
19    for(k = left; k < right; k++) {
20      if(L[i] <= R[j]){
21        A[k] = L[i++];
22      } else {
23        A[k] = R[j++];
24        cnt += n1 - i;     // = mid + j - k -1
25      }
26    }
27    return cnt;
28  }
29
```

```
30  llong mergeSort(int A[], int n, int left, int right) {
31    int mid;
32    llong v1, v2, v3;
33    if(left + 1 < right) {
34      mid = (left + right) / 2;
35      v1 = mergeSort(A, n, left, mid);
36      v2 = mergeSort(A, n, mid, right);
37      v3 = merge(A, n, left, mid, right);
38      return v1 + v2 + v3;
39    } else return 0;
40  }
41
42  int main() {
43    int A[MAX], n, i;
44
45    cin >> n;
46    for(i = 0; i < n; i++) {
47      cin >> A[i];
48    }
49
50    llong ans = mergeSort(A, n, 0, n);
51    cout << ans << endl;
52
53    return 0;
54  }
```

7.7 최소 비용 정렬

※ 이번 문제는 조금 어렵습니다. 너무 어렵게 느껴진다면 일단 건너뛰고, 실력을 쌓은 후에 다시 도전하기 바랍니다.

ALDS1_6_D Minimum Cost Sort

제한 시간: 1초 | **메모리 제한**: 65536KB | **정답률**: 18.64%

무게 $w_i(i = 0, 1, \cdots, n - 1)$의 물건들이 일렬로 나열되어 있습니다. 이러한 물건을 로봇 팔로 집어 정렬합니다. 로봇 팔은 한 번의 조작으로 물건 i와 j를 스왑할 수 있습니다. 다만 이때 $w_i + w_j$의 비용이 소비됩니다. 로봇은 몇 번이라도 조작할 수 있습니다.

주어진 물건들의 무게를 오름차순으로 정렬할 때 비용 합계의 최솟값을 구하세요.

입력 1번째 줄에 정수 n이 주어집니다. 2번째 줄에 n개의 정수 $w_i(i = 0, 1, \cdots, n -1)$가 공백으로 구분되어 주어집니다.

출력 최솟값을 1번째 줄에 출력합니다.

제약 $1 \leq n \leq 1,000$

$0 \leq w_i \leq 10^4$

w_i는 모두 다릅니다.

입력 예

```
5
1 5 3 4 2
```

출력 예

```
7
```

해설

예를 들어 입력 $W = \{4, 3, 2, 7, 1, 6, 5\}$를 기준으로 생각해 봅시다. 이 배열을 $W = \{1, 2, 3, 4, 5, 6, 7\}$로 만들기 위한 최소 비용을 구합니다. 일단 다음 그림은 요소가 최종적으로 어떻게 이동하는지를 그림으로 나타낸 것입니다.

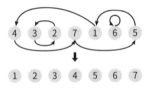

그림 7.14 최소 비용 정렬(예 1)

그림을 보면 사이클(연결된 것들이 또 연결되는 형태)이 발생합니다. 현재 예에서는 $4 \rightarrow 7 \rightarrow 5 \rightarrow 1 \rightarrow 4, 3 \rightarrow 2 \rightarrow 3, 6 \rightarrow 6$이라는 3개의 사이클이 발생했습니다. 일단 이러한 사이클별로 필요한 최소 비용을 생각해 봅시다.

사이클의 길이가 1이라면 이동할 필요가 없으므로 사이클의 비용은 0입니다.

사이클의 길이가 2라면 스왑을 1번 하면 되므로 두 요소의 합이 곧 비용입니다. 예를 들어 $3 \rightarrow 2 \rightarrow 3$ 사이클의 비용은 $3 + 2 = 5$가 됩니다.

사이클의 길이가 3 이상인 경우를 생각해 봅시다. 다음 그림처럼 $4 \rightarrow 7 \rightarrow 5 \rightarrow 1 \rightarrow 4$라는 사이클이 있을 경우, 1을 사용해서 요소를 이동할 경우, 최소 비용은 19가 나옵니다.

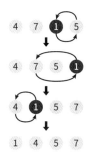

그림 7.15 최소 비용 계산

따라서 사이클 내부에서 가장 작은 값을 기준으로 다른 요소를 이동하는 것이 가장 좋은 방법입니다.

이때의 비용은 사이클 내부의 요소를 w_i, 사이클 내부 요소의 개수를 n이라고 할 때

$$\sum w_i + (n - 2) \times min(w_i)$$

이 됩니다. 모든 요소는 반드시 1번 이상 이동하므로 $\sum w_i$, 또한 최솟값은 마지막 교체 이전까지 $n - 2$번 이동합니다. 참고로 이 수식은 $n = 2$일 때도 적용됩니다.

따라서 모든 사이클의 비용 합을 구하면, $W = \{4, 3, 2, 7, 1, 6, 5\}$의 최소 비용은 $(5 + 0) + (17 + 2) = 24$가 됩니다.

위의 예에서는 최솟값을 제대로 구할 수 있었지만, 이 알고리즘에는 반례가 있습니다. 다음 예를 생각해 봅시다.

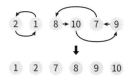

그림 7.16 최소 비용 정렬(예 2)

이러한 입력에 이전 알고리즘을 적용하면 $1 \rightarrow 2 \rightarrow 1$은 비용 3, $8 \rightarrow 10 \rightarrow 9 \rightarrow 7 \rightarrow 8$은 비용 48이라서 합계가 51이 됩니다.

하지만 $8 \rightarrow 10 \rightarrow 9 \rightarrow 7 \rightarrow 8$ 사이클은 7과 1을 스왑해서, $8 \rightarrow 10 \rightarrow 9 \rightarrow 1 \rightarrow 8$ 사이클을 만들면, $28 + 2 \times 1$로 1과 7의 스왑 2회와 합쳐서 46의 비용이 나옵니다.

따라서 전체 49가 됩니다. 이전의 51보다 작은 비용이 나오는 것을 알 수 있습니다. 이처럼 사이클의 외부에 있는 다른 요소를 잠시 사용하기만 해도 더 작은 비용이 나올 수 있는 것입니다.

사이클 외부의 요소를 x라고 하면, $2 \times (min(w_i) + x)$만큼 비용이 증가하지만, $(n - 1) \times (min(w_i) - x)$만큼 비용이 줄어듭니다. 따라서

$$\sum w_i + (n - 2) \times min(w_i) + 2 \times (min(w_i) + x) - (n - 1) \times (min(w_i) - x)$$
$$= \sum w_i + min(w_i) + (n + 1) \times x$$

가 됩니다. x는 입력 전체 중에 최솟값을 사용하면 됩니다.

지금까지의 내용을 고려하면, 각 폐쇄 회로의 비용은 요소 전체에서 최솟값을 사용한 경우와 사용하지 않은 경우를 모두 계산하고, 이 중에서 비용이 작은 쪽을 선택하여 계산하면 됩니다.

해답 예

C++

```cpp
1   #include<iostream>
2   #include<algorithm>
3   using namespace std;
4   static const int MAX = 1000;
5   static const int VMAX = 10000;
6
7   int n, A[MAX], s;
8   int B[MAX], T[VMAX+1];
9
10  int solve() {
11    int ans = 0;
12
13    bool V[MAX];
14    for(int i = 0; i < n; i++) {
15      B[i] = A[i];
16      V[i] = false;
17    }
18    sort(B, B+n);
19    for(int i = 0; i < n; i++) T[B[i]] = i;
20    for(int i = 0; i < n; i++) {
21      if(V[i]) continue;
22      int cur = i;
23      int S = 0;
24      int m = VMAX;
25      int an = 0;
26      while(1) {
```

```
27        V[cur] = true;
28        an++;
29        int v = A[cur];
30        m = min(m, v);
31        S += v;
32        cur = T[v];
33        if(V[cur]) break;
34      }
35      ans += min(S + (an - 2) * m, m + S + (an + 1) * s);
36    }
37
38    return ans;
39  }
40
41  int main() {
42    cin >> n;
43    s = VMAX;
44    for(int i = 0; i < n; i++) {
45      cin >> A[i];
46      s = min(s, A[i]);
47    }
48    int ans = solve();
49    cout << ans << endl;
50
51    return 0;
52  }
```

7.8 백준 온라인 저지 문제

2751번 수 정렬하기 2

제한 시간: 2초 | **메모리 제한**: 256MB | **정답률**: 30.05%

N개의 수가 주어졌을 때, 이를 오름차순으로 정렬하는 프로그램을 작성하시오.

입력 첫째 줄에 수의 개수 N이 주어진다.

둘째 줄부터 N개의 수가 한 줄에 하나씩 주어진다.

출력 첫째 줄부터 N개의 줄에 오름차순으로 정렬한 결과를 한 줄에 하나씩 출력한다.

제약 $1 \leq N \leq 1,000,000$

$-1,000,000 \leq$ 입력으로 주어지는 수 $\leq 1,000,000$

수는 중복되지 않는다.

입력 예	출력 예
5 5 4 3 2 1	1 2 3 4 5

10989번 수 정렬하기 3

제한 시간: 5초 | **메모리 제한:** 8MB | **정답률:** 23.42%

N개의 수가 주어졌을 때, 이를 오름차순으로 정렬하는 프로그램을 작성하시오.

입력 첫째 줄에 수의 개수 N, 둘째 줄부터 N개의 수가 한 줄에 하나씩 주어진다.

출력 첫째 줄부터 N개의 줄에 오름차순으로 정렬한 결과를 한 줄에 하나씩 출력한다.

제약 $1 \leq N \leq 10,000,000$

$1 \leq$ 입력으로 주어지는 수 $\leq 10,000$

입력 예	출력 예
10 5 2 3 1 4 2 3 5 1 7	1 1 2 2 3 3 4 5 5 7

11650번 좌표 정렬하기

제한 시간: 1초 | **메모리 제한:** 256MB | **정답률:** 48.20%

2차원 평면 위의 점 N개가 주어졌을 때, 좌표를 x좌표가 증가하는 순으로, x좌표가 같으면 y좌표가 증가하는 순서로 정렬한 다음 출력하는 프로그램을 작성하시오.

입력 첫째 줄에 점의 개수 N이 주어진다. 둘째 줄부터 N개의 줄에 i번 점의 위치

x_i와 y_i가 주어진다.

출력 첫째 줄부터 N개의 줄에 점을 정렬한 결과를 출력한다.

제약 $1 \leq N \leq 100,000$

$-100,000 \leq x_i, y_i \leq 100,000$

좌표는 정수이고, 위치가 같은 두 점은 없다.

입력 예	출력 예
5	1 -1
3 4	1 1
1 1	2 2
1 -1	3 3
2 2	3 4
3 3	

18870 좌표 압축

제한 시간: 2초 | **메모리 제한**: 512MB | **정답률**: 43.59%

수직선 위에 N개의 좌표 $X_1, X_2, \cdots, X_N$이 있다. 이 좌표에 좌표 압축을 적용하려고 한다.

X_i를 좌표 압축한 결과 X'_i의 값은 $X_i > X_j$를 만족하는 서로 다른 좌표의 개수와 같아야 한다.

$X_1, X_2, \cdots, X_N$에 좌표 압축을 적용한 결과 $X'_1, X'_2, \cdots, X'_N$를 출력해 보자.

입력 첫째 줄에 N이 주어진다.

둘째 줄에는 공백 한 칸으로 구분된 $X_1, X_2, \cdots, X_N$이 주어진다.

출력 첫째 줄에 $X'_1, X'_2, \cdots, X'_N$을 공백 한 칸으로 구분해서 출력한다.

제약 $1 \leq N \leq 1,000,000$

$-10^9 \leq X_i \leq 10^9$

입력 예 1	출력 예 1
5	2 3 0 3 1
2 4 -10 4 -9	

입력 예 2	출력 예 2
6	1 0 1 0 1 0
1000 999 1000 999 1000 999	

1377번 버블 소트

제한 시간: 2초 | **메모리 제한:** 128MB | **정답률:** 32.36%

버블 소트 알고리즘을 다음과 같이 C++로 작성했다.

```cpp
bool changed = false;
for (int i=1; i<=N+1; i++) {
    changed = false;
    for (int j=1; j<=N-i; j++) {
        if (A[j] > A[j+1]) {
            changed = true;
            swap(A[j], A[j+1]);
        }
    }
    if (changed == false) {
        cout << i << '\n';
        break;
    }
}
```

N은 배열의 크기이고, A는 정렬해야 하는 배열이다. 배열은 $A[1]$부터 사용한다. 배열에 들어 있는 수가 주어졌을 때, 위 프로그램이 어떤 값을 출력하는지 구해보자.

입력 첫째 줄에 N이 주어진다. 둘째 줄부터 N개의 줄에 $A[1]$, $\cdots$, $A[N]$이 한 줄에 하나씩 주어진다.

출력 위 소스 코드가 출력하는 값을 출력한다.

제약 $1 \leq N \leq 500,000$

$0 \leq A[i] \leq 1,000,000$

$A[i]$는 정수

입력 예	출력 예
5 10 1 5 2 3	3

1517번 버블 소트

제한 시간: 1초 | **메모리 제한:** 512MB | **정답률:** 28.75%

크기가 N인 배열 $A[1]$, $A[2]$, $\cdots$, $A[N]$이 있다. 이 배열에 대해서 버블 정렬을 수행할 때, 두 수의 교환이 총 몇 번 발생하는지 알아내는 프로그램을 작성하시오.

입력 첫째 줄에 배열의 크기 N, 둘째 줄에 $A[1]$, $A[2]$, $\cdots$, $A[N]$이 주어진다.

출력 첫째 줄에 두 수의 교환이 발생한 횟수를 출력한다.

제약 $1 \leq N \leq 500,000$

$0 \leq |A[i]| \leq 1,000,000,000$

$A[i]$는 정수

입력 예

```
3
3 2 1
```

출력 예

```
3
```

8장

Algorithms and Data Structures for Programming Contest

트리

트리는 계층적인 구조를 표현하는 데 적합한 자료 구조입니다. 소프트웨어 개발, 문서, 조직도, 그래픽 등에서 계층 구조를 추상화하는 방법으로 널리 활용됩니다.

또한 트리는 효율적인 알고리즘과 자료 구조를 구현하기 위한 기초 구조이고 정보 처리와 프로그래밍에서 빼놓을 수 없는 개념입니다. 표준 라이브러리가 제공하는 수많은 알고리즘과 자료 구조가 트리와 관련되어 있습니다.

이번 장에서는 트리의 표현 방법, 트리와 관련된 기본적인 알고리즘과 관련된 문제를 살펴보겠습니다.

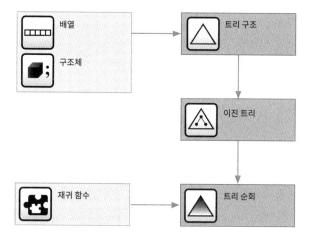

이번 장의 문제를 풀려면 배열, 반복문을 기본으로 알고 있어야 하며, 구조체(클래스)를 사용할 수 있는 프로그래밍 스킬이 필요합니다. 또한 재귀 함수를 이해하고 있어야 합니다.

8.1 트리: 문제에 도전하기 전에

루트 있는 트리

트리는 노드(node)와 노드를 연결하는 에지(edge)를 사용해 표현하는 자료 구조입니다. 다음 그림은 트리의 노드를 원, 에지를 선으로 표현한 예입니다.

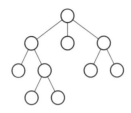

그림 8.1 트리의 예

그림 8.2처럼 루트(root)라고 불리는 다른 노드와 구별되는 노드를 하나 갖고 있는 트리를 루트 있는 트리(rooted tree)라고 부릅니다.

루트 있는 트리의 노드에는 부모 자식 관계가 있습니다. 루트 있는 트리 T의 루트 r에서 노드 x에 이르는 경로 위에 있는 마지막의 에지가 노드 p와 노드 x를 연결한다면 p를 x의 부모(parent), x를 p의 자식(child)이라고 부릅니다.[1] 그리고 같은 부모를 갖는 노드를 형제(sibling)라고 부릅니다. 예를 들어 그림 8.2에서 노드 2의 부모는 0(루트), 형제는 1과 3입니다.

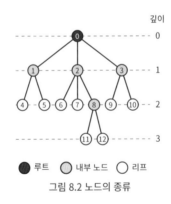

깊이

● 루트 　○ 내부 노드 　○ 리프
그림 8.2 노드의 종류

루트는 부모를 갖지 않는 유일한 노드입니다. 자식을 갖지 않는 노드를 외부 노드(external node) 또는 리프(leaf, 잎)라고 부릅니다. 리프가 아닌 노드는 내부 노드(internal node)라고 부릅니다.

1　(옮긴이) 표현이 굉장히 어려운데, 그림에서 어떤 노드 바로 위에 있는 노드가 부모, 바로 아래 있는 노드가 자식이라고 생각하면 됩니다.

루트 있는 트리 T의 노드 x가 가진 자식의 수를 'x의 차수(degree)'라고 부릅니다. 예를 들어 노드 2는 노드 6, 7, 8을 가지므로 차수는 3입니다. 자식이 없는 경우에는 노드의 차수가 0입니다.

루트 r에서 노드 x까지 도달하는 경로의 길이를 x의 깊이(depth)라고 부릅니다. 또한 노드 x에서 리프까지 도달하는 최대 경로 길이를 x의 높이(height)라고 부릅니다. 루트의 높이가 가장 높으며, 이를 '트리 전체의 높이'라고 부릅니다. 예를 들어 그림의 노드 8은 깊이가 2이며, 높이는 1입니다. 또한 그림 8.2 트리 전체의 높이는 3입니다.

이진 트리

하나의 루트를 가지며, 모든 노드의 자식 수가 2개 이하인 트리를 루트 있는 이진 트리(rooted binary tree)라고 부릅니다. 다음 그림은 이진 트리의 예입니다.

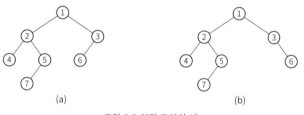

그림 8.3 이진 트리의 예

이진 트리에서 모든 노드는 자식의 수가 2개 이하입니다. 그런데 이때 자식 노드가 왼쪽에 있는지, 오른쪽에 있는지를 명확하게 구분해야 합니다. 자식 노드가 하나 있는 경우에도 이것이 왼쪽 자식 노드인지, 오른쪽 자식 노드인지에 따라 다른 트리로 구분됩니다. (a)의 노드 3은 왼쪽 자식으로 노드 6을 갖고 있지만, (b)의 노드 3은 오른쪽 자식으로 노드 6을 갖고 있습니다. 이처럼 자식에 순서가 있는 트리를 순서 있는 트리(ordered tree)라고 부릅니다.

이진 트리 T는 재귀적으로 정의할 수 있으며, 다음과 같은 조건 중 하나를 만족합니다.

▶ T는 다른 트리와 연결되어 있지 않다.
▶ T는 공통 요소를 갖지 않는 다음 3개의 노드 집합으로 구성된다.
  • 루트(root)
  • 왼쪽 서브 트리(left subtree)라고 부르는 이진 트리
  • 오른쪽 서브 트리(right subtree)라고 부르는 이진 트리

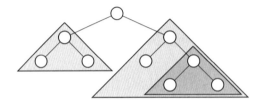

그림 8.4 이진 트리의 서브 트리

8.2 루트 있는 트리의 표현

ALDS1_7_A Rooted Trees

제한 시간: 2초 | **메모리 제한**: 65536KB | **정답률**: 25.08%

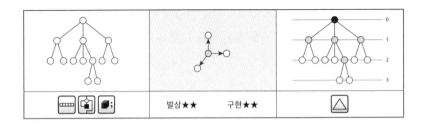

주어진 루트 있는 트리 T 내부에 있는 노드 u의 다음과 같은 정보를 출력하는 프로그램을 작성하세요.

▶ u의 노드 번호

▶ u의 부모 노드 번호

▶ u의 깊이

▶ u의 종류(루트, 내부 노드, 리프)

▶ u의 자식 리스트

이때 주어지는 트리는 n개의 노드를 가지며, 각각 0부터 $n - 1$까지의 번호가 할당됩니다.

입력 1번째 줄에 노드의 개수 n이 주어집니다. 이어지는 n개의 줄에 노드의 정보가 다음과 같은 형식으로 주어집니다.

$id\ k\ c_1\ c_2 \cdots c_k$

id는 노드의 번호, k는 차수[2], $c_1 c_2 \cdots c_k$는 자식의 노드 번호를 나타냅니다.

출력 다음 형식으로 노드 정보를 출력합니다. 노드 정보는 노드 번호가 작은 순서로 출력합니다.

node id: parent = p, depth = d, $type$, $[c_1, \cdots, c_k]$

p는 부모 번호를 나타냅니다(부모를 갖지 않는 경우에는 −1로 합니다). d는 노드의 깊이를 나타냅니다. $type$은 노드가 루트인지, 내부 노드인지, 리프인지를 각각 root, internal node, leaf 문자열로 나타냅니다.

$c_1, \cdots, c_k$는 자식 리스트입니다. 순서 있는 트리로 생각하지 말고, 입력 순서대로 쉼표로 구분해서 출력합니다. 출력 예에서 어떤 형태로 출력하는지 자세하게 확인하기 바랍니다.

제약 $1 \leq n \leq 100,000$

노드 깊이는 20을 넘지 않습니다.

에지가 존재하지 않는 노드는 없습니다.

입력 예

```
13
0 3 1 4 10
1 2 2 3
2 0
3 0
4 3 5 6 7
5 0
6 0
7 2 8 9
8 0
9 0
10 2 11 12
11 0
12 0
```

출력 예

```
node 0: parent = -1, depth = 0, root, [1, 4, 10]
node 1: parent = 0, depth = 1, internal node, [2, 3]
node 2: parent = 1, depth = 2, leaf, []
node 3: parent = 1, depth = 2, leaf, []
node 4: parent = 0, depth = 1, internal node, [5, 6, 7]
node 5: parent = 4, depth = 2, leaf, []
node 6: parent = 4, depth = 2, leaf, []
node 7: parent = 4, depth = 2, internal node, [8, 9]
node 8: parent = 7, depth = 3, leaf, []
node 9: parent = 7, depth = 3, leaf, []
node 10: parent = 0, depth = 1, internal node, [11, 12]
node 11: parent = 10, depth = 2, leaf, []
node 12: parent = 10, depth = 2, leaf, []
```

해설

일단 입력된 트리를 메모리에 어떤 형태로 저장할지 생각해 봅시다. 현재 문제는

---

2 (옮긴이) 트리, 그래프와 관련된 문제를 처음 푼다면 '차수(degree)'의 의미가 애매하게 느껴질 수 있는데, '연결된 노드 수' 정도로 생각하면 문제 없습니다. 트리에서의 차수는 '부모 노드를 제외하고 연결된 노드 수'로 생각해 주세요.

입력 후에 노드가 변화하지 않으므로, 모든 노드가 다음과 같은 정보를 갖게 '왼쪽 자식 오른쪽 형제 표현(left-child, right-sibling representation)'으로 트리를 표현할 수 있습니다.

▶ 노드 u의 부모

▶ 노드 u의 가장 왼쪽 자식

▶ 노드 u의 바로 오른쪽 형제

왼쪽 자식 오른쪽 형제 표현은 C++에서는 다음과 같은 구조체 배열 또는 배열 3개를 사용해서 표현할 수 있습니다.

프로그램 8.1 왼쪽 자식 오른쪽 형제 표현[3]

```
1   struct Node { int parent, left, right; };
2   struct Node T[MAX];
3
4   // 또는
5
6   int parent[MAX], left[MAX], right[MAX];
```

노드를 u라고 할 때, u.parent를 사용하면 부모를 알 수 있습니다. 부모가 없는 노드가 루트입니다. 또한 u.left가 존재하지 않는 노드는 리프, u.right가 존재하지 않는 노드는 가장 오른쪽 자식입니다. 부모, 왼쪽 자식, 오른쪽 형제가 존재하지 않는 경우를 표현할 수 있게 특별한 노드 번호 NIL을 사용하겠습니다. NIL 값은 노드 번호로 사용되지 않는 값을 설정하면 됩니다.

　루트의 깊이는 다음과 같은 알고리즘으로 찾을 수 있습니다.

프로그램 8.2 노드의 깊이

```
1   getDepth(u)
2     d = 0
3     while T[u].parent != NIL
4       u = T[u].parent
5       d++
6     return d
```

노드 u의 깊이는 u에서 해당 부모를 타고 올라가서, 루트에 도달할 때까지의 에지 수를 세면 됩니다. 루트의 부모를 NIL(= −1)로 두면, 다음 노드와 쉽게 구별할 수

---

3 (옮긴이) left는 왼쪽 자식이고, right는 오른쪽 형제입니다. left와 right가 나타내는 대상이 다르므로 주의하세요.

있습니다.

높이를 조금 더 빠르게 탐색하려면, 다음과 같은 재귀 알고리즘을 사용합니다.

프로그램 8.3 노드의 깊이(재귀)

```
1  setDepth(u, p)
2    D[u] = p
3    if T[u].right != NIL
4      setDepth(T[u].right, p)
5    if T[u].left != NIL
6      setDepth(T[u].left, p + 1)
```

이 알고리즘은 형제의 깊이와 가장 왼쪽 자식의 깊이를 재귀적으로 계산합니다. T가 왼쪽 자식 오른쪽 형제 표현으로 되어 있으므로, 오른쪽 형제는 깊이 p를 변경하지 않고 재귀 호출하고, 왼쪽 자식은 깊이를 하나 더해서 재귀 호출합니다.

노드 u의 자식 리스트는 u의 왼쪽 자식에서 시작해서, 오른쪽 자식이 존재하는 범위에서 오른쪽 자식을 모두 순회하며 출력할 수 있습니다.

프로그램 8.4 자식 리스트 표현

```
1  printChildren(u)
2    c = T[u].left
3    while c != NIL
4      print c
5      c = T[c].right
```

조금 더 생각해 보기

트리의 높이를 h라고 할 때, 모든 노드의 깊이를 구하는 알고리즘의 복잡도를 생각해 봅시다. 모든 노드에서 부모를 타고 올라가는 알고리즘의 복잡도는 $O(h)$입니다. 모든 노드의 깊이를 구현해야 하므로 n을 곱해 $O(nh)$가 됩니다. 이번 문제에서는 노드 깊이에 제한이 걸려 있으므로, 이런 단순한 알고리즘을 사용해도 괜찮습니다.

재귀적으로 깊이를 계산하는 알고리즘은 모든 노드를 한 번씩 방문하므로 $O(n)$ 알고리즘입니다.

해답 예

C++

```
1  #include<iostream>
2  using namespace std;
```

```
3   #define MAX 100005
4   #define NIL -1
5
6   struct Node { int p, l, r; };
7
8   Node T[MAX];
9   int n, D[MAX];
10
11  void print(int u) {
12    int i, c;
13    cout << "node " << u << ": ";
14    cout << "parent = " << T[u].p << ", ";
15    cout << "depth = " << D[u] << ", ";
16
17    if(T[u].p == NIL) cout << "root, ";
18    else if(T[u].l == NIL) cout << "leaf, ";
19    else cout << "internal node, ";
20
21    cout << "[";
22
23    for(i = 0, c = T[u].l; c != NIL; i++, c = T[c].r) {
24      if (i) cout << ", ";
25      cout << c;
26    }
27    cout << "]" << endl;
28  }
29
30  // 재귀적으로 깊이 구하기
31  int rec(int u, int p) {
32    D[u] = p;
33    if(T[u].r != NIL) rec(T[u].r, p);        // 오른쪽 형제와 같은 깊이로 설정
34    if(T[u].l != NIL) rec(T[u].l, p + 1);   // 가장 왼쪽 자식에 "자신의_깊이 + 1"을 설정
35  }
36
37  int main() {
38    int i, j, d, v, c, l, r;
39    cin >> n;
40    for(i = 0; i < n; i++) T[i].p = T[i].l = T[i].r = NIL;
41
42    for(i = 0; i < n; i++) {
43      cin >> v >> d;
44      for(j = 0; j < d; j++) {
45        cin >> c;
46        if(j == 0) T[v].l = c;
47        else T[l].r = c;
48        l = c;
49        T[c].p = v;
50      }
51    }
52    for(i = 0; i < n; i++) {
```

```
53      if (T[i].p == NIL) r = i;
54    }
55
56    rec(r, 0);
57
58    for(i = 0; i < n; i++) print(i);
59
60    return 0;
61  }
```

8.3 이진 트리의 표현

ALDS1_7_B Binary Tree

제한 시간: 1초 | **메모리 제한**: 65536KB | **정답률**: 23.76%

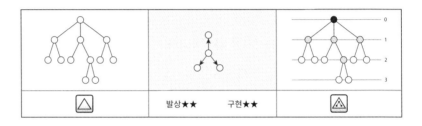

주어진 루트 있는 트리 T 내부에 있는 노드 u의 다음과 같은 정보를 출력하는 프로그램을 작성하세요.

▶ u의 노드 번호

▶ u의 부모 노드 번호

▶ u의 형제

▶ u의 자식 수

▶ u의 깊이

▶ u의 높이

▶ u의 종류(루트, 내부 노드, 리프)

이때 주어지는 트리는 n개의 노드를 가지며, 각각 0부터 $n-1$까지의 번호가 할당됩니다.

입력 1번째 줄에 노드의 개수 n이 주어집니다. 이어지는 n개의 줄에 노드의 정보가 다음과 같은 형식으로 주어집니다.

$id\ left\ right$

id는 노드의 번호, $left$는 왼쪽 자식의 번호, $right$는 오른쪽 자식의 번호를 나타냅니다. 자식을 가지지 않는 경우, $left$와 $right$는 −1로 주어집니다.

출력 다음과 같은 형식으로 노드 정보를 출력합니다.

node id: parent = p, sibling = s, degree = deg, depth = dep, height = h, $type$

p는 부모 번호를 나타냅니다(부모를 갖지 않는 경우에는 −1로 합니다). s는 형제의 번호를 나타냅니다(형제를 갖지 않는 경우에는 −1로 합니다). deg, dep, h는 각각 노드의 자식 수, 깊이, 높이를 나타냅니다. $type$은 노드가 루트인지, 내부 노드인지, 리프인지를 각각 root, internal node, leaf 문자열로 나타냅니다.

출력 예로 출력 형식을 자세하게 확인합니다.

제약 $1 \le n \le 25$

입력 예

```
9
0 1 4
1 2 3
2 -1 -1
3 -1 -1
4 5 8
5 6 7
6 -1 -1
7 -1 -1
8 -1 -1
```

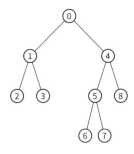

그림 8.5 입력 예

출력 예

```
node 0: parent = -1, sibling = -1, degree = 2, depth = 0, height = 3, root
node 1: parent = 0, sibling = 4, degree = 2, depth = 1, height = 1, internal node
node 2: parent = 1, sibling = 3, degree = 0, depth = 2, height = 0, leaf
node 3: parent = 1, sibling = 2, degree = 0, depth = 2, height = 0, leaf
node 4: parent = 0, sibling = 1, degree = 2, depth = 1, height = 2, internal node
node 5: parent = 4, sibling = 8, degree = 2, depth = 2, height = 1, internal node
node 6: parent = 5, sibling = 7, degree = 0, depth = 3, height = 0, leaf
node 7: parent = 5, sibling = 6, degree = 0, depth = 3, height = 0, leaf
node 8: parent = 4, sibling = 5, degree = 0, depth = 2, height = 0, leaf
```

해설

노드의 수에 변화가 없는 이진 트리는 다음과 같은 구조체 배열로 구현할 수 있습니다.

프로그램 8.5 이진 트리의 노드

```
1   struct Node {
2     int parent, left, right;
3   };
```

이러한 구현에서 다음 그림과 같이 노드가 자식(child)을 갖지 않을 경우, left 또는 right를 NIL로 설정합니다. NIL은 −1처럼 없는 노드를 가리키는 값(센티넬)으로 설정합니다.

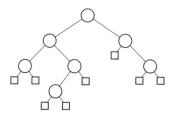

그림 8.6 이진 트리의 센티넬

노드 u의 높이는 다음과 같은 재귀 알고리즘으로 구할 수 있습니다.

프로그램 8.6 이진 트리 노드의 높이

```
1   setHeight(H, u)
2     h1 = h2 = 0
3     if T[u].right != NIL
4       h1 = setHeight(H, T[u].right) + 1
5     if T[u].left != NIL
6       h2 = setHeight(H, T[u].left) + 1
7
8     return H[u] = max(h1, h2)
```

조금 더 생각해 보기

높이를 구하는 알고리즘은 각 노드의 **왼쪽 자식**의 **높이 + 1**(존재하는 경우), **오른쪽 자식**의 **높이 + 1**(존재하는 경우) 중에서 큰 것을 해당 노드의 높이로 설정하게 하면 됩니다. 모든 노드의 높이를 구해야 하므로, 이 처리를 재귀적으로 모든 노드에 적용해서 모든 노드의 높이를 구합니다. 모든 노드를 한 번씩 방문해야 하므로 $O(n)$ 알고리즘입니다.

해답 예

C++

```
1   #include<cstdio>
2   #define MAX 10000
3   #define NIL -1
4
5   struct Node { int parent, left, right; };
6
7   Node T[MAX];
8   int n, D[MAX], H[MAX];
9
10  void setDepth(int u, int d) {
11    if(u == NIL) return;
12    D[u] = d;
13    setDepth(T[u].left, d + 1);
14    setDepth(T[u].right, d + 1);
15  }
16
17  int setHeight(int u) {
18    int h1 = 0, h2 = 0;
19    if(T[u].left != NIL)
20      h1 = setHeight(T[u].left) + 1;
21    if(T[u].right != NIL)
22      h2 = setHeight(T[u].right) + 1;
23    return H[u] = (h1 > h2 ? h1 : h2);
24  }
25
26  // 노드 u의 형제 리턴
27  int getSibling(int u) {
28    if(T[u].parent == NIL) return NIL;
29    if(T[T[u].parent].left != u && T[T[u].parent].left != NIL)
30      return T[T[u].parent].left;
31    if(T[T[u].parent].right != u && T[T[u].parent].right != NIL)
32      return T[T[u].parent].right;
33    return NIL;
34  }
35
36  void print(int u) {
37    printf("node %d: ", u);
38    printf("parent = %d, ", T[u].parent);
39    printf("sibling = %d, ", getSibling(u));
40    int deg = 0;
41    if(T[u].left != NIL) deg++;
42    if(T[u].right != NIL) deg++;
43    printf("degree = %d, ", deg);
44    printf("depth = %d, ", D[u]);
45    printf("height = %d, ", H[u]);
46
47    if(T[u].parent == NIL) {
```

```
48    printf("root\n");
49  } else if(T[u].left == NIL && T[u].right == NIL) {
50    printf("leaf\n");
51  } else {
52    printf("internal node\n");
53  }
54 }
55
56 int main() {
57   int v, l, r, root = 0;
58   scanf("%d", &n);
59
60   for(int i = 0; i < n; i++) T[i].parent = NIL;
61
62   for(int i = 0; i < n; i++) {
63     scanf("%d %d %d", &v, &l, &r);
64     T[v].left = l;
65     T[v].right = r;
66     if(l != NIL) T[l].parent = v;
67     if(r != NIL) T[r].parent = v;
68   }
69
70   for(int i = 0; i < n; i++) if(T[i].parent == NIL) root = i;
71
72   setDepth(root, 0);
73   setHeight(root);
74
75   for(int i = 0; i < n; i++) print(i);
76
77   return 0;
78 }
```

8.4 트리 순회

ALDS1_7_C Tree Walk

제한 시간: 1초 | **메모리 제한**: 65536KB | **정답률**: 38.33%

다음과 같은 알고리즘을 사용해서 주어진 이진 트리의 모든 노드를 체계적으로 방문하는 프로그램을 작성하세요.

1. 루트 노드, 왼쪽 부분 트리, 오른쪽 부분 트리 순서로 노드 번호를 출력합니다. 이를 전위 순회(preorder traversal)라고 부릅니다.

2. 왼쪽 부분 트리, 루트 노드, 오른쪽 부분 트리 순서로 노드 번호를 출력합니다. 이를 중위 순회(inorder traversal)라고 부릅니다.

3. 왼쪽 부분 트리, 오른쪽 부분 트리, 루트 노드 순서로 노드 번호를 출력합니다. 이를 후위 순회(postorder traversal)라고 부릅니다.

이때 주어지는 트리는 n개의 노드를 가지며, 각각 0부터 $n - 1$까지의 번호가 할당됩니다.

입력 1번째 줄에 노드의 개수 n이 주어집니다. 이어지는 n개의 줄에 노드의 정보가 다음과 같은 형식으로 주어집니다.

id left right

*id*는 노드의 번호, *left*는 왼쪽 자식의 번호, *right*는 오른쪽 자식의 번호를 나타냅니다. 자식을 가지지 않는 경우, *left* 또는 *right*는 −1로 주어집니다.

출력 1번째 줄에 'Preorder'라고 출력하고, 2번째 줄에 전위 순회를 했을 때의 노드 번호를 차례대로 출력합니다.

3번째 줄에 'Inorder'라고 출력하고, 4번째 줄에 중위 순회를 했을 때의 노드 번호를 차례대로 출력합니다.

5번째 줄에 'Postorder'라고 출력하고, 6번째 줄에 후위 순회를 했을 때의 노드 번호를 차례대로 출력합니다.

노드 번호 앞에는 하나의 공백 문자를 출력합니다.

제약 $1 \leq n \leq 25$

입력 예

```
9
0 1 4
1 2 3
2 -1 -1
3 -1 -1
4 5 8
5 6 7
6 -1 -1
7 -1 -1
8 -1 -1
```

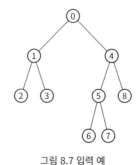

그림 8.7 입력 예

출력 예

```
Preorder
 0 1 2 3 4 5 6 7 8
Inorder
 2 1 3 0 6 5 7 4 8
Postorder
 2 3 1 6 7 5 8 4 0
```

해설

전위, 중위, 후위 순회는 각각 다음과 같은 재귀 알고리즘입니다.

프로그램 8.7 전위 순회

```
1  preParse(u)
2    if u == NIL
3      return
4    print u
5    preParse(T[u].left)
6    preParse(T[u].right)
```

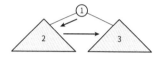

그림 8.8 전위 순회

프로그램 8.8 중위 순회

```
1  inParse(u)
2    if u == NIL
3      return
4    inParse(T[u].left)
5    print u
6    inParse(T[u].right)
```

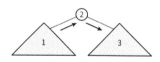

그림 8.9 중위 순회

프로그램 8.9 후위 순회

```
1  postParse(u)
2    if u == NIL
3      return
4    postParse(T[u].left)
5    postParse(T[u].right)
6    print u
```

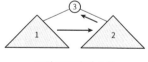

그림 8.10 후위 순회

예를 들어 preParse(u)는 u를 방문하고(이때 print u로 노드 번호를 출력합니다), preParse(T[u].left)로 왼쪽 부분 트리를 방문하고, 종료되면 이어서 preParse (T[u].right)로 오른쪽 부분 트리를 방문합니다. u가 NIL이라면 아래에 노드가 없다는 의미이므로 함수를 종료합니다.

이와 같은 방법을 기반으로 print u의 위치를 변경해서, 다른 순회 알고리즘을 구현할 수 있습니다. 중위 순회에서는 왼쪽 부분 트리와 오른쪽 부분 트리를 순회하는 사이(in)에, 후위 순회에서는 왼쪽 부분 트리와 오른쪽 부분 트리를 순회한 후 (post)에 print u를 실행합니다.

조금 더 생각해 보기

이진 트리 순회는 트리의 모든 요소를 한 번씩 방문해야 하므로 $O(n)$ 알고리즘입니다. 재귀를 사용한 순회 알고리즘은 트리의 노드 개수가 너무 크거나 균형이 맞지 않는 경우에는 재귀 깊이가 지나치게 깊어질 수 있으므로 주의해야 합니다.

해답 예

C

```
1   #include<stdio.h>
2   #define MAX 10000
3   #define NIL -1
4
5   struct Node { int p, l, r; };
6   struct Node T[MAX];
7   int n;
8
9   /* 전위 순회 */
10  void preParse(int u) {
11    if(u == NIL) return;
12    printf(" %d", u);
13    preParse(T[u].l);
14    preParse(T[u].r);
15  }
16
17  /* 중위 순회 */
18  void inParse(int u) {
19    if(u == NIL) return;
20    inParse(T[u].l);
21    printf(" %d", u);
22    inParse(T[u].r);
23  }
24
25  /* 후위 순회 */
26  void postParse(int u) {
27    if(u == NIL) return;
28    postParse(T[u].l);
29    postParse(T[u].r);
30    printf(" %d", u);
31  }
```

```
32
33  int main() {
34    int i, v, l, r, root;
35
36    scanf("%d", &n);
37    for(i = 0; i < n; i++) {
38      T[i].p = NIL;
39    }
40
41    for(i = 0; i < n; i++) {
42      scanf("%d %d %d", &v, &l, &r);
43      T[v].l = l;
44      T[v].r = r;
45      if(l != NIL) T[l].p = v;
46      if(r != NIL) T[r].p = v;
47    }
48
49    for(i = 0; i < n; i++) if(T[i].p == NIL) root = i;
50
51    printf("Preorder\n");
52    preParse(root);
53    printf("\n");
54    printf("Inorder\n");
55    inParse(root);
56    printf("\n");
57    printf("Postorder\n");
58    postParse(root);
59    printf("\n");
60
61    return 0;
62  }
```

8.5 트리 순회 응용: 트리 복원

※ 이번 문제는 조금 어렵습니다. 너무 어렵게 느껴진다면 일단 건너뛰고, 실력을 쌓은 후에 다시 도전하기 바랍니다.

ALDS1_7_D Reconstruction of the Tree

제한 시간: 1초 | **메모리 제한**: 65536KB | **정답률**: 41.38%

이진 트리를 전위 순회와 중위 순회한 노드 번호가 주어졌을 때, 이를 기반으로 후위 순회를 하는 노드 번호를 출력하는 프로그램을 작성하세요.

입력 1번째 줄에 이진 트리의 노드 번호 수 n이 주어집니다.

2번째 줄에 전위 순회로 얻어진 노드 번호 순서가 공백으로 구분되어 주어집니다.

3번째 줄에 중위 순회로 얻어진 노드 번호 순서가 공백으로 구분되어 주어집니다.

노드에는 1부터 n까지의 정수가 할당됩니다. 1이 루트가 아닐 수도 있으므로 주의하세요.

출력 후위 순회로 얻어지는 노드 번호 순서를 1번째 줄에 출력합니다. 노드 번호 사이에는 1개의 공백을 넣어 주세요.

제약 $1 \leq$ 노드의 수 ≤ 100

입력 예

```
5
1 2 3 4 5
3 2 4 1 5
```

출력 예

```
3 4 2 5 1
```

해설

전위 순회는 루트 → 왼쪽 부분 트리 → 오른쪽 부분 트리 순서, 중위 순회는 왼쪽 부분 트리 → 루트 → 오른쪽 부분 트리 순서로 재귀적으로 순회합니다. 예를 들어 전위 입력 $pre = \{1, 2, 3, 4, 5, 6, 7, 8, 9\}$, 중위 입력 $in = \{3, 2, 5, 4, 6, 1, 8, 7, 9\}$를 기반으로 다음과 같은 이진 트리를 생성할 수 있습니다.

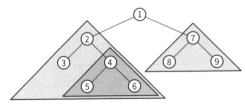

그림 8.11 트리 복원

전위 순회에서 c의 위치를 in에서 찾고, 이 위치를 m이라고 할 때, m보다 왼쪽에 있는 부분 트리와 오른쪽에 있는 부분 트리를 재귀적으로 복원할 수 있습니다.

예를 들어 루트를 1로 하면 중위 순회를 사용하여 3 2 5 4 6 [1] 8 7 9에서 1을 찾아서, 3 2 5 4 6과 8 7 9로 왼쪽 부분 트리와 오른쪽 부분 트리를 구분할 수 있습니다. 또한 여기서 왼쪽 트리 3 2 5 4 6은 전위 순회에서 다음 노드인 2를 루트로 합니다. 이를 기반으로 구분하면 3 [2] 5 4 6이 되어서, 3과 546이라는 2개의 부분 트리로 구분할 수 있습니다.

이와 같은 방법으로 재귀적 알고리즘을 만들면 다음과 같습니다.

프로그램 8.10 이진 트리 복원

```
1   reconstruction(l, r)
2     if l >= r
3       return
4     c = next(pre)          // 전위의 다음 노드
5     m = in.find(c)         // 중위에서 c의 위치
6
7     reconstruction(l, m)       // 왼쪽 부분 트리 복원
8     reconstruction(m + 1, r)   // 오른쪽 부분 트리 복원
9
10    print c                // 후위로 c를 출력
```

조금 더 생각해 보기

이 알고리즘은 재귀 계층별로 $O(n)$의 선형 탐색을 하므로, 최악의 경우에는 $O(n^2)$ 알고리즘이 됩니다.

해답 예

C++

```
1   #include<iostream>
2   #include<string>
3   #include<algorithm>
4   #include<vector>
5   using namespace std;
6
7   int n, pos;
8   vector<int> pre, in, post;
9
10  void rec(int l, int r) {
11    if(l >= r) return;
12    int root = pre[pos++];
13    int m = distance(in.begin(), find(in.begin(), in.end(), root));
14    rec(l, m);
15    rec(m + 1, r);
16    post.push_back(root);
```

```
17 }
18
19 void solve() {
20     pos = 0;
21     rec(0, pre.size());
22     for(int i = 0; i < n; i++) {
23         if(i) cout << " ";
24         cout << post[i];
25     }
26     cout << endl;
27 }
28
29 int main() {
30     int k;
31     cin >> n;
32
33     for(int i = 0; i < n; i++) {
34         cin >> k;
35         pre.push_back(k);
36     }
37
38     for(int i = 0; i < n; i++) {
39         cin >> k;
40         in.push_back(k);
41     }
42
43     solve();
44
45     return 0;
46 }
```

8.6 백준 온라인 저지 문제

1991번 트리 순회

제한 시간: 2초 | **메모리 제한**: 128MB | **정답률**: 64.68%

이진 트리를 입력받아 전위 순회, 중위 순회, 후위 순회한 결과를 출력하는 프로그램을 작성하시오.

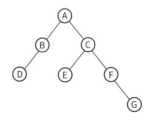

입력 첫째 줄에 이진 트리 노드의 개수 N이 주어진다. 둘째 줄부터 N개의 줄에 걸쳐 각 노드와 그 왼쪽 자식 노드, 오른쪽 자식 노드가 주어진다. 노드의 이름은 A부터 차례대로 알파벳 대문자로 매겨지고, 항상 A가 루트 노드이다. 자식 노드가 없는 경우에는 .으로 표현한다.

출력 첫째 줄에 전위 순회, 둘째 줄에 중위 순회, 셋째 줄에 후위 순회를 한 결과를 출력한다. 각 줄에 N개의 알파벳을 공백 없이 출력하면 된다.

제약 $1 \leq N \leq 26$

입력 예

```
7
A B C
B D .
C E F
E . .
F . G
D . .
G . .
```

출력 예

```
ABDCEFG
DBAECFG
DBEGFCA
```

2263 번 트리의 순회

제한 시간: 5초 | **메모리 제한**: 128MB | **정답률**: 34.89%

정점의 개수가 N개인 이진 트리의 정점에 1부터 N까지 정수가 중복 없이 매겨져 있다. 이와 같은 이진 트리의 중위 순회와 후위 순회한 결과가 주어졌을 때, 전위 순회한 결과를 구하는 프로그램을 작성하시오.

입력 첫째 줄에 n, 둘째 줄에 중위 순회를 한 결과, 셋째 줄에 후위 순회한 결과가 주어진다.

출력 전위 순회한 결과를 출력한다.

제약 $1 \leq n \leq 100,000$

입력 예

```
3
1 2 3
1 3 2
```

출력 예

```
2 1 3
```

11725번 트리의 부모 찾기

제한 시간: 1초 | **메모리 제한**: 256MB | **정답률**: 42.69%

루트 없는 트리가 주어진다. 이때 트리의 루트를 1이라고 정했을 때, 각 노드의 부모를 구하는 프로그램을 작성하시오.

입력 첫째 줄에 노드의 개수 N이 주어진다. 둘째 줄부터 $N - 1$개의 줄에 트리 상에서 연결된 두 정점이 주어진다.

출력 첫째 줄부터 $N - 1$개의 줄에 각 노드의 부모 노드 번호를 2번 노드부터 순서대로 출력한다.

제약 $2 \le N \le 100,000$

입력 예	출력 예
7	4
1 6	6
6 3	1
3 5	3
4 1	1
2 4	4
4 7	

11437번 LCA

제한 시간: 3초 | **메모리 제한**: 256MB | **정답률**: 43.23%

N개의 정점으로 이루어진 트리가 주어진다. 트리의 각 정점은 1번부터 N번까지 번호가 매겨져 있으며, 루트는 1번이다.

두 노드의 쌍 M개가 주어졌을 때, 두 노드의 가장 가까운 공통 조상이 몇 번인지 출력하는 프로그램을 작성하시오.

입력 첫째 줄에 노드의 개수 N, 다음 $N - 1$개 줄에는 트리상에서 연결된 두 정점이 주어진다. 그 다음 줄에는 가장 가까운 공통 조상을 알고 싶은 쌍의 개수 M이 주어지고, 다음 M개 줄에는 정점 쌍이 주어진다.

출력 M개의 줄에 차례대로 입력받은 두 정점의 가장 가까운 공통 조상을 출력한다.

제약 $2 \le N \le 50,000$

$1 \le M \le 10,000$

입력 예

```
15
1 2
1 3
2 4
3 7
6 2
3 8
4 9
2 5
5 11
7 13
10 4
11 15
12 5
14 7
6
6 11
10 9
2 6
7 6
8 13
8 15
```

출력 예

```
2
4
2
1
3
1
```

14267번 회사 문화 1

제한 시간: 2초 | **메모리 제한**: 512MB | **정답률**: 39.78%

영선회사에는 매우 좋은 문화가 있는데, 바로 상사가 직속 부하를 칭찬하면 그 부하가 부하의 직속 부하를 연쇄적으로 칭찬하는 내리 칭찬이 있다. 즉, 상사가 한 직속 부하를 칭찬하면 그 부하의 모든 부하들이 칭찬을 받는다.

모든 칭찬에는 칭찬의 정도를 의미하는 수치가 있는데, 이 수치 또한 부하들도 똑같이 받는다.

직속 상사와 직속 부하 관계에 대해 주어지고, 칭찬에 대한 정보가 주어질 때, 각자 얼마의 칭찬을 받았는지 구하는 프로그램을 작성하시오.

입력 첫째 줄에는 회사의 직원 수 n명, 최초의 칭찬 횟수 m이 주어진다. 직원은 1번부터 n번까지 번호가 매겨져 있다.

둘째 줄에는 직원 n명의 직속 상사의 번호가 주어진다. 직속 상사의 번호는 자신의 번호보다 작다. 사장은 1번이고, 사장은 상사가 없으므로 −1이 입력된다.

다음 m줄에는 직속 상사로부터 칭찬을 받은 직원 번호 i, 칭찬의 수치 w가 주어진다.

사장은 상사가 없으므로 칭찬을 받지 않는다.

출력 1번부터 n번의 직원까지 칭찬을 받은 정도를 출력한다.

제약 $2 \leq n, m \leq 100,000$

$2 \leq i \leq n, 1 \leq w \leq 1,000$

입력 예

```
5 3
-1 1 2 3 4
2 2
3 4
5 6
```

출력 예

```
0 2 6 6 12
```

9장

Algorithms and Data Structures for Programming Contest

이진 탐색 트리

런타임 때 필요한 메모리 영역을 확보하고, 동적으로 집합을 다룰 수 있으며, 데이터 추가, 제거, 탐색이 가능한 자료 구조로 연결 리스트가 있습니다. 하지만 연결 리스트는 요소 탐색에 $O(n)$의 복잡도가 필요합니다. 만약 동적 트리를 사용하면 데이터 추가, 제거, 탐색을 더 효율적으로 할 수 있습니다.

이번 장에서는 동적 트리 중에서 이진 탐색 트리와 관련된 문제를 풀어보겠습니다.

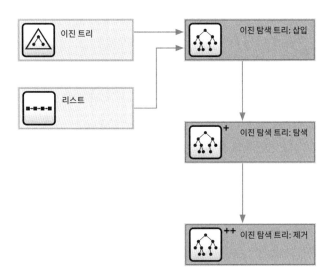

이번 장의 문제를 풀려면 트리 구조, 이진 트리와 관련된 지식과 연결 리스트를 구현할 수 있는 프로그래밍 스킬이 필요합니다.

9.1 이진 탐색 트리: 문제에 도전하기 전에

탐색 트리는 삽입, 탐색, 제거 조작을 할 수 있는 자료 구조입니다. 딕셔너리 또는 우선순위 큐[1]로 사용할 수 있습니다. 탐색 트리 중에서도 가장 기본적인 탐색 트리는 이진 탐색 트리입니다.

이진 탐색 트리(binary search tree)는 모든 노드가 키를 가지며, 다음과 같은 이진 탐색 트리 조건을 항상 만족해야 합니다.

▶ x를 이진 탐색 트리에 속하는 노드라고 한다. y를 x의 왼쪽 부분 트리에 속하는 노드라고 하면, 'y의 키 $\leq x$의 키'가 된다. 또한 z를 x의 오른쪽 부분 트리에 속하는 노드라고 하면, 'x의 키 $\leq z$의 키'가 된다.

다음은 이진 탐색 트리의 예입니다.

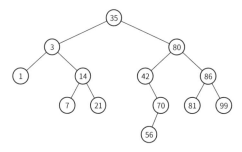

그림 9.1 이진 탐색 트리

예를 들어 키가 80인 노드의 왼쪽 부분 트리에 속하는 노드의 키는 80 이하이며, 오른쪽 부분 트리에 속하는 노드의 키는 80 이상입니다. 이진 탐색 트리에 중위 순회를 적용하면, 오름차순으로 정렬된 결과를 얻을 수 있습니다.

이진 탐색 트리는 데이터의 삽입과 제거가 이루어져도, 항상 이러한 조건을 만족하도록 구현해야 합니다. 리스트와 마찬가지로 노드를 포인터로 연결해서 트리를 구현합니다. 노드는 키(값)와 함께 왼쪽 자식에 대한 포인터와 오른쪽 자식에 대한 포인터를 갖게 합니다.

---

1 10장에서 우선순위 큐와 관련된 문제를 살펴봅니다.

9.2 이진 탐색 트리: 삽입

ALDS1_8_A Binary Search Tree I

제한 시간: 1초 | **메모리 제한**: 65536KB | **정답률**: 49.54%

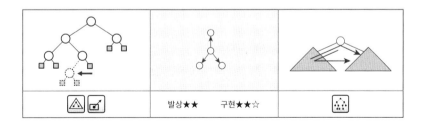

이진 탐색 트리 T에 새로운 값 v를 삽입하려면 다음과 같은 의사 코드의 insert를 실행합니다. insert는 키가 v, 왼쪽 자식이 NIL, 오른쪽 자식이 NIL인 점 z를 받아서, T 내부의 적절한 위치에 삽입합니다.

```
1   insert(T, z)
2       y = NIL  // x의 부모
3       x = 'T의 루트'
4       while x != NIL
5           y = x  // 부모 설정
6           if z.key < x.key
7               x = x.left    // 왼쪽 자식으로 이동
8           else
9               x = x.right   // 오른쪽 자식으로 이동
10      z.p = y
11
12      if y == NIL      // T가 빈 경우
13          'T의 루트' = z
14      else if z.key < y.key
15          y.left = z    // z를 y의 왼쪽 자식으로
16      else
17          y.right = z   // z를 y의 오른쪽 자식으로
```

이진 탐색 트리 T에 다음 명령어를 실행하는 프로그램을 작성하세요.

▶ insert k: T에 키 k를 삽입합니다.

▶ print: 키를 중위 순회 알고리즘과 전위 순회 알고리즘으로 출력합니다.

삽입은 위의 의사 코드 알고리즘을 따라주세요.

입력 1번째 줄에 명령의 수 m이 주어집니다. 이어지는 m개의 줄에 insert k 또는 print 형식으로 명령어가 한 줄에 하나씩 주어집니다.

출력 print 명령이 나올 때 중위 순회 알고리즘으로 한 줄, 전위 순회 알고리즘으로 한 줄 키를 차례대로 출력합니다. 이때 각 값 앞에는 하나의 공백 문자를 출력합니다.

제약 명령의 수는 500,000을 넘지 않습니다. 또한 print 명령의 수는 10을 넘지 않습니다.

$-2,000,000,000 \le k \le 2,000,000,000$

앞의 의사 코드를 따르는 경우, 트리의 높이는 100을 넘지 않습니다.

이진 탐색 트리 내부의 키는 중복되지 않습니다.

입력 예

```
8
insert 30
insert 88
insert 12
insert 1
insert 20
insert 17
insert 25
print
```

출력 예

```
 1 12 17 20 25 30 88
 30 12 1 20 17 25 88
```

해설

이진 탐색 트리는 C++에서는 다음과 같은 구조로 정의된 노드를 포인터로 연결해서 구현할 수 있습니다.

프로그램 9.1 이진 탐색 트리의 노드

```
1   struct Node {
2     int key;
3     Node *parent, *left, *right;
4   };
```

구조체 Node는 키 key, 부모에 대한 포인터 *parent, 왼쪽 자식에 대한 포인터 *left, 오른쪽 자식에 대한 포인터 *right를 갖습니다.

insert 조작을 할 때는 이진 탐색 트리 조건을 유지할 수 있게 데이터를 올바른 위치에 삽입해야 합니다. 예를 들어 빈 트리에 키가 {30, 88, 12, 1, 20, 17, 25}인 노드를 차례대로 삽입한다면, 다음과 같은 이진 탐색 트리가 생성됩니다.

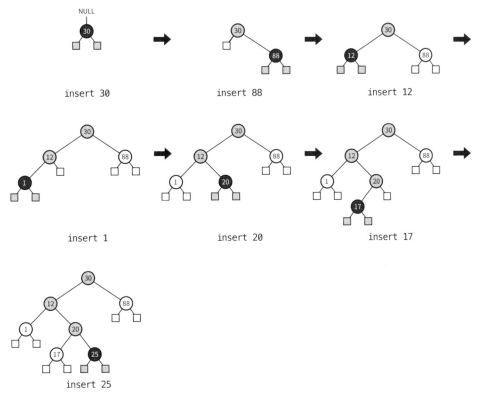

insert 30

insert 88

insert 12

insert 1

insert 20

insert 17

insert 25

그림 9.2 이진 탐색 트리에 요소 삽입하기

insert는 노드 z를 삽입할 위치를 루트부터 찾아 나갑니다. z의 키가 현재 노드 x의 키보다 작은 경우에는 왼쪽 자식, 이외의 경우에는 오른쪽 자식을 노드 x로서 다시 할당해서, 삽입할 수 있는 리프 위치를 찾을 때까지 탐색합니다. 이 과정에서 이전의 노드를 y에 저장해 둡니다. x가 NIL에 도착하면 탐색을 종료하고, 그때의 y가 곧 z의 부모가 됩니다.

y의 초깃값이 NIL이라면, 삽입 전의 이진 트리가 빈 이진 트리이므로 z를 루트로 합니다. 삽입 전의 트리가 빈 트리가 아닌 경우에는 삽입한 노드 z가 해당 부모의 왼쪽 자식인지, 오른쪽 자식인지를 설정합니다.

조금 더 생각해 보기

이진 탐색 트리의 삽입 조작은 나무의 높이를 h라고 할 때, 복잡도가 $O(h)$입니다. 즉, 노드의 개수를 n이라고 하고, 입력에 별도의 편향이 없다면 $O(\log n)$이 됩니다. 일반적으로 삽입되는 키와 순서에 따라서 트리의 높이가 높아질 수도 있어서, 최악의 경우에는 복잡도가 n에 가깝게 나와서 $O(n)$이 됩니다. 이러한 문제를 해결하려면, 트리를 균형 있는 형태로 만들어야 하지만, 복잡한 내용이므로 이 책에서 그 부분까지는 언급하지 않겠습니다.

해답 예

C++

```
1   #include<cstdio>
2   #include<cstdlib>
3   #include<string>
4   #include<iostream>
5   using namespace std;
6
7   struct Node {
8     int key;
9     Node *right, *left, *parent;
10  };
11
12  Node *root, *NIL;
13
14  void insert(int k) {
15    Node *y = NIL;
16    Node *x = root;
17    Node *z;
18
19    z = (Node *)malloc(sizeof(Node));
20    z->key = k;
21    z->left = NIL;
22    z->right = NIL;
23
24    while(x != NIL) {
25      y = x;
26      if(z->key < x->key) {
27        x = x->left;
28      } else {
29        x = x->right;
30      }
31    }
32
33    z->parent = y;
34    if(y == NIL){
35      root = z;
36    } else {
37      if(z->key < y->key) {
38        y->left = z;
39      } else {
40        y->right = z;
41      }
42    }
43  }
44
45  void inorder(Node *u) {
46    if(u == NIL) return;
47    inorder(u->left);
48    printf(" %d", u->key);
49    inorder(u->right);
50  }
51  void preorder(Node *u) {
52    if(u == NIL) return;
53    printf(" %d", u->key);
54    preorder(u->left);
55    preorder(u->right);
56  }
57
58  int main() {
59    int n, i, x;
60    string com;
61
62    scanf("%d", &n);
63
64    for(i = 0; i < n; i++) {
65      cin >> com;
66      if(com == "insert") {
67        scanf("%d", &x);
68        insert(x);
69      } else if(com == "print") {
70        inorder(root);
71        printf("\n");
72        preorder(root);
73        printf("\n");
74      }
75    }
76
77    return 0;
78  }
```

9.3 이진 탐색 트리: 탐색

ALDS1_8_B Binary Search Tree II

제한 시간: 1초 | 메모리 제한: 65536KB | 정답률: 64.96%

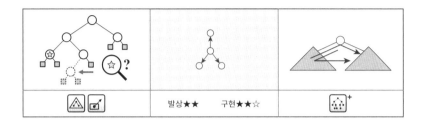

ALDS1_8_A: Binary Search Tree I에 find 명령을 추가하고, 이진 탐색 트리 T에 대해 다음 명령을 실행하는 프로그램을 작성하세요

▶ insert k: T에 키 k를 삽입합니다.

▶ find k: T에 키 k가 존재하는지 여부를 출력합니다.

▶ print: 키를 중위 순회 알고리즘과 전위 순회 알고리즘으로 출력합니다.

입력 1번째 줄에 명령의 수 m이 주어집니다. 이어지는 m개의 줄에 insert k, find k, print 형식으로 명령어가 한 줄에 하나씩 주어집니다.

출력 find k 명령이 나올 때 T에 k가 포함되어 있는 경우 yes, 포함되어 있지 않은 경우 no를 한 줄에 출력합니다.

또한 print 명령이 나올 때 중위 순회 알고리즘으로 한 줄, 전위 순회 알고리즘으로 한 줄에 키를 차례대로 출력합니다. 이때 각 값 앞에는 하나의 공백 문자를 출력합니다.

제약 명령의 수는 500,000을 넘지 않습니다. 또한 print 명령의 수는 10을 넘지 않습니다.

$-2,000,000,000 \le k \le 2,000,000,000$

위의 의사 코드를 따르는 경우, 트리의 높이는 100을 넘지 않습니다.

이진 탐색 트리 내부의 키는 중복되지 않습니다.

입력 예

```
10
insert 30
insert 88
insert 12
insert 1
insert 20
find 12
insert 17
insert 25
find 16
print
```

출력 예

```
yes
no
 1 12 17 20 25 30 88
 30 12 1 20 17 25 88
```

해설

이진 탐색 트리에서 주어진 키 k를 가진 노드 x를 찾는 find 조작은 다음과 같은 알고리즘입니다.

프로그램 9.2 이진 탐색 트리의 탐색

```
1   find(x, k)
2     while x != NIL && k != x.key
3       if k < x.key
4         x = x.left
5       else
6         x = x.right
7     return x
```

루트를 시작점으로 find를 호출해서, 루트부터 리프 쪽으로 노드를 탐색합니다. 현재 확인하고 있는 노드 x의 키보다 주어진 키가 작은 경우에는 왼쪽 자식, 이외의 경우에는 오른쪽 자식으로 이동해서 탐색을 계속합니다. 키가 없는 경우에는 NIL을 리턴합니다.

조금 더 생각해 보기

find 조작도 insert와 마찬가지로 트리의 높이를 h라고 할 때 $O(h)$라는 복잡도가 나옵니다.

해답 예

C++

```
1   #include<stdio.h>
2   #include<stdlib.h>
```

```
3   #include<string>
4   #include<iostream>
5   using namespace std;
6
7   struct Node {
8     int key;
9     Node *right, *left, *parent;
10  };
11
12  Node *root, *NIL;
13
14  Node * find(Node *u, int k) {
15    while(u != NIL && k != u->key) {
16      if(k < u->key) u = u->left;
17      else u = u->right;
18    }
19    return u;
20  }
21
22  void insert(int k) {
23  // ALDS1_8_A 해답 예를 참고하세요.
24  }
25
26  void inorder(Node *u) {
27  // ALDS1_8_A 해답 예를 참고하세요.
28  }
29  void preorder(Node *u) {
30  // ALDS1_8_A 해답 예를 참고하세요.
31  }
32
33  int main() {
34    int n, i, x;
35    string com;
36
37    scanf("%d", &n);
38
39    for(i = 0; i < n; i++) {
40      cin >> com;
41      if(com[0] == 'f') {
42        scanf("%d", &x);
43        Node *t = find(root, x);
44        if(t != NIL) printf("yes\n");
45        else printf("no\n");
46      } else if(com == "insert") {
47        scanf("%d", &x);
48        insert(x);
49      } else if(com == "print") {
50        inorder(root);
51        printf("\n");
52        preorder(root);
53        printf("\n");
```

```
54        }
55      }
56
57      return 0;
58 }
```

9.4 이진 탐색 트리: 제거

ALDS1_8_C Binary Search Tree III

제한 시간: 1초 | **메모리 제한**: 65536KB | **정답률**: 49.76%

ALDS1_8_B: Binary Search Tree II에 delete 명령을 추가하고, 이진 탐색 트리 T에 대해 다음 명령을 실행하는 프로그램을 작성하세요.

▶ insert k: T에 키 k를 삽입합니다.

▶ find k: T에 키 k가 존재하는지 여부를 출력합니다.

▶ delete k: 키 k를 가진 노드를 제거합니다.

▶ print: 키를 중위 순회 알고리즘과 전위 순회 알고리즘으로 출력합니다.

이진 탐색 트리 T에서 키 k를 가진 노드 z를 제거하는 delete k는 다음과 같은 세 가지 경우로 구분한 알고리즘을 사용해서, 이진 탐색 트리의 조건을 유지하면서 부모와 자식의 연결 관계(포인터)를 변경할 수 있습니다.[2]

1. z가 자식이 없는 경우, 'z의 부모 p의 자식'(따라서 z)을 제거합니다.

2. z가 단 하나의 자식을 가지는 경우, 'z의 부모의 자식'을 'z의 자식'으로 변경하고, 'z의 자식의 부모'를 'z의 부모'로 변경한 뒤, z를 트리에서 제거합니다.

3. z가 자식을 2개 가지는 경우, 'z의 다음 노드 y'의 키를 z의 키로 변경하고, y를 제거합니다. y의 제거에는 1 또는 2를 적용합니다. 이때 'z의 다음 노드'는 중위

---

2 (옮긴이) 표현이 'z의 부모 p의 자식' 등으로 복잡하게 되어 있는데, 코드로 나타내면 z.parent.left 또는 z.parent.right 등의 형태이므로 쉽습니다. 복잡하게 생각하지 말고 코드로 생각해 주세요.

순회로 z 다음에 나오는 노드를 의미합니다.

입력 1번째 줄에 명령의 수 m이 주어집니다. 이어지는 m개의 줄에 insert k, find k, delete k, print 형식으로 명령어가 한 줄에 하나씩 주어집니다.

출력 find k 명령이 나올 때 T에 k가 포함되어 있는 경우 yes, 포함되어 있지 않은 경우 no를 한 줄에 출력합니다.

또한 print 명령이 나올 때 중위 순회 알고리즘으로 한 줄, 전위 순회 알고리즘으로 한 줄에 키를 차례대로 출력합니다. 이때 각 값 앞에는 하나의 공백 문자를 출력합니다.

제약 명령의 수는 500,000을 넘지 않습니다. 또한 print 명령의 수는 10을 넘지 않습니다.

$-2,000,000,000 \leq k \leq 2,000,000,000$

위의 의사 코드를 따르는 경우, 트리의 높이는 100을 넘지 않습니다.

이진 탐색 트리 내부의 키는 중복되지 않습니다.

입력 예

```
18
insert 8
insert 2
insert 3
insert 7
insert 22
insert 1
find 1
find 2
find 3
find 4
find 5
find 6
find 7
find 8
print
delete 3
delete 7
print
```

출력 예

```
yes
yes
yes
no
no
no
yes
yes
 1 2 3 7 8 22
 8 2 1 3 7 22
 1 2 8 22
 8 2 1 22
```

해설

이진 탐색 트리 T에서 노드 z를 제거하는 deleteNode는 다음과 같은 알고리즘입니다.

프로그램 9.3 이진 탐색 트리의 노드 제거

```
1   deleteNode(T, z)
2       // 제거할 대상을 노드 y로 설정
3       if z.left == NIL || z.right == NIL
4           y = z                   // z가 자식을 하나 이하로 갖고 있는 경우에는 입력 노드 z로 설정
5       else
6           y = getSuccessor(z)     // z가 자식을 2개 갖고 있는 경우에는 z의 다음 노드로 설정
7
8       // y의 자식 x 결정
9       if y.left != NIL
10          x = y.left              // y에 왼쪽 자식이 있다면, x는 y의 왼쪽 자식
11      else
12          x = y.right             // y에 왼쪽 자식이 없다면, x는 y의 오른쪽 자식
13
14      if x != NIL
15          x.parent = y.parent     // x의 부모 설정
16
17      if y.parent == NIL
18          'root of T' = x         // y가 루트라면 x를 트리의 루트로
19      else if y == y.parent.left
20          y.parent.left = x       // y가 y의 부모 p의 왼쪽 자식이라면, p의 왼쪽 자식을 x로 설정
21      else
22          y.parent.right = x      // y가 y의 부모 p의 오른쪽 자식이라면, p의 오른쪽 자식을 x로 설정
23
24      if y != z                   // z의 다음 노드가 제거된 경우
25          z.key = y.key           // y의 데이터를 z에 복사
```

이 알고리즘은 제거할 노드를 z로 매개변수에 전달합니다. 이어서 다음 그림과 같이 세 가지 케이스를 구분해서, 일단 제거할 노드 후보 y를 결정합니다.

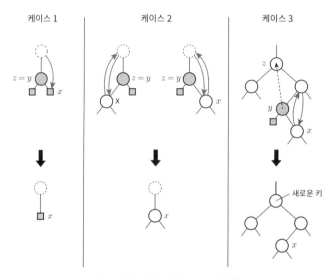

그림 9.3 이진 탐색 트리에서 요소 제거하기

z가 자식을 갖지 않는 경우(케이스 1), 1개의 자식만 갖는 경우(케이스 2), y를 z로 합니다.

반면 z가 2개의 자식을 갖는 경우(케이스 3)에는 y를 z의 다음 노드로 합니다. 여기에서 z의 다음 노드는 이진 탐색 트리에서 중위 순회를 했을 때 z 다음에 방문하는 노드를 의미합니다.

이어서 제거할 노드 y의 자식 x를 하나 결정합니다. 케이스 1의 경우 오른쪽 자식(NIL), 케이스 2의 경우 z의 자식(왼쪽 자식 또는 오른쪽 자식), 케이스 3에서는 z의 다음 노드의 오른쪽 자식(참고로 이때 다음 노드에 왼쪽 자식은 존재하지 않습니다)으로 합니다.

그리고 y의 부모 자식 포인터 연결을 변경하고, y를 제거합니다. 일단 x의 부모가 y의 부모가 되게 포인터를 연결합니다.

이어서 'y의 부모의 자식'이 x가 되게 포인터를 연결합니다. 이때 y가 루트인지, y가 (y의 부모의) 왼쪽 자식인지 오른쪽 자식인지를 확인해서 포인터 연결을 변경합니다.

최종적으로 케이스 3의 경우, z의 키에 y의 키를 설정합니다.

x의 다음 노드를 구하는 getSuccessor(x)는 다음 알고리즘입니다.

프로그램 9.4 다음 노드 탐색

```
1   getSuccessor(x)
2     if x.right != NIL
3       return getMinimum(x.right)
4
5     y = x.parent
6     while y != NIL && x == y.right
7       x = y
8       y = y.parent
9     return y
```

일단 x에 오른쪽 자식이 존재하는 경우, 오른쪽 부분 트리에서 키가 가장 작은 노드가 x의 다음 노드가 되므로, getMinimum(x.right)를 리턴합니다. 오른쪽 자식이 존재하는 경우, 부모를 순회해서 먼저 '왼쪽 자식으로 있는 노드의 부모'가 다음 노드가 됩니다. 이진 탐색 트리의 노드 x에 다음 노드가 존재하지 않는 경우(트리 내부에서 x가 가장 큰 키를 갖는 경우)는 NIL을 리턴합니다.

다음과 같이 getMinimum(x)는 노드 x를 루트로 하는 부분 트리 내부에서 최소 키를 갖는 노드를 리턴합니다.

프로그램 9.5 이진 탐색 트리의 최솟값

```
1   getMinimum(x)
2     while x.left != NIL
3       x = x.left
4     return x
```

조금 더 생각해 보기

지금까지 살펴본 이진 탐색 트리의 노드 제거는 트리의 높이를 h라고 할 때, 주어진 키를 가진 노드를 탐색할 때는 $O(h)$, 다음 노드를 구하기 위해서는 $O(h)$의 계산을 필요로 합니다. 따라서 $O(h)$ 알고리즘입니다.

일반적으로 삽입, 탐색, 제거를 할 수 있는 이진 탐색 트리는 복잡도가 $O(\log n)$이 되게 구현합니다(n의 노드의 수). 이런 복잡도가 나오게 구현하려면, 항상 노드의 높이를 최대한 낮게 유지해야 합니다. 이처럼 균형 있는 이진 탐색 트리를 자가 균형 이진 탐색 트리(self-balancing binary search tree)라고 부릅니다.

해답 예

C++

```
1   #include<stdio.h>
2   #include<stdlib.h>
3   #include<string>
4   #include<iostream>
5   using namespace std;
6
7   struct Node {
8     int key;
9     Node *right, *left, *parent;
10  };
11
12  Node *root, *NIL;
13
14  Node * treeMinimum(Node *x) {
15    while(x->left != NIL) x = x->left;
16    return x;
17  }
18
19  Node * find(Node *u, int k) {
20    while(u != NIL && k != u->key) {
21      if(k < u->key) u = u->left;
22      else u = u->right;
23    }
24    return u;
```

```
25  }
26
27  Node * treeSuccessor(Node *x) {
28    if(x->right != NIL) return treeMinimum(x->right);
29    Node *y = x->parent;
30    while(y != NIL && x == y->right) {
31      x = y;
32      y = y->parent;
33    }
34    return y;
35  }
36
37  void treeDelete(Node *z) {
38    Node *y; // 제거 대상
39    Node *x; // y의 자식
40
41    // 제거할 노드 결정
42    if(z->left == NIL || z->right == NIL) y = z;
43    else y = treeSuccessor(z);
44
45    // x(y의 자식) 결정
46    if(y->left != NIL) {
47      x = y->left;
48    } else {
49      x = y->right;
50    }
51
52    if(x != NIL) {
53      x->parent = y->parent;
54    }
55
56    if(y->parent == NIL) {
57      root = x;
58    } else {
59      if(y == y->parent->left) {
60        y->parent->left = x;
61      } else {
62        y->parent->right = x;
63      }
64    }
65
66    if(y != z) {
67      z->key = y->key;
68    }
69
70    free(y);
71  }
72
73  void insert(int k) {
74    // ALDS1_8_A 해답 예를 참고하세요.
```

```
75  }
76
77  void inorder(Node *u) {
78    // ALDS1_8_A 해답 예를 참고하세요.
79  }
80  void preorder(Node *u) {
81    // ALDS1_8_A 해답 예를 참고하세요.
82  }
83
84  int main() {
85    int n, i, x;
86    string com;
87
88    scanf("%d", &n);
89
90    for(i = 0; i < n; i++) {
91      cin >> com;
92      if(com[0] == 'f') {
93        scanf("%d", &x);
94        Node *t = find(root, x);
95        if(t != NIL) printf("yes\n");
96        else printf("no\n");
97      } else if(com == "insert") {
98        scanf("%d", &x);
99        insert(x);
100     } else if(com == "print") {
101       inorder(root);
102       printf("\n");
103       preorder(root);
104       printf("\n");
105     } else if(com == "delete") {
106       scanf("%d", &x);
107       treeDelete(find(root, x));
108     }
109   }
110
111   return 0;
112 }
```

9.5 표준 라이브러리를 사용한 집합(세트) 관리

요소 집합을 관리하는 STL 컨테이너는 크게 두 가지, 즉 시퀀스 컨테이너라는 순서가 붙어 있는 컬렉션과 연관 컨테이너라는 정렬된 컬렉션으로 구분할 수 있습니다.

시퀀스 컨테이너는 추가한 요소의 값과 관계없이 배치됩니다. 이러한 위치는 삽입할 때의 시간과 지정한 장소에 따라 달라집니다. 이전에 소개했던 vector와 list가 대표적인 시퀀스 컨테이너입니다.

반면 연관 컨테이너는 요소의 위치가 어떤 기준에 따라서 자동으로 정렬됩니다. STL은 연관 컨테이너로 set, map, multiset, multimap을 제공합니다. 간단하게 set와 map만 소개하겠습니다.

연관 컨테이너는 요소가 자동으로 정렬됩니다. 시퀀스 컨테이너도 정렬을 할 수 있지만, 연관 컨테이너는 항상 정렬되어 있으므로 탐색을 이진 탐색으로 합니다. 따라서 요소를 빠르게 탐색할 수 있습니다.

9.5.1 set

set는 요소의 값을 기반으로 정렬된 집합입니다. 요소는 집합 내부에서 유일하게 하나 존재하며, 중복을 허용하지 않습니다.

다음 프로그램 9.6은 set에 값을 삽입하고, 요소를 출력하는 프로그램입니다. 연관 컨테이너도 시퀀스 컨테이너처럼 이터레이터를 기반으로 요소에 순차적으로 접근할 수 있습니다.

프로그램 9.6 set의 사용 예

```
1   #include<iostream>
2   #include<set>
3   using namespace std;
4
5   void print(set<int> S) {
6     cout << S.size() << ":";
7     for(set<int>::iterator it = S.begin(); it != S.end(); it++) {
8       cout << " " << (*it);
9     }
10    cout << endl;
11  }
12
13  int main() {
14    set<int> S;
15
16    S.insert(8);
17    S.insert(1);
18    S.insert(7);
19    S.insert(4);
20    S.insert(8);
21    S.insert(4);
22
23    print(S); // 4: 1 4 7 8
24
25    S.erase(7);
26
27    print(S); // 3: 1 4 8
```

```
28
29    S.insert(2);
30
31    print(S); // 4: 1 2 4 8
32
33    if(S.find(10) == S.end()) cout << "not found." << endl;
34
35    return 0;
36  }
```

출력

```
4: 1 4 7 8
3: 1 4 8
4: 1 2 4 8
not found
```

#include<set>으로 STL set를 읽어 들였습니다.

set<int> S; 선언문으로 int 자료형의 요소를 관리하는 집합이 만들어집니다. 이러한 set에는 다양한 조작을 할 수 있습니다. 대표적인 set의 멤버 함수를 정리하면 다음과 같습니다.

함수 이름	설명	복잡도
size()	세트 내부의 요소 수를 리턴합니다.	$O(1)$
clear()	세트를 비웁니다.	$O(n)$
begin()	세트의 가장 앞 요소를 가리키는 이터레이터를 리턴합니다.	$O(1)$
end()	세트의 가장 마지막 요소를 가리키는 이터레이터를 리턴합니다.[3]	$O(1)$
insert(key)	세트에 요소 key를 삽입합니다.	$O(\log n)$
erase(key)	key를 갖는 요소를 제거합니다.	$O(\log n)$
find(key)	key와 일치하는 요소를 탐색해서, 해당 요소를 가리키는 이터레이터를 리턴합니다. 일치하는 요소가 없을 경우, end()를 리턴합니다.	$O(\log n)$

표 9.1 set의 대표적인 멤버 함수

set는 자가 균형 이진 탐색 트리로 구현되므로, 항상 $O(\log n)$으로 데이터를 탐색, 삽입, 제거할 수 있습니다.

---

3 (옮긴이) end()는 이전의 다른 STL 컨테이너와 마찬가지로 존재하지 않는 위치를 가리킵니다. 마지막 요소의 다음 요소를 나타내는 이터레이터입니다.

9.5.2 map

map은 키-값 쌍을 요소로 하는 집합입니다. 모든 요소는 하나의 키와 하나의 값을 가지며, 키를 기준으로 정렬되어 있습니다. 키는 집합 내부에서 유일하게 한 개 존재하며, 중복을 허용하지 않습니다. map은 모든 자료형을 인덱스로 사용할 수 있는 연관 배열로 사용할 수 있습니다. 예를 들어 문자열을 사용해서 문자열을 추출하는 딕셔너리 기능을 구현하고 싶을 때 활용할 수 있습니다.

다음 프로그램 9.7은 map에 값을 삽입하고, 요소를 출력하는 프로그램입니다.

프로그램 9.7 map 사용 예

```
1   #include<iostream>
2   #include<map>
3   #include<string>
4   using namespace std;
5
6   void print(map<string, int> T) {
7     map<string, int>::iterator it;
8     cout << T.size() << endl;
9     for(it = T.begin(); it != T.end(); it++) {
10      pair<string, int> item = *it;
11      cout << item.first << " --> " << item.second << endl;
12    }
13  }
14
15  int main() {
16    map<string, int> T;
17
18    T["red"] = 32;
19    T["blue"] = 688;
20    T["yellow"] = 122;
21
22    T["blue"] += 312;
23
24    print(T);
25
26    T.insert(make_pair("zebra", 101010));
27    T.insert(make_pair("white", 0));
28    T.erase("yellow");
29
30    print(T);
31
32    pair<string, int> target = *T.find("red");
33    cout << target.first << " --> " << target.second << endl;
34
35    return 0;
36  }
```

출력

```
3
blue --> 1000
red --> 32
yellow --> 122
4
blue --> 1000
red --> 32
white --> 0
zebra --> 101010
red --> 32
```

#include<map>으로 STL map을 읽어 들였습니다.

map<string, int> T; 선언문으로 string 자료형을 키로, int 자료형을 값으로 하는 페어를 관리하는 연관 배열이 만들어집니다. 페어는 <> 내부에 키와 값을 조합한 것을 나타냅니다.

map 컨테이너는 [ ] 연산자에 키를 지정해서, 대응되는 값에 접근할 수 있습니다. 또한 이터레이터를 사용해서 키와 값 쌍에 차례대로 접근할 수 있습니다. pair 는 STL에서 제공하는 구조체 템플릿으로 1번째 요소는 first, 2번째 요소는 second 로 접근합니다.

대표적인 map의 멤버 함수를 정리하면 다음과 같습니다.

함수 이름	설명	복잡도
size()	맵 내부의 요소 수를 리턴합니다.	$O(1)$
clear()	맵을 비웁니다.	$O(n)$
begin()	맵의 가장 앞 요소를 가리키는 이터레이터를 리턴합니다.	$O(1)$
map()	맵의 가장 마지막 요소를 가리키는 이터레이터를 리턴합니다.[4]	$O(1)$
insert((key, val))	맵에 요소 (key, val)을 삽입합니다.	$O(\log n)$
erase(key)	key를 갖는 요소를 제거합니다.	$O(\log n)$
find(key)	key와 일치하는 요소를 탐색해서, 해당 요소를 가리키는 이터레이터를 리턴합니다. 일치하는 요소가 없을 경우, end()를 리턴합니다.	$O(\log n)$

표 9.2 map의 대표적인 멤버 함수

---

4 (옮긴이) end()는 이전의 다른 STL 컨테이너와 마찬가지로 존재하지 않는 위치를 가리킵니다. 마지막 요소의 다음 요소를 나타내는 이터레이터입니다.

map도 set와 마찬가지로 자가 균형 이진 탐색 트리로 구현되므로, 삽입, 제거, 탐색, [ ] 연산자의 복잡도가 $O(\log n)$입니다.

STL을 사용해 연습 문제를 풀어봅시다. ALDS1_4_C: Dictionary는 STL map을 사용해서 다음과 같이 구현할 수 있습니다.

```
1   #include<iostream>
2   #include<cstdio>
3   #include<string>
4   #include<map>
5   using namespace std;
6
7   int main() {
8     int n;
9     char str[10], com[13];
10    map<string, bool> T;   // 표준 라이브러리의 map 사용
11
12    cin >> n;
13    for(int i = 0; i < n; i++) {
14      scanf("%s%s", com, str);
15      if(com[0] == 'i') T[string(str)] = true;
16      else {
17        if(T[string(str)]) printf("yes\n");
18        else printf("no\n");
19      }
20    }
21
22    return 0;
23  }
```

9.6 백준 온라인 저지 문제

1764번 듣지도 보지도 못한 사람

제한 시간: 2초 | **메모리 제한**: 256MB | **정답률**: 39.96%

듣지도 못한 사람의 명단과 보지도 못한 사람의 명단이 주어질 때, 듣지도 보지도 못한 사람의 명단을 구하는 프로그램을 작성하시오.

입력 첫째 줄에 듣지도 못한 사람의 수 N, 보지도 못한 사람의 수 M이 주어진다. 이어서 둘째 줄부터 N개의 줄에 걸쳐 듣지도 못한 사람의 이름과, $N+2$째 줄부터 보지도 못한 사람의 이름이 순서대로 주어진다.

출력 듣지도 보지도 못한 사람의 수와 그 명단을 사전순으로 출력한다.

제약 $1 \leq N, M \leq 500{,}000$

이름은 띄어쓰기 없이 알파벳 소문자로만 이루어지고, 길이는 20 이하이다. 들지도 못한 사람의 명단과 보지도 못한 사람의 명단에는 중복되는 이름이 없다.

입력 예

```
3 4
baekjoon
unknown
choibaekjoon
choi
choibaekjoon
baekjoon
kim
```

출력 예

```
2
baekjoon
choibaekjoon
```

1269번 대칭 차집합

제한 시간: 2초 | **메모리 제한**: 256MB | **정답률**: 54.00%

자연수를 원소로 갖는 공집합이 아닌 두 집합 A와 B가 있다. 이때, 두 집합의 대칭 차집합의 원소의 개수를 출력하는 프로그램을 작성하시오. 두 집합 A와 B가 있을 때, $(A - B)$와 $(B - A)$의 합집합을 A와 B의 대칭 차집합이라고 한다.

입력 첫째 줄에 집합 A의 원소의 개수와 집합 B의 원소의 개수가 빈 칸을 사이에 두고 주어진다. 둘째 줄에는 집합 A의 모든 원소가, 셋째 줄에는 집합 B의 모든 원소가 빈 칸을 사이에 두고 각각 주어진다.

출력 첫째 줄에 대칭 차집합의 원소의 개수를 출력한다.

제약 각 집합의 원소의 개수는 200,000을 넘지 않으며, 모든 원소의 값은 100,000,000을 넘지 않는다.

입력 예

```
3 5
1 2 4
2 3 4 5 6
```

출력 예

```
4
```

7785번 회사에 있는 사람[5]

제한 시간: 1초 | **메모리 제한**: 256MB | **정답률**: 38.20%

어떤 회사 출입 카드 시스템의 로그가 주어진다. 이 로그는 어떤 사람이 회사에 들어왔는지, 나갔는지가 기록되어 있다. 로그가 주어졌을 때, 현재 회사에 있는 모든 사람을 구하는 프로그램을 작성하시오.

입력 로그에 기록된 출입 기록의 수 n이 주어진다. 다음 n개의 줄에는 출입 기록이 순서대로 주어진다. 출입 기록은 사람의 이름, 그리고 'enter' 또는 'leave'가 주어진다. 'enter'는 출근, 'leave'는 퇴근이다.

회사에는 동명이인이 없으며, 대소문자가 다른 경우에는 다른 이름이다. 사람들의 이름은 알파벳 대소문자로 구성된 5글자 이하의 문자열이다.

출력 현재 회사에 있는 사람의 이름을 사전순의 역순으로 한 줄에 한 명씩 출력한다

입력 예

```
4
Baha enter
Askar enter
Baha leave
Artem enter
```

출력 예

```
Askar
Artem
```

1302번 베스트셀러

제한 시간: 2초 | **메모리 제한**: 128MB | **정답률**: 45.89%

하루 동안 팔린 책의 제목이 입력으로 주어졌을 때, 가장 많이 팔린 책의 제목을 출력하는 프로그램을 작성하시오.

입력 첫째 줄에 하루 동안 팔린 책의 개수 N이 주어진다. 둘째 줄부터 N개의 줄에 책의 제목이 입력으로 주어진다.

출력 첫째 줄에 가장 많이 팔린 책의 제목을 출력한다. 만약 가장 많이 팔린 책이 여러 개일 경우에는 사전순으로 가장 앞서는 제목을 출력한다.

제약 $1 \leq N \leq 1,000$

책의 제목은 길이는 50보다 작거나 같고, 알파벳 소문자로만 이루어져 있다.

---

5 출처: KBTU Open 2008 E번

입력 예

```
5
top
top
top
top
kimtop
```

출력 예

```
top
```

10장

Algorithms   and   Data   Structures   for   Programming   Contest

힙

자료 구조에는 데이터를 '추가한다', '추출한다'라는 조작과 이때의 규칙이 존재합니다. 예를 들어 큐는 먼저 추가한 데이터가 먼저 추출된다는 규칙이 있습니다.

반면 데이터를 단순하게 추가한 순서대로가 아니라, 값의 우선순위가 높은 것부터 꺼내는 우선순위 큐는 고급 알고리즘을 구현할 때 중요한 역할을 합니다.

우선순위 큐는 이진 탐색 트리를 응용해서 구현할 수 있지만, 트리를 균형 있고 효율적으로 구현하는 것은 쉽지 않습니다. 이때 이진 힙이라는 자료 구조를 사용하면 비교적 간단하게 우선순위 큐를 구현할 수 있습니다.

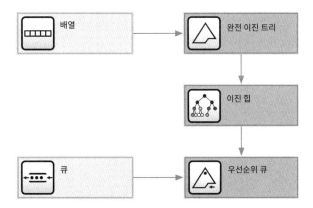

이번 장의 문제를 풀려면 배열, 반복 처리 등의 기본적인 프로그래밍 스킬이 필요합니다. 또한 큐 등의 기초적인 자료 구조와 관련된 지식이 필요합니다.

10.1 힙: 문제에 도전하기 전에

완전 이진 트리

다음 그림 10.1(a)처럼 모든 리프의 깊이가 같으며, 모든 내부 노드의 자식 수가 2개인 이진 트리를 완전 이진 트리(complete binary tree)라고 부릅니다. 또한 그림 10.1(b)처럼 이진 트리이고, 리프 깊이 차이가 최대 1이며, 가장 아래 레벨의 리프가 왼쪽에서부터 차례대로 채워져 있는 트리도 (대체적으로) 완전 이진 트리라고 부릅니다.

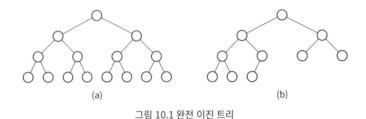

그림 10.1 완전 이진 트리

완전 이진 트리에서 노드의 수를 n이라고 하면, 트리의 높이가 항상 $\log_2 n$이 됩니다. 이러한 성질로 인해서 이진 트리는 고속으로 데이터를 관리할 수 있습니다.

이진 힙

이진 힙(binary heap)은 다음 그림과 같이 어떤 이진 트리의 노드에 할당되어 있는 키가 1차원 배열에 저장되어 있는 자료 구조를 의미합니다.

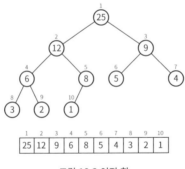

그림 10.2 이진 힙

이진 힙은 논리적인 구조는 완전 이진 트리와 같지만, 실제로는 1-기반의 1차원 배열을 사용해 구현합니다. 이진 힙을 나타내는 배열을 A, 이진 힙의 크기(요소 수)를 H라고 하면, $A[1, \cdots, H]$에 이진 힙의 요소가 저장됩니다. 트리의 루트는 인덱스 1

이며, 노드 i가 주어졌을 때 부모 $parent(i)$, 왼쪽 자식 $left(i)$, 오른쪽 자식 $right(i)$는 각각 $\lfloor i / 2 \rfloor, 2 \times i, 2 \times i + 1$로 간단하게 구할 수 있습니다. 이때 $\lfloor x \rfloor$는 바닥 수라고 부르며, x 이하의 가장 큰 정수를 의미합니다.

이진 힙 노드의 키는 다음과 같은 조건을 유지하며 저장됩니다.

▶ 최대 힙(max-heap) 조건: 어떤 노드의 키는 반드시 부모의 키보다 작다.

▶ 최소 힙(min-heap) 조건: 어떤 노드의 키는 반드시 부모의 키보다 크다.

최대 힙 조건을 만족하는 이진 힙을 최대 힙이라고 부릅니다. 그림 10.2의 이진 힙은 이와 같은 최대 힙입니다.

최대 힙은 가장 큰 요소가 루트에 저장되며, 어떤 노드를 루트로 하는 서브 트리모두 해당 서브 트리의 루트보다 작은 값으로 구성됩니다. 다만 이때 부모 자식 사이에는 대소관계 제약이 있지만, 형제끼리는 없다는 점에 주의하세요.

이러한 이진 힙 자료 구조를 사용하면, 대소 관계를 유지하면서 우선순위가 가장높은 요소의 제거와 새로운 요소의 추가를 효율적으로 할 수 있습니다.

10.2 완전 이진 트리

ALDS1_9_A Complete Binary Tree

제한 시간: 1초 | **메모리 제한**: 65536KB | **정답률**: 30.30%

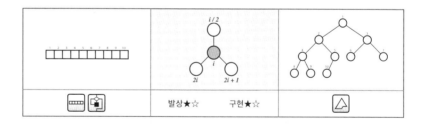

완전 이진 트리로 표현되는 이진 힙을 읽어 들이고, 다음과 같은 형식으로 이진 힙의 모든 노드 정보를 출력하는 프로그램을 작성하세요.

node id: key = k, parent key = pk, left key = lk, right key = rk,

id는 노드의 번호(인덱스), k는 노드의 값, pk는 부모의 값, lk는 왼쪽 자식의 값, rk는 오른쪽 자식의 값을 나타냅니다. 이러한 정보를 id를 기반으로 차례대로 출력하세요.

입력 1번째 줄에 힙의 크기 H가 주어집니다. 2번째 줄에 이진 힙 노드의 키(값)를 나타내는 H개의 정수가 노드 번호 순서대로 공백으로 구분되어 주어집니다.

출력 앞의 형식으로 이진 힙의 노드 정보를 인덱스 1부터 H까지 출력합니다. 각 줄의 마지막 부분에 공백(띄어쓰기)이 생기지 않게 주의하세요.

제약 $H \leq 250$

$-2{,}000{,}000{,}000 \leq$ 노드의 키 $\leq 2{,}000{,}000{,}000$

입력 예	출력 예

```
5                5
7 8 1 2 3        7 8 1 2 3
                 node 1: key = 7, left key = 8, right key = 1,
                 node 2: key = 8, parent key = 7, left key = 2, right key = 3,
                 node 3: key = 1, parent key = 7,
                 node 4: key = 2, parent key = 8,
                 node 5: key = 3, parent key = 8,
```

해설

이진 힙은 완전 이진 트리로 구현되므로, 1-기반의 1차원 배열을 사용하면 쉽게 구현할 수 있습니다.

완전 이진 트리의 노드 번호 i에 대해서 부모, 왼쪽 자식, 오른쪽 자식의 노드 번호는 $i/2$, $2i$, $2i+1$을 사용하면 됩니다. 그리고 최종적으로 노드의 정보를 순서대로 출력하면 됩니다. 이때 계산식으로 구해지는 노드 번호가 1부터 H의 범위에 있는지 확인해야 한다는 것에 주의하세요.

해답 예

C++

```
1    #include<iostream>
2    using namespace std;
3    #define MAX 100000
4
5    int parent(int i) { return i / 2; }
6    int left(int i) { return 2 * i; }
7    int right(int i) { return 2 * i + 1; }
8
9    int main() {
10     int H, i, A[MAX+1]; // 0-기반을 1-기반으로 변경할 수 있게 +1
11
12     cin >> H;
13     for(i = 1; i <= H; i++) cin >> A[i];
```

```
14
15    for(i = 1; i <= H; i++) {
16      cout << "node " << i << ": key = " << A[i] << ", ";
17      if(parent(i) >= 1) cout << "parent key = " << A[parent(i)] << ", ";
18      if(left(i) <= H) cout << "left key = " << A[left(i)] << ", ";
19      if(right(i) <= H) cout << "right key = " << A[right(i)] << ", ";
20      cout << endl;
21    }
22
23    return 0;
24  }
```

10.3 최대/최소 힙

ALDS1_9_B Maximum Heap

제한 시간: 2초 | **메모리 제한**: 65536KB | **정답률**: 39.17%

주어진 배열을 다음과 같은 의사 코드에 따라서 최대 힙으로 만드는 프로그램을 작성하세요.

다음 maxHeapify(A, i)는 노드 i를 루트로 하는 서브 트리가 최대 힙이 되게 A[i]의 값을 최대 힙의 리프로 내립니다. 다음 코드에서 H는 힙의 크기를 의미합니다.

```
1   maxHeapify(A, i)
2       l = left(i)
3       r = right(i)
4       // 왼쪽 자식, 자신, 오른쪽 자식에서 가장 값이 큰 노드를 선택
5       if l <= H && A[l] > A[i]
6           largest = l
7       else
8           largest = i
9       if r <= H && A[r] > A[largest]
10          largest = r
11
12      if largest != i // i의 자식 값이 큰 경우
13          A[i]와_A[largest]를_스왑
14          maxHeapify(A, largest) // 재귀적으로 호출
```

다음 buildMaxHeap(A)는 상향식(bottom-up)으로 maxHeapify를 적용해서 배열 A를 최대 힙으로 변환합니다.

```
1  buildMaxHeap(A)
2    for i = H/2 downto 1
3      maxHeapify(A, i)
```

입력 1번째 줄에 배열의 크기 H가 주어집니다. 이어서 2번째 줄에 힙의 노드들의 값을 나타내는 H개의 정수가 노드 번호 1부터 H까지 순서대로 공백으로 구분되어 주어집니다.

출력 최대 힙 노드 값을 번호 1부터 H까지 차례대로 1번째 줄 한 줄에 출력합니다. 이때 각 값 앞에는 하나의 공백 문자를 출력합니다.

제약 $1 \leq H \leq 500,000$

$-2,000,000,000 \leq$ 노드의 값 $\leq 2,000,000,000$

입력 예

```
10
4 1 3 2 16 9 10 14 8 7
```

출력 예

```
 16 14 10 8 7 9 3 2 4 1
```

해설

maxHeapify(A, i)는 A[i]를 최대 힙 조건을 만족할 때까지 트리의 리프로 내리는 함수입니다. 예를 들어 이진 힙 $A = \{5, 86, 37, 12, 25, 32, 11, 7, 1, 2, 4, 19\}$를 최대 힙으로 만들고자 maxHeapify(A, i)를 적용하면, 다음과 같은 과정으로 처리가 됩니다.

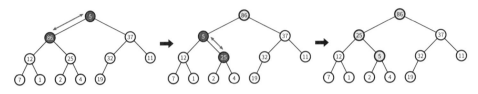

그림 10.3 maxHeapify의 처리

maxHeapify(A, i)는 i의 왼쪽 자식과 오른쪽 자식 중에서 키가 큰 쪽을 선택하고, 이 키가 현재 키보다 큰 경우에 교환하는 처리를 반복합니다.

주어진 배열을 buildMapHeap을 사용해 최대 힙으로 만들려면, 자식을 가진 노드 중에서 인덱스가 가장 큰 노드 s에서부터 역순으로 maxHeapify(A, i)를 호출합니다. 이때 s는 H/2입니다.

예를 들어 이진 힙 $A = \{4, 1, 3, 2, 16, 9, 10, 14, 8, 7\}$에 buildMaxHeap을 적용하면, 다음과 같은 과정으로 처리가 됩니다.

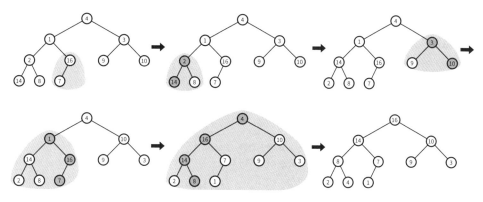

그림 10.4 이진 힙 구축하기

i를 H/2부터 1까지, i가 루트가 되는 서브 트리에 대해서 maxHeapify(A, i)를 호출합니다. maxHeapify(A, i)가 호출될 때 i의 왼쪽 서브 트리, 오른쪽 서브 트리가 이미 최대 힙이 되어 있으므로, maxHeapify(A, i)로 i의 키를 적절한 위치로 이동할수 있는 것입니다.

조금 더 생각해 보기

이진 힙의 크기를 H라고 할 때, maxHeapify의 복잡도는 완전 이진 트리의 높이에 비례하므로 $O(\log H)$가 됩니다.

buildMaxHeap의 복잡도도 생각해 봅시다. 요소 수를 H라고 하면, 높이 1의 서브 트리 $H/2$개에 maxHeapify, 높이 2의 서브트리 $H/4$개에 maxHeapify, …, 높이 $\log H$의 서브트리 1개(트리 전체)에 maxHeapify를 적용하므로 복잡도는 모두 합한

$$H \times \sum_{k=1}^{\log H} \frac{k}{2^k} = O(H)$$

이 됩니다.

추가적으로 최대 힙을 구축하는 다른 방법으로 힙 끝에 새로운 요소를 차례대로 추가하는 알고리즘을 생각해 볼 수 있습니다. 힙에 요소를 삽입하는 알고리즘에 대해서는 다음 문제에서 설명하겠습니다.

해답 예

C++

```cpp
1   #include<iostream>
2   using namespace std;
3   #define MAX 2000000
4
5   int H, A[MAX+1];
6
7   void maxHeapify(int i) {
8     int l, r, largest;
9     l = 2 * i;
10    r = 2 * i + 1;
11
12    // 왼쪽 자식, 자신, 오른쪽 자식에서 최대인 값을 선택합니다.
13    if(l <= H && A[l] > A[i]) largest = l;
14    else largest = i;
15    if(r <= H && A[r] > A[largest]) largest = r;
16
17    if(largest != i){
18      swap(A[i], A[largest]);
19      maxHeapify(largest);
20    }
21  }
22
23  int main() {
24    cin >> H;
25
26    for(int i = 1; i <= H; i++) cin >> A[i];
27
28    for(int i = H / 2; i >= 1; i--) maxHeapify(i);
29
30    for(int i = 1; i <= H; i++) {
31      cout << " " << A[i];
32    }
33    cout << endl;
34
35    return 0;
36  }
```

10.4 우선순위 큐

ALDS1_9_C Priority Queue

제한 시간: 2초 | **메모리 제한**: 65536KB | **정답률**: 32.35%

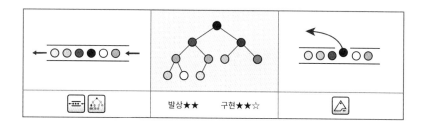

우선순위 큐(priority queue)는 키를 가지는 요소 집합 S를 저장하는 자료 구조이며, 다음과 같은 조작을 할 수 있습니다.

▶ $insert(S, k)$: 집합 S에 요소를 삽입합니다.

▶ $extractMax(S)$: 최대 키를 가진 S 요소를 S에서 제거하고, 값을 리턴합니다.

우선순위 큐 S에 $insert(S, k)$와 $extractMax(S)$를 하는 프로그램을 작성하세요. 큐의 요소는 모두 정수이며, 자기 자신을 키로 합니다.

입력 우선순위 큐 S에 적용할 여러 명령어가 주어집니다. 명령어는 insert k, extract, end 형식으로 한 줄에 하나씩 주어집니다. 여기서 k는 삽입할 정수를 나타냅니다.

end 명령어는 입력의 종료를 나타냅니다.

출력 extract 명령 실행 때마다 우선순위 큐 S에서 꺼낸 값을 한 줄에 하나씩 출력합니다.

제약 명령 수는 2,000,000을 넘지 않습니다.

$0 \le k \le 2{,}000{,}000{,}000$

입력 예

```
insert 8
insert 2
extract
insert 10
extract
insert 11
extract
extract
end
```

출력 예

```
8
10
11
2
```

해설

키가 큰 것을 우선하는 최대 우선순위 큐는 최대 힙으로 구현할 수 있습니다. 이번 문제에서는 크기가 H인 이진 힙을 배열 A로 사용해 구현하겠습니다.

최대 우선순위 큐 S에 key를 추가하는 조작 insert(key)는 다음과 같은 알고리즘입니다.

프로그램 10.1 우선순위 큐를 나타내는 힙에 삽입하기

```
1   insert(key)
2     H++
3     A[H] = -INFTY
4     heapIncreaseKey(A, H, key) // A[H]에 key를 설정합니다.
```

heapIncreaseKey(A, i, key)는 이진 힙의 요소 i의 키 값을 증가시키는 처리로, 다음과 같은 알고리즘입니다.

프로그램 10.2 우선순위 큐를 나타내는 힙 요소의 키 변경하기

```
1   heapIncreaseKey(A, i, key)
2     if key < A[i]
3       오류: 새로운 키가 현재 키보다 작습니다.
4     A[i] = key
5     while i > 1 && A[parent(i)] < A[i]
6       A[i]와_A[parent(i)]_스왑
7       i = parent(i)
```

새로운 키가 현재 키보다 클 때만 힙 변경이 이루어집니다. 따라서 기존의 키를 확인하고 A[i]를 새로운 값으로 변경합니다. 이때 키 값 A[i]가 더 커서 최대 힙 조건이 깨지는 경우가 있을 수 있습니다. 이런 경우에는 트리의 구조 변경이 필요합니다. 반복적으로 트리의 부모와 자식 관계를 확인하면서 스왑하면 됩니다.

새로운 키가 현재 키보다 클 때만 힙의 변경이 이루어지도록, 기존의 키를 확인하고 키 값 A[i]를 새로운 값으로 변경합니다.

예를 들어 이진 힙 $A = \{86, 14, 37, 12, 5, 32, 11, 7, 1, 2\}$에 25를 추가하고, 추가한 위치에 heapIncreaseKey를 실행하면, 그림 10.5와 같은 과정으로 처리가 됩니다.

최대 우선순위 큐 S의 최댓값은 이진 힙의 루트에 존재합니다. 따라서 추출은 이러한 루트를 꺼내면 됩니다. 최대 우선순위 큐 S에서 최대 키 값을 가진 요소를 제거하고 이를 추출하는 알고리즘은 프로그램 10.3과 같습니다.

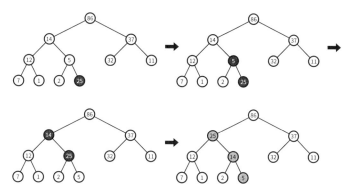

그림 10.5 요소 추가 때의 힙 변경

프로그램 10.3 힙 효소의 최댓값 추출과 제거

```
1   heapExtractMax(A)
2     if H < 1
3       오류: 힙 언더플로
4     max = A[1]
5     A[1] = A[H]
6     H--
7     maxHeapify(A, 1)
8
9     return max
```

일단 일시적인 변수 max에 이진 힙의 루트 값(최대 값)을 저장해 둡니다. 이어서 이진 힙의 최댓값을 루트로 이동하고, 힙 크기 H를 1만큼 감소시킵니다. 이때 변경된 루트의 값이 최대 힙의 조건을 깰 가능성이 있으므로, 루트로 maxHeapify를 실행합니다. 최종적으로 앞서 기록한 max를 리턴합니다.

예를 들어 이진 힙 $A = \{86, 37, 32, 12, 14, 25, 11, 7, 1, 2, 3\}$에서 최댓값을 꺼내면 다음과 같은 과정으로 처리가 됩니다.

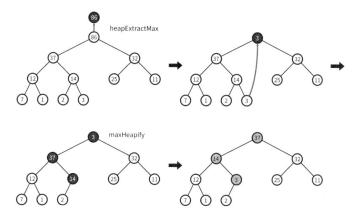

그림 10.6 최대 요소 추출과 제거 때의 힙 변경

루트의 86을 꺼내서 리프의 3을 루트로 이동시키고, 힙의 크기를 1만큼 감소시킵니다. 이어서 루트에 maxHeapify를 실행해서 힙 조건을 유지합니다. 최종적으로 86을 리턴합니다.

조금 더 생각해 보기

heapIncreaseKey, maxHeapify 모두 트리의 높이에 비례하는 수만큼 요소를 교환하므로, 요소의 수가 n인 우선순위 큐의 삽입과 제거는 모두 $O(\log n)$ 알고리즘입니다.

해답 예

C++

```
1   #include<cstdio>
2   #include<cstring>
3   #include<algorithm>
4   using namespace std;
5   #define MAX 2000000
6   #define INFTY (1<<30)
7
8   int H, A[MAX+1];
9
10  void maxHeapify(int i) {
11
12    // ALDS1_9_B의 해답 예를 참고하세요.
13
14  }
15
16  int extract() {
17    int maxv;
18    if(H < 1) return -INFTY;
19    maxv = A[1];
20    A[1] = A[H--];
21    maxHeapify(1);
22    return maxv;
23  }
24
25  void increaseKey(int i, int key) {
26    if(key < A[i]) return;
27    A[i] = key;
28    while(i > 1 && A[i / 2] < A[i]) {
29      swap(A[i], A[i / 2]);
30      i = i / 2;
31    }
32  }
33
34  void insert(int key) {
```

```
35      H++;
36      A[H] = -INFTY;
37      increaseKey(H, key);
38  }
39
40  int main() {
41      int key;
42      char com[10];
43
44      while(1) {
45          scanf("%s", com);
46          if(com[0] == 'e' && com[1] == 'n') break;
47          if(com[0] == 'i') {
48              scanf("%d", &key);
49              insert(key);
50          } else {
51              printf("%d\n", extract());
52          }
53      }
54
55      return 0;
56  }
```

10.5 표준 라이브러리의 우선순위 큐

STL은 vector 등의 기본적인 컨테이너 이외에도 특수한 목적에 사용되는 인터페이스를 가진 컨테이너 어댑터를 제공합니다. 이전에 소개했던 stack과 queue도 컨테이너 어댑터이며, 각각 LIFO(후입선출)와 FIFO(선입선출)를 하는 특수한 목적의 컨테이너입니다. 이번 절에서는 컨테이너 어댑터 중에 요소에 우선순위를 부여할 수 있는 priority_queue를 살펴보겠습니다.

10.5.1 priority_queue

priority_queue는 우선순위에 따라서 요소를 삽입, 참조, 삭제할 수 있는 큐입니다. 이러한 조작을 하는 인터페이스(함수)는 queue와 같습니다. push()로 요소 하나를 큐에 삽입하고, top()으로 가장 앞의 요소에 접근하며, pop()으로 가장 앞의 요소를 삭제합니다. priority_queue에서 가장 앞의 요소는 가장 높은 우선순위를 갖는 요소를 의미합니다. 이 기준은 프로그래머가 지정할 수 있지만, 이번 절에서는 따로 설정하지 않았을 때를 기준으로 데이터가 어떻게 관리되는지 확인해 봅시다.

다음 프로그램 10.4는 priority_queue로 삽입과 삭제를 하는 예입니다.

프로그램 10.4 priority_queue의 사용 예

```
1   #include<iostream>
2   #include<queue>
3   using namespace std;
4
5   int main() {
6     priority_queue<int> PQ;
7
8     PQ.push(1);
9     PQ.push(8);
10    PQ.push(3);
11    PQ.push(5);
12
13    cout << PQ.top() << " "; // 8
14    PQ.pop();
15
16    cout << PQ.top() << " "; // 5
17    PQ.pop();
18
19    PQ.push(11);
20
21    cout << PQ.top() << " "; // 11
22    PQ.pop();
23
24    cout << PQ.top() << endl; // 3
25    PQ.pop();
26
27    return 0;
28  }
```

출력

```
8 5 11 3
```

priority_queue는 요소의 자료형이 int일 때, 기본적으로 값이 큰 것부터 우선적으로 꺼냅니다.

STL을 사용해 연습 문제를 풀어봅시다. ALDS1_9_C: Priority Queue는 STL의 priority_queue를 사용해서 다음과 같이 구현할 수 있습니다.

```
1   #include<cstdio>
2   #include<string>
3   #include<queue>
4   using namespace std;
5
6   int main() {
7     char com[20];
```

```
8      // 표준 라이브러리 priority_queue를 사용합니다.
9      priority_queue<int> PQ;
10
11     while(1) {
12       scanf("%s", com);
13       if(com[0] == 'i') {
14         int key ; scanf("%d", &key); // cin보다 빠른 scanf를 사용했습니다.
15         PQ.push(key);
16       } else if(com[1] == 'x') {
17         printf("%d\n", PQ.top());
18         PQ.pop();
19       } else if(com[0] == 'e') {
20         break;
21       }
22     }
23
24     return 0;
25   }
```

10.6 백준 온라인 저지 문제

1927번 최소 힙

제한 시간: 1초 | **메모리 제한**: 128MB | **정답률**: 48.63%

최소 힙을 이용하여 다음과 같은 연산을 지원하는 프로그램을 작성하시오.

1. 힙에 자연수 x를 넣는다.
2. 힙에서 가장 작은 값을 출력하고, 그 값을 힙에서 제거한다.

가장 처음에 힙은 비어 있다.

입력 첫째 줄에 연산의 수 N, 둘째 줄부터 N개의 줄에 연산의 정보를 나타내는 정수 x가 주어진다. X가 자연수라면 1번 연산, 0이라면 2번 연산이다.

출력 0이 주어진 횟수만큼 답을 출력한다. 힙이 비어 있는데 2번 연산인 경우에는 0을 출력한다.

제약 $1 \leq N \leq 100,000$

X는 2^{31}보다 작은 자연수 또는 0이고, 음의 정수는 입력으로 주어지지 않는다.

입력 예

```
9
0
12345678
1
2
0
0
0
0
32
```

출력 예

```
0
1
2
12345678
0
```

11286번 절댓값 힙

제한 시간: 1초 | **메모리 제한**: 256MB | **정답률**: 57.13%

다음과 같은 연산을 지원하는 절댓값 힙을 구현하는 프로그램을 작성하시오.

1. 힙에 정수 x를 넣는다($x \neq 0$).
2. 힙에서 절댓값이 가장 작은 값을 출력하고, 그 값을 힙에서 제거한다. 절댓값이 가장 작은 값이 여러 개일 때는, 가장 작은 수를 출력하고 그 값을 제거한다.

가장 처음에 힙은 비어 있다.

입력 첫째 줄에 연산의 수 N, 둘째 줄부터 N개의 줄에 연산의 정보를 나타내는 정수 x가 주어진다. X가 0이 아니라면 1번 연산, 0이라면 2번 연산이다.

출력 입력에서 0이 주어진 횟수만큼 답을 출력한다. 힙이 비어 있는데, 2번 연산인 경우 0을 출력한다.

제약 $1 \leq N \leq 100,000$

X는 -2^{31}보다 크고, 2^{31}보다 작은 정수이다.

입력 예

```
18
1
-1
0
0
0
1
1
-1
```

출력 예

```
-1
1
0
-1
-1
1
1
-2
2
```

```
-1                                          0
2
-2
0
0
0
0
0
0
0
```

1655번 가운데를 말해요

제한 시간: 0.1초　ㅣ　**메모리 제한**: 128MB　ㅣ　**정답률**: 31.46%

백준이는 동생에게 '가운데를 말해요' 게임을 가르쳐 주고 있다. 백준이가 정수를 하나씩 외칠 때마다 동생은 지금까지 백준이가 말한 수 중에서 중간값을 말해야 한다. 만약 그동안 백준이가 외친 수의 개수가 짝수개라면 중간에 있는 두 수 중에서 작은 수를 말해야 한다.

백준이가 외치는 수가 주어졌을 때, 동생이 말해야 하는 수를 구하는 프로그램을 작성하시오.

입력　백준이가 외치는 정수의 수 N이 주어진다. 그 다음 N줄에 걸쳐서 백준이가 외치는 수가 차례대로 주어진다.

출력　한 줄에 하나씩 백준이의 동생이 말해야 하는 수를 순서대로 출력한다.

제약　$1 \leq N \leq 100,000$

$-10,000 \leq$ 백준이가 외치는 정수 $\leq 10,000$

입력 예

```
7
1
5
2
10
-99
7
5
```

출력 예

```
1
1
2
2
2
2
5
```

11장

동적 계획법

이번 장에서는 동적 계획법(Dynamic Programming, DP) 문제를 살펴보겠습니다. 동적 계획법은 최적의 답을 찾기 위한 수학적인 개념으로, 조합 최적화 문제 또는 이미지 해석 등의 다양한 문제를 해결하기 위한 알고리즘으로 사용됩니다.

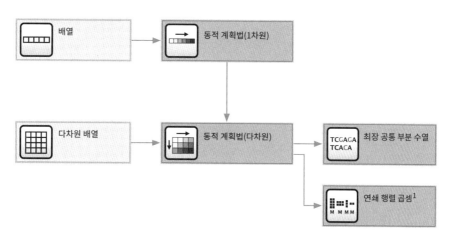

이번 장의 문제를 풀려면 다차원 배열, 반복 처리 등의 기초적인 프로그래밍 스킬이 필요합니다.

---

1 (옮긴이) 연쇄 행렬 곱셈은 영어로 matrix-chain multiplication입니다. '행렬 체인 곱셈'이라고 표현하기도 합니다.

11.1 동적 계획법: 문제에 도전하기 전에

어떤 계산식이 있을 때 한 번 계산한 결과를 메모리에 기록하고 활용해서, 같은 계산을 반복하면 낭비를 줄이고 효율적인 알고리즘을 설계할 수 있습니다. 이러한 방법 중 하나가 바로 동적 계획법입니다.

6장에서 풀었던 ALDS1_5_A: Exhaustive Search를 다시 생각해 봅시다. 이 문제에서는 수열에서 숫자를 몇 개 선택하고, 이를 합해서 m이 만들어질 수 있는지 전체 탐색으로 확인했습니다. 효율성이 매우 좋지 않은 알고리즘이었지만, 이를 동적 계획법을 활용해서 빠르게 만들 수 있습니다. 이미 계산한 solve(i, m)을 dp[i][m] 형태로 기록해 두고, 이후에 같은 값을 구할 때 dp[i][m]을 리턴하게 하면 같은 것을 다시 계산하는 낭비를 피할 수 있습니다.

프로그램 11.1 동적 계획법의 예

```
1   solve(i, m)
2     if dp[i][m]를_이미_계산했다면
3       return dp[i][m]
4
5     if m == 0
6       dp[i][m] = true
7     else if i >= n
8       dp[i][m] = false
9     else if solve(i+1, m)
10      dp[i][m] = true
11    else if solve(i+1, m – A[i])
12      dp[i][m] = true
13    else
14      dp[i][m] = false
15
16    return dp[i][m]
```

이처럼 기록하면서 재귀하는 방식을 메모이제이션(memoization) 재귀라고 부릅니다. 또한 동적 계획법은 점화식을 만들고, 이를 기반으로 반복해서 최적의 답을 계산할 수 있습니다.

$O(nm)$의 메모리 영역이 필요합니다. $O(2^n)$의 완전 탐색 알고리즘이 있다면, 이를 $O(nm)$으로 개선하는 데 사용할 수 있습니다.

11.2 피보나치 수열

ALDS1_10_A Fibonacci Number

제한 시간: 1초 | **메모리 제한**: 65536KB | **정답률**: 42.47%

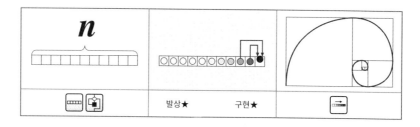

피보나치 수열의 n번째 항목을 출력하는 프로그램을 작성하세요. 이번 문제에서는 피보나치 수열을 다음과 같은 재귀식으로 정의합니다.

$$fib(n) = \begin{cases} 1 & (n = 0) \\ 1 & (n = 1) \\ fib(n - 1) + fib(n - 2) \end{cases}$$

입력 1개의 정수 n이 주어집니다.

출력 피보나치 수열의 n번째 항목을 1번째 줄에 출력합니다.

제약 $0 \leq n \leq 44$

입력 예

```
3
```

출력 예

```
3
```

해설

피보나치 수열은 식물의 모양처럼 자연 현상에서 많이 볼 수 있으며, 보기 좋은 황금 비율을 가진 사각형을 그릴 때 사용할 수 있는 매우 흥미로운 수열입니다. 피보나치 수열은 재귀식으로 정의되어 있으므로, 다음과 같은 알고리즘으로 만들 수 있습니다.

프로그램 11.2 재귀적으로 구현한 피보나치 수열

```
1  fibonacci(n)
2    if n == 0 || n == 1
3      return 1
4    return fibonacci(n - 2) + fibonacci(n - 1)
```

이 알고리즘은 피보나치 수열의 n번째 항목을 구할 수 있지만, 복잡도 측면에서 굉장히 큰 결함이 있습니다.

fibonacci()를 f()로 간단하게 표현하겠습니다. 예를 들어 f(5)를 구하려면, f(4)와 f(3)을 구해야 합니다. 그리고 f(4)는 다시 f(3)을 호출합니다.

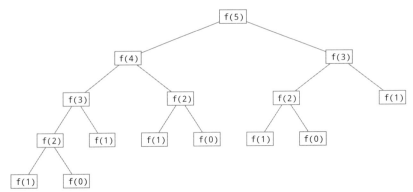

그림 11.1 피보나치 수열 계산하기

f(2)와 f(3)은 여러 번 나타나며, 계속해서 동일한 구조로 같은 값을 반복해서 구합니다. 그래서 f(n)을 구하려면 f(0)과 f(1)을 f(n)번 호출하게 됩니다. 예를 들어 f(44)가 1,134,903,170이라는 것을 고려하면 굉장히 큰 복잡도가 나온다는 것을 알 수 있습니다.

위의 알고리즘에는 한 번 계산한 값을 다시 계산하는 낭비가 있습니다. 따라서 다음 그림과 같이 메모이제이션을 사용하면 복잡도를 크게 개선할 수 있습니다.

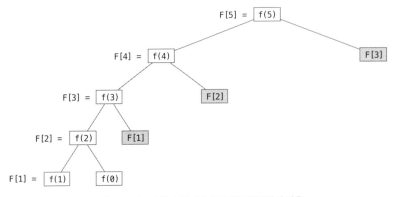

그림 11.2 피보나치 수열 계산하기: 메모이제이션 사용

한 번 계산한 f(n)을 배열의 요소 F[n]에 기록해서, 다시 계산하는 것을 피하는 것입니다. 이를 재귀 함수로 구현하면 다음과 같습니다.

프로그램 11.3 메모이제이션 재귀로 피보나치 수열 계산하기

```
1   fibonacci(n)
2     if n == 0 || n == 1
3       return F[n] = 1 // F[n]에 1을 메모이제이션을 사용하여 리턴합니다.
4     if F[n]가_이미_계산되어_있다면
5       return F[n]
6     return F[n] = fibonacci(n - 2) + fibonacci(n - 1)
```

이러한 개념은 다음과 같이 반복으로 구현할 수도 있습니다.

프로그램 11.4 동적 계획법으로 피보나치 수열 계산하기

```
1   makeFibonacci()
2     F[0] = 1
3     F[1] = 1
4     for i를_2에서_n까지
5       F[i] = F[i - 2] + F[i - 1]
```

이 알고리즘은 피보나치 수를 작은 수부터 계산하므로, F[i]를 구할 때는 이미 F[i - 1]과 F[i - 2]가 계산되어 있다는 것을 보장할 수 있습니다. 이러한 특성은 다른 동적 계획법 알고리즘에서도 유용하게 활용할 수 있습니다.

 이처럼 작은 부분 문제의 답을 메모리에 저장해 두고, 큰 문제의 답을 계산할 때 활용하는 것이 동적 계획법의 기본적인 개념입니다.

해답 예

C

```c
1   #include<stdio.h>
2
3   int dp[50];
4
5   int fib(int n) {
6     if(n == 0 || n == 1) return dp[n] = 1;
7     if(dp[n] != -1) return dp[n];
8     return dp[n] = fib(n - 1) + fib(n - 2);
9   }
10
11  int main() {
12    int n, i;
13    for(i = 0; i < 50; i++) dp[i] = -1;
14
15    scanf("%d", &n);
16    printf("%d\n", fib(n));
17
```

```
18    return 0;
19  }
```

C++

```
1   #include<iostream>
2   using namespace std;
3
4   int main() {
5     int n; cin >> n;
6     int F[50];
7     F[0] = F[1] = 1;
8     for(int i = 2; i <= n; i++) F[i] = F[i - 1] + F[i - 2];
9
10    cout << F[n] << endl;
11
12    return 0;
13  }
```

11.3 최장 공통 부분 수열

ALDS1_10_C Longest Common Subsequence

제한 시간: 1초 | **메모리 제한**: 65536KB | **정답률**: 31.24%

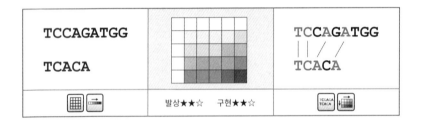

최장 공통 부분 수열(Longest Common Subsequence, LCS) 문제는 두 개의 수열 $X = \{x_1, x_2, \cdots, x_m\}$와 $Y = \{y_1, y_2, \cdots, y_n\}$의 최장 공통 부분 수열을 구하는 문제입니다.

어떤 수열 Z가 X와 Y 모두의 부분 수열이라면, Z를 X와 Y의 공통 부분 수열이라고 부릅니다. 예를 들어 $X = \{a, b, c, b, d, a, b\}$, $Y = \{b, d, c, a, b, a\}$라고 하면, $\{b, c, a\}$는 X와 Y의 공통 부분 수열입니다. 다만 $\{b, c, a\}$는 X와 Y의 최장 공통 부분 수열은 아닙니다. $\{b, c, b, a\}$라는 더 길이가 긴 공통 부분 수열이 존재하기 때문입니다. 길이가 5 이상인 공통 부분 수열은 존재하지 않으므로, $\{b, c, b, a\}$가 X와 Y의 최장 공통 부분 수열입니다.

주어진 2개의 문자열 X와 Y를 기반으로, 최장 공통 부분 수열 Z의 길이를 출력하는 프로그램을 작성하세요. 주어진 문자열은 알파벳으로만 구성됩니다.

입력 여러 개의 데이터세트가 주어집니다.

1번째 줄에 데이터세트의 크기 q가 주어지고, 이어지는 $2 \times q$줄에 데이터세트 q개가 주어집니다. 데이터세트 2줄에 각각 문자열 X, Y가 한 줄씩 주어집니다.

출력 각각의 데이터세트를 기반으로 최장 공통 부분 수열 Z의 길이를 한 줄씩 출력합니다.

제약 $1 \leq q \leq 150$

$1 \leq X$와 Y의 길이 $\leq 1,000$

X와 Y의 길이가 100을 넘는 데이터세트가 포함되는 경우, q는 20을 넘지 않습니다.

입력 예

```
3
abcbdab
bdcaba
abc
abc
abc
bc
```

출력 예

```
4
3
2
```

해설

설명을 위해서 $\{x_1, x_2, \cdots, x_i\}$를 X_i(i까지를 활용해서 만든 수열), $\{y_1, y_2, \cdots, y_j\}$를 Y_j(j까지를 활용해서 만든 수열)로 표기하겠습니다. 크기가 각각 m과 n인 두 개의 수열 X, Y의 LCS는 X_m과 Y_n의 LCS를 구하는 과정을 부분 문제로 분할해서 생각해 봅시다.

일단 X_m과 Y_n의 LCS를 구할 때 다음과 같은 두 가지 경우를 생각해 봅시다.

▶ $x_m = y_n$이라면, X_{m-1}과 Y_{n-1}의 LCS에 $x_m(= y_n)$을 연결한 것이 X_m과 Y_n의 LCS입니다.

예를 들어 $X = \{a, b, c, c, d, a\}$, $Y = \{a, b, c, b, a\}$라면 $x_m = y_n$이므로 X_{m-1}과 Y_{n-1}의 LCS에 있는 $\{a, b, c\}$에 $x_m(= a)$를 연결한 것이 X_m과 Y_n의 LCS입니다.

▶ $x_m \neq y_n$이라면, X_{m-1}과 Y_n의 LCS 또는 X_m과 Y_{n-1}의 LCS 중에서 긴 것이 X_m과 Y_n의 LCS가 됩니다.

예를 들어 $X = \{a, b, c, c, d, b\}$, $Y = \{a, b, c, b, a\}$라면 X_{m-1}과 Y_n의 LCS는 $\{a, b, c\}$, X_m과 Y_{n-1}의 LCS는 $\{a, b, c, b\}$이므로 X_m과 Y_{n-1}의 LCS가 X_m과 Y_n의 LCS 입니다.

이 알고리즘은 X_i와 Y_j에 대해서도 적용할 수 있습니다. 다음과 같은 변수를 준비하고, LCS의 부분 문제 답을 구해 나가면 됩니다.

$c[m + 1][n + 1]$	$c[i][j]$는 X_i와 Y_j의 LCS 길이를 의미합니다.

$c[i][j]$ 값은 다음 점화식(recursive formula)으로 구할 수 있습니다.

$$c[i][j] = \begin{cases} 0 & \text{if } i = 0 \text{ or } j = 0 \\ c[i-1][j-1] + 1 & \text{if } i, j > 0 \text{ and } x_i = y_j \\ max(c[i][j-1], c[i-1][j]) & \text{if } i, j > 0 \text{ and } x_i \neq y_j \end{cases}$$

이러한 변수와 식을 기반으로 2개의 수열 X와 Y를 동적 계획법으로 구하는 알고리즘은 다음과 같습니다.

프로그램 11.5 동적 계획법으로 최장 공통 부분 수열 구하기

```
1    lcs(X, Y)
2      m = X.length
3      n = Y.length
4      for i = 0 to m
5        c[i][0] = 0
6      for j = 1 to n
7        c[0][j] = 0
8      for i = 1 to m
9        for j = 1 to n
10         if X[i] == Y[j]
11           c[i][j] = c[i - 1][j - 1] + 1
12         else if c[i - 1][j] >= c[i][j - 1]
13           c[i][j] = c[i - 1][j]
14         else
15           c[i][j] = c[i][j - 1]
```

조금 더 생각해 보기

n과 m을 기반으로 하는 이중 반복문을 사용하므로, 대충 계산하면 $O(nm)$ 알고리즘이라는 것을 알 수 있습니다.

해답 예

C++

```cpp
1   #include<iostream>
2   #include<string>
3   #include<algorithm>
4   using namespace std;
5   static const int N = 1000;
6
7   int lcs(string X, string Y) {
8     int c[N + 1][N + 1];
9     int m = X.size();
10    int n = Y.size();
11    int maxl = 0;
12    X = ' ' + X;  // X[0]에 공백 삽입
13    Y = ' ' + Y;  // Y[0]에 공백 삽입
14    for(int i = 0; i <= m; i++) c[i][0] = 0;
15    for(int j = 1; j <= n; j++) c[0][j] = 0;
16
17    for(int i = 1; i <= m; i++) {
18      for(int j = 1; j <= n; j++) {
19        if(X[i] == Y[j]) {
20          c[i][j] = c[i - 1][j - 1] + 1;
21        } else {
22          c[i][j] = max(c[i - 1][j], c[i][j - 1]);
23        }
24        maxl = max(maxl, c[i][j]);
25      }
26    }
27
28    return maxl;
29  }
30
31  int main() {
32    string s1, s2;
33    int n; cin >> n;
34    for(int i = 0; i < n; i++) {
35      cin >> s1 >> s2;
36      cout << lcs(s1, s2) << endl;
37    }
38    return 0;
39  }
```

11.4 연쇄 행렬 곱셈

ALDS1_10_B Matrix Chain Multiplication

제한 시간: 1초 | **메모리 제한**: 65536KB | **정답률**: 52.74%

n개의 행렬 M_1, M_2, M_3, ⋯, M_n이 주어질 때, 스칼라 곱 횟수[2]가 최소가 되게 하는 곱 $M_1 M_2 M_3 \cdots M_n$의 계산 순서를 결정하는 문제를 연쇄 행렬 곱셈(matrix-chain multiplication) 문제라고 합니다.

n개의 행렬에 대해서 행렬 M_i의 차원이 주어질 때, 곱 $M_1 M_2 \cdots M_n$의 곱에 필요한 스칼라 곱의 최소 횟수를 구하는 프로그램을 작성하세요.

입력 입력의 1번째 줄에 행렬의 수 n이 주어집니다.

이어지는 n개의 줄에 행렬 $M_i (i = 1 \cdots n)$의 차원이 공백으로 구분되어서 r c 가 주어집니다. r은 행렬의 행 수, c는 행렬의 열 수를 나타냅니다.

출력 최소 횟수를 1번째 줄에 출력합니다.

제약 $1 \leq n \leq 100$

$1 \leq r, c \leq 100$

입력 예

```
6
30 35
35 15
15 5
5 10
10 20
20 25
```

출력 예

```
15125
```

---

2 (옮긴이) 행렬 요소 곱 횟수를 의미합니다.

해설

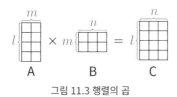

그림 11.3 행렬의 곱

그림처럼 $l \times m$ 크기의 행렬 A와 $m \times n$ 크기의 행렬 B를 곱하면, $l \times n$ 크기의 행렬 C가 나옵니다. C의 각 요소 c_{ij}는 다음과 같은 식으로 구할 수 있습니다.

$$c_{ij} = \sum_{k=1}^{m} a_{ik}b_{kj}$$

문제는 c_{ij} 값과 전혀 상관없으며, 계산에 필요한 곱셈 횟수가 최소가 되게 만드는 것을 목적으로 합니다. 현재 예의 계산에서는 $l \times m \times n$회 곱셈이 필요합니다. 그럼 여러 개의 행렬 곱셈(연쇄 행렬 곱셈)에 대해서 생각해 봅시다.

다음 그림과 같이 $M_1 M_2 \cdots M_6$처럼 M_i를 $p_{i-1} \times p_i$ 크기의 행렬이라고 생각하고, 행렬을 n번 곱하는 경우를 생각해 봅시다.

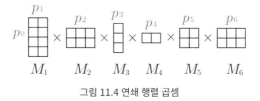

그림 11.4 연쇄 행렬 곱셈

이러한 행렬 곱셈은 다양한 순서로 구할 수 있습니다. 예를 들어 단순하게 왼쪽에서 오른쪽으로 향해 계산하면 $(((((M_1 M_2)M_3)M_4)M_5)M_6)$으로 나타낼 수 있으며, 오른쪽에서 왼쪽으로 향해 계산한다면 $(M_1(M_2(M_3(M_4(M_5 M_6)))))$으로 나타낼 수 있습니다. 또한 $(M_1(M_2(M_3 M_4)(M_5 M_6)))$처럼 원하는 순서로도 계산할 수 있습니다.

위 예를 기반으로 연쇄 행렬 곱셈에 필요한 곱셈 횟수가 어떤 형태로 나오는지 생각해 봅시다.

그림 11.5처럼 왼쪽에서 오른쪽으로 향해 차례대로 계산하면, 84번의 곱셈이 필요합니다. 반면 그림 11.6처럼 계산하면, 가장 효율적으로 계산할 수 있으며, 36번의 곱셈만 필요합니다.

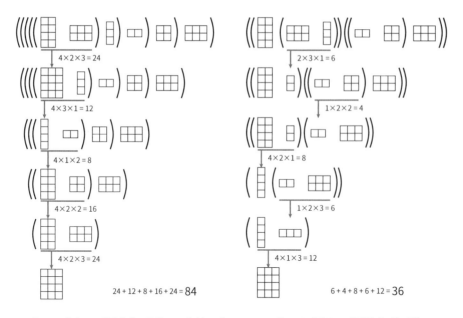

그림 11.5 케이스 1. 왼쪽에서 오른쪽으로 계산(84번)　　　그림 11.6 케이스 2. 최적의 순서(36번)

연쇄 행렬 곱셈 문제를 가능한 모든 순서를 확인하는 방법으로 푼다면, $O(n!)$ 알고리즘이 됩니다. 현재 문제는 작은 문제로 분할할 수 있으므로, 동적 계획법을 적용해서 풀어봅시다.

일단 $(M_1 M_2)$을 계산하기 위한 방법(순서)은 한 가지이며, $p_0 \times p_1 \times p_2$번의 곱셈이 필요합니다. 마찬가지로 $(M_2 M_3)$를 계산하기 위한 방법도 한 가지이며, $p_1 \times p_2 \times p_3$번의 곱셈이 필요합니다. 일반화해서 표현하면, $(M_i M_{i+1})$을 계산하기 위한 방법은 한 가지이며, $p_{i-1} \times p_i \times p_{i+1}$번의 곱셈이 필요합니다. 이러한 곱셈 횟수를 비용으로 표에 기록합니다.

이어서 $(M_1 M_2 M_3)$, $(M_2 M_3 M_4)$, $\cdots (M_{n-2} M_{n-1} M_n)$을 계산하기 위한 최적해를 구합니다. 예를 들어 $(M_1 M_2 M_3)$을 계산하기 위한 최적 해를 구하려면, $(M_1 (M_2 M_3))$과 $((M_1 M_2) M_3)$의 비용을 계산하고, 둘 중에서 비용이 작은 것을 $(M_1 M_2 M_3)$의 비용으로 표에 기록합니다. 따라서

$(M_1 (M_2 M_3))$의 비용 = (M_1)의 비용 + $(M_2 M_3)$의 비용 + $p_0 \times p_1 \times p_3$

$((M_1 M_2) M_3)$의 비용 = $(M_1 M_2)$의 비용 + (M_3)의 비용 + $p_0 \times p_2 \times p_3$

가 됩니다. 여기서 계산에 사용한 $(M_1 M_2)$와 $(M_2 M_3)$는 이전에 표에 기록했으므로, 다시 계산할 필요 없이 표를 참조하면 됩니다. 참고로 $1 \leq i \leq n$에서 (M_i)의 비

용은 0입니다.

최종적으로 연쇄 행렬 곱셈 $(M_iM_{i+1}\cdots M_j)$의 최적 해는 $i \le k < j$일 때, $(M_iM_{i+1}\cdots M_k)(M_{k+1}\cdots M_j)$의 최소 비용이 됩니다.

예를 들어 $(M_1M_2M_3M_4M_5)(i = 1, j = 5)$의 최적 해는

$(M_1)(M_2M_3M_4M_5)$의 비용 $=$
$$(M_1)의 비용 + (M_2M_3M_4M_5)의 비용 + p_0 \times p_1 \times p_5 (k = 1일 때)$$
$(M_1M_2)(M_3M_4M_5)$의 비용 $=$
$$(M_1M_2)의 비용 + (M_3M_4M_5)의 비용 + p_0 \times p_2 \times p_5 (k = 2일 때)$$
$(M_1M_2M_3)(M_4M_5)$의 비용 $=$
$$(M_1M_2M_3)의 비용 + (M_4M_5)의 비용 + p_0 \times p_3 \times p_5 (k = 3일 때)$$
$(M_1M_2M_3M_4)(M_5)$의 비용 $=$
$$(M_1M_2M_3M_4)의 비용 + (M_5)의 비용 + p_0 \times p_4 \times p_5 (k = 4일 때)$$

중에서 최솟값이 됩니다.

이 알고리즘의 구체적인 구현 방법을 살펴봅시다. 다음과 같은 변수를 준비합니다.

$m[n + 1][n + 1]$	$m[i][j]$는 $(M_iM_{i+1}\cdots M_j)$를 계산하기 위한 최소 곱 횟수를 의미합니다.
$p[n + 1]$	M_i가 $p[i - 1] \times p[i]$ 행렬이 되게 만드는 1차원 배열

이러한 변수를 사용해서 $m[i][j]$는 다음과 같은 식으로 구합니다.

$$m[i][j] = \begin{cases} 0 & if\ i = j \\ min_{i \le k < j}\{m[i][k] + m[k + 1][j] + p[i - 1] \times p[k] \times p[j]\} & if\ i < j \end{cases}$$

이 알고리즘을 구현하면, 다음과 같습니다.

프로그램 11.6 동적 계획법으로 연쇄 행렬 곱셈 구하기

```
1   matrixChainMultiplication()
2     for i = 1 to n
3       m[i][i] = 0
4
5     for l = 2 to n
6       for i = 1 to n - l + 1
7         j = i + l - 1
8         m[i][j] = INFTY
9         for k = i to j - 1
10          m[i][j] = min(m[i][j], m[i][k] + m[k + 1][j] + p[i - 1] * p[k] * p[j])
```

조금 더 생각해 보기

이 프로그램은 대상 행렬의 수 l을 2부터 n까지 늘리면서, 해당 범위를 나타내는 i부터 j까지를 k로 한 번 더 반복합니다. 따라서 전체적으로 삼중 반복문이므로 $O(n^3)$의 알고리즘입니다.

해답 예

C++

```cpp
1   #include<iostream>
2   #include<algorithm>
3   using namespace std;
4
5   static const int N = 100;
6
7   int main() {
8       int n, p[N + 1], m[N + 1][N + 1];
9       cin >> n;
10      for(int i = 1; i <= n; i++) {
11          cin >> p[i - 1] >> p[i];
12      }
13
14      for(int i = 1; i <= n; i++) m[i][i] = 0;
15      for(int l = 2; l <= n; l++) {
16        for(int i = 1; i <= n - l + 1; i++) {
17          int j = i + l - 1;
18          m[i][j] = (1 << 21);
19          for(int k = i; k <= j - 1; k++) {
20            m[i][j] = min(m[i][j], m[i][k] + m[k + 1][j] + p[i - 1] * p[k] * p[j]);
21          }
22        }
23      }
24
25      cout << m[1][n] << endl;
26
27      return 0;
28  }
```

11.5 백준 온라인 저지 문제

9252번 LCS 2

제한 시간: 1초 | **메모리 제한**: 128MB | **정답률**: 41.36%

두 문자열이 주어졌을 때, 최장 공통 부분 수열의 길이와 최장 공통 부분 수열을 구하는 프로그램을 작성하시오.

입력 첫째 줄과 둘째 줄에 두 문자열이 주어진다.

출력 첫째 줄에 LCS의 길이, 둘째 줄에 LCS를 출력한다. LCS가 여러 가지인 경우에는 아무거나 출력하고, LCS의 길이가 0인 경우에는 둘째 줄을 출력하지 않는다.

제약 문자열은 알파벳 대문자로만 이루어져 있으며, 최대 1000글자로 이루어져 있다.

입력 예	출력 예
ACAYKP CAPCAK	4 ACAK

11727번 2×n 타일링 2

제한 시간: 1초 | **메모리 제한**: 256MB | **정답률**: 59.27%

$2 \times n$ 직사각형을 $1 \times 2, 2 \times 1, 2 \times 2$ 타일로 채우는 방법의 수를 구하는 프로그램을 작성하시오.

다음 그림은 2×17 직사각형을 채운 한 가지 예이다.

입력 첫째 줄에 n이 주어진다.

출력 $2 \times n$ 크기의 직사각형을 채우는 방법의 수를 10,007로 나눈 나머지를 출력한다.

입력 예 1	출력 예 1
2	3

입력 예 2	출력 예 2
8	171

입력 예 3	출력 예 3
12	2731

10942번 팰린드롬?[3]

제한 시간: 0.5초 | **메모리 제한**: 256MB | **정답률**: 28.93%

명우는 홍준이와 함께 팰린드롬 놀이를 해보려고 한다.

먼저, 홍준이는 자연수 N개를 칠판에 적는다. 그 다음, 명우에게 질문을 총 M번 한다.

각 질문은 두 정수 S와 $E(1 \leq S \leq E \leq N)$로 나타낼 수 있으며, S번째 수부터 E번째까지 수가 팰린드롬을 이루는지를 물어보며, 명우는 각 질문에 대해 "팰린드롬이다" 또는 "아니다"를 말해야 한다.

예를 들어, 홍준이가 칠판에 적은 수가 1, 2, 1, 3, 1, 2, 1이라고 하자.

- $S = 1$, $E = 3$인 경우 1, 2, 1은 팰린드롬이다.
- $S = 2$, $E = 5$인 경우 2, 1, 3, 1은 팰린드롬이 아니다.
- $S = 3$, $E = 3$인 경우 1은 팰린드롬이다.
- $S = 5$, $E = 7$인 경우 1, 2, 1은 팰린드롬이다.

자연수 N개와 질문 M개가 모두 주어졌을 때, 명우의 대답을 구하는 프로그램을 작성하시오.

입력 첫째 줄에 수열의 크기 N이 주어진다.

둘째 줄에는 홍준이가 칠판에 적은 수 N개가 순서대로 주어진다.

셋째 줄에는 홍준이가 한 질문의 개수 M이 주어진다.

넷째 줄부터 M개의 줄에는 홍준이가 명우에게 한 질문 S와 E가 한 줄에 하나씩 주어진다.

출력 총 M개의 줄에 걸쳐 홍준이의 질문에 대한 명우의 답을 입력으로 주어진 순서에 따라서 출력한다. 팰린드롬인 경우에는 1, 아닌 경우에는 0을 출력한다.

제약 $1 \leq N \leq 2,000$

칠판에 적은 수는 100,000보다 작거나 같은 자연수

$1 \leq M \leq 1,000,000$

---

3 팰린드롬(palindrome)이란 뒤집어도 같이 되는 단어를 말한다.

입력 예

```
7
1 2 1 3 1 2 1
4
1 3
2 5
3 3
5 7
```

출력 예

```
1
0
1
1
```

1149번 RGB 거리

제한 시간: 0.5초 | **메모리 제한**: 128MB | **정답률**: 48.76%

RGB 거리에는 집이 N개 있다. 거리는 선분으로 나타낼 수 있고, 1번 집부터 N번 집이 순서대로 있다.

집은 빨강, 초록, 파랑 중 하나의 색으로 칠해야 한다. 각각의 집을 빨강, 초록, 파랑으로 칠하는 비용이 주어졌을 때, 아래 규칙을 만족하면서 모든 집을 칠하는 비용의 최솟값을 구해보자.

- 1번 집의 색은 2번 집의 색과 같지 않아야 한다.
- N번 집의 색은 $N - 1$번 집의 색과 같지 않아야 한다.
- $i(2 \leq i \leq N - 1)$번 집의 색은 $i - 1$번, $i + 1$번 집의 색과 같지 않아야 한다.

입력 첫째 줄에 집의 수 N이 주어진다. 둘째 줄부터 N개의 줄에는 각 집을 빨강, 초록, 파랑으로 칠하는 비용이 1번 집부터 한 줄에 하나씩 주어진다.

출력 첫째 줄에 모든 집을 칠하는 비용의 최솟값을 출력한다.

제약 $2 \leq N \leq 1,000$

집을 칠하는 비용은 1,000보다 작거나 같은 자연수

입력 예

```
3
26 40 83
49 60 57
13 89 99
```

출력 예

```
96
```

10844번 쉬운 계단 수

제한 시간: 1초 | **메모리 제한**: 256MB | **정답률**: 28.82%

인접한 모든 자리의 차이가 1이 나는 수를 계단 수라고 한다. 예를 들어, 45656, 232, 56789는 계단 수이고, 45545, 233, 57293은 계단 수가 아니다.

N이 주어졌을 때, 길이가 N인 계단 수가 몇 개 있는지 구해보자. 0으로 시작하는 수는 계단 수가 아니다.

입력 N이 주어진다.

출력 길이가 N인 계단 수의 개수를 1,000,000,000으로 나눈 나머지를 출력한다.

제약 $1 \leq N \leq 100$

입력 예 1

```
1
```

출력 예 1

```
9
```

입력 예 2

```
2
```

출력 예 2

```
17
```

12장

Algorithms and Data Structures for Programming Contest

그래프

컴퓨터에서 다루는 여러 문제는 '대상'과 '이들의 관계'를 추상적으로 나타내는 '그래프(graph)'라고 부르는 자료 구조로 나타낼 수 있습니다. 그래프는 현실 세계의 다양한 문제를 모델화할 수 있으므로 그래프와 관련된 알고리즘이 활발하게 연구되어 왔습니다.

이번 장에서는 그래프의 개념과 그래프를 구현하는 방법을 배우고, 그래프를 활용하는 기본적인 알고리즘 문제를 풀어보겠습니다.

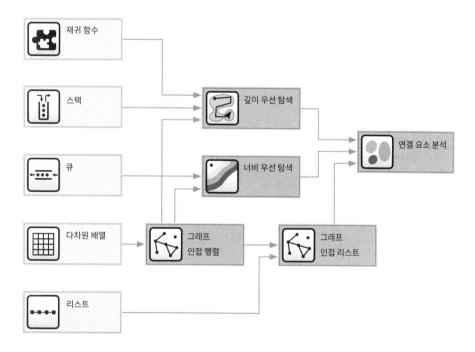

이번 장의 문제를 풀려면 재귀 함수, 스택과 큐 등의 기본적인 자료 구조를 활용할 수 있는 프로그래밍 스킬이 필요합니다. 또한 더 효율적인 자료 구조를 구현하려면, 연결 리스트와 관련된 지식과 이를 응용할 수 있는 프로그래밍 스킬이 필요합니다.

12.1 그래프: 문제에 도전하기 전에

12.1.1 그래프의 종류

그래프(graph)란 다음과 같이 '대상 집합과 그들의 연결 관계 집합'을 표현하는 자료 구조입니다.

그림 12.1 그래프

그래프에서 '대상'은 노드(node) 또는 정점(vertex)이라고 부르며, 일반적으로 원으로 표현합니다. '연결 관계'는 노드와 노드의 관계를 나타내며, 에지(edge) 또는 간선이라고 부르며, 원과 원을 연결하는 선 또는 화살표로 나타냅니다.

 그래프는 크게 다음과 같은 네 가지 종류로 구분할 수 있으며, 문제에 따라서 구분해서 사용합니다.

이름	특징
무향 그래프(무방향 그래프)	에지에 방향이 없는 그래프
유향 그래프(방향 그래프)	에지에 방향이 있는 그래프
가중치 무향 그래프	에지에 가중치(값)와 방향이 없는 그래프
가중치 유향 그래프(가중치 방향 그래프)	에지에 가중치(값)와 방향이 있는 그래프

각각의 그래프 예를 살펴봅시다.

무향 그래프의 예

예를 들어 소셜 네트워크 등에서의 친구 관계는 무향 그래프(undirected graph)로 나타낼 수 있습니다. 그래프를 사용하면 눈에 보이지 않는 친구 관계라는 개념을 이처럼 추상적으로 나타낼 수도 있습니다.

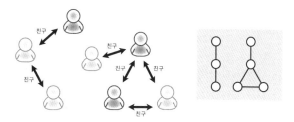

그림 12.2 무향 그래프의 예

예를 들어 "친구의 친구를 친구로 정의한다면, A와 B는 친구인가?", "A와 B는 몇 명의 친구를 건너 뛰어야 서로 알 수 있는 사이인가?" 등의 문제를 생각해 볼 수 있습니다.

유향 그래프의 예

일의 흐름 등은 유향 그래프(directed graph)로 나타낼 수 있습니다. 예를 들어 다음 그래프는 이 책에서 다루는 스킬 획득 순서 일부를 그래프로 나타낸 것입니다.

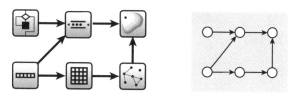

그림 12.3 유향 그래프의 예

어떤 스킬을 습득하려면, 미리 다른 스킬을 습득해야 한다고 할 때, "모든 스킬을 습득하려면, 어떤 순서로 공부해야 하는가?" 등의 문제를 생각해 볼 수 있습니다.

가중치 무향 그래프의 예

에지에 비용 등을 나타내는 값이 적용되어 있는 그래프입니다. 가중치가 들어가면, 그래프로 나타낼 수 있는 문제의 영역이 굉장히 넓어집니다. 가중치(weight)는 거리, 관계의 강도, 비용 등의 숫자 특성을 의미합니다.

예를 들어 온천 여행을 간다고 생각해 봅시다. 그래프의 노드가 여행지를 나타내고, 에지가 이러한 여행지를 이동할 때의 시간이라고 합시다. 어떤 여행지에서 다른 여행지로 제한 없이 이동할 수 있다고 할 때, "어떤 경로로 이동해야 가장 짧은 시간 내에 여행지를 모두 돌아볼 수 있을까요?" 등의 문제를 생각해 볼 수 있습니다.

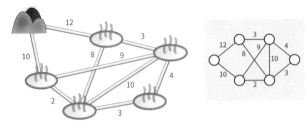

그림 12.4 가중치 무향 그래프의 예

가중치 유향 그래프의 예

가중치 그래프의 에지에 방향이 있고, A → B와 B → A의 가중치에 다른 값을 설정할 수 있습니다.

예를 들어 고속도로 인터체인지(IC)를 노드로 하고, 노드를 오고 가는 데 걸리는 시간과 비용을 가중치로 사용하면, 도로망을 나타내는 데 사용할 수 있습니다. 이와 같은 그래프를 응용해서 어떤 지역에서 다른 지역으로 가는 최단 경로를 계산하는 것이 내비게이션 애플리케이션입니다.

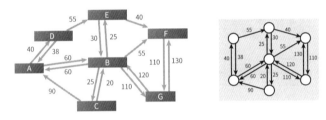

그림 12.5 가중치 유향 그래프의 예

12.1.2 그래프 표기와 용어

이번 절에서는 이 책에서 사용하는 그래프와 관련된 기본적인 표기와 용어를 설명하겠습니다.

노드 집합을 V, 에지 집합을 E로 하는 그래프를 $G = (V, E)$로 표기합니다. 또한 $G = (V, E)$에서 노드와 에지의 수는 $|V|$, $|E|$ 형태로 표기합니다

두 노드 u와 v를 연결하는 에지를 $e = (u, v)$로 표기합니다. 무향 그래프라면 (u, v)와 (v, u)가 같은 에지를 나타냅니다. 가중치 그래프의 에지 (u, v)가 갖는 가중치는 $w(u, v)$로 표기합니다.

무향 그래프에 에지 (u, v)가 있다면, 노드 u와 노드 v는 인접(adjacent)하다고 말합니다. 인접한 노드들의 나열 $v_0, v_1, \cdots, v_i (i = 1, 2, \cdots, k$라고 할 때 에지 $(v_{i-1},$

v_i)가 모두 존재)를 경로(path)라고 부릅니다. 시작점과 끝점이 같은 경로를 사이클 (cycle)[1]이라고 부릅니다.

사이클이 없는 유향 그래프를 DAG(Directed Acyclic Graph)라고 부릅니다. 예를 들어 다음 그림 12.6의 그래프 (a)는 $1 \rightarrow 2 \rightarrow 3 \rightarrow 1$과 $1 \rightarrow 2 \rightarrow 4 \rightarrow 3 \rightarrow 1$의 사이클이 있으므로 DAG가 아닙니다. 반면 그림 12.6의 (b)는 사이클이 없으므로 DAG입니다.

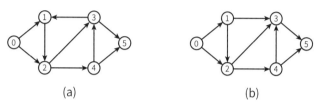

(a) (b)

그림 12.6 유향 그래프와 DAG

노드 u와 연결된 에지의 수를 노드 u의 차수(degree)라고 부릅니다. 유향 그래프의 경우, 노드 u에 들어가는 에지 수를 노드 u의 전입 차수(in-degree), 노드 u에서 나오는 에지 수를 노드 u의 전출 차수(out-degree)라고 부릅니다. 예를 들어 위의 그래프 (b)의 노드 3을 보면, 전입 차수는 3이고, 전출 차수는 1입니다.

그래프 $G = (V, E)$ 임의의 두 노드를 u, v라고 할 때, u에서 v로 이동하는 경로가 존재한다면, G를 연결 그래프(connected graph)라고 부릅니다.

두 그래프 G와 G'가 있을 때, G'의 노드 집합과 에지 집합이 모두 G의 노드 집합과 에지 집합의 부분 집합인 경우, G'를 G의 부분 그래프라고 부릅니다.

12.1.3 그래프와 관련된 기본적인 알고리즘

그래프의 가장 기본적인 알고리즘은 탐색입니다. 그래프 탐색은 그래프의 모든 노드(또는 부분 노드 집합)를 체계적으로 방문하는 것입니다. 방문 방법을 기반으로 그래프의 다양한 특징을 확인할 수 있으므로 이후에 살펴보는 알고리즘의 핵심이 됩니다.

대표적인 그래프 탐색 알고리즘으로 깊이 우선 탐색(Depth First Search, DFS)과 너비 우선 탐색(Breadth First Search, BFS)이 있습니다. 이 알고리즘들은 무향 그래프와 유향 그래프에 모두 사용할 수 있습니다.

---

1 (옮긴이) 회로, 순환, 폐곡선 등으로 부릅니다.

깊이 우선 탐색은 '일단 갈 수 있는 곳까지 간다'라는 규칙에 따라서 그래프를 탐색하는, 자연스럽게 생각할 수 있는 기본적인 알고리즘입니다.

반면 너비 우선 탐색은 이미 탐색한 노드와 탐색하지 않은 노드의 경계를 하나씩 확장하면서 탐색합니다. 너비 우선 탐색은 최단 경로를 찾는 기본적인 알고리즘으로도 활용할 수 있습니다.

12.2 그래프 표현

ALDS1_11_A Graph

제한 시간: 1초 | **메모리 제한**: 65536KB | **정답률**: 45.79%

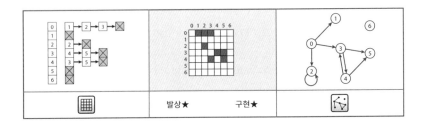

그래프 $G = (V, E)$의 표현 방법으로는 인접 리스트(adjacency list)를 활용한 표현과 인접 행렬(adjacency matrix)을 사용한 표현이 있습니다.

인접 리스트를 사용한 표현 방법은 $|V|$개의 리스트 $Adj[|V|]$로 그래프를 나타냅니다. 노드 u와 연결된 노드들을 v_i라고 하면, 인접 리스트 $Adj[u]$는 이러한 v_i를 요소로 갖습니다.

반면 인접 행렬을 사용한 표현 방법은 노드 i에서 노드 j로 이동하는 에지가 있는 경우 a_{ij}를 1, 없는 경우 0으로 표시해서 $|V| \times |V|$ 크기의 행렬 A로 그래프를 나타냅니다.

인접 리스트 표현 형식으로 주어진 유향 그래프 G를 인접 행렬로 변환하고 출력하는 프로그램을 작성하세요. G는 $n(= |V|)$개의 노드를 포함하며, 노드에는 1부터 n까지의 번호가 붙어 있습니다.

입력 1번째 줄에 G의 노드 수 n이 주어집니다. 이어지는 n개의 줄에 노드 u의 인접 리스트 $Adj[u]$가 다음과 같은 형식으로 주어집니다.

$$u \; k \; v_1 \; v_2 \cdots v_k$$

u는 노드 번호, k는 u의 출차 수, $v_1\ v_2 \cdots v_k$는 u와 연결된 노드 번호를 나타냅니다.

출력 출력 예에 따라서 G의 인접 행렬을 출력합니다. a_{ij} 사이에는 1개의 공백을 넣어 주세요.

제약 $1 \leq n \leq 100$

입력 예

```
4
1 2 2 4
2 1 4
3 0
4 1 3
```

출력 예

```
0 1 0 1
0 0 0 1
0 0 0 0
0 0 1 0
```

해설

그래프의 구조 정보를 메모리에 기록하는 방법은 여러 가지입니다. 문제에 따라서 효율적인 그래프 구조를 사용하고, 이를 기반으로 프로그램을 만들어야 합니다. 이번 절에서는 인접 행렬이라는 방법을 소개하겠습니다.

인접 행렬 표현은 행렬이라는 이름처럼, 그래프를 2차원 배열로 표현합니다. 배열의 인덱스는 노드 번호를 나타냅니다. 예를 들어 2차원 배열을 M이라고 하면, $M[i][j]$는 노드 i와 노드 j의 관계를 나타냅니다.

무향 그래프의 인접 행렬은 노드 i와 노드 j 사이에 에지가 있을 때, $M[i][j]$와 $M[j][i]$의 값을 1(true)로 설정합니다. 에지가 없는 경우에는 0(false)으로 설정합니다. 따라서 무향 그래프의 인접 행렬은 오른쪽 위와 왼쪽 아래가 대각선을 기준으로 대칭입니다.

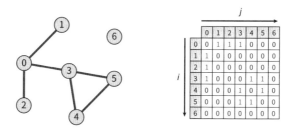

그림 12.7 무향 그래프의 인접 행렬

유향 그래프의 인접 행렬은 노드 i에서 노드 j로 향하는 에지가 있을 때, $M[i][j]$의 값을 1(true)로 설정합니다. 에지가 없는 경우에는 0(false)으로 설정합니다.

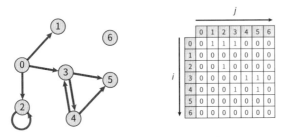

그림 12.8 유향 그래프의 인접 행렬

조금 더 생각해 보기

그래프를 인접 행렬로 표현할 때는 다음과 같은 특징이 있습니다.

인접 행렬의 장점

▶ $M[u][v]$로 에지 (u, v)를 참조할 수 있으므로, 노드 u와 노드 v의 관계를 상수 시간($O(1)$)에 파악할 수 있습니다.

▶ $M[u][v]$를 변경해서, 에지 추가와 제거를 간단하고 효율적으로 할 수 있습니다 ($O(1)$).

인접 행렬의 단점

▶ 노드 수의 제곱과 비례해서 메모리를 소비합니다. 에지의 수가 적은 그래프(희소 그래프, sparse graph)는 메모리를 쓸데없이 많이 차지합니다.

▶ 기본 자료형을 사용하는 하나의 인접 행렬로는 노드 u에서 노드 v로 향하는 연결 하나만 기록할 수 있습니다(노드 u에서 노드 v로 향하는 에지가 여러 개인 경우 표현할 수 없습니다).

해답 예

C++

```cpp
1    #include<iostream>
2    using namespace std;
3    static const int N = 100;
4
5    int main() {
6      int M[N][N]; // 0-기반 인접 행렬
7      int n, u, k, v;
```

```
8
9    cin >> n;
10
11   for(int i = 0; i < n; i++) {
12     for(int j = 0; j < n; j++) M[i][j] = 0;
13   }
14
15   for(int i = 0; i < n; i++) {
16     cin >> u >> k;
17     u--; // 0-기반으로 변환
18     for(int j = 0; j < k; j++) {
19       cin >> v;
20       v--; // 0-기반으로 변환
21       M[u][v] = 1; // u와 v 사이에 에지 추가
22     }
23   }
24
25   for(int i = 0; i < n; i++) {
26     for(int j = 0; j < n; j++) {
27       if(j) cout << " ";
28       cout << M[i][j];
29     }
30     cout << endl;
31   }
32
33   return 0;
34 }
```

12.3 깊이 우선 탐색

ALDS1_11_B Depth First Search

제한 시간: 1초 | **메모리 제한**: 65536KB | **정답률**: 48.68%

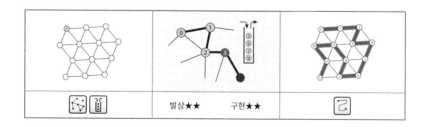

깊이 우선 탐색(Depth First Search, DFS)은 인접한 노드를 계속해서 찾아 들어가며 탐색하는 기본적인 그래프 탐색 알고리즘입니다. 깊이 우선 탐색은 어떤 노드가 주어질 때, 연결되어 있는 아직 방문하지 않은 노드가 남아 있다면, 해당 노드들을 재귀적으로 탐색하면서 끝까지 들어갑니다.

이번 문제에서는 깊이 우선 탐색을 할 때 노드와 관련된 다음 타임스탬프를 저장합니다.

▶ 타임스탬프 $d[v]$: v를 처음 방문한 발견 시점을 기록합니다.
▶ 타임스탬프 $f[v]$: v의 인접 리스트를 모두 확인한 완료 시점을 기록합니다.

다음 사양을 기반으로, 주어진 유향 그래프 $G = (V, E)$를 깊이 우선 탐색하는 프로그램을 작성하세요.

▶ G는 인접 리스트 표현 형식으로 주어집니다. 노드에는 1부터 n까지의 번호가 붙어 있습니다.
▶ 인접 리스트의 노드는 번호가 작은 것부터 차례대로 정렬되어 있습니다.
▶ 프로그램은 각 노드의 발견 시점과 완료 시점을 출력합니다.
▶ 깊이 우선 탐색 과정에서 방문할 노드 후보가 여러 개 있는 경우, 노드 번호가 작은 것부터 방문합니다.
▶ 처음 방문하는 노드의 발견 시점은 1로 합니다.

입력 1번째 줄에 G의 노드 수 n이 주어집니다. 이어지는 n개의 줄에 노드 u의 인접 리스트 $Adj[u]$가 다음과 같은 형식으로 주어집니다.

$u\ k\ v_1\ v_2 \cdots v_k$

u는 노드 번호, k는 u의 전출 차수, $v_1\ v_2 \cdots v_k$는 u와 연결된 노드 번호를 나타냅니다.

출력 id, d, f를 공백으로 구분해서 한 줄씩 출력합니다. id는 노드 번호, d는 해당 노드의 발견 시점, f는 해당 노드의 완료 시점을 의미합니다. 노드 번호 순서로 출력합니다.

제약 $1 \le n \le 100$

입력 예

```
6
1 2 2 3
2 2 3 4
3 1 5
4 1 6
5 1 6
6 0
```

출력 예

```
1 1 12
2 2 11
3 3 8
4 9 10
5 4 7
6 5 6
```

해설

깊이 우선 탐색은 스택으로 '현재 탐색하고 있는 노드'를 일시적으로 저장합니다. 스택을 사용한 깊이 우선 탐색 알고리즘을 정리하면, 다음과 같습니다.

> **目 깊이 우선 탐색**
>
> 1. 가장 처음에 방문할 노드를 스택에 넣습니다.
> 2. 스택이 비어질 때까지 다음 처리를 반복합니다.
>   ▶ 스택 탑에 있는 노드 u를 방문합니다.
>   ▶ 현재 방문하고 있는 노드 u에서 다음 노드 v로 이동할 때, v를 스택에 넣습니다. 만약 현재 방문하고 있는 노드 u에 더 이상 '방문하지 않은 인접한 노드'가 없다면, u를 스택에서 제거합니다.

그림 12.9는 그래프에 깊이 우선 탐색을 하는 예입니다. 그림에서 노드의 상태를 색으로 구분했습니다. 흰색은 '방문하지 않은 노드', 진한 회색은 '현재 방문하고 있는 노드', 회색은 '방문한 노드', 검은색은 '방문을 완료한 노드'를 나타냅니다. 회색이 나타내는 '방문한 노드'는 '방문했지만 아직 방문하지 않은 노드에 대한 에지를 갖고 있는 경우'를 나타냅니다(스택에 남아 있는 상태). 반면 검은색이 나타내는 '방문을 완료한 노드'는 '방문했으며, 아직 방문하지 않은 노드에 대한 에지도 없는 경우'를 나타냅니다. 그림에서는 노드 위에 적힌 숫자는 '발견 시점/완료 시점'을 나타냅니다.

각각의 단계를 조금 더 자세하게 확인해 봅시다.

1. 처음 방문할 노드 0을 스택에 넣습니다.
2. 스택 탑의 0을 방문합니다. 0과 인접하고, 아직 방문하지 않은 노드 1을 스택에 넣습니다.
3. 스택 탑의 1을 방문합니다. 1과 인접하고, 아직 방문하지 않은 노드 2를 스택에 넣습니다.
4~6. 마찬가지로 스택 탑의 노드를 방문합니다. 그리고 해당 노드와 인접하고, 아직 방문하지 않은 노드를 스택에 넣습니다.
7. 스택 탑의 5를 방문합니다. 5와 인접하고, 아직 방문하지 않은 노드가 없으므로 5를 스택에서 제거합니다. 이때 노드 5의 방문이 완료된 것입니다.

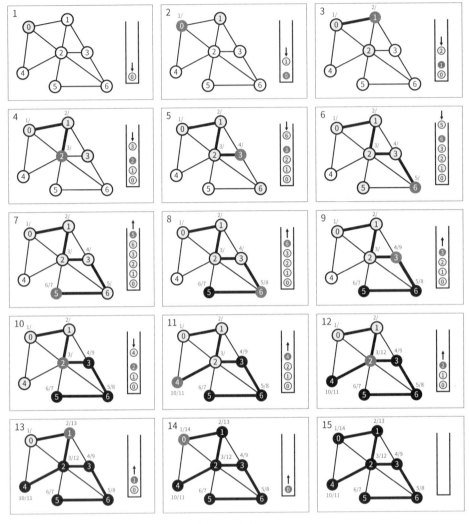

그림 12.9 깊이 우선 탐색

8. 스택 탑의 6으로 돌아옵니다. 6과 인접하고, 아직 방문하지 않은 노드가 없으므로 6을 스택에서 제거합니다.

9. 스택 탑의 3으로 돌아옵니다. 3과 인접하고, 아직 방문하지 않은 노드가 없으므로 3을 스택에서 제거합니다

10. 스택 탑의 2로 돌아옵니다. 2와 인접하고, 아직 방문하지 않은 노드 4를 스택에 넣습니다.

11. 스택 탑의 4를 방문합니다. 4와 인접하고, 아직 방문하지 않은 노드가 없으므로 4를 스택에서 제거합니다.

12. 스택 탑의 2로 돌아옵니다. 2와 인접하고, 아직 방문하지 않은 노드가 없으므로 2를 스택에서 제거합니다.

13~14. 마찬가지 방법으로 스택 탑 노드로 돌아옵니다. 돌아왔을 때 해당 노드와 인접하고, 아직 방문하지 않은 노드가 없으므로 해당 노드를 스택에서 제거합니다.

15. 스택이 비었으므로 모든 노드의 방문이 완료된 것입니다.

스택을 사용한 깊이 우선 탐색에 필요한 변수를 정리하면, 다음과 같습니다.

color[n]	노드 i의 방문 상태를 WHITE, GRAY, BLACK으로 나타냅니다.
M[n][n]	노드 i에서 노드 j로 연결되는 에지가 있다면 M[i][j]가 true인 인접 행렬입니다.
Stack S	방문하고 있는 노드를 일시적으로 저장해 두는 배열입니다.

이러한 변수를 사용해서 깊이 우선 탐색을 하는 알고리즘은 다음과 같습니다.

프로그램 12.1 스택을 사용한 깊이 우선 탐색

```
1    dfs_init()  // 노드 번호는 0-기반
2      모든_노드의_color를_WHITE로_설정
3      dfs(0)     // 노드 0를 시작으로 깊이 우선 탐색
4
5    dfs(u)
6      S.push(u) // u를 스택에 추가
7      color[u] = GRAY
8      d[u] = ++time
9
10     while S가_비어있지_않다면
11       u = S.top()
12       v = next(u) // u와 인접한 노드를 차례대로 추출
13       if v != NIL
14         if color[v] == WHITE
15           color[v] = GRAY
16           d[v] = ++time
17           S.push(v)
18       else
19         S.pop()
20         color[u] = BLACK
21         f[u] = ++time
```

노드를 번호 순서대로 방문해야 하므로, 스택을 사용한 구현에서는 노드 u와 인접한 노드의 방문 상태를 어떤 방법을 사용해서라도 저장해 두어야 합니다. 그래서 색상 배열 color[n]을 사용하는 것입니다. 참고로 위의 의사 코드에서 next(u)는 u

와 인접한 노드를 번호 순서대로 추출하는 함수라고 가정했습니다.

깊이 우선 탐색은 다음과 같은 재귀 알고리즘으로 간단하게 구현할 수도 있습니다.

프로그램 12.2 재귀를 사용한 깊이 우선 탐색

```
1   dfs_init() // 노드 번호는 0-기반
2     모든_노드의_color를_WHITE로_설정
3     dfs(0)
4
5   dfs(u)
6     color[u] = GRAY
7     d[u] = ++time
8     for 노드_v를_0부터_|V|-1까지
9       if M[u][v] && color[v] == WHITE
10        dfs(v)
11    color[u] = BLACK
12    f[u] = ++time
```

재귀 함수 dfs(u)는 노드 u를 방문합니다. 이 함수 내부에서 u와 인접하거나 아직 방문하지 않은 노드 v를 차례대로 찾고, dfs(v)를 재귀적으로 호출합니다. 인접한 노드를 재귀적으로 모두 방문하면, 노드 u의 방문이 완료됩니다. 이와 같은 재귀를 사용한 알고리즘은 스택을 사용한 알고리즘과 같은 형태(순서)로 동작합니다.

조금 더 생각해 보기

인접 행렬을 사용한 깊이 우선 탐색은 모든 노드의 인접 여부를 확인하므로 $O(|V|^2)$의 알고리즘입니다. 따라서 그래프가 큰 경우에는 적합하지 않습니다. 더 큰 그래프를 다룰 수 있는 방법은 이후의 장에서 알아보겠습니다.

참고로 큰 그래프에 재귀를 사용한 깊이 우선 탐색을 적용할 경우, 언어와 환경에 따라서 스택 오버플로가 발생할 수도 있습니다. 따라서 주의해야 합니다.

해답 예

C(재귀를 사용한 깊이 우선 탐색)

```
1   #include<stdio.h>
2   #define N 100
3   #define WHITE 0
4   #define GRAY 1
5   #define BLACK 2
6
7   int n, M[N][N];
```

```
8   int color[N], d[N], f[N], tt;
9
10  // 재귀 함수를 사용한 깊이 우선 탐색
11  void dfs_visit(int u) {
12    int v;
13    color[u] = GRAY;
14    d[u] = ++tt; // 첫 방문
15    for(v = 0; v < n; v++) {
16      if(M[u][v] == 0) continue;
17      if(color[v] == WHITE) {
18        dfs_visit(v);
19      }
20    }
21    color[u] = BLACK;
22    f[u] = ++tt;  // 방문 완료
23  }
24
25  void dfs() {
26    int u;
27    // 초기화
28    for(u = 0; u < n; u++) color[u] = WHITE;
29    tt = 0;
30
31    for(u = 0; u < n; u++) {
32      // 아직 방문하지 않은 u를 시작점으로 깊이 우선 탐색
33      if(color[u] == WHITE) dfs_visit(u);
34    }
35    for(u = 0; u < n; u++) {
36      printf("%d %d %d\n", u + 1, d[u], f[u]);
37    }
38  }
39
40
41  int main() {
42    int u, v, k, i, j;
43
44    scanf("%d", &n);
45    for(i = 0; i < n; i++) {
46      for(j = 0; j < n; j++) M[i][j] = 0;
47    }
48
49    for(i = 0; i < n; i++) {
50      scanf("%d %d", &u, &k);
51      u--;
52      for(j = 0; j < k; j++) {
53        scanf("%d", &v);
54        v--;
55        M[u][v] = 1;
56      }
57    }
```

```
58
59    dfs();
60
61    return 0;
62  }
```

C++(스택을 사용한 깊이 우선 탐색)

```
1    #include<iostream>
2    #include<stack>
3    using namespace std;
4    static const int N = 100;
5    static const int WHITE = 0;
6    static const int GRAY = 1;
7    static const int BLACK = 2;
8
9    int n, M[N][N];
10   int color[N], d[N], f[N], tt;
11   int nt[N];
12
13   // u와 인접한 v를 번호순으로 추출
14   int next(int u) {
15     for(int v = nt[u]; v < n; v++) {
16       nt[u] = v + 1;
17       if(M[u][v]) return v;
18     }
19     return -1;
20   }
21
22   // 스택을 사용한 깊이 우선 탐색
23   void dfs_visit(int r) {
24     for(int i = 0; i < n; i++) nt[i] = 0;
25
26     stack<int> S;
27     S.push(r);
28     color[r] = GRAY;
29     d[r] = ++tt;
30
31     while(!S.empty()) {
32       int u = S.top();
33       int v = next(u);
34       if(v != -1) {
35         if(color[v] == WHITE) {
36           color[v] = GRAY;
37           d[v] = ++tt;
38           S.push(v);
39         }
40       } else {
41         S.pop();
42         color[u] = BLACK;
```

```
43        f[u] = ++tt;
44      }
45   }
46 }
47
48 void dfs() {
49   // 초기화
50   for(int i = 0; i < n; i++) {
51     color[i] = WHITE;
52     nt[i] = 0;
53   }
54   tt = 0;
55
56   // 아직 방문하지 않은 u를 시작점으로 깊이 우선 탐색
57   for(int u = 0; u < n; u++) {
58     if(color[u] == WHITE) dfs_visit(u);
59   }
60   for(int i = 0; i < n; i++) {
61     cout << i+1 << " " << d[i] << " " << f[i] << endl;
62   }
63 }
64
65
66 int main() {
67   int u, k, v;
68
69   cin >> n;
70   for(int i = 0; i < n; i++) {
71     for(int j = 0; j < n; j++) M[i][j] = 0;
72   }
73
74   for(int i = 0; i < n; i++) {
75     cin >> u >> k;
76     u--;
77     for(int j = 0; j < k; j++) {
78       cin >> v;
79       v--;
80       M[u][v] = 1;
81     }
82   }
83
84   dfs();
85
86   return 0;
87 }
```

12.4 너비 우선 탐색

ALDS1_11_C Breadth First Search

제한 시간: 1초 | **메모리 제한**: 65536KB | **정답률**: 45.17%

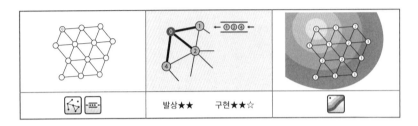

유향 그래프 $G = (V, E)$가 주어질 때, 노드 1에서 모든 노드로의 최단 거리 d(해당 위치까지 도달하기 위한 경로 위의 에지 수의 최솟값)를 구하는 프로그램을 작성하세요. 모든 노드에는 1부터 n까지의 번호가 붙어 있습니다. 노드 1에서 도달할 수 없는 노드는 거리를 −1로 출력하세요.

입력 1번째 줄에 G의 노드 수 n이 주어집니다. 이어지는 n개의 줄에 각 노드 u의 인접 리스트가 다음과 같은 형식으로 주어집니다.

$u\ k\ v_1\ v_2 \cdots v_k$

u는 노드 번호, k는 u와 연결된 노드 수, $v_1\ v_2 \cdots v_k$는 u와 인접한 노드 번호를 나타냅니다.

출력 각 노드의 $id\ d$를 한 줄씩 공백으로 구분해서 출력합니다. id는 노드 번호, d는 노드 1에서부터 해당 노드까지의 최단 거리를 나타냅니다. 노드 번호 순서로 출력합니다.

제약 $1 \le n \le 100$

입력 예

```
4
1 2 2 4
2 1 4
3 0
4 1 3
```

출력 예

```
1 0
2 1
3 2
4 1
```

해설

너비 우선 탐색은 시작점 s에서 $k + 1$ 거리에 있는 노드를 발견하기 전에, 거리 k에 있는 노드를 모두 발견하므로, 시작점에서 각 노드까지의 최단 거리를 차례대로 구할 수 있습니다.

너비 우선 탐색은 다음과 같은 알고리즘에 따라서 시작점 s에서 노드 v까지의 거리를 $d[v]$에 기록합니다.

🎛 너비 우선 탐색

1. 시작점 s를 큐 Q에 넣습니다(방문).
2. Q에 요소가 있다면 다음 처리를 계속해서 반복합니다.
   - Q에서 노드 u를 추출하고 방문합니다(방문 완료).
   - u와 인접하고 아직 방문하지 않은 노드 v가 있다면, $d[v]$를 $d[u] + 1$로 변경하고, v를 Q에 넣습니다.

다음 그림은 그래프에 너비 우선 탐색을 하는 예입니다.

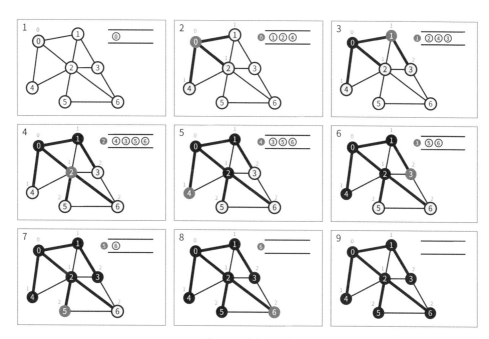

그림 12.10 너비 우선 탐색

앞의 그림은 노드의 상태를 색으로 구분했습니다. 흰색은 '방문하지 않은 노드', 진한 회색은 '현재 방문하고 있는 노드', 회색은 '큐에 들어 있는 노드', 검은색은 '방문을 완료한 노드'를 나타냅니다. 그림에서 노드 위에 적힌 숫자는 시작점 0에서 해당 노드까지의 최단 거리를 나타냅니다.

각각의 단계를 조금 더 자세하게 확인해 봅시다.

1. 시작점 0을 큐에 넣습니다. 시작점 0으로부터의 거리를 0으로 설정합니다.

2. 큐에서 가장 앞에 있는 노드 0을 추출합니다. 0과 인접하고, 아직 방문하지 않은 노드 1, 2, 4를 큐에 넣습니다. 거리를 '노드 0까지의 거리 + 1 = 1'로 설정합니다.

3. 큐에서 가장 앞에 있는 노드 1을 추출합니다. 1과 인접하고, 아직 방문하지 않은 노드 3을 큐에 넣습니다. 거리를 '노드 1까지의 거리 + 1 = 2'로 설정합니다.

4. 큐에서 가장 앞에 있는 노드 2를 추출합니다. 2와 인접하고, 아직 방문하지 않은 노드 5, 6을 큐에 넣습니다. 거리를 '노드 2까지의 거리 + 1 = 2'로 설정합니다.

5~8. 큐에서 가장 앞에 있는 노드를 추출합니다. 해당 노드와 인접하고, 아직 방문하지 않은 노드가 없습니다.

9. 큐가 비었으므로 모든 노드의 방문이 완료된 것입니다.

큐를 사용한 깊이 우선 탐색에 필요한 변수를 정리하면, 다음과 같습니다.

color[n]	노드 i의 방문 상태를 WHITE, GRAY, BLACK으로 나타냅니다.
M[n][n]	노드 i에서 노드 j로 연결되는 에지가 있다면 M[i][j]가 true인 인접 행렬입니다.
Queue Q	이어서 방문할 노드를 기록해 두는 큐입니다.
d[n]	시작점 s에서 노드 i까지의 거리를 d[i]에 기록합니다. s에서 i로 도달할 수 없는 경우에는 d[i]를 INFTY(아주 큰 값)로 설정합니다.

이러한 변수를 사용해서 너비 우선 탐색을 하는 알고리즘은 다음과 같습니다.

프로그램 12.3 너비 우선 탐색

```
1  bfs() // 노드 번호는 0-기반
2    모든_노드의_color[u]를_WHITE로_설정
3    모든_노드의_d[u]를_INFTY로_설정
4
5    color[s] = GRAY
6    d[s] = 0
```

```
7      Q.enqueue(s)
8
9    while Q가_비어있지_않다면
10     u = Q.dequeue()
11     for v를_0부터_|V|-1까지
12       if M[u][v] && color[v] == WHITE
13         color[v] = GRAY
14         d[v] = d[u] + 1
15         Q.enqueue(v)
16     color[u] = BLACK
```

조금 더 생각해 보기

인접 행렬을 사용한 너비 우선 탐색은 모든 노드의 인접 여부를 확인하므로 $O(|V|^2)$ 의 알고리즘입니다. 따라서 그래프가 큰 경우에는 적합하지 않습니다. 더 큰 그래프를 다루는 방법은 이후의 장에서 알아보겠습니다.

해답 예

C++

```cpp
1    #include<iostream>
2    #include<queue>
3
4    using namespace std;
5    static const int N = 100;
6    static const int INFTY = (1<<21);
7
8    int n, M[N][N];
9    int d[N]; // 거리로 방문 상태(color)를 관리
10
11   void bfs(int s) {
12     queue<int> q; // 표준 라이브러리의 queue 사용
13     q.push(s);
14     for(int i = 0; i < n; i++) d[i] = INFTY;
15     d[s] = 0;
16     int u;
17     while(!q.empty()) {
18       u = q.front(); q.pop();
19       for(int v = 0; v < n; v++) {
20         if(M[u][v] == 0) continue;
21         if(d[v] != INFTY) continue;
22         d[v] = d[u] + 1;
23         q.push(v);
24       }
25     }
26     for(int i = 0; i < n; i++) {
27       cout << i+1 << " " << ((d[i] == INFTY) ? (-1) : d[i]) << endl;
28     }
```

```
29  }
30
31  int main() {
32    int u, k, v;
33
34    cin >> n;
35    for(int i = 0; i < n; i++) {
36      for(int j = 0; j < n; j++) M[i][j] = 0;
37    }
38
39    for(int i = 0; i < n; i++) {
40      cin >> u >> k;
41      u--;
42      for(int j = 0; j < k; j++) {
43        cin >> v;
44        v--;
45        M[u][v] = 1;
46      }
47    }
48
49    bfs(0);
50
51    return 0;
52  }
```

12.5 연결 요소

ALDS1_11_D Connected Components

제한 시간: 1초 | **메모리 제한**: 65536KB | **정답률**: 50.00%

SNS의 친구 관계가 주어질 때, 어떤 사람과 어떤 사람이 건너건너 알 수 있는 사람인지 확인하는 프로그램을 작성하세요.

입력 1번째 줄에 SNS 사용자 수를 나타내는 정수 n과 친구 관계 수 m이 공백으로 구분되어 주어집니다. SNS의 각 사용자에는 0부터 $n - 1$까지의 ID가 할당되어 있습니다.

이어지는 m개의 줄에 친구 관계가 출력됩니다. 친구 관계는 공백으로 구분된 2개의 정수 $s\ t$로 주어지며, s와 t가 친구라는 것을 나타냅니다.

이어지는 줄 하나에 질문 수 q가 주어집니다. 이어지는 q개의 줄에 질문이 주어집니다.

각 질문은 공백으로 구분된 2개의 정수 $s\ t$로 주어지며, 's에서 t에 도달할 수 있는가?'라는 것을 나타냅니다.

출력 각 질문에 대한 대답으로 s에서 t에 건너건너 도달할 수 있다면 yes, 도달할 수 없다면 no를 한 줄씩 출력합니다.

제약 $2 \leq n \leq 100{,}000$

$0 \leq m \leq 100{,}000$

$1 \leq q \leq 10{,}000$

입력 예	출력 예
10 9	yes
0 1	yes
0 2	no
3 4	
5 7	
5 6	
6 7	
6 8	
7 8	
8 9	
3	
0 1	
5 9	
1 3	

해설

이번 문제는 그래프 연결 요소(connected components)를 구하는 문제입니다. 모든 노드가 완전하게 연결되지 않을 가능성이 있는 그래프 G가 있을 때,[2] 최대한 많이 연결한 그래프들을 그래프 G의 연결 요소라고 부릅니다.

---

2 (옮긴이) 어떤 노드에서 다른 노드로 타고 갈 수 있는 경로가 모두 완전하게 있는 그래프를 '완전 그래프'라고 부릅니다. 그렇지 않은 노드를 '불완전 그래프'라고 부릅니다. 그림 12.11의 그래프가 불완전 그래프의 예입니다.

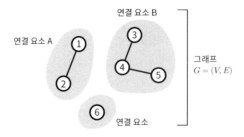

그림 12.11 그래프와 연결 요소

연결 요소는 깊이 우선 탐색과 너비 우선 탐색을 활용해서 찾을 수 있습니다. 이번 문제에서는 노드 수와 에지 수가 굉장히 커질 가능성이 있으므로, $O(n^2)$의 메모리를 필요로 하는 인접 행렬을 사용하면 문제의 메모리 제한 조건을 맞출 수 없습니다. 따라서 인접 리스트로 그래프를 표현해서 풀어야 합니다.

에지의 수가 적은 희소 그래프는 인접 리스트를 사용해서 표현하는 것이 좋습니다. 다음은 가중치 없는 유향 그래프를 나타내는 인접 리스트입니다. 인접 리스트는 노드별로 해당 노드와 연결된 노드를 요소로 갖습니다.

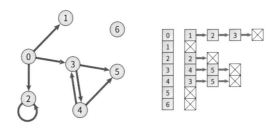

그림 12.12 유향 그래프의 인접 리스트

참고로 무향 그래프의 경우 u의 리스트에 v가 포함되어 있는 경우, v의 리스트에 u도 포함됩니다(양방향으로 연결되어 있으므로).

C++에서는 다음과 같이 표준 라이브러리 vector를 사용해서 비교적 간단하게 인접 리스트 표현을 구현할 수 있습니다.

프로그램 12.4 vector를 사용한 인접 리스트

```
1   vector<int> G[100];   // 노드의 수가 100개인 그래프를 나타내는 인접 리스트
2   : :
3   G[u].push_back(v);   // 노드 u에서 노드 v로 향하는 에지 추가
4   : :
5   // 노드 u와 연결된 노드 v를 탐색합니다.
6   for(int i = 0; i < G[u].size(); i++) {
7     int v = G[u][i];
```

```
8    :
9  }
```

그래프의 연결 요소를 구하려면, 아직 방문하지 않은 노드를 시작점으로 깊이 우선 탐색(또는 너비 우선 탐색)을 하는 과정을 반복합니다. 참고로 이때 노드별로 다른 번호(색)를 붙여 두면, 지정한 노드가 같은 그룹(색)에 속하는지를 $O(1)$만으로 빠르게 구할 수 있습니다.

조금 더 생각해 보기

인접 리스트를 사용해서 깊이 우선 탐색과 너비 우선 탐색을 하면, 모든 노드를 한 번씩 방문할 때 인접 리스트의 노드(와 에지)를 한 번에 하나씩만 알 수 있으므로 $O(|V| + |E|)$ 알고리즘이 됩니다.

그래프의 인접 리스트를 사용한 표현은 다음과 같은 장점과 단점이 있습니다.

인접 리스트 표현의 장점

▶ 에지의 수와 비례해서 메모리를 소비합니다.

인접 리스트 표현의 단점

▶ 노드 u와 노드 v의 관계를 확인하려면, u와 인접한 노드의 수를 n이라고 할 때, $O(n)$으로 리스트를 탐색해야 합니다. 다만 DFS와 BFS처럼 대부분의 알고리즘은 노드와 인접한 노드에 한 번씩 접근해야 하므로 큰 문제는 없습니다.

▶ 에지 제거 조작을 효율적으로 하기 어렵습니다.

해답 예

C++

```cpp
1   #include<iostream>
2   #include<vector>
3   #include<stack>
4   using namespace std;
5   static const int MAX = 100000;
6   static const int NIL = -1;
7
8   int n;
9   vector<int> G[MAX];
10  int color[MAX];
11
12  void dfs(int r, int c) {
13      stack<int> S;
```

```
14    S.push(r);
15    color[r] = c;
16    while(!S.empty()) {
17      int u = S.top(); S.pop();
18      for(int i = 0; i < G[u].size(); i++) {
19        int v = G[u][i];
20        if(color[v] == NIL) {
21          color[v] = c;
22          S.push(v);
23        }
24      }
25    }
26  }
27
28  void assignColor() {
29    int id = 1;
30    for(int i = 0; i < n; i++)  color[i] = NIL;
31    for(int u = 0; u < n; u++) {
32      if(color[u] == NIL) dfs(u, id++);
33    }
34  }
35
36  int main() {
37    int s, t, m, q;
38
39    cin >> n >> m;
40
41    for(int i = 0; i < m; i++) {
42      cin >> s >> t;
43      G[s].push_back(t);
44      G[t].push_back(s);
45    }
46
47    assignColor();
48
49    cin >> q;
50
51    for(int i = 0; i < q; i++) {
52      cin >> s >> t;
53      if(color[s] == color[t]) {
54        cout << "yes" << endl;
55      } else {
56        cout << "no" << endl;
57      }
58    }
59
60    return 0;
61  }
```

12.6 백준 온라인 저지 문제

1260번 DFS와 BFS

제한 시간: 2초 | **메모리 제한**: 128MB | **정답률**: 34.20%

양방향 그래프를 DFS로 탐색한 결과와 BFS로 탐색한 결과를 출력하는 프로그램을 작성하시오. 방문할 수 있는 정점이 여러 개인 경우에는 정점 번호가 작은 것을 먼저 방문하고, 더 이상 방문할 수 있는 점이 없는 경우 종료한다. 정점 번호는 1번부터 N번까지이다.

입력 첫째 줄에 정점의 개수 N, 간선의 개수 M, 탐색을 시작할 정점의 번호 V가 주어진다. 다음 M개의 줄에는 간선이 연결하는 두 정점의 번호가 주어진다. 어떤 두 정점 사이에 여러 개의 간선이 있을 수 있다.

출력 첫째 줄에 DFS를 수행한 결과를, 둘째 줄에 BFS를 수행한 결과를 출력한다. V부터 방문한 점을 순서대로 출력하면 된다.

제약 $1 \leq N \leq 1,000$
$1 \leq M \leq 10,000$

입력 예

```
4 5 1
1 2
1 3
1 4
2 4
3 4
```

출력 예

```
1 2 4 3
1 2 3 4
```

11724번 연결 요소의 개수

제한 시간: 3초 | **메모리 제한**: 512MB | **정답률**: 44.26%

방향 없는 그래프가 주어졌을 때, 연결 요소의 개수를 구하는 프로그램을 작성하시오.

입력 첫째 줄에 정점의 개수 N과 간선의 개수 M이 주어진다. 둘째 줄부터 M개의 줄에 간선의 양 끝점 u와 v가 주어진다.

출력 첫째 줄에 연결 요소의 개수를 출력한다.

제약 $1 \le N \le 1{,}000,\ 0 \le M \le N \times (N-1)\ /\ 2$

$1 \le u, v \le N, u \neq v$

같은 간선은 한 번만 주어진다.

입력 예

```
6 5
1 2
2 5
5 1
3 4
4 6
```

출력 예

```
2
```

1707번 이분 그래프

제한 시간: 2초 | **메모리 제한**: 256MB | **정답률**: 23.14%

그래프의 정점의 집합을 둘로 분할하여, 각 집합에 속한 정점끼리는 서로 인접하지 않도록 분할할 수 있을 때, 그러한 그래프를 특별히 이분 그래프(bipartite graph)라 부른다.

그래프가 입력으로 주어졌을 때, 이 그래프가 이분 그래프인지 아닌지 판별하는 프로그램을 작성하시오.

입력 첫째 줄에 테스트 케이스의 개수 K가 주어진다. 각 테스트 케이스의 첫째 줄에는 그래프의 정점의 개수 V와 간선의 개수 E가 빈 칸을 사이에 두고 순서대로 주어진다. 각 정점에는 1부터 V까지 차례로 번호가 붙어 있다. 이어서 둘째 줄부터 E개의 줄에 걸쳐 간선에 대한 정보가 주어지는데, 각 줄에 인접한 두 정점의 번호가 빈 칸을 사이에 두고 주어진다.

출력 K개의 줄에 걸쳐 입력으로 주어진 그래프가 이분 그래프이면 YES, 아니면 NO를 순서대로 출력한다.

제약 $2 \le K \le 5$

$1 \le V \le 20{,}000$

$1 \le E \le 200{,}000$

입력 예

```
2
3 2
1 3
2 3
4 4
1 2
2 3
3 4
4 2
```

출력 예

```
YES
NO
```

1199번 오일러 회로

제한 시간: 3초 | **메모리 제한**: 512MB | **정답률**: 13.36%

어느 점에서 출발하여 양방향 그래프 상에 있는 모든 간선을 지나되, 한 번 지난 간선은 다시 지나지 않고 출발점으로 돌아오는 회로를 오일러 회로라 한다.

양방향 그래프가 주어졌을 때 오일러 회로 경로를 출력해 보자.

입력   첫 줄에는 정점의 수 N이 주어진다. 그리고 다음 N개의 줄에 대해 인접 행렬의 정보가 주어진다. $i + 1$번째 줄에는 i번 정점에 대한 인접 행렬이 주어진다. 두 정점 사이에 간선이 여러 개 있을 수 있다. 인접 행렬의 값은 두 정점 사이의 간선 개수를 의미하며, 0보다 크거나 같고, 10보다 작거나 같은 정수이다. 입력으로 주어지는 그래프에는 루프(양 끝점이 같은 간선)는 없다. 또, 입력으로 주어지는 그래프는 모두 연결되어 있다.

출력   첫 줄에 방문하는 점 순서를 공백으로 구분하여 출력한다. 단, 시작점은 어느 위치에서든 상관없고 아무 경로만 하나 찍으면 된다. 불가능한 경우에는 −1을 출력한다.

제약 $1 \le N \le 1,000$

입력 예

```
6
0 1 0 1 1 1
1 0 1 1 1 0
0 1 0 1 0 0
1 1 1 0 1 0
1 1 0 1 0 1
1 0 0 0 1 0
```

출력 예

```
1 2 3 4 1 5 2 4 5 6 1
```

13장

가중치 그래프

이전 장에서는 그래프를 표현하는 방법을 살펴보고, 이를 기반으로 기본적인 탐색 문제를 살펴보았습니다.

이번 장에서는 에지가 가중치(값)를 갖는 그래프인 가중치 그래프와 관련된 문제를 풀어보겠습니다.

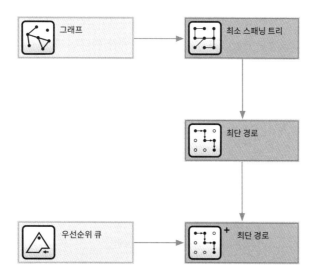

이번 장의 문제를 풀려면 그래프를 자료 구조로 표현할 수 있는 프로그래밍 스킬이 필요합니다. 또한 효율적인 알고리즘을 구현하려면, 우선순위 큐와 관련된 지식과 이를 응용할 수 있는 프로그래밍 스킬이 필요합니다.

13.1 가중치 그래프: 문제에 도전하기 전에

최소 스패닝 트리

트리는 사이클이 없는 그래프라고 할 수 있습니다. 트리는 어떤 노드 r에서 노드 v 까지 반드시 한 가지 경로만 있습니다. 예를 들어 다음 그림 13.1(a)의 그래프는 사 이클이 있으므로 트리가 아닙니다. 반면 그림 13.1(b)와 13.1(c)는 사이클이 없으 므로 트리입니다.

그림 13.1 그래프와 트리

그래프 $G = (V, E)$의 스패닝 트리(spanning tree)는 $G = (V', E')$로 나타냅니다. 스패닝 트리는 그래프의 모든 노드 V를 포함하면서($V = V'$), 트리의 조건에 맞게 에지를 갖는 그래프를 의미합니다. 그래프의 스패닝 트리는 깊이 우선 탐색과 너 비 우선 탐색으로 만들 수 있습니다. 한 그래프에는 여러 스패닝 트리가 있을 수 있 습니다. 예를 들어 다음 그림 13.2(a)라는 그래프가 있다면, 그림 13.2(b)와 13.2(c) 같은 스패닝 트리가 나올 수 있습니다.

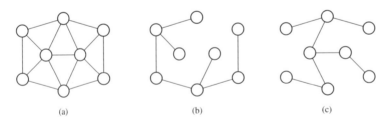

그림 13.2 스패닝 트리

최소 스패닝 트리(Minimum Spanning Tree, MST)는 그래프의 스패닝 트리 중에서 에지의 가중치 총합이 가장 작은 것을 의미합니다. 예를 들어 다음 그림의 왼쪽과 같은 가중치 그래프가 있다면, 최소 스패닝 트리는 오른쪽과 같이 나옵니다.

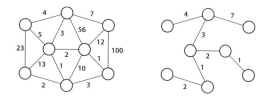

그림 13.3 최소 스패닝 트리

최단 경로

최단 경로 문제(Shortest Path Problem)란 가중치 그래프 $G = (V, E)$가 있고, 노드 s와 d가 주어질 때, 이를 연결하는 경로 중에 에지 가중치의 총합이 최소인 경로를 구하는 문제입니다. 최단 경로 문제는 크게 다음과 같은 두 문제로 구분할 수 있습니다.

▶ 단일 출발지 최단 경로(Single Source Shortest Path, SSSP): 그래프 G가 있을 때, 주어진 하나의 점 s에서 다른 모든 노드 d_i에 도달하기 위한 최단 경로를 구하는 문제입니다.

▶ 모든 쌍의 최단 경로(All Pairs Shortest Path, APSP): 그래프 G가 있을 때, 모든 노드 쌍 사이의 최단 경로를 구하는 문제입니다.

다음 그림과 같이 에지의 비용이 음수가 아닌 가중치 그래프 $G = (V, E)$가 있고, 노드 s에서 G의 모든 노드로 도달하는 경로가 있을 때, s를 루트로 하고 s에서 다른 노드로 도달하는 최단 경로 에지를 포함하는 스패닝 트리를 최단 경로 스패닝 트리(shortest path spanning tree)라고 부릅니다.

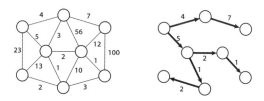

그림 13.4 최단 경로 스패닝 트리

13.2 최소 스패닝 트리

ALDS1_12_A Minimum Spanning Tree

제한 시간: 1초 | **메모리 제한**: 65536KB | **정답률**: 37.69%

가중치 그래프 $G = (V, E)$가 주어집니다. 이를 기반으로 최소 스패닝 트리가 가진 에지의 가중치 총합을 계산하는 프로그램을 작성하세요.

입력 1번째 줄에 G의 노드 수 n이 주어집니다. 이어지는 n개의 줄에 G를 나타내는 $n \times n$의 인접 행렬 A가 주어집니다. A의 요소 a_{ij}는 노드 i와 노드 j를 연결하는 에지의 가중치입니다. 에지가 연결되지 않은 경우에는 -1로 나타냅니다.

출력 최소 스패닝 트리 G가 가진 에지의 가중치 총합을 1번째 줄에 출력합니다.

제약 $1 \le n \le 100$

$0 \le a_{ij} \le 2{,}000 (a_{ij} \ne -1$일 때$)$

$a_{ij} = a_{ji}$

그래프 G는 연결되어 있습니다.

입력 예

```
5
-1 2 3 1 -1
2 -1 -1 4 -1
3 -1 -1 1 1
1 4 1 -1 3
-1 -1 1 3 -1
```

출력 예

```
5
```

해설

가중치 무향 그래프의 인접 행렬은 노드 i와 노드 j 사이에 가중치가 w인 경우, $M[i][j]$와 $M[j][i]$의 값이 w입니다. 대부분의 알고리즘 구현은 에지가 없는 상태를 나타내기 위해서 굉장히 큰 값을 에지에 설정합니다.

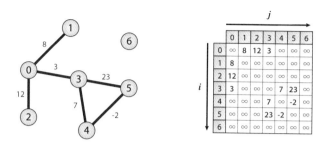

그림 13.5 가중치 무향 그래프의 인접 행렬

그래프 $G = (V, E)$의 최소 스패닝 트리(MST)를 구하는 대표적인 알고리즘으로는
프림 알고리즘(Prim's algorithm)이 있습니다. 프림 알고리즘의 기본적인 형태는 다
음과 같습니다.

⊞ 프림 알고리즘

그래프 $G = (V, E)$의 모든 노드 집합을 V, MST에 속하는 노드 집합을 T라고 합
니다.

1. G에서 임의의 노드 r을 선택하고, 이를 MST의 루트로서 T에 추가합니다.
2. $T = V$가 될 때까지 다음 처리를 반복합니다.

   ▶ T에 속하는 노드와 $V - T$에 속하는 노드를 연결하는 에지 중에서, 가중
   치가 가장 작은 에지 (p_u, u)를 선택하고, 이를 MST의 에지로서 u를 T에
   추가합니다.

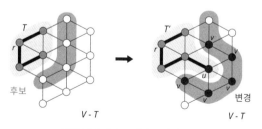

그림 13.6 최소 스패닝 트리 만들기

이 알고리즘에서는 에지를 선택하는 단계에서 '어떻게 최소 가중치를 가진 에지를
저장해 두는가?'가 중요한 포인트입니다. 인접 행렬을 사용한 프림 알고리즘은 다

음과 같은 변수를 활용해 구현합니다. 여기에서 $n = |V|$입니다.

color[n]	color[v]는 v의 방문 상태를 WHITE, GRAY, BLACK으로 나타냅니다.
M[n][n]	M[u][v]는 u에서 v로 향하는 에지의 가중치를 기록한 인접 행렬입니다.
d[n]	d[v]는 T에 속하는 노드와 $V - T$에 속하는 노드를 연결하는 에지 중에서 가중치가 가장 작은 에지를 나타냅니다.
p[n]	p[v]는 MST에서 노드 v의 부모를 나타냅니다.

이러한 변수를 사용해 구현한 프림 알고리즘은 다음과 같습니다.

프로그램 13.1 프림 알고리즘

```
1   prim()
2     모든_노드_u의_color[u]를_WHITE, d[u]를_INFTY로_초기화
3     d[0] = 0
4     p[0] = -1
5
6     while true
7       mincost = INFTY
8       for i를_0에서_n-1까지
9         if color[i] != BLACK && d[i] < mincost
10          mincost = d[i]
11          u = i
12
13        if mincost == INFTY
14          break
15
16        color[u] = BLACK
17
18        for v를_0에서_n-1까지
19          if color[v] != BLACK && u와_v_사이에_에지가_있는_경우
20            if M[u][v] < d[v]
21              d[v] = M[u][v]
22              p[v] = u
23              color[v] = GRAY
```

각 단계에서 노드 u를 선택하는 조작은 'T에 속하는 노드와 $V - T$에 속하는 노드를 연결하는 에지 중에서 가중치가 가장 작은 것'을 선택하는 조작에 해당합니다. u가 선택된 시점에서 에지 $(p[u], u)$가 MST를 구성하는 에지로서 결정됩니다.

예를 들어 가중치 그래프에 프림 알고리즘을 적용한다면, 다음과 같습니다.

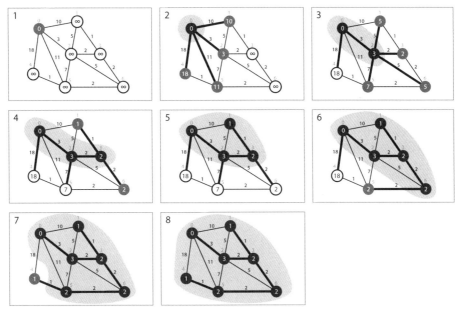

그림 13.7 프림 알고리즘

그림에서는 노드 i 위에 노드 번호, 내부에 $d[i]$를 적었습니다. 또한 회색 배경색에 포함되어 있는 노드와 에지가 해당 시점에서 MST에 속하는 노드입니다. MST를 구성하는 에지 $(p[u], u)$가 두꺼운 선으로 표시되어 있습니다. 회색 배경에 포함되어 있는 것은 확정된 것, 포함되지 않은 것은 잠정적인 것을 나타냅니다.

조금 더 생각해 보기

인접 행렬을 사용한 프림 알고리즘은 d가 최소인 노드 u를 찾기 위해서, 그래프의 노드 수만큼 확인해야 합니다. 이러한 탐색은 노드 수만큼 하므로 $O(|V|^2)$ 알고리즘입니다.

프림 알고리즘은 이진 힙(우선순위 큐)을 사용해서 노드를 결정할 경우, 더 빠르게 만들 수 있습니다. 이 방법은 이후에 최단 경로 문제와 관련된 문제를 풀 때 살펴보겠습니다.

해답 예

C++

```cpp
1    #include<iostream>
2    using namespace std;
3    static const int MAX = 100;
```

```
4   static const int INFTY = (1<<21);
5   static const int WHITE = 0;
6   static const int GRAY = 1;
7   static const int BLACK = 2;
8
9   int n, M[MAX][MAX];
10
11  int prim() {
12    int u, minv;
13    int d[MAX], p[MAX], color[MAX];
14
15    for(int i = 0; i < n; i++) {
16      d[i] = INFTY;
17      p[i] = -1;
18      color[i] = WHITE;
19    }
20
21    d[0] = 0;
22
23    while(1) {
24      minv = INFTY;
25      u = -1;
26      for(int i = 0; i < n; i++) {
27        if(minv > d[i] && color[i] != BLACK) {
28          u = i;
29          minv = d[i];
30        }
31      }
32      if(u == -1) break;
33      color[u] = BLACK;
34      for(int v = 0; v < n; v++) {
35        if(color[v] != BLACK && M[u][v] != INFTY) {
36          if(d[v] > M[u][v]) {
37            d[v] = M[u][v];
38            p[v] = u;
39            color[v] = GRAY;
40          }
41        }
42      }
43    }
44    int sum = 0;
45    for(int i = 0; i < n; i++) {
46      if(p[i] != -1) sum += M[i][p[i]];
47    }
48
49    return sum;
50  }
51
52  int main() {
53    cin >> n;
```

```
54
55    for(int i = 0; i < n; i++) {
56      for(int j = 0; j < n; j++) {
57        int e; cin >> e;
58        M[i][j] = (e == -1) ? INFTY : e;
59      }
60    }
61
62    cout << prim() << endl;
63
64    return 0;
65  }
```

13.3 단일 출발지 최단 경로

ALDS1_12_B Single Source Shortest Path I

제한 시간: 1초 | **메모리 제한**: 65536KB | **정답률**: 59.10%

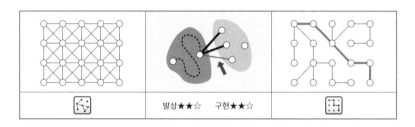

가중치 유향 그래프 $G = (V, E)$가 주어질 때, 단일 출발지 최단 경로 비용을 구하는 프로그램을 작성하세요. 노드 0을 시작점이라고 할 때, 노드 0에서 각 노드 v까지의 최단 경로에 속하는 에지 가중치 총합 $d[v]$를 출력합니다.

입력 1번째 줄에 G의 노드 수 n이 주어집니다. 이어지는 n개의 줄에 각 노드 u의 인접 리스트가 다음과 같은 형식으로 주어집니다.

$u\ k\ v_1\ c_1\ v_2\ c_2 \cdots v_k\ c_k$

G의 각 노드에는 0부터 $n - 1$까지의 번호가 붙어 있습니다. u는 노드 번호를 나타내며, k는 u와 연결된 노드 수를 나타냅니다. $v_i(i = 1, 2, \cdots, k)$는 u와 인접한 노드 번호를 나타내며, c_i는 u에서 v_i로 이어지는 에지의 가중치를 나타냅니다.

출력 노드 번호 v와 거리 $d[v]$를 1개의 공백을 넣어 출력합니다. 노드 번호 순서로 출력합니다.

제약 $1 \le n \le 100$

$0 \le c_i \le 100,000$

노드 0에서 다른 모든 노드까지의 경로는 무조건 존재합니다.

입력 예	출력 예
5	0 0
0 3 2 3 3 1 1 2	1 2
1 2 0 2 3 4	2 2
2 3 0 3 3 1 4 1	3 1
3 4 2 1 0 1 1 4 4 3	4 3
4 2 2 1 3 3	

해설

가중치 유향 그래프의 인접 행렬은 노드 i에서 노드 j로 향하는 가중치 w의 에지가 있는 경우, $M[i][j]$의 값을 w로 표현합니다. 에지가 없는 경우에는 문제에 따라서 ∞(아주 큰 값) 등으로 설정합니다.

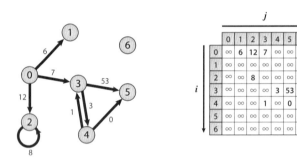

그림 13.8 가중치 유향 그래프의 인접 행렬

그래프 $G = (V, E)$가 주어질 때, 단일 출발지 최단 경로를 구하기 위한 알고리즘으로 데이크스트라가 고안한 데이크스트라 알고리즘(Dijkstra's algorithm)이 있습니다.

> **📇 데이크스트라 알고리즘**
>
> 그래프 $G = (V, E)$의 노드 전체 집합을 V, 시작점을 s, 최단 경로 스패닝 트리에 포함되는 노드 집합을 S라고 합니다. 각 계산 단계에서 최단 경로 스패닝 트리에 포함할 에지와 노드를 선택해서 S에 추가합니다.

각 노드 i에 대해서 S에 있는 노드를 경유한 s에서 i까지의 최단 경로 비용을 $d[i]$, 최단 경로 스패닝 트리에서 i 부모를 $p[i]$라고 합니다.

1. 초기 상태로 S를 비웁니다.

   시작점을 s라고 할 때 $d[s] = 0$

   s 이외의 V에 속하는 모든 노드를 i라고 할 때 $d[i] = \infty$

   로 초기화합니다.

2. $S = V$가 될 때까지 다음과 같은 처리를 반복합니다.

   ▶ $V - S$ 중에서 $d[u]$가 최소가 되는 노드 u를 선택합니다(그림 13.9).

   ▶ u를 S에 추가하면서, u와 인접하고 $V - S$에 속하는 모든 노드를 v라고 할 때, 다음과 같이 값을 변경합니다(그림 13.10).

   $$if\ d[u] + w\,(u, v) < d\,[v]$$
   $$d[v] = d[u] + w(u, v)$$
   $$p[v] = u$$

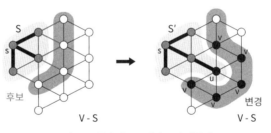

그림 13.9 최단 경로 스패닝 트리 만들기

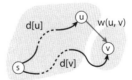

그림 13.10 최단 비용 변경

2번의 각 계산 단계 직후(또한 다음 u를 선택하기 직전)에 $d[v]$에는 's에서 S에 있는 노드를 경유한 v까지의 최단 비용'이 기록되어 있습니다. 따라서 모든 처리가 종료되는 시점에는 V에 속하는 모든 노드 $d[v]$에 s에서 v까지의 최단 비용(거리)이 기록됩니다.

인접 행렬을 사용한 데이크스트라 알고리즘은 다음과 같은 변수를 사용해 구현합니다. 다음 표에서 $n = |V|$입니다.

color[n]	color[v]는 v의 방문 상태를 WHITE, GRAY, BLACK 중에 하나로 기록합니다.
M[n][n]	M[u][v]는 u에서 v로의 에지 가중치를 기록한 인접 행렬입니다.
d[n]	d[v]는 시작점 s에서 v까지의 최단 비용을 기록합니다.
p[n]	p[v]는 최단 경로 스패닝 트리의 노드 v의 부모를 기록합니다.

이러한 변수를 사용한 데이크스트라 알고리즘은 다음과 같이 구현할 수 있습니다.

프로그램 13.2 데이크스트라 알고리즘

```
1   dijkstra(s)
2     모든_노드_u의_color[u]를_WHITE, d[u]를_INFTY로_초기화
3     d[s] = 0
4     p[s] = -1
5
6     while true
7       mincost = INFTY
8       for i를_0에서_n-1까지
9         if color[i] != BLACK && d[i] < mincost
10          mincost = d[i]
11          u = i
12
13      if mincost == INFTY
14        break
15
16      color[u] = BLACK
17
18      for v를_0에서_n-1까지
19        if color[v] != BLACK && u와_v_사이에_에지가_있는_경우
20          if d[u] + M[u][v] < d[v]
21            d[v] = d[u] + M[u][v]
22            p[v] = u
23            color[v] = GRAY
```

예를 들어 가중치 그래프에 데이크스트라 알고리즘을 적용하는 예를 그림으로 나타내면 다음과 같습니다.

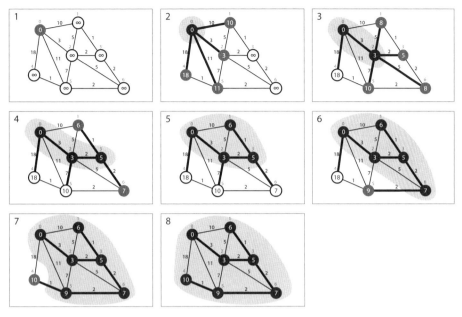

그림 13.11 데이크스트라 알고리즘

그림에서는 노드 i 위에 노드 번호, 내부에 $d[i]$를 적었습니다. 또한 회색 배경색에 포함되어 있는 노드와 에지가 해당 시점에서 결정된 최단 경로 스패닝 트리 S에 포함된 노드와 에지입니다.

조금 더 생각해 보기

이번 절에서 소개한 데이크스트라 알고리즘 구현은 d의 값이 최소인 노드 u를 $O(|V|)$로 구합니다. 또한 인접 행렬을 사용하는 경우에는 노드 u에 인접한 노드를 $O(|V|)$로 확인합니다. 이러한 처리를 $|V|$번 반복하므로 $O(|V|^2)$ 알고리즘입니다.

데이크스트라 알고리즘은 음수 가중치 에지를 포함하는 그래프에는 적용할 수 없으므로 주의해야 합니다. 음수 가중치를 포함하는 경우에는 벨만-포드 알고리즘(Bellman-Ford algorithm) 또는 플로이드-워셜 알고리즘(Floyd-Warshall algorithm) 등을 사용합니다.

해답 예

C++

```
1   #include<iostream>
2   using namespace std;
```

```
3   static const int MAX = 100;
4   static const int INFTY = (1<<21);
5   static const int WHITE = 0;
6   static const int GRAY = 1;
7   static const int BLACK = 2;
8
9   int n, M[MAX][MAX];
10
11  void dijkstra() {
12    int minv;
13    int d[MAX], color[MAX];
14
15    for(int i = 0; i < n; i++) {
16      d[i] = INFTY;
17      color[i] = WHITE;
18    }
19
20    d[0] = 0;
21    color[0] = GRAY;
22    while(1) {
23      minv = INFTY;
24      int u = -1;
25      for(int i = 0; i < n; i++) {
26        if(minv > d[i] && color[i] != BLACK) {
27          u = i;
28          minv = d[i];
29        }
30      }
31      if(u == -1) break;
32      color[u] = BLACK;
33      for(int v = 0; v < n; v++) {
34        if(color[v] != BLACK && M[u][v] != INFTY) {
35          if(d[v] > d[u] + M[u][v]) {
36            d[v] = d[u] + M[u][v];
37            color[v] = GRAY;
38          }
39        }
40      }
41    }
42
43    for(int i = 0; i < n; i++) {
44      cout << i << " " << (d[i] == INFTY ? -1 : d[i]) << endl;
45    }
46  }
47
48  int main() {
49    cin >> n;
50    for(int i = 0; i < n; i++) {
51      for(int j = 0; j < n; j++) {
52        M[i][j] = INFTY;
```

```
53      }
54    }
55
56    int k, c, u, v;
57    for(int i = 0; i < n; i++) {
58      cin >> u >> k;
59      for(int j = 0; j < k; j++) {
60        cin >> v >> c;
61        M[u][v] = c;
62      }
63    }
64
65    dijkstra();
66
67    return 0;
68  }
```

ALDS1_12_C Single Source Shortest Path II

제한 시간: 1초 | **메모리 제한**: 131072KB | **정답률**: 19.57%

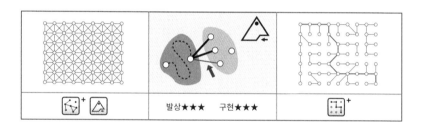

가중치 유향 그래프 $G = (V, E)$가 주어질 때, 단일 출발지 최단 경로 비용을 구하는 프로그램을 작성하세요. 노드 0을 시작점이라고 할 때, 노드 0에서 각 노드 v까지의 최단 경로 위의 에지 가중치 총합 $d[v]$를 출력합니다.

입력   1번째 줄에 G의 노드 수 n이 주어집니다. 이어지는 n개의 줄에 각 노드 u의 인접 리스트가 다음과 같은 형식으로 주어집니다.

$u \ k \ v_1 \ c_1 \ v_2 \ c_2 \cdots v_k \ c_k$

G의 각 노드에는 0부터 $n - 1$까지의 번호가 붙어 있습니다. u는 노드 번호를, k는 u와 연결된 노드 수를 나타냅니다. $v_i(i = 1, 2, \cdots, k)$는 u와 인접한 노드 번호를 나타내며, c_i는 u에서 v_i로 이어지는 에지의 가중치를 나타냅니다.

출력   노드 번호 v와 거리 $d[v]$를 1개의 공백을 넣어 출력합니다. 노드 번호 순서로 출력합니다.

제약 $1 \le n \le 10{,}000$

 $0 \le c_i \le 100{,}000$

 $|E| < 500{,}000$

노드 0에서 다른 모든 노드까지의 경로는 무조건 존재합니다.

입력 예

```
5
0 3 2 3 3 1 1 2
1 2 0 2 3 4
2 3 0 3 3 1 4 1
3 4 2 1 0 1 1 4 4 3
4 2 2 1 3 3
```

출력 예

```
0 0
1 2
2 2
3 1
4 3
```

해설

이전에 소개한 일반적인 데이크스트라 알고리즘은 인접 행렬을 사용하므로 노드 u 와 인접한 노드 v를 확인하는 처리에 $O(|V|)$만큼의 계산이 필요합니다. 또한 최단 경로 스패닝 트리 S에 추가할 노드 u를 선택하기 위한 반복($|V|$번)을 $|V|$번 해야 하 므로 $O(|V|^2)$ 알고리즘이 됩니다. 그래프를 인접 행렬로 표현하나 인접 리스트로 표현하나 같은 복잡도가 나옵니다.

다만 데이크스트라 알고리즘은 인접 리스트의 표현을 조금 개선하고, 이진 힙(우 선순위 큐)을 활용하면, 속도를 비약적으로 빠르게 만들 수 있습니다.

가중치 있는 그래프의 인접 리스트는 다음과 같이 번호뿐만 아니라 가중치도 리 스트의 요소로 추가해야 합니다.

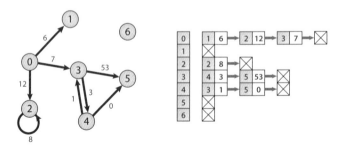

그림 13.12 가중치 유향 그래프의 인접 리스트

이진 힙(우선순위 큐)을 응용한 데이크스트라 알고리즘은 다음과 같습니다.

🗒 데이크스트라 알고리즘(우선순위 큐)

그래프 $G = (V, E)$의 노드 전체 집합을 V, 시작점을 s, 최단 경로 스패닝 트리에 포함되는 노드 집합을 S라고 합니다. 각 계산 단계에서 최단 경로 스패닝 트리의 에지와 노드를 선택해서 S에 추가합니다.

노드 i에 대해서 S에 있는 노드만을 경유한 s에서 i까지의 최단 경로 비용을 $d[i]$, 최단 경로 스패닝 트리에서 i의 부모를 $p[i]$라고 합니다.

1. 초기 상태로 S를 비웁니다.

   시작점을 s라고 할 때 $d[s] = 0$

   s 이외의 V에 속하는 모든 노드를 i라고 할 때 $d[i] = \infty$

   로 초기화합니다.

   $d[i]$를 키로, V의 노드를 사용해서 최소 힙 H를 구축합니다.

2. $S = V$가 될 때까지 다음과 같은 처리를 반복합니다.

   ▸ H에서 $d[u]$가 최소인 노드 u를 추출합니다.

   ▸ u를 S에 추가하면서, u와 인접하고 $V - S$에 속하는 모든 노드를 v라고 할 때, 다음과 같은 처리를 합니다.

   $if\ d[u] + w(u, v) < d[v]$

   $\quad d[v] = d[u] + w(u, v)$

   $\quad p[v] = u$

   $\quad v$를 시작점으로 힙 H를 변경합니다.

이 알고리즘은 다음과 같이 구현할 수 있습니다.

프로그램 13.3 힙을 사용한 데이크스트라 알고리즘

```
1  dijkstra(s)
2    모든_노드_u의_color[u]를_WHITE, d[u]를_INFTY로_초기화
3    d[s] = 0
4
5    Heap heap = Heap(n, d)
6    heap.construct()
7
8    while heap.size >= 1
9      u = heap.extractMin()
10
```

```
11    color[u] = BLACK
12
13    // u와 인접한 노드 v가 존재한다면
14    while(v = next(u)) != NIL
15      if color[v] != BLACK
16        if d[u] + M[u][v] < d[v]
17          d[v] = d[u] + M[u][v]
18          color[v] = GRAY
19          heap.update(v)
```

이진 힙을 활용한 구현은 약간 복잡합니다. 다만 이진 힙 대신에 우선순위 큐를 활용하면, 조금 더 직관적인 코드를 구현할 수 있습니다. STL의 priority_queue를 사용하면 비교적 간단합니다.

프로그램 13.4 우선순위 큐를 사용한 데이크스트라 알고리즘

```
1   dijkstra(s)
2     모든_노드_u의_color[u]를_WHITE, d[u]를_INFTY로_초기화
3     d[s] = 0
4
5     PQ.push(Node(s, 0)) // 우선순위 큐에 시작점 삽입
6     // 따라서 일단 s가 u로 선택됩니다.
7
8     while PQ가_비어있지_않다면
9       u = PQ.extractMin()
10
11      color[u] = BLACK
12
13      if d[u] < u의_비용 // 최솟값을 추출하고, 최단 거리가 아니라면 무시
14        continue
15
16      // u와 인접한 노드 v가 존재한다면
17      while(v = next(u)) != NIL
18        if color[v] != BLACK
19          if d[u] + M[u][v] < d[v]
20            d[v] = d[u] + M[u][v]
21            color[v] = GRAY
22            PQ.push(Node(v, d[v]))
```

조금 더 생각해 보기

인접 리스트와 이진 힙을 사용한 데이크스트라 알고리즘의 복잡도는 노드 u를 이진 힙에서 추출할 때 $O(|V| \log |V|)$, $d[v]$를 변경할 때 $O(|E| \log |V|)$의 복잡도가 필요하므로, $O((|V| + |E|) \log |V|)$가 됩니다.

또한 인접 리스트와 우선순위 큐를 사용한 구현도 $|V|$만큼 큐에서 노드를 추출

하고 $|E|$만큼 큐에 삽입하므로 마찬가지로 $O((|V| + |E|) \log |V|)$ 알고리즘이 됩니다.

해답 예

C++

```cpp
1  #include<iostream>
2  #include<algorithm>
3  #include<queue>
4  using namespace std;
5  static const int MAX = 10000;
6  static const int INFTY = (1<<20);
7  static const int WHITE = 0;
8  static const int GRAY = 1;
9  static const int BLACK = 2;
10
11 int n;
12 vector<pair<int, int> > adj[MAX]; // 인접 리스트를 사용한 가중치 방향 그래프 표현
13
14 void dijkstra() {
15   priority_queue<pair<int, int> > PQ;
16   int color[MAX];
17   int d[MAX];
18   for(int i = 0; i < n; i++) {
19     d[i] = INFTY;
20     color[i] = WHITE;
21   }
22
23   d[0] = 0;
24   PQ.push(make_pair(0, 0));
25   color[0] = GRAY;
26
27   while(!PQ.empty()) {
28     pair<int, int> f = PQ.top(); PQ.pop();
29     int u = f.second;
30
31     color[u] = BLACK;
32
33     // 최솟값을 추출하고, 최단 거리가 아니라면 무시
34     if(d[u] < f.first * (-1)) continue;
35
36     for(int j = 0; j < adj[u].size(); j++) {
37       int v = adj[u][j].first;
38       if(color[v] == BLACK) continue;
39       if(d[v] > d[u] + adj[u][j].second) {
40         d[v] = d[u] + adj[u][j].second;
41         // priority_queue는 기본적으로 크기 값을 우선하므로 -1을 곱함
42         PQ.push(make_pair(d[v] * (-1), v));
```

```
43            color[v] = GRAY;
44          }
45        }
46      }
47
48      for(int i = 0; i < n; i++) {
49        cout << i << " " << (d[i] == INFTY ? -1 : d[i]) << endl;
50      }
51  }
52
53  int main() {
54      int k, u, v, c;
55
56      cin >> n;
57      for(int i = 0; i < n; i++) {
58        cin >> u >> k;
59        for(int j = 0; j < k; j++) {
60          cin >> v >> c;
61          adj[u].push_back(make_pair(v, c));
62        }
63      }
64
65      dijkstra();
66
67      return 0;
68  }
```

13.4 백준 온라인 저지 문제

1922번 네트워크 연결

제한 시간: 2초 | **메모리 제한:** 256MB | **정답률:** 59.59%

모든 컴퓨터를 연결하는 네트워크를 컴퓨터와 컴퓨터를 직접 연결해 구축하려고 한다. 컴퓨터 a와 컴퓨터 b가 연결되어 있다는 말은 a에서 b로의 경로가 존재한다는 것을 의미한다. a에서 b를 연결하는 선이 있고, b와 c를 연결하는 선이 있으면 a와 c는 연결이 되어 있다.

각 컴퓨터를 연결하는 비용이 주어졌을 때, 모든 컴퓨터를 연결하는 최소 비용을 구해보자.

입력 첫째 줄에 컴퓨터의 수 N이 주어진다.

둘째 줄에는 연결할 수 있는 선의 수 M이 주어진다.

셋째 줄부터 $M + 2$번째 줄까지 총 M개의 줄에 각 컴퓨터를 연결하는 데 드는 비용이 주어진다. 이 비용의 정보는 세 개의 정수로 주어지는데, 만약에 a b c가 주어져 있다고 하면 a 컴퓨터와 b 컴퓨터를 연결하는 데 비용이 c만큼 든다는 것을 의미한다. a와 b는 같을 수도 있다.

제약 $1 \le N \le 1{,}000$

$1 \le M \le 100{,}000$

$1 \le c \le 10{,}000$

입력 예

```
6
9
1 2 5
1 3 4
2 3 2
2 4 7
3 4 6
3 5 11
4 5 3
4 6 8
5 6 8
```

출력 예

```
23
```

1647번 도시 분할 계획

제한 시간: 2초 | **메모리 제한**: 256MB | **정답률**: 49.03%

N개의 집과 집을 연결하는 M개의 길로 이루어진 마을이 있다. 길은 양방향이고, 길을 유지하는 비용이 있다.

마을을 두 개의 분리된 마을로 분할하려고 한다. 각 분리된 마을 안에는 집이 1개 이상 있어야 하며, 모든 집이 서로 연결되어 있어야 한다. 즉, 분리된 마을 안에 있는 임의의 두 집 사이에 경로가 항상 존재해야 한다.

분리된 마을 사이에 있는 길은 필요가 없으니 없앨 수 있다. 각 분리된 마을 안에서도 임의의 두 집 사이에 경로가 항상 존재하게 하면서 길을 더 없앨 수 있다. 모두 없애고 나머지 길의 유지비의 합을 최소로 하는 프로그램을 작성하시오.

입력 첫째 줄에 집의 개수 N, 길의 개수 M이 주어진다. 그 다음 줄부터 M줄에 걸쳐 길의 정보가 A B C 세 개의 정수로 주어지는데, A번 집과 B번 집을 연결하는 길의 유지비가 C라는 뜻이다.

출력 없애고 남은 길 유지비의 합의 최솟값을 출력한다.

제약 $2 \le N \le 100,000$

$1 \le M \le 1,000,000$

$1 \le C \le 1,000$

N, M, C는 정수

입력 예

```
7 12
1 2 3
1 3 2
3 2 1
2 5 2
3 4 4
7 3 6
5 1 5
1 6 2
6 4 1
6 5 3
4 5 3
6 7 4
```

출력 예

```
8
```

1504번 특정한 최단 경로

제한 시간: 1초 | **메모리 제한**: 256MB | **정답률**: 24.94%

방향성 없는 그래프가 주어진다. 임의로 주어진 두 정점은 반드시 통과하면서, 1번 정점에서 N번 정점으로 가는 최단 거리를 구하고 싶다.

한 번 이동했던 정점, 간선도 다시 이동할 수 있다. 하지만 반드시 최단 경로로 이동해야 한다는 사실에 주의하라. 1번 정점에서 N번 정점으로 이동할 때, 주어진 두 정점을 반드시 거치면서 최단 경로를 구하는 프로그램을 작성하시오.

입력 첫째 줄에 정점의 개수 N과 간선의 개수 E가 주어진다. 둘째 줄부터 E개의 줄에 걸쳐서 세 개의 정수 a, b, c가 주어지는데, a번 정점에서 b번 정점까지 양방향 길이 존재하며, 그 거리가 c라는 뜻이다. 다음 줄에는 반드시 거쳐야 하는 두 개의 서로 다른 정점 번호 $v1$과 $v2$가 주어진다.

출력 첫째 줄에 두 개의 정점을 지나는 최단 경로의 길이를 출력한다. 그러한 경로가 없다면 −1을 출력한다.

제약 $2 \le N \le 800, 0 \le E \le 200,000$

$1 \le c \le 1,000$

$$v1 \neq v2,\, v1 \neq N,\, v2 \neq 1$$

입력 예

```
4 6
1 2 3
2 3 3
3 4 1
1 3 5
2 4 5
1 4 4
2 3
```

출력 예

```
7
```

1162번 도로포장

제한 시간: 2초 | **메모리 제한**: 128MB | **정답률**: 20.57%

N개의 도시와 M개의 도로가 있다. 도로는 두 도시를 연결한다. 도로는 이미 있는 도로만 포장할 수 있고, 포장하면 도로를 지나가는 데 걸리는 시간이 0이 된다.

K개 이하의 도로를 포장해 1번 도시에서 N번 도시로 이동하는 최소 시간을 구하는 프로그램을 작성하시오.

입력 첫째 줄에 도시의 수 N, 도로의 수 M, 포장할 수 있는 횟수 K가 주어진다. 다음 M개의 줄에 도로가 연결하는 두 도시와 도로를 통과하는 데 걸리는 시간이 주어진다.

출력 K개 이하의 도로를 포장해 1번 도시에서 N번 도시로 이동하는 최소 시간을 출력한다.

제약 $1 \leq N \leq 10{,}000$

$1 \leq M \leq 50{,}000$

$1 \leq K \leq 20$

도로를 통과하는 데 걸리는 시간은 1,000,000보다 작거나 같은 자연수이다.

입력 예

```
4 4 1
1 2 10
2 4 10
1 3 1
3 4 100
```

출력 예

```
1
```

3부

응용편

프로그래밍 대회
필수 라이브러리

대부분의 프로그래밍 대회에서는 STL 같은 표준 라이브러리 이외의 라이브러리 파일을 사용할 수 있습니다. 따라서 곧바로 작성하기 어려운 알고리즘과 전형적인 문제의 답은 미리 스스로 라이브러리로 준비해 두고 활용하는 것이 좋습니다(물론 대회에 따라서 라이브러리를 따로 가져가서 사용할 수 없는 경우도 있습니다).

굉장히 수준이 높은 대회와 창의력을 중시하는 대회에서는 라이브러리를 사용하는 빈도 자체가 적습니다. 하지만 그 외의 대회에서는 라이브러리를 사용할 수 있는 기회가 생기고, 이를 활용하면 실수 없이 빠르게 문제를 풀 수 있는 가능성이 커집니다. 그 밖에도 라이브러리를 준비하면 다음과 같은 장점을 누릴 수 있습니다.

▶ 다양한 알고리즘, 자료 구조, 전형적인 문제를 공부할 수 있는 계기가 됩니다.

▶ 전형적인 문제에 대한 다른 사람들의 해답을 보면서 자신의 개발 실력을 발전시켜 나갈 수 있습니다.

▶ 알고리즘을 수집하는 재미도 생깁니다.

14장

고급 자료 구조

C++ 언어의 STL처럼 대부분의 프로그래밍 언어에서는 범용적인 자료 구조와 알고리즘을 제공하고 있습니다. 지금까지는 이러한 구현의 기본적인 구조를 확인하고, 관련된 문제를 풀어보았습니다.

하지만 표준 라이브러리에서 직접 지원하지 않는 자료 구조를 사용해야 하는 경우도 있는데, 이런 경우에는 표준 라이브러리를 확장해서 목적에 맞게 새로운 자료 구조를 정의해 사용하면 됩니다. 이번 장에서는 기본적인 자료 구조를 응용해서 만들 수 있는 고급 자료 구조와 관련된 문제를 풀어보겠습니다. 이는 이후에 고급 알고리즘 구현에도 응용됩니다.

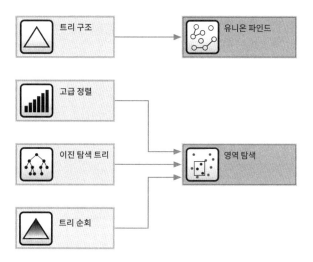

이번 장의 문제를 풀려면 트리 구조, 고급 정렬 알고리즘, 이진 트리 구현과 관련된 지식과 이와 관련된 라이브러리를 사용할 수 있는 프로그래밍 스킬이 필요합니다.

14.1 서로소 집합

DSL_1_A Disjoint Set: Union Find Tree

제한 시간: 3초 | **메모리 제한**: 65536KB | **정답률**: 63.71%

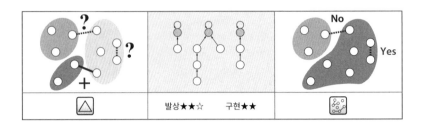

서로소 동적 집합 $S = \{S_1, S_2, \cdots, S_k\}$를 관리하는 프로그램을 작성하세요.

일단 정수 n을 읽어 들이고 $0, 1, \cdots, n-1$을 사용해 공통 요소가 없는 n개의 서로소 집합을 만듭니다.

이어서 정수 q를 읽어 들이고, q개의 쿼리에 따라 집합을 조작합니다. 쿼리는 다음과 같이 두 종류입니다.

▶ $unite(x, y)$: x를 포함하는 집합 S_x와 y를 포함하는 집합 S_y를 병합합니다.
▶ $same(x, y)$: x와 y가 같은 집합에 속하는지 판정합니다.

입력 $n\ q$

       $com_1\ x_1\ y_1$

       $com_2\ x_2\ y_2$

       …

       $com_q\ x_q\ y_q$

       1번째 줄에 n과 q가 주어집니다. 이어지는 q개의 줄에 쿼리가 주어집니다. com_i는 쿼리의 종류를 나타냅니다. '0'은 $unite$, '1'은 $same$을 나타냅니다.

출력 $same$ 쿼리가 있을 때마다 x와 y가 같은 집합에 속하는 경우 1, 이외의 경우에는 0을 한 줄씩 출력합니다.

제약 $1 \le n \le 10,000$

$\qquad 1 \le q \le 100,000$

입력 예

```
5 12
0 1 4
0 2 3
1 1 2
1 3 4
1 1 4
1 3 2
0 1 3
1 2 4
1 3 0
0 0 4
1 0 2
1 3 0
```

출력 예

```
0
0
1
1
1
0
1
1
```

해설[1]

서로소 집합(disjoint sets)은 공통 요소가 없는 집합들을 분류해서 관리하기 위한 자료 구조입니다. 서로소 집합은 동적으로 다음과 같은 조작을 효율적으로 처리할 수 있습니다.

▶ *makeSet*(x): 요소가 x 하나인 경우, 새로운 집합을 만듭니다.

▶ *findSet*(x): 요소 x가 속하는 집합의 대표 요소를 구합니다.

▶ *unite*(x, y): 지정된 2개의 요소 x와 y를 병합합니다.

findSet(x)로 요소 x가 어떤 집합에 속하는지를 확인할 수 있습니다. 서로소 집합에 두 요소 x와 y가 같은 집합에 속해 있는지를 확인하는 조작을 유니온 파인드(union-find)라고 부릅니다.

---

1 (옮긴이) 문제를 이해하기 약간 어려울 수 있어 추가 설명하겠습니다. 현재 입력 예는 n이 5이므로 0 ~ 4를 사용해서 서로소 집합을 만듭니다. 따라서 초기 상태는 {0}, {1}, {2}, {3}, {4}입니다. 쿼리 중에 0으로 시작하는 것들은 병합(unite)하는 쿼리입니다. 이것만 빼서 살펴보면, '0 1 4', '0 2 3', '0 1 3', '0 0 4'라고 되어 있습니다.

• 0 1 4: 1과 4가 있는 집합을 병합합니다. {1, 4}, {0}, {2}, {3}이 됩니다.
  - 이후의 쿼리 '1 1 2'는 "1과 2가 같은 집합에 있나요?"라는 질문입니다. 같이 있지 않으므로, false (= 0)입니다.
• 0 2 3: 2와 3이 있는 집합을 병합합니다. {2, 3}, {1, 4}, {0}이 됩니다.
• 0 1 3: 1과 3이 있는 집합을 병합합니다. {2, 3, 1, 4}, {0}이 됩니다.
  - 이후의 쿼리 '1 2 4'는 "2와 4가 같은 집합에 있나요?"라는 질문입니다. 같이 있으므로, true(= 1)입니다.
• 0 0 4: 0과 4가 있는 집합을 병합합니다. {2, 3, 1, 4, 0}이 됩니다.

그럼 서로소 집합 포레스트(disjoint sets forests)라는 포레스트(forest) 구조를 활용해서 서로소 집합을 구현해 봅시다. 트리 여러 개가 모인 것을 포레스트라고 부릅니다. 포레스트를 구성하는 트리가 각 집합을 나타내며, 트리의 각 노드가 집합 내부의 요소를 나타냅니다.

이때 각 트리의 루트는 집합을 구별하기 위한 대표(representative)라고 부릅니다. 따라서 $findSet(x)$는 요소 x가 속한 트리(집합)의 트리를 리턴하면 됩니다. 트리에서 루트를 특정하려면, 각 노드가 대표까지 도달할 수 있게 부모에 대한 포인터를 갖고 있어야 합니다. 그리고 대표는 자기 자신에 대한 포인터를 갖게 합니다. 예를 들어 다음 그림의 서로소 집합에서 $findSet(5)$의 결과는 1, $findSet(0)$의 결과도 1이므로 5와 0이 같은 집합에 속한다고 판단할 수 있습니다.

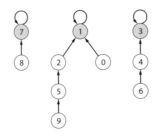

그림 14.1 서로소 집합

$findSet(x)$의 복잡도는 각 노드에서 대표까지 '포인터 수 = 트리의 높이'가 됩니다. 코드를 더 효율적으로 만들려면, $findSet(x)$가 대표를 구할 뿐만 아니라, 이후에 실행하는 $findSet(x)$를 위해 경로 압축(path compression)하게 합니다. 어떤 요소의 대표를 구할 때, 해당 요소에서 대표로 도달하는 경로 위의 모든 노드가 직접 대표를 가리키게 변경하는 것이 경로 압축입니다. 다음 그림은 경로 압축의 예입니다.

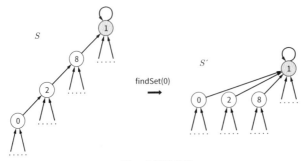

그림 14.2 경로 압축

S에서 각 노드는 부모에 대한 포인터를 가지며, 요소 0의 대표는 $0 \rightarrow 2 \rightarrow 8 \rightarrow 1$을 따라 올라가서 1을 구합니다. 이때 $findSet(0)$은 1을 리턴하지만, 동시에 경로 위 모든 노드의 포인터가 직접 1을 가리키게 처리하는 새로운 트리 S'을 생성합니다.

이렇게 경로 압축하면, 높이가 낮은 트리가 만들어지므로, 이를 활용하면 $find Set(x)$의 복잡도를 크게 낮출 수 있습니다.

지정한 두 요소 x와 y를 병합하는 조작 $unite(x, y)$는 x의 대표와 y의 대표 중 하나를 새로운 대표로 선정하고, 대표가 아닌 다른 노드들의 포인터가 새로운 대표를 가리키게 바꾸면 됩니다. 예를 들어 다음 그림은 어떤 서로소 집합 S에서 $unite(2, 4)$를 실행한 결과입니다.

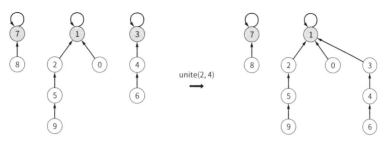

그림 14.3 병합

"둘 중에 누구를 새로운 대표로 선정하는가?"가 포인트입니다. 이는 집합을 나타내는 트리의 높이로 판단하면 됩니다. 따라서 노드 x를 루트로 할 때, 트리의 높이를 rank[x]라는 변수에 기록해 두어야 합니다. 하나의 요소가 하나의 집합을 이루는 초기 상태에서는 rank[x]를 모두 0으로 둡니다.

다음과 같이 병합하는 집합의 트리 높이가 다른 경우, 낮은 트리를 높은 트리에 병합합니다(이렇게 하면 새로운 트리의 높이에 변화가 없습니다).

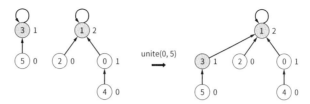

그림 14.4 병합: 높이가 다른 트리

다음과 같이 높이가 같은 트리를 병합하는 경우에는 병합 후의 대표 rank를 1만큼 증가시킵니다.

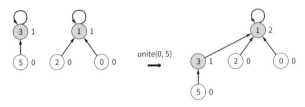

그림 14.5 병합: 높이가 같은 트리

조금 더 생각해 보기

경로 압축과 rank를 사용한 구현은 해석이 어렵지만, $O(\log n)$보다 빠른 것으로 알려져 있습니다. 이 구현에서는 경로 압축 때 rank를 변경하지 않습니다. 따라서 실제 노드 x의 높이는 rank[x] 이하가 됩니다.

해답 예

C++

```
1   #include<iostream>
2   #include<vector>
3
4   using namespace std;
5
6   class DisjointSet {
7     public:
8       vector<int> rank, p;
9
10      DisjointSet() {}
11      DisjointSet(int size) {
12        rank.resize(size, 0);
13        p.resize(size, 0);
14        for(int i=0; i < size; i++) makeSet(i);
15      }
16
17      void makeSet(int x) {
18        p[x] = x;
19        rank[x] = 0;
20      }
21
22      bool same(int x, int y) {
23        return findSet(x) == findSet(y);
24      }
25
```

```
26      void unite(int x, int y) {
27        link(findSet(x), findSet(y));
28      }
29
30      void link(int x, int y) {
31        if(rank[x] > rank[y]) {
32          p[y] = x;
33        } else {
34          p[x] = y;
35          if(rank[x] == rank[y]) {
36            rank[y]++;
37          }
38        }
39      }
40
41      int findSet(int x) {
42        if(x != p[x]) {
43          p[x] = findSet(p[x]);
44        }
45        return p[x];
46      }
47    };
48
49    int main() {
50      int n, a, b, q;
51      int t;
52
53      cin >> n >> q;
54      DisjointSet ds = DisjointSet(n);
55
56      for(int i = 0; i < q; i++) {
57        cin >> t >> a >> b;
58        if(t == 0) ds.unite(a, b);
59        else if(t == 1) {
60          if(ds.same(a, b)) cout << 1 << endl;
61          else cout << 0 << endl;
62        }
63      }
64
65      return 0;
66    }
```

14.2 영역 탐색

DSL_2_C Range Search (kD Tree)

제한 시간: 3초 | **메모리 제한**: 65536KB | **정답률**: 8.62%

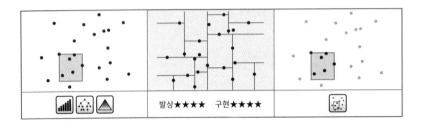

여러 속성을 가진 레코드 집합(데이터베이스)에서 특정 속성을 가진 값을 지정해서 영역에 들어 있는지를 확인하는 문제를 영역 탐색 문제라고 부릅니다.

2차원 평면 위의 점 집합에서 주어진 영역에 포함되는 점을 출력하세요. 주어진 점 집합에 점을 추가 및 제거하는 작업은 따로 주어지지 않습니다.

입력 n

$x_0\ y_0$

$x_1\ y_1$

:

$x_{n-1}\ y_{n-1}$

q

$sx_0\ tx_0\ sy_0\ ty_0$

$sx_1\ tx_1\ sy_1\ ty_1$

:

$sx_{q-1}\ tx_{q-1}\ sy_{q-1}\ ty_{q-1}$

1번째 줄의 n은 집합에 포함된 점의 수를 나타냅니다. 이어지는 n개의 줄에 i번째 점의 좌표가 $x_i\ y_i$ 형태로 주어집니다.

이어지는 줄 하나에 쿼리의 수 q가 주어집니다. 이어지는 q개의 줄에 각 쿼리가 4개의 정수 $sx_i\ tx_i\ sy_i\ ty_i$ 형태로 주어집니다.

출력 각 쿼리에 $sx_i \leq x \leq tx_i$와 $sy_i \leq y \leq ty_i$를 만족하는 점 번호를 오름차순으로 출력합니다. 점 번호는 한 줄에 하나씩 출력하고, 각 쿼리의 마지막에는 빈 줄을 출력합니다(조건을 만족하는 점이 없는 경우, 빈 줄 하나만 출력합니다).

제약 $0 \le n \le 500,000$

$0 \le q \le 20,000$

$-1,000,000,000 \le x, y, sx, tx, sy, ty \le 1,000,000,000$

$sx \le tx$

$sy \le ty$

각 쿼리에서 영역 내부에 포함된 점의 수는 100개를 넘지 않습니다.

입력 예	출력 예
6	0
2 1	1
2 2	2
4 2	4
6 2	
3 3	2
5 4	3
2	5
2 4 0 4	
4 10 2 5	

☑ **틀렸을 때의 체크포인트**

• C++ 언어의 경우에는 cin보다 scanf가 더 빠릅니다. 빠른 입출력을 사용해서 시간을 단축해 보세요.

해설

이번 문제에서는 입력으로 점 집합이 주어진 후에, 점의 삽입과 제거가 없습니다. 따라서 쿼리를 처리하기 전에 정적 데이터 집합을 만들어서 활용하면 됩니다. 일반적인 영역 탐색 문제는 삽입과 추가까지 생각해야 해서 굉장히 복잡합니다. 하지만 이번 문제는 영역 탐색 자체에만 집중하면 되는 간단한 문제입니다.

일단 문제를 조금 단순화해서, 1차원 영역 탐색 문제로 생각해 봅시다. x축만 갖는 1차원 축 위에 배치된 점 집합이 주어질 때, 해당 점이 어떤 영역(범위)에 속하는지 확인합니다.

먼저 다음과 같은 알고리즘으로, 주어진 점 집합 P에서 이진 탐색 트리 T를 만듭니다.

프로그램 14.1 1D Tree: Make

```
1   np = 0                          // 노드 번호를 초기화합니다.
2   make1DTree(0, n)
3
4   make1DTree(l, r)
5     if !(l < r)
6       return NIL
7
8     P의_l에서_r까지(r을_포함하지_않음)의_범위를_x로_오름차순_정렬합니다.
9
10    mid = (l + r) / 2
11
12    t = np++                      // 이진 트리의 노드 번호를 설정합니다.
13    T[t].location = mid           // P에서의 위치
14    T[t].l = make1DTree(l, mid)       // 앞쪽 부분 트리를 생성합니다.
15    T[t].r = make1DTree(mid + 1, r)   // 뒤쪽 부분 트리를 생성합니다.
16
17    return t
```

이 알고리즘의 재귀 함수 make1DTree(l, r)은 점 집합 P의 지정한 범위 l부터 r까지 있는 요소(r은 포함하지 않음)로 서브 트리를 생성합니다. 일단 make1DTree(0, n)을 호출해서, 점 집합 전체로 이진 트리를 만듭니다.

make1DTree(l, r)은 이진 트리의 노드 하나를 결정하고, 그 번호 t를 리턴합니다. 일단 지정한 범위 내의 점을 x 오름차순으로 정렬합니다. 이어서 중앙값의 인덱스 mid를 계산하고, 범위 내부의 점 집합을 mid를 경계로 양쪽으로 분할합니다. 여기에서 mid의 값은 노드 t가 P 내부에서 어떤 위치에 있는지를 나타냅니다(location에 설정합니다).

make1DTree(l, mid)와 make1DTree(mid + 1, r)로 각각 왼쪽 부분 트리, 오른쪽 부분 트리를 생성하고, 리턴 값을 기반으로 노드 t의 왼쪽 l과 오른쪽 r을 설정합니다.

예를 들어 x의 값이 {1, 3, 5, 6, 10, 13, 14, 16, 19, 21}인 노드 집합이 있다면, make1DTree로 다음과 같은 이진 탐색 트리를 만듭니다.

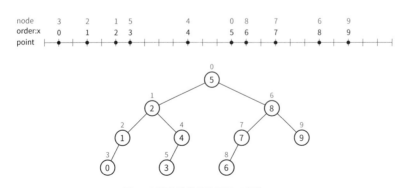

그림 14.6 이진 탐색 트리 구축: 1차원

그림에서 검은색 숫자는 x좌표를 기준으로 하는 번호(인덱스), 회색 숫자는 이진 탐색 트리의 노드 번호를 나타냅니다. 각각 중위 순회 순서, 전위 순회 순서와 같습니다.

이러한 이진 탐색 트리가 있을 때, 지정한 범위 내부의 노드를 출력(방문)하는 알고리즘은 다음과 같습니다.

프로그램 14.2 1D Tree: Find

```
1    find(v, sx, tx)
2      x = P[T[v].location].x
3      if sx <= x && x <= tx
4        print P[T[v].location]
5
6      if T[v].l != NIL && sx <= x
7        find(T[v].l, sx, tx)
8
9      if T[v].r != NIL && x <= tx
10       find(T[v].r, sx, tx)
```

이진 탐색 트리의 루트에서 탐색을 시작하고, 방문하고 있는 노드와 연결된 노드가 지정된 범위 sx와 tx에 포함되는지 확인한 뒤, 포함되면 해당 노드(노드 번호 또는 좌표 등)를 출력합니다. 이어서 해당 노드가 하한 sx보다 크다면 왼쪽 부분 트리를 재귀적으로 탐색하고, 상한 tx보다 작다면 오른쪽 부분 트리를 재귀적으로 탐색합니다. 예를 들어 위에서 생성한 이진 탐색 트리에서 x가 6~15 범위에 있는 노드를 출력한다면 다음과 같이 됩니다.

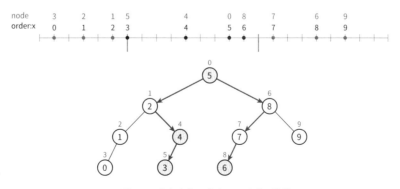

그림 14.7 이진 탐색 트리의 노드 탐색: 1차원

이 알고리즘은 k차원의 공간으로 확장할 수 있습니다. kD 트리라고 부르는 자료 구조를 구축하고, 이를 기반으로 영역 내부의 점을 탐색할 때 활용할 수 있습니다.

그럼 다음과 같이 2차원 평면 위에 배치되어 있는 점 집합으로 영역 탐색을 하는 알고리즘을 생각해 봅시다.

kD 트리를 구축하는 방법은 굉장히 많습니다. 그중에서 2차원 평면에 사용할 수 있는 기본적인 방법을 소개하겠습니다. 점을 정렬하고, 중앙값을 노드로 트리를 구축한다는 발상은 1차원 알고리즘과 비슷하지만, k차원의 경우 정렬 기준이 트리의 깊이에 따라 달라집니다.

1차원 x축 위에 배치된 점은 x값으로만 정렬하면 됩니다. 하지만 2차원 평면 위의 점은 x축과 y축 모두를 기준으로 정렬해야 합니다. 예를 들어 깊이가 짝수라면 x축, 홀수라면 y축으로 정렬하는 형태를 활용할 수 있습니다.

이 방법으로 이진 트리를 구축하고, 영역을 탐색하는 알고리즘은 다음과 같습니다.

프로그램 14.3 2D Tree: Make & Find

```
1   make2DTree(l, r, depth)
2     if !(l < r)
3       return NIL
4
5     mid = (l + r) / 2
6     t = np++
7
8     if depth % 2 == 0
9       P의_l~r의_범위(r은_포함하지_않음)를_x_기준_오름차순으로_정렬
10    else
11      P의_l~r의_범위(r은_포함하지_않음)를_y_기준_오름차순으로_정렬
12
13    T[t].location = mid
14    T[t].l = make2DTree(l, mid, depth + 1)
15    T[t].r = make2DTree(mid+1, r, depth + 1)
16
17    return t
18
19
20  find(v, sx, tx, sy, ty, depth)
21    x = P[T[v].location].x;
22    y = P[T[v].location].y;
23
24    if sx <= x && x <= tx && sy <= y && y <= ty
25      print P[T[v].location]
26
27    if depth % 2 == 0
28      if T[v].l != NIL && sx <= x
29        find(T[v].l, sx, tx, sy, ty, depth + 1)
30      if T[v].r != NIL && x <= tx
```

```
31          find(T[v].r, sx, tx, sy, ty, depth + 1)
32      else
33        if T[v].l != NIL && sy <= y
34          find(T[v].l, sx, tx, sy, ty, depth + 1)
35        if T[v].r != NIL && y <= ty
36          find(T[v].r, sx, tx, sy, ty, depth + 1)
```

make2DTree는 make1DTree를 2차원으로 확장한 것으로 방문 노드의 깊이 depth를 추가적인 매개변수로 가지며, depth가 짝수인지 홀수인지에 따라서 정렬 기준 축을 변경합니다. find도 마찬가지로 depth에 따라서 구분해서 탐색합니다.

다음은 2차원 평면 위에 배치된 점을 기반으로 이진 트리를 구축한 것입니다.

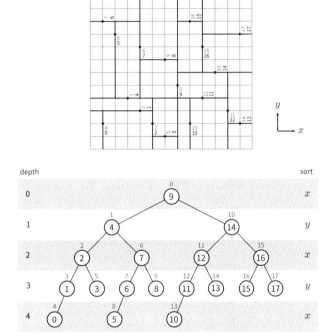

그림 14.8 이진 탐색 트리 구축: 2차원

그림에서 검은색 숫자는 좌표 기준으로 하는 순서, 회색 숫자는 이진 탐색 트리의 노드 수를 나타냅니다.

일단 make2DTree(0, n)으로 트리 루트 0을 결정합니다. 이 루트는 x좌표를 기준으로 정렬했을 때 중앙에 있는 점(회색 0을 지나는 수직선 분할)에 해당합니다. 이어서 노드 0보다 왼쪽(x축 음수 방향)에 있는 점을 기반으로, 이번에는 y좌표를 기준으로 정렬했을 때 중앙에 있는 점을 노드 1로 하고, 해당 점(수평선 분할) 위 아래에 있는 점들을 사용해 다시 재귀적으로 make2DTree를 호출합니다. 이를 계속 반복해서 트리를 구축하는 것입니다.

다음 예는 구축한 이진 트리를 기반으로 x는 2~8, y는 2~7의 영역에 있는지 탐색하는 것을 나타낸 것입니다.

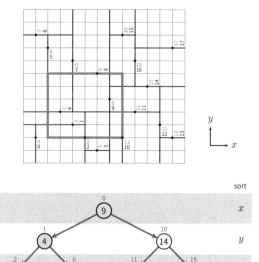

그림 14.9 이진 탐색 트리를 기반으로 점 탐색하기: 2차원

기본적인 원리는 1차원일 때와 같습니다. 탐색은 make2DTree의 알고리즘에 따라서, 깊이가 짝수일 때는 x축 비교, 홀수일 때는 y축 비교를 하면서 이진 트리를 탐색합니다.

조금 더 생각해 보기

점의 수를 n이라고 하면, $O(n \log n)$의 정렬을 트리 높이 $\log n$만큼 하므로, 트리 구축은 $O(n \log^2 n)$의 알고리즘이 됩니다.[2]

또한 영역 탐색은 지정한 영역 내부에 포함되어 있는 점의 수를 k, kD 트리의 차원을 d라고 하면, $O(n^{1-\frac{1}{d}} + k)$의 알고리즘이라는 것을 알 수 있습니다.

2　(옮긴이) $\log^2 n$은 $(\log n)^2$와 같은 의미입니다.

해답 예

C++

```
1   #include<cstdio>
2   #include<algorithm>
3   #include<vector>
4   using namespace std;
5
6   class Node {
7   public:
8     int location;
9     int p, l, r;
10    Node() {}
11  };
12
13  class Point {
14  public:
15    int id, x, y;
16    Point() {}
17    Point(int id, int x, int y): id(id), x(x), y(y) {}
18    bool operator < (const Point &p) const {
19      return id < p.id;
20    }
21
22    void print() {
23      printf("%d\n", id); // cout보다 빠른 printf를 사용
24    }
25  };
26
27  static const int MAX = 1000000;
28  static const int NIL = -1;
29
30  int N;
31  Point P[MAX];
32  Node T[MAX];
33  int np;
34
35  bool lessX(const Point &p1, const Point &p2) { return p1.x < p2.x; }
36  bool lessY(const Point &p1, const Point &p2) { return p1.y < p2.y; }
37
38  int makeKDTree(int l, int r, int depth) {
39    if(!(l < r)) return NIL;
40    int mid = (l + r) / 2;
41    int t = np++;
42    if(depth % 2 == 0){
43      sort(P + l, P + r, lessX);
44    } else {
45      sort(P + l, P + r, lessY);
46    }
```

```
47      T[t].location = mid;
48      T[t].l = makeKDTree(l, mid, depth + 1);
49      T[t].r = makeKDTree(mid + 1, r, depth + 1);
50
51      return t;
52  }
53
54  void find(int v, int sx, int tx, int sy, int ty, int depth, vector<Point> &ans) {
55      int x = P[T[v].location].x;
56      int y = P[T[v].location].y;
57
58      if(sx <= x && x <= tx && sy <= y && y <= ty) {
59          ans.push_back(P[T[v].location]);
60      }
61
62      if(depth % 2 == 0) {
63          if(T[v].l != NIL) {
64              if(sx <= x) find(T[v].l, sx, tx, sy, ty, depth + 1, ans);
65          }
66          if(T[v].r != NIL) {
67              if(x <= tx) find(T[v].r, sx, tx, sy, ty, depth + 1, ans);
68          }
69      } else {
70          if(T[v].l != NIL) {
71              if(sy <= y) find(T[v].l, sx, tx, sy, ty, depth + 1, ans);
72          }
73          if(T[v].r != NIL) {
74              if(y <= ty) find(T[v].r, sx, tx, sy, ty, depth + 1, ans);
75          }
76      }
77  }
78
79  int main() {
80      int x, y;
81      scanf("%d", &N);
82      for(int i = 0; i < N; i++) {
83          scanf("%d %d", &x, &y); // cin보다 빠른 scanf를 사용
84          P[i] = Point(i, x, y);
85          T[i].l = T[i].r = T[i].p = NIL;
86      }
87
88      np = 0;
89
90      int root = makeKDTree(0, N, 0);
91
92      int q;
93      scanf("%d", &q);
94      int sx, tx, sy, ty;
95      vector<Point> ans;
96      for(int i = 0; i < q; i++) {
```

```
97      scanf("%d %d %d %d", &sx, &tx, &sy, &ty);
98      ans.clear();
99      find(root, sx, tx, sy, ty, 0, ans);
100     sort(ans.begin(), ans.end());
101     for(int j = 0; j < ans.size(); j++) {
102        ans[j].print();
103     }
104     printf("\n");
105   }
106
107   return 0;
108 }
```

14.3 그 밖의 문제

이 책에서 다루지 않은 고급 자료 구조 문제를 추가로 소개하겠습니다.

▶ DSL_2_A: Range Minimum Query

요소의 값이 동적으로 변화하는 수열을 기준으로, 지정된 범위 내부에서 최소의 요소를 빠르게 구하는 문제입니다. 세그먼트 트리라는 자료 구조를 응용하는 문제입니다.

▶ DSL_2_B: Range Sum Query

요소 값이 동적으로 변화하는 수열을 기준으로, 지정된 범위 내부의 요소 합을 빠르게 구하는 문제입니다. 세그먼트 트리라는 자료 구조를 응용하는 문제입니다.

14.4 백준 온라인 저지 문제

1717번 집합의 표현

제한 시간: 2초 | **메모리 제한**: 128MB | **정답률**: 28.56%

초기에 {0}, {1}, {2}, ⋯ {n}이 각각 $n + 1$개의 집합을 이루고 있다. 여기에 합집합 연산과, 두 원소가 같은 집합에 포함되어 있는지를 확인하는 연산을 수행하려고 한다.

집합을 표현하는 프로그램을 작성하시오.

입력 첫째 줄에 n, m이 주어진다. m은 입력으로 주어지는 연산의 개수이다. 다음 m개의 줄에는 각각의 연산이 주어진다. 합집합은 0 a b의 형태로 입력이 주어진다. 이는 a가 포함되어 있는 집합과, b가 포함되어 있는 집합을 합친다는 의미이다. 두 원소가 같은 집합에 포함되어 있는지를 확인하는 연산은 1 a b 의 형태로 입력이 주어진다. 이는 a와 b가 같은 집합에 포함되어 있는지를 확인하는 연산이다. a와 b는 n 이하의 자연수 또는 0이며 같을 수도 있다.

출력 1로 시작하는 입력에 대해서 한 줄에 하나씩 YES/NO로 결과를 출력한다.

제약 $1 \leq n \leq 1,000,000$

$1 \leq m \leq 100,000$

입력 예

```
7 8
0 1 3
1 1 7
0 7 6
1 7 1
0 3 7
0 4 2
0 1 1
1 1 1
```

출력 예

```
NO
NO
YES
```

10868번 최솟값

제한 시간: 1초 | **메모리 제한**: 256MB | **정답률**: 48.51%

N개의 정수가 있을 때, a번째 정수부터 b번째 정수까지 중에서 제일 작은 정수를 찾아보자. 이와 같은 a, b의 쌍이 M개 주어진다.

입력 첫째 줄에 N, M이 주어진다. 둘째 줄부터 N개의 줄에 1번째 정수부터 N번째 정수까지 한 줄에 하나씩 순서대로 주어진다. 다음 M개의 줄에는 a, b의 쌍이 주어진다.

출력 M개의 줄에 입력받은 순서대로 각 a, b에 대한 답을 출력한다.

제약 $1 \leq N \leq 100,000$

$1 \leq M \leq 100,000$

입력 예

```
10 4
75
30
100
```

출력 예

```
5
38
20
5
```

```
38
50
51
52
20
81
5
1 10
3 5
6 9
8 10
```

2042번 구간 합 구하기

제한 시간: 2초 | **메모리 제한:** 256MB | **정답률:** 23.77%

N개의 수가 있다. 그런데 중간에 수의 변경이 빈번히 일어나고 그 중간에 어떤 부분의 합을 구하는 프로그램을 작성하시오.

입력 첫째 줄에 수의 개수 N과 M, K가 주어진다. M은 수의 변경이 일어나는 횟수이고, K는 구간의 합을 구하는 횟수이다. 그리고 둘째 줄부터 $N + 1$번째 줄까지 N개의 수가 주어진다. 그리고 $N + 2$번째 줄부터 $N + M + K + 1$번째 줄까지 세 개의 정수 a, b, c가 주어지는데, a가 1인 경우 $b(1 \leq b \leq N)$번째 수를 c로 바꾸고, a가 2인 경우에는 $b(1 \leq b \leq N)$번째 수부터 $c(b \leq c \leq N)$번째 수까지의 합을 구하여 출력하면 된다.

출력 첫째 줄부터 K줄에 걸쳐 구한 구간의 합을 출력한다.

제약 $1 \leq N \leq 1,000,000$

$1 \leq M \leq 10,000$

$1 \leq K \leq 10,000$

입력으로 주어지는 모든 수는 -2^{63}보다 크거나 같고, $2^{63}-1$보다 작거나 같은 정수이다.

구간의 합은 -2^{63}보다 크거나 같고, $2^{63}-1$보다 작거나 같은 정수이다.

입력 예

```
5 2 2
1
2
3
4
```

출력 예

```
17
12
```

```
5
1 3 6
2 2 5
1 5 2
2 3 5
```

10999번 구간 합 구하기 2

제한 시간: 2초 | **메모리 제한:** 256MB | **정답률:** 32.30%

N개의 수가 있다. 그런데 중간에 수의 변경이 빈번히 일어나고 그 중간에 어떤 부분의 합을 구하는 프로그램을 작성하시오.

입력 첫째 줄에 수의 개수 N과 M, K가 주어진다. M은 수의 변경이 일어나는 횟수이고, K는 구간의 합을 구하는 횟수이다. 그리고 둘째 줄부터 $N + 1$번째 줄까지 N개의 수가 주어진다. 그리고 $N + 2$번째 줄부터 $N + M + K + 1$번째 줄까지 세 개의 정수 a, b, c 또는 a, b, c, d가 주어지는데, a가 1인 경우 b번째 수부터 c번째 수에 d를 더하고, a가 2인 경우에는 b번째 수부터 c번째 수의 합을 구하여 출력하면 된다.

출력 첫째 줄부터 K줄에 걸쳐 구한 구간의 합을 출력한다.

제약 $1 \le N \le 1{,}000{,}000$

$1 \le M \le 10{,}000$

$1 \le K \le 10{,}000$

입력으로 주어지는 모든 수는 -2^{63}보다 크거나 같고, $2^{63}-1$보다 작거나 같은 정수이다.

구간의 합은 -2^{63}보다 크거나 같고, $2^{63}-1$보다 작거나 같은 정수이다.

입력 예

```
5 2 2
1
2
3
4
5
1 3 4 6
2 2 5
1 1 3 -2
2 2 5
```

출력 예

```
26
22
```

11658번 구간 합 구하기 3

제한 시간: 1초 | **메모리 제한:** 256MB | **정답률:** 36.26%

$N \times N$개의 수가 $N \times N$ 크기의 표에 채워져 있다. 그런데 중간에 수의 변경이 빈번히 일어나고 그 중간에 어떤 부분의 합을 구하려 한다. 표의 i행 j열은 (i, j)로 나타낸다.

예를 들어, $N = 4$이고, 표가 아래와 같이 채워져 있는 경우를 살펴보자.

1	2	3	4
2	3	4	5
3	4	5	6
4	5	6	7

여기서 $(2, 2)$부터 $(3, 4)$까지 합을 구하면 $3 + 4 + 5 + 4 + 5 + 6 = 27$이 된다. $(2, 3)$을 7로 바꾸고 $(2, 2)$부터 $(3, 4)$까지 합을 구하면 $3 + 7 + 5 + 4 + 5 + 6 = 30$이 된다.

표에 채워져 있는 수와 변경하는 연산과 합을 구하는 연산이 주어졌을 때, 이를 처리하는 프로그램을 작성하시오.

입력 첫째 줄에 표의 크기 N과 수행해야 하는 연산의 수 M이 주어진다. 둘째 줄부터 N개의 줄에는 표에 채워져 있는 수가 1행부터 차례대로 주어진다. 다음 M개의 줄에는 네 개의 정수 w, x, y, c 또는 다섯 개의 정수 $w, x1, y1, x2, y2$가 주어진다. $w = 0$인 경우는 (x, y)를 c로 바꾸는 연산이고, $w = 1$인 경우는 $(x1, y1)$부터 $(x2, y2)$의 합을 구해 출력하는 연산이다. $(1 \le c \le 1,000)$ 표에 채워져 있는 수는 1,000보다 작거나 같은 자연수이다.

출력 $w = 1$인 입력마다 구한 합을 순서대로 한 줄에 하나씩 출력한다.

제약 $1 \le N \le 1,024$

$1 \le M \le 100,000$

입력 예

```
4 5
1 2 3 4
2 3 4 5
3 4 5 6
4 5 6 7
1 2 2 3 4
0 2 3 7
1 2 2 3 4
0 3 4 5
1 3 4 3 4
```

출력 예

```
27
30
5
```

15장

고급 그래프 알고리즘

이번 장에서는 지금까지 살펴보았던 알고리즘과 자료 구조를 응용해서 여러 가지 고급 그래프 알고리즘 문제를 풀어보겠습니다.

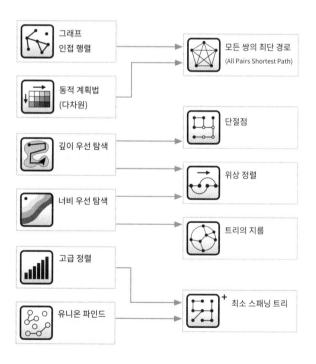

이번 장의 문제를 풀려면 그래프 표현, 그래프 탐색 알고리즘, 유니온 파인드와 관련된 지식과 이를 구현할 수 있는 프로그래밍 스킬이 필요합니다.

15.1 모든 쌍의 최단 경로

GRL_1_C All Pairs Shortest Path

제한 시간: 1초 | **메모리 제한**: 65536KB | **정답률**: 25.69%

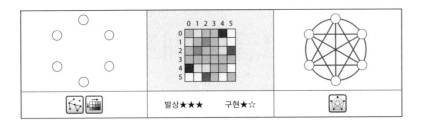

가중치 유향 그래프 $G = (V, E)$가 주어질 때, 모든 쌍의 최단 경로를 출력하세요.

입력   입력은 다음과 같은 형식으로 주어집니다.

$|V|\ |E|$

$s_0\ t_0\ d_0$

$s_1\ t_1\ d_1$

:

$s_{|E|-1}\ t_{|E|-1}\ d_{|E|-1}$

$|V|$는 그래프 G의 노드 수, $|E|$는 그래프 G의 에지 수를 나타냅니다. 그래프 G의 노드는 $0, 1, \cdots, |V| - 1$이라는 번호가 할당되어 있습니다.

s_i, t_i, d_i는 그래프 G의 i번째 에지(방향 있음)가 연결하는 두 노드 번호와 가중치를 나타냅니다.

출력   그래프 G가 negative cycle(에지의 가중치 합이 음수가 되는 사이클)을 포함한다면

```
NEGATIVE CYCLE
```

을 1번째 줄에 출력합니다. 이외의 경우에는 다음과 같은 형식으로 거리를 출력합니다.

$D_{0,0}\ D_{0,1} \cdots D_{0,|V|-1}$

$D_{1,0}\ D_{1,1} \cdots D_{1,|V|-1}$

:

$D_{|V|-1,0}\ D_{|V|-1,1} \cdots D_{|V|-1,|V|-1}$

|V|줄만큼 출력합니다. i번째에 노드 i에서 각 노드 j까지의 최단 거리를 차례 대로 출력합니다. i에서 j로 이어지는 경로가 없는 경우에는 'INF'라고 출력 합니다. 거리 사이에는 하나의 공백을 넣어 주세요.

제약 $1 \leq |V| \leq 100$

$0 \leq |E| \leq 9,900$

$-2 \times 10^7 \leq d_i \leq 2 \times 10^7$

그래프 G에 다중 에지는 없습니다.

그래프 G에 셀프 루프는 없습니다.

입력 예 1

```
4 6
0 1 1
0 2 5
1 2 2
1 3 4
2 3 1
3 2 7
```

출력 예 1

```
0 1 3 4
INF 0 2 3
INF INF 0 1
INF INF 7 0
```

입력 예 2

```
4 6
0 1 1
0 2 -5
1 2 2
1 3 4
2 3 1
3 2 7
```

출력 예 2

```
0 1 -5 -4
INF 0 2 3
INF INF 0 1
INF INF 7 0
```

입력 예 3

```
4 6
0 1 1
0 2 5
1 2 2
1 3 4
2 3 1
3 2 -7
```

출력 예 3

```
NEGATIVE CYCLE
```

해설

모든 쌍의 최단 경로(All Pairs Shortest Path, APSP)는 그래프 $G = (V, E)$가 주어질 때, G에 포함되는 모든 노드 쌍의 최단 경로(거리)를 구하는 문제입니다. 이 문제는 G에 음수 가중치가 없다면 모든 노드를 시작점으로 데이크스트라 알고리즘을 $|V|$번 반복해서 풀 수 있습니다. 이렇게 문제를 풀면, 알고리즘의 복잡도가 $O(|V|^3)$이 됩니다. 추가로 우선순위 큐를 사용해서 구현하면, $O(|V|(|E| + |V|) \log |V|)$ 알고리즘이 됩니다.

APSP 문제를 $O(|V|^3)$으로 푸는 방법으로 플로이드-워셜 알고리즘(Floyd-Warshall algorithm)이 알려져 있습니다. 플로이드-워셜 알고리즘은 G에 음수 사이클이 없는 경우에 한해서, G에 음수 가중치를 갖는 에지가 있더라도 정상적으로 동작합니다. 음수 사이클이란 어떤 사이클을 이루는 가중치 합계가 음수인 경우를 말합니다. 이런 음수 사이클이 있다면, 무한하게 해당 사이클을 순회하면서 비용을 감소시킬 수 있으므로 최단 경로 문제 자체가 성립하지 않습니다.

플로이드-워셜 알고리즘은 최단 경로뿐만 아니라 G에 음수 사이클이 존재하는지 여부를 확인할 때도 사용할 수 있습니다. 알고리즘이 종료되는 시점에서 G에 있는 노드 v에서 노드 v(자기 자신)로의 최단 경로가 음수가 되어 있는 경우, G에 음수 사이클이 있다고 판정할 수 있습니다.

플로이드-워셜 알고리즘은 노드 쌍 $[i, j]$가 있을 때, 최단 비용을 2차원 배열의 요소 $A[i, j]$로 표현합니다. 이 배열은 동적 계획법을 사용해서 구합니다. 지금부터 설명을 위해서, $G = (V, E)$의 노드를 $\{1, 2, 3, \cdots, |V|\}$라고 부르겠습니다.

$A^k[i, j]$를 노드 $V^k = \{1, 2, 3, \cdots, k\}$만 경유할 때의 노드 i에서 노드 j로 이동하는 최단 비용, 해당 시점의 경로 하나를 $P^k[i, j]$라고 하겠습니다. 플로이드-워셜 알고리즘은 A^{k-1}을 기반으로 A^k를 $k = 1, 2, 3, \cdots, |V|$로 차례차례 계산해서, $A^{|V|}$(따라서 $A[i, j]$)를 구합니다.

일단 $A^0[i, j]$는 i와 j 이외에 경유하는 노드가 존재하지 않는다는 의미이므로, 단순하게 i와 j를 연결하는 에지의 가중치가 됩니다. 입력으로 주어진 인접 행렬에서 i에서 j로 향하는 가중치가 d인 에지를 알 수 있으므로 $A[i, j] = d$로 설정합니다. 만약 에지가 없다면 $A[i, j] = \infty$로 설정합니다. 또한 $A[i, i] = 0$으로 합니다. 이 시점에서 $A^0[i, j]$가 i부터 j까지의 최단 경로라는 것은 명확하게 알 수 있습니다.

이어서 k가 $1, 2, 3, \cdots, |V|$일 때 A^{k-1}을 기반으로 A^k를 구해 봅시다. $P^k[i, j]$가 노드 k를 '경유하지 않는 경우'와 '경유하는 경우'로 구분해서 생각하면 됩니다.

$P^k[i, j]$가 k를 경유하지 않는다면, $P^k[i, j]$는 끝점에 있는 i와 j 이외에 $V^{k-1} = \{1, 2, 3, \cdots, k-1\}$에 속하는 노드만 통과하므로 $P^{k-1}[i, j]$와 같습니다. 따라서 이 경우에는 $A^k[i, j] = A^{k-1}[i, j]$가 됩니다.

$P^k[i, j]$가 k를 경유하는 경우, $P^k[i, j]$는 k를 따라서 $i \rightarrow k$와 $k \rightarrow j$하는 2개의 부분 경로로 구분됩니다. 이 두 부분 경로는 모두 $V^{k-1} = \{1, 2, 3, \cdots, k-1\}$에 속하는 노드만 경유해야 합니다. 따라서 k를 경유하는 최단 경로의 부분 경로는 $P^{k-1}[i, k]$와 $P^{k-1}[k, j]$라고 할 수 있으며, $A^k[i, j] = A^{k-1}[i, k] + A^{k-1}[k, j]$가 됩니다.

위의 내용을 정리하면

$$A^k[i, j] = min(A^{k-1}[i, j], A^{k-1}[i, k] + A^{k-1}[k, j])$$

라고 할 수 있습니다.

이 알고리즘은 이전 상태를 계속해서 저장해야 할 것 같아서, $A^k[i, j]$를 구하기 위해, $A[i, j, k]$처럼 $O(|V|^3)$의 메모리 공간이 필요하게 보입니다. 하지만 $A^k[k, k]$ = 0이라

$$A^k[i, k] = min(A^{k-1}[i, k], A^{k-1}[i, k] + A^{k-1}[k, k]) = A^{k-1}[i, k]$$
$$A^k[k, j] = min(A^{k-1}[k, j], A^{k-1}[k, k] + A^{k-1}[k, j]) = A^{k-1}[k, j]$$

이 됩니다. $A^k[i, j]$로 $A^{k-1}[i, j]$를 덮어써도 아무 문제없으므로 2차원 배열만 선언해서 사용해도 괜찮습니다

플로이드-워셜 알고리즘은 다음과 같이 구현할 수 있습니다.

프로그램 15.1 플로이드-워셜

```
1   warshallFloyd() // 1-기반 배열
2     for k = 1 to |V|
3       for i = 1 to |V|
4         for j = 1 to |V|
5           A[i][j] = min(A[i][j], A[i][k] + A[k][j])
```

조금 더 생각해 보기

이 구현에서는 A의 초깃값과 $A[i][k] + A[k][j]$의 오버플로를 주의해야 합니다. $|V|$를 기반으로 하는 삼중 반복문이 있으므로 플로이드-워셜 알고리즘은 $O(|V|^3)$의 알고리즘입니다.

해답 예

C++

```cpp
1   #include<iostream>
2   #include<algorithm>
3   #include<vector>
4   #include<climits>
5   using namespace std;
6
7   static const int MAX = 100;
8   static const long long INFTY = (1LL<<32);
9
10  int n;
11  long long d[MAX][MAX];
12
13  void floyd() {
14    for(int k = 0; k < n; k++) {
15      for(int i = 0; i < n; i++) {
16        if(d[i][k] == INFTY) continue;
17        for(int j = 0; j < n; j++) {
18          if(d[k][j] == INFTY) continue;
19          d[i][j] = min(d[i][j], d[i][k] + d[k][j]);
20        }
21      }
22    }
23  }
24
25  int main() {
26    int e, u, v, c;
27    cin >> n >> e;
28
29    for(int i = 0; i < n; i++) {
30      for(int j = 0; j < n; j++) {
31        d[i][j] = ((i == j) ? 0 : INFTY);
32      }
33    }
34
35    for(int i = 0; i < e; i++) {
36      cin >> u >> v >> c;
37      d[u][v] = c;
38    }
39
40    floyd();
41
42    bool negative = false;
43    for(int i = 0; i < n; i++) if(d[i][i] < 0) negative = true;
44
45    if(negative) {
46      cout << "NEGATIVE CYCLE" << endl;
47    } else {
```

```
48    for(int i = 0; i < n; i++) {
49      for(int j = 0; j < n; j++) {
50        if(j) cout << " ";
51        if(d[i][j] == INFTY) cout << "INF";
52        else cout << d[i][j];
53      }
54      cout << endl;
55    }
56  }
57
58    return 0;
59 }
```

15.2 위상 정렬

GRL_4_B Topological Sort

제한 시간: 1초 | **메모리 제한**: 65536KB | **정답률**: 50.00%

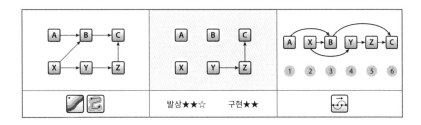

사이클이 없는 유향 그래프 DAG는 어떤 일의 과정을 나타내는 자료 구조로 활용될 수 있습니다. 예를 들어 각각의 일을 노드로, 일의 순서를 방향 있는 에지로 표현할 수 있습니다. 위의 그림에서 일 B를 하려면, 일 A와 일 X를 완료해야 합니다. 이와 같은 관계를 나타내는 DAG가 주어질 때, 위상 정렬하면 어떤 순서로 일을 해야 하는지 알 수 있습니다. DAG의 모든 에지 (u, v)에 대해 u가 v보다 앞에 위치하게 정렬하는 것을 위상 정렬(topological sort)이라고 부릅니다.

DAG G가 주어질 때, 이를 위상 정렬하고 출력하는 프로그램을 작성하세요.

입력 입력은 다음과 같은 형태로 주어집니다.

$|V| |E|$

$s_0 \ t_0$

$s_1 \ t_1$

:

$s_{|E|-1} \ t_{|E|-1}$

$|V|$는 그래프 G의 노드 수, $|E|$는 그래프 G의 에지 수를 나타냅니다. 그래프 G의 노드에는 $0, 1, \cdots, |V| - 1$의 번호가 붙어 있습니다.

s_i, t_i는 그래프 G의 i번째 방향 있는 에지가 연결하는 두 노드 번호를 나타냅니다.

출력 그래프 G의 노드 번호를 위상 정렬 순서로 출력합니다. 각각의 노드 번호를 한 줄씩 출력합니다.

제약 $1 \leq |V| \leq 10,000$

$0 \leq |E| \leq 100,000$

그래프 G는 DAG입니다.

그래프 G에 다중 변은 없습니다.

그래프 G에 셀프 루프는 없습니다.

입력 예

```
6 6
0 1
1 2
3 1
3 4
4 5
5 2
```

출력 예

```
0
3
1
4
5
2
```

해설

그래프 위상 정렬은 그래프의 모든 방향 있는 에지가 왼쪽에서 오른쪽으로 향하게 모든 노드를 수평선 위에 정렬하는 것입니다. 예를 들어 문제의 그림처럼 DAG로 표현된 그래프는 일직선 위에 정렬할 수 있습니다. 정렬된 그래프를 왼쪽에서부터 차례대로 출력하면, 이번 문제에서 원하는 답을 구할 수 있습니다.

위상 정렬은 너비 우선 탐색 또는 깊이 우선 탐색을 응용해서 비교적 쉽게 구현할 수 있습니다.

너비 우선 탐색으로 위상 정렬하는 알고리즘은 다음과 같습니다.

프로그램 15.2 너비 우선 탐색을 사용한 위상 정렬

```
1   topologicalSort(){
2       모든_노드의_color[u]를_WHITE로_설정
3       모든_노드_indeg[u](u의_전입차수)를_설정
4
```

```
5     for u를_0부터_|V|-1까지
6       if indeg[u] == 0 && color[u] == WHITE
7         bfs(u)
8
9  bfs(s)
10   Q.push(s)
11   color[s] = GRAY
12   while Q가_비어있지_않다면
13     u = Q.dequeue()
14
15     out.push_back(u) // 차수가 0인 노드를 추가
16
17     for u와_인접한_노드_v
18       indeg[v]-
19       if indeg[v] == 0 && color[v] == WHITE
20         color[v] = GRAY
21         Q.enqueue(v)
```

이 알고리즘은 너비 우선 탐색의 전입 차수가 0인 노드를 차례대로 방문하고, 연결 리스트의 끝에 추가합니다.

방문한 노드 u를 '완료'로 설정하고, 여기에서 나오는 에지 끝에 있는 노드 v의 입 차수를 1만큼 감소시킵니다(노드 u에서 나오는 에지를 제거하는 작업입니다). 에 지를 제거하면서 v의 전입 차수가 0이 되면, 이후에 v에 방문할 수 있게 v를 큐에 추가합니다.

재귀를 사용한 깊이 우선 탐색으로 위상 정렬을 하는 알고리즘은 다음과 같습 니다.

프로그램 15.3 깊이 우선 탐색을 사용한 위상 정렬

```
1  topologicalSort()
2    모든_노드의_color[u]를_WHITE로_설정
3
4    for s를_0부터_|V|-1까지
5      if color[s] == WHITE
6        dfs(s)
7
8  dfs(u)
9    color[u] = GRAY
10   for u와_인접한_노드_v
11     if color[v] == WHITE
12       dfs(v)
13
14   out.push_front(u)   // 방문한 노드를 역순으로 연결 리스트에 추가
```

이 알고리즘은 깊이 우선 탐색으로 방문을 완료한 노드를 연결 리스트의 가장 앞쪽에 밀어서 추가합니다. 위상 순서는 역순으로 결정되므로, 리스트의 가장 앞에 추가하는 것입니다.

조금 더 생각해 보기

깊이 우선 탐색과 너비 우선 탐색을 사용한 위상 정렬은 $O(|V| + |E|)$의 알고리즘입니다. 큰 그래프를 다루어야 하는 경우에는 스택 오버플로를 고려해서 재귀를 사용하지 않는 너비 우선 탐색을 사용하는 것이 안전합니다.

해답 예

C++(너비 우선 탐색을 사용한 위상 정렬)

```cpp
1   #include<iostream>
2   #include<vector>
3   #include<algorithm>
4   #include<queue>
5   #include<list>
6   using namespace std;
7   static const int MAX = 100000;
8   static const int INFTY = (1<<29);
9
10  vector<int> G[MAX];
11  list<int> out;
12  bool V[MAX];
13  int N;
14  int indeg[MAX];
15
16  void bfs(int s) {
17    queue<int> q;
18    q.push(s);
19    V[s] = true;
20    while(!q.empty()) {
21      int u = q.front(); q.pop();
22      out.push_back(u);
23      for(int i = 0; i < G[u].size(); i++) {
24        int v = G[u][i];
25        indeg[v]--;
26        if(indeg[v] == 0 && !V[v]) {
27          V[v] = true;
28          q.push(v);
29        }
30      }
31    }
32  }
```

```
33
34  void tsort() {
35    for(int i = 0; i < N; i++) {
36      indeg[i] = 0;
37    }
38
39    for(int u = 0; u < N; u++) {
40      for(int i = 0; i < G[u].size(); i++) {
41        int v = G[u][i];
42        indeg[v]++;
43      }
44    }
45
46    for(int u = 0; u < N; u++)
47      if(indeg[u] == 0 && !V[u]) bfs(u);
48
49    for(list<int>::iterator it = out.begin(); it != out.end(); it++) {
50      cout << *it << endl;
51    }
52  }
53
54  int main() {
55    int s, t, M;
56
57    cin >> N >> M;
58
59    for(int i = 0; i < N; i++) V[i] = false;
60
61    for(int i = 0; i < M; i++) {
62      cin >> s >> t;
63      G[s].push_back(t);
64    }
65
66    tsort();
67
68    return 0;
69  }
```

C++(깊이 우선 탐색을 사용한 위상 정렬)

```
1   #include<iostream>
2   #include<vector>
3   #include<algorithm>
4   #include<list>
5   using namespace std;
6   static const int MAX = 100000;
7
8   vector<int> G[MAX];
9   list<int> out;
10  bool V[MAX];
```

```
11  int N;
12
13  void dfs(int u) {
14    V[u] = true;
15    for(int i = 0; i < G[u].size(); i++) {
16      int v = G[u][i];
17      if(!V[v]) dfs(v);
18    }
19    out.push_front(u);
20  }
21
22  int main() {
23    int s, t, M;
24
25    cin >> N >> M;
26
27    for(int i = 0; i < N; i++) V[i] = false;
28
29    for(int i = 0; i < M; i++) {
30      cin >> s >> t;
31      G[s].push_back(t);
32    }
33
34    for(int i = 0; i < N; i++) {
35      if(!V[i]) dfs(i);
36    }
37
38    for(list<int>::iterator it = out.begin(); it != out.end(); it++)
39      cout << *it << endl;
40
41    return 0;
42  }
```

15.3 단절점

GRL_3_A Articulation Point

제한 시간: 1초　|　**메모리 제한**: 65536KB　|　**정답률**: 54.35%

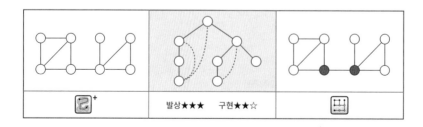

무향 그래프 $G = (V, E)$의 단절점을 출력하세요.

연결 그래프 G에서 노드 u와 노드 u에서 나오는 에지를 제거할 때, 연결되지 않은 부분 그래프가 발생하면, 노드 u를 그래프 G의 단절점(articulation point) 또는 관절점이라고 부릅니다. 예를 들어 앞 그림의 그래프에서 회색으로 칠한 노드가 단절점입니다.

입력 입력은 다음과 같은 형태로 주어집니다.

$|V| |E|$

$s_0\ t_0$

$s_1\ t_1$

:

$s_{|E|-1}\ t_{|E|-1}$

$|V|$는 그래프 G의 노드 수, $|E|$는 그래프 G의 에지 수를 나타냅니다. 그래프 G의 노드에는 $0, 1, \cdots, |V| - 1$이라는 번호가 붙어 있습니다.

s_i, t_i는 그래프 G의 i번째 에지(방향 없음)가 연결하는 두 노드 번호를 나타냅니다.

출력 그래프 G의 단절점을 노드 번호 오름차순으로 출력합니다. 각각의 노드 번호를 한 줄씩 출력합니다.

제약 $1 \leq |V| \leq 100,000$

$0 \leq |E| \leq 100,000$

그래프 G는 연결되어 있습니다.

그래프 G에 다중 변은 없습니다.

그래프 G에 셀프 루프는 없습니다.

입력 예

```
4 4
0 1
0 2
1 2
2 3
```

출력 예

```
2
```

해설

모든 노드를 제거해 보면서, 그래프가 연결되어 있는지 확인해 보는 알고리즘도 생각해 볼 수 있지만, 깊이 우선 탐색(DFS) 등을 여러 번 해야 하므로 효율적이지 않을 것입니다.

다음과 같은 형태로 깊이 우선 탐색을 응용해서, 연결 그래프 G의 모든 단절점을 효율적으로 탐색할 수 있습니다.

▦ 단절점 찾기

한 번의 깊이 우선 탐색에서 다음과 같은 변수 값을 구합니다.

▶ $prenum[u]$: 임의의 노드를 시작점으로 깊이 우선 탐색(DFS)을 하고, 각 노드 u의 방문(발견) 순서를 $prenum[u]$에 기록합니다.

▶ $parent[u]$: DFS로 생성된 트리(DFS Tree)에서 u의 부모를 $parent[u]$에 기록합니다. 이때 DFS Tree를 T라고 하겠습니다.

▶ $lowest[u]$: 각 노드를 u라고 할 때, 다음 1~3번 중 최솟값을 $lowest[u]$에 저장합니다.

  1. $prenum[u]$

  2. G의 $Backedge(u, v)$가 존재하면, 노드 v의 $prenum[v]$
    ($Backedge(u, v)$란 노드 u에서 T에 속하는 노드 v로 향하면서 T에 속하지 않은 G의 에지를 말합니다.)

  3. T에 속하는 노드 u가 가진 모든 자식 x의 $lowest[x]$

이러한 변수를 기반으로 다음과 같이 단절점을 결정합니다.

1. T의 루트 r이 2개 이상의 자식을 가진 경우(필요 충분 조건), r이 단절점입니다.

2. 임의의 노드 u의 부모 $parent[u]$를 p라고 할 때, $prenum[p] \leq lowest[u]$인 경우(필요 충분 조건), p가 단절점입니다(p가 루트인 경우는 1을 적용합니다). 이는 노드 u, T에서 u의 자손에서 노드 p의 조상으로 향하는 에지가 없음을 의미합니다.

구체적인 예를 생각해 봅시다.

예 1

다음 그림은 그래프 G와 G를 기반으로 노드 0부터 DFS해서 얻은 DFS Tree T를 나타낸 것입니다. T에서 Back edges는 점선으로 나타냈고, 어떤 노드를 u라고 할 때, 왼쪽에 각각 $prenum[u] : lowest[u]$를 적었습니다. $prenum[u]$는 DFS에서 노드 u가 방문한 순서(preorder): $0 \rightarrow 1 \rightarrow 2 \rightarrow 3 \rightarrow 4 \rightarrow 5 \rightarrow 6 \rightarrow 7$을 기록한 것입니다. $lowest[u]$는 DFS에서 노드 u의 방문이 완료된 순서(preorder): $4 \rightarrow 7 \rightarrow 6 \rightarrow 5 \rightarrow 3 \rightarrow 2 \rightarrow 1 \rightarrow 0$이라는 순서로 결정했습니다.

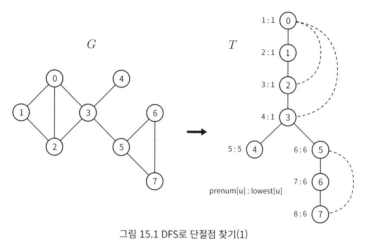

그림 15.1 DFS로 단절점 찾기(1)

1에 따라 T의 루트에 있는 노드 0의 자식 수가 1개이므로 노드 0은 단절점이 아닙니다.

　2에 따라 노드 u의 부모를 p라고 할 때, $prenum[p] \leq lowest[u]$를 만족하는지 확인합니다.

케이스 1. 노드 5(부모는 노드 3)를 주목해 봅시다.

　$prenum[3] \leq lowest[5](4 \leq 6)$를 만족하므로 노드 3은 단절점입니다. 이는 노드 5 또는 노드 5의 후손에서 노드 3의 조상으로 향하는 에지가 없다는 것을 의미합니다.

케이스 2. 노드 2(부모는 노드 1)에 주목해 봅시다.

　$prenum[1] \leq lowest[2]$를 만족하지 않으므로 노드 1은 단절점이 아닙니다. 이는 노드 2 또는 노드 2의 후손에서 노드 1의 조상으로 향하는 에지가 존재한다는 것을 의미합니다.

다음 예로 단절점을 직접 찾아보기 바랍니다.

예 2

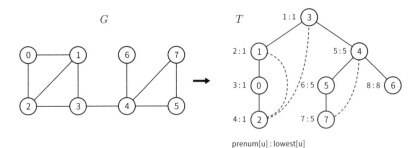

그림 15.2 DFS로 단절점 찾기(2)

해답 예

C++

```
1   #include<iostream>
2   #include<vector>
3   #include<set>
4   using namespace std;
5
6   #define MAX 100000
7
8   vector<int> G[MAX];
9   int N;
10  bool visited[MAX];
11  int prenum[MAX], parent[MAX], lowest[MAX], timer;
12
13  void dfs(int current, int prev) {
14    // 노드 current를 방문한 직후의 처리
15    prenum[current] = lowest[current] = timer;
16    timer++;
17
18    visited[current] = true;
19
20    int next;
21
22    for(int i = 0; i < G[current].size(); i++) {
23      next = G[current][i];
24      if(!visited[next]) {
25        // 노드 current에서 노드 next로 방문한 직후의 처리
26        parent[next] = current;
27
28        dfs(next, current);
29
```

```
30        // 노드 next의 탐색이 종료된 직후의 처리
31        lowest[current] = min(lowest[current], lowest[next]);
32      } else if(next != prev) {
33        // 에지 current --> next가 Back-edge일 때의 처리
34        lowest[current] = min(lowest[current], prenum[next]);
35      }
36    }
37    // 노드 current 탐색이 종료된 직후의 처리
38 }
39
40 void art_points() {
41    for(int i = 0; i < N; i++) visited[i] = false;
42    timer = 1;
43    // lowest 계산
44    dfs(0, -1); // 0 == root
45
46    set<int> ap;
47    int np = 0;
48    for(int i = 1; i < N; i++) {
49      int p = parent[i];
50      if(p == 0) np++;
51      else if(prenum[p] <= lowest[i]) ap.insert(p);
52    }
53    if(np > 1) ap.insert(0);
54    for(set<int>::iterator it = ap.begin(); it != ap.end(); it++)
55      cout << *it << endl;
56 }
57
58 int main() {
59    int m;
60    cin >> N >> m;
61
62    for(int i = 0; i < m; i++) {
63      int s, t;
64      cin >> s >> t;
65      G[s].push_back(t);
66      G[t].push_back(s);
67    }
68    art_points();
69
70    return 0;
71 }
```

15.4 트리의 지름

GRL_5_A Diameter of a Tree

제한 시간: 1초 | **메모리 제한**: 65536KB | **정답률**: 64.80%

발상★★★★　구현★★

음수 가중치를 갖지 않는 방향 없는 트리 T의 지름을 구하세요. 트리의 지름이란 트리에서 가장 멀리 떨어진 노드들의 거리를 의미합니다.

입력　입력은 다음과 같은 형식으로 주어집니다.

n

$s_1 \ t_1 \ w_1$

$s_2 \ t_2 \ w_2$

:

$s_{n-1} \ t_{n-1} \ w_{n-1}$

1번째 줄에 트리의 노드 수를 나타내는 정수 n이 주어집니다. 트리의 노드에는 각각 0부터 $n-1$까지의 번호가 붙어 있습니다.

이어지는 $n-1$개의 줄에 트리의 에지가 주어집니다. s_i, t_i는 i번째 에지의 끝점을 나타내며, w_i는 i번째 에지의 가중치(거리)를 나타냅니다.

출력　1번째 줄에 지름을 출력합니다.

제약　$1 \le n \le 100,000$

$0 \le w_i \le 1,000$

입력 예 1

```
4
0 1 2
1 2 1
1 3 3
```

출력 예 1

```
5
```

입력 예 2

```
4
0 1 1
1 2 2
2 3 4
```

출력 예 2

```
7
```

트리의 지름은 다음 알고리즘으로 비교적 간단하게 구할 수 있습니다.

1. 적당한 노드 s에서 가장 먼 노드 x를 구합니다.
2. 노드 x에서 가장 먼 노드 y를 구합니다.
3. 노드 x와 노드 y의 거리를 트리의 지름으로 출력합니다.

이 알고리즘이 정말 제대로 동작하는지 확인해 봅시다. 정확한 증명은 굉장히 어려우므로 정당성을 확인할 수 있는 간단한 방법을 소개하겠습니다. 노드 a와 노드 b의 거리를 $d(a, b)$로 나타냅니다.

일단 트리의 성질에서 다음과 같은 부분을 생각할 수 있습니다.

▶ x, y는 리프이며, 거리가 지름이 되려면 두 개 모두 리프여야 한다.

▶ 어떤 노드에서 다른 노드로 이동하는 경로는 단 한 가지 있다.

▶ 에지의 가중치는 음수가 아니다.

로 두 노드 u와 v의 거리 $d(u, v)$가 트리의 지름이라고 가정하고, 위의 알고리즘을 적용한 $d(x, y)$가 트리의 지름이 될 수 있는지 살펴봅시다.

일단 u, v, s, x, y 위치 관계로 다음과 같은 패턴을 생각해 봅시다. 여기에서 w는 'u와 v', z는 'x와 y'의 분기로서 경유하게 되는 점으로, $s = w$ 또는 $s = z$ 또는 두 가지 모두 만족할 수 있는 것으로 합니다.

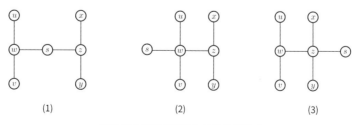

그림 15.3 트리의 지름: 노드의 위치 관계

이 중에서 (1) 패턴에 대한 정당성 증명만 살펴보겠습니다. 다른 위치 관계도 비슷한 방법으로 증명할 수 있습니다.

다음 식에서 $d(u, v) = d(x, y)$가 된다는 것을 알 수 있습니다.

1. 가정에서 $d(u, v)$가 트리의 지름이므로 $d(v, u) \geq d(v, x)$, 따라서 $d(w, u) \geq d(w, x)$이다.

2. 가정에서 $d(u, v)$가 트리의 지름이므로 $d(u, v) \geq d(u, y)$, 따라서 $d(w, v) \geq d(w, y)$이다.

3. 알고리즘 단계 1에서 노드 x를 선택하므로 $d(s, z) + d(z, x) \geq d(s, w) + d(w, u)$이다.

4. 알고리즘 단계 2에서 노드 y를 선택하므로 $d(z, y) \geq d(v, w) + d(w, z)$이다.

1번과 2번 식에 따라

$$d(u, v) = d(w, u) + d(w, v) \geq d(w, x) + d(w, y) = 2d(w, z) + d(x, y) \geq d(x, y)$$
$$d(u, v) \geq d(x, y) \cdots\cdots (1)$$

3번과 4번 식에서

$$d(s, z) + d(z, x) + d(z, y) \geq d(s, w) + d(w, u) + d(v, w) + d(w, z)$$

양 변에서 $d(s, z)$의 값을 빼면

$$d(z, x) + d(z, y) \geq 2d(s,w) + d(w, u) + d(v, w)$$
$$d(x, y) = d(z, x) + d(z, y) \geq 2d(s, w) + d(u, v) \geq d(u, v)$$
$$d(x, y) \geq d(u, v) \cdots\cdots (2)$$

(1)과 (2)를 기반으로

$d(u, v) \geq d(x, y)$이고 $d(x, y) \geq d(u, v)$이므로 $d(u, v) = d(x, y)$가 성립합니다.

해답 예

C++

```
1   #include<iostream>
2   #include<queue>
3   #include<vector>
4   using namespace std;
5   #define MAX 100000
6   #define INFTY (1 << 30)
```

```
7
8   class Edge {
9   public:
10    int t, w;
11    Edge(){}
12    Edge(int t, int w): t(t), w(w) {}
13  };
14
15  vector<Edge> G[MAX];
16  int n, d[MAX];
17
18  bool vis[MAX];
19  int cnt;
20
21  void bfs(int s) {
22    for(int i = 0; i < n; i++) d[i] = INFTY;
23    queue<int> Q;
24    Q.push(s);
25    d[s] = 0;
26    int u;
27    while(!Q.empty()) {
28      u = Q.front(); Q.pop();
29      for(int i = 0; i < G[u].size(); i++) {
30        Edge e = G[u][i];
31        if(d[e.t] == INFTY) {
32          d[e.t] = d[u] + e.w;
33          Q.push(e.t);
34        }
35      }
36    }
37  }
38
39  void solve() {
40    // 적당한 지점 s에서 가장 먼 정점 tgt 구하기
41    bfs(0);
42    int maxv = 0;
43    int tgt = 0;
44    for(int i = 0; i < n; i++) {
45      if(d[i] == INFTY) continue;
46      if(maxv < d[i]) {
47        maxv = d[i];
48        tgt = i;
49      }
50    }
51
52    // tgt에서 가장 먼 정점의 거리 maxv 구하기
53    bfs(tgt);
54    maxv = 0;
55    for(int i = 0; i < n; i++) {
56      if(d[i] == INFTY) continue;
```

```
57    maxv = max(maxv, d[i]);
58  }
59
60  cout << maxv << endl;
61 }
62
63 main() {
64  int s, t, w;
65  cin >> n;
66
67  for(int i = 0; i < n-1; i++) {
68    cin >> s >> t >> w;
69
70    G[s].push_back(Edge(t, w));
71    G[t].push_back(Edge(s, w));
72  }
73  solve();
74 }
```

15.5 최소 스패닝 트리

GRL_2_A Minimum Spanning Tree

제한 시간: 1초 | **메모리 제한**: 65536KB | **정답률**: 52.21%

주어진 가중치 그래프 $G = (V, E)$가 주어질 때, 최소 스패닝 트리 에지 가중치의
총합을 계산하는 프로그램을 작성하세요.

입력 $|V| \ |E|$

$s_0 \ t_0 \ w_0$

$s_1 \ t_1 \ w_1$

:

$s_{|E|-1} \ t_{|E|-1} \ w_{|E|-1}$

$|V|$와 $|E|$는 그래프 G의 노드 수와 에지 수를 나타냅니다. 그래프 G의 노드

에는 각각 0, 1, ···, $|V| - 1$이라는 번호가 할당되어 있습니다.

s_i와 t_i는 그래프 G의 i번째 에지가 연결하고 있는 2개의 노드를 나타냅니다 (방향 없는 에지). w_i는 i번째 에지의 가중치를 나타냅니다.

출력 최소 스패닝 트리 에지 가중치의 총합을 1번째 줄에 출력합니다.

제약 $1 \leq |V| \leq 10{,}000$

$0 \leq |E| \leq 100{,}000$

$0 \leq w_i \leq 10{,}000$

그래프 G는 연결되어 있습니다.

그래프 G는 다중 에지가 없습니다.

그래프 G는 셀프 루프가 없습니다.

입력 예

```
6 9
0 1 1
0 2 3
1 2 1
1 3 7
2 4 1
1 4 3
3 4 1
3 5 1
4 5 6
```

출력 예

```
5
```

해설

13장에서 프림 알고리즘으로 최소 스패닝 트리의 가중치 총합을 구해보았습니다. 프림 알고리즘은 $O(|V|^2)$ 알고리즘이지만, 데이크스트라 알고리즘과 마찬가지로 인접 리스트를 사용하고, 최소 가중치를 관리하는 자료 구조로서 우선순위 큐를 사용해서 $O(|E| \log |V|)$ 알고리즘으로 구현할 수 있습니다.

이번 절에서는 다른 자료 구조를 응용하는 알고리즘으로 최소 스패닝 트리 문제를 해결해 보겠습니다.

그래프의 최소 스패닝 트리는 다음과 같은 크러스컬 알고리즘(Kruskal's algorithm)으로 구할 수 있습니다.

> **⊞ 단절점 찾기**
>
> 1. 그래프 $G = (V, E)$의 에지 e_i를 가중치로 오름차순 정렬합니다.
> 2. 최소 스패닝 트리 에지 집합 K를 빈 집합으로 초기화합니다.
> 3. $i = 1, 2, \cdots, |E|$ 순서로 $|K|$가 $|V| - 1$이 될 때까지, $K \cup \{e_i\}$가 사이클을 만들지 않게 e_i를 K에 추가합니다.

사이클을 만들지 않고 효율적으로 에지를 추가할 수 있게, 서로소 집합(Union-Find)을 응용합니다. 크러스컬 알고리즘은 다음과 같이 구현합니다.

프로그램 15.4 크러스컬 알고리즘

```
1    kruskal(V, E)
2      E의_요소를_정렬   // e1,e2,...
3      V를_기반으로_하는_서로소_집합_S를_생성
4      에지_집합_K를_빈_집합으로_초기화
5
6      for i = 1 to |E|
7        if S.findSet(e[i].source) != S.findSet(e[i].target)  // not same(a, b)
8          S.unite(e[i].source, e[i].target)
9          K.push(e[i])
10
11     return K
```

K가 최소 스패닝 트리가 되는지 확인해 봅시다. 귀류법[1]을 사용해서 정당성을 확인하겠습니다. 크러스컬 알고리즘으로 만들어진 G의 스패닝 트리 에지 집합을 K라고 합니다. K의 에지를 선택한 순서에 따라 $\{e_1, e_2, \cdots, e_{|V|-1}\}$라고 하겠습니다. 또한 G의 최소 스패닝 트리(1개 이상 존재) 중에서, K의 에지를 가장 많이 포함하는 에지 집합을 M_0라고 하고, $K \neq M_0$라고 가정하겠습니다.

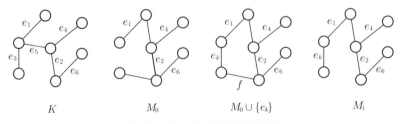

K M_0 $M_0 \cup \{e_k\}$ M_1

그림 15.4 크러스컬 알고리즘의 정당성

---

1 (옮긴이) 귀류법이란 어떤 명제가 참임을 증명하려 할 때 그 명제의 결론을 부정함으로써 가정(假定) 또는 공리(公理) 등이 모순됨을 보여 간접적으로 그 결론이 성립한다는 것을 증명하는 방법입니다.

$\{e_1, e_2, \cdots, e_{|V|-1}\}$ 내부에서 M_0에 포함되지 않는 첫 에지를 e_k라고 합니다. 이때 M_0에 e_k를 추가한 $M_0 \cup \{e_k\}$에 사이클이 발생합니다. K는 트리이므로 사이클의 모든 에지가 K의 에지인 것은 아닐 것입니다. 사이클에는 K에 포함되지 않는 에지가 존재합니다. 이 중에서 임의의 에지를 하나 선택해서 f라고 합니다.

$\{e_1, e_2, \cdots e_{k-1}\} \cup f$는 사이클을 포함하지 않고, 항상 가중치가 작은 쪽을 선택하는 크러스컬 알고리즘의 특성으로 인해서 $w(e_k) \le w(f)$가 됩니다.

$M_1 = M_0 \cup \{e^k\} - \{f\}$를 하면, M_1은 $|V| - 1$개의 에지를 포함하고, $w(e_k) \le w(f)$이므로 M_1도 최소 스패닝 트리가 됩니다. 다만 M_1은 M_0보다도 K의 에지를 1개 더 포함하므로 이전 M_0의 정의에 맞지 않습니다. 따라서 $K = M_0$가 최소 스패닝 트리가 됩니다.

조금 더 생각해 보기

크러스컬 알고리즘은 에지 정렬에 많은 시간을 필요로 하는 $O(|E|\log|E|)$ 알고리즘입니다.

해답 예

C++

```cpp
1  #include<iostream>
2  #include<algorithm>
3  #include<vector>
4
5  using namespace std;
6
7  #define MAX 10000
8  #define INFTY (1 << 29)
9
10 class DisjointSet {
11   // DSL_1_A 해답 예를 참고하세요.
12 };
13
14 class Edge {
15   public:
16   int source, target, cost;
17   Edge(int source = 0, int target = 0, int cost = 0):
18   source(source), target(target), cost(cost) {}
19   bool operator < (const Edge &e) const {
20     return cost < e.cost;
21   }
22 };
23
```

```
24  int kruskal(int N, vector<Edge> edges) {
25    int totalCost = 0;
26    sort(edges.begin(), edges.end());
27
28    DisjointSet dset = DisjointSet(N + 1);
29
30    for(int i = 0; i < N; i++) dset.makeSet(i);
31
32    int source, target;
33    for(int i = 0; i < edges.size(); i++) {
34      Edge e = edges[i];
35      if(!dset.same(e.source, e.target)) {
36        //MST.push_back(e);
37        totalCost += e.cost;
38        dset.unite(e.source, e.target);
39      }
40    }
41    return totalCost;
42  }
43
44
45  int main() {
46    int N, M, cost;
47    int source, target;
48
49    cin >> N >> M;
50
51    vector<Edge> edges;
52    for(int i = 0; i < M; i++) {
53      cin >> source >> target >> cost;
54      edges.push_back(Edge(source, target, cost));
55    }
56
57    cout << kruskal(N, edges) << endl;
58
59    return 0;
60  }
```

15.6 그 밖의 문제

이 책에서 다루지 않은 그래프 문제를 추가로 소개하겠습니다.

▶ GRL_1_B: Single Source Shortest Path (Negative Edges)
가중치 그래프의 단일 시작점 최단 경로를 구하는 문제입니다. 다만 음수 가중
치를 가지는 에지를 포함하므로 데이크스트라 알고리즘을 사용할 수 없습니다.
벨만-포드 알고리즘(Bellman-Ford Algorithm)을 사용하면 음수 가중치를 포함

하는 그래프의 최단 경로를 $O(|V||E|)$로 구할 수 있습니다.

▶ GRL_3_B: Bridge

그래프의 단절점처럼 해당 객체를 제거하면 그래프의 연결이 끊기는 에지를 Bridge(다리)라고 부릅니다. 단절점과 마찬가지로 깊이 우선 탐색으로 구할 수 있습니다.

▶ GRL_3_C: Strongly Connected Components

유향 그래프에서 모든 노드 u, v가 서로 도달할 수 있는 연결 요소를 강 연결 요소라고 부릅니다. 방향 그래프의 강 연결 요소는 깊이 우선 탐색을 응용해서 만들 수 있습니다.

▶ GRL_2_B: Minimum-Cost Arborescence

가중치 유향 그래프에서 주어진 정점을 루트로 하는 최소 방향 트리를 구하는 문제입니다. 강 연결 요소 분해를 응용한 알고리즘이 알려져 있습니다.

▶ GRL_6_A: Maximum Flow

에지에 용량이 설정되어 있고, 흐름이 흐르는 유향 그래프를 플로 네트워크라고 부릅니다. 플로 네트워크에서 시작점에서 끝점으로 가장 많은 흐름이 있는 경로를 찾는 문제를 플로 문제라고 부릅니다. 최대 플로는 에드몬드 카프 알고리즘(Edmonds-Karp algorithm) 또는 디닉 알고리즘(Dinic algorithm)으로 구할 수 있습니다.

▶ GRL_7_A: Bipartite Matching

그래프 $G = (V, E)$이 있을 때, M이 E의 부분 집합이고, M의 모든 에지가 서로 공통된 노드를 갖지 않을 때, M을 G의 매칭(matching)이라고 부릅니다. 그리고 에지의 변수가 최대인 매칭을 최대 매칭(maximum matching)이라고 부릅니다. 최대 매칭은 최대 흐름 알고리즘(maximum flow algorithm)을 응용해서 구할 수 있습니다.

15.7 백준 온라인 저지 문제

11780번 플로이드 2

제한 시간: 1초 | **메모리 제한**: 256MB | **정답률**: 48.46%

n개의 도시가 있다. 그리고 한 도시에서 출발하여 다른 도시에 도착하는 m개의 버

스가 있다. 각 버스는 한 번 사용할 때 필요한 비용이 있다.

　모든 도시의 쌍 (A, B)에 대해서 도시 A에서 B로 가는 데 필요한 비용의 최솟값을 구하는 프로그램을 작성하시오.

입력　첫째 줄에 도시의 개수 n이 주어지고 둘째 줄에는 버스의 개수 m이 주어진다. 그리고 셋째 줄부터 $m + 2$줄까지 다음과 같은 버스의 정보가 주어진다. 먼저 처음에는 그 버스의 출발 도시의 번호가 주어진다. 버스의 정보는 버스의 시작 도시 a, 도착 도시 b, 한 번 타는 데 필요한 비용 c로 이루어져 있다. 시작 도시와 도착 도시가 같은 경우는 없다.

출력　먼저, n개의 줄을 출력해야 한다. i번째 줄에 출력하는 j번째 숫자는 도시 i에서 j로 가는 데 필요한 최소 비용이다. 만약 i에서 j로 갈 수 없는 경우에는 그 자리에 0을 출력한다.

　그 다음에는 $n \times n$개의 줄을 출력해야 한다. $i \times n + j$번째 줄에는 도시 i에서 도시 j로 가는 최소 비용에 포함되어 있는 도시의 개수 k를 출력한다. 그 다음, 도시 i에서 도시 j로 가는 경로를 공백으로 구분해 출력한다. 이때 도시 i와 도시 j도 출력해야 한다. 만약 i에서 j로 갈 수 없는 경우에는 0을 출력한다.

제약　$1 \le n \le 100$

　$1 \le m \le 100,000$

　비용은 100,000보다 작거나 같은 자연수

입력 예

```
5
14
1 2 2
1 3 3
1 4 1
1 5 10
2 4 2
3 4 1
3 5 1
4 5 3
3 5 10
3 1 8
1 4 2
5 1 7
3 4 2
5 2 4
```

출력 예

```
0 2 3 1 4
12 0 15 5 25
8 5 0 1 1
10 7 13 0 3
7 4 10 6 0
0
2 1 2
2 1 3
2 1 4
3 1 3 5
4 2 4 5 1
0
5 2 4 5 1 3
2 2 4
3 2 4 5
2 3 1
```

```
3 3 5 2
0
2 3 4
2 3 5
3 4 5 1
3 4 5 2
4 4 5 1 3
0
2 4 5
2 5 1
2 5 2
3 5 1 3
3 5 2 4
0
```

1766번 문제집

제한 시간: 2초　|　**메모리 제한**: 128MB　|　**정답률**: 47.33%

1번부터 N번까지 총 N개의 문제로 되어 있는 문제집이 있다. 문제는 난이도 순서로 출제되어 있다. 즉, 1번이 가장 쉬운 문제이고, N번이 가장 어려운 문제이다.

몇몇 문제 사이에는 '먼저 푸는 것이 좋은 문제'가 있다.

다음과 같은 세 가지 조건에 따라서 문제를 풀려고 할 때, 문제를 푸는 순서를 구해보자.

1. N개의 문제를 모두 풀어야 한다.
2. 먼저 푸는 것이 좋은 문제가 있는 문제는, 먼저 푸는 것이 좋은 문제를 반드시 먼저 풀어야 한다.
3. 가능하면 쉬운 문제부터 풀어야 한다.

문제의 개수와 먼저 푸는 것이 좋은 문제에 대한 정보가 주어졌을 때, 주어진 조건을 만족하는 문제를 푸는 순서를 구해보자.

입력　문제의 수 N, 먼저 푸는 것이 좋은 문제에 대한 정보의 개수 M이 주어진다.
　　　　둘째 줄부터 M개의 줄에 걸쳐 A, B가 주어진다. A번 문제는 B번 문제보다
　　　　먼저 푸는 것이 좋다는 의미이다.
　　　　항상 모든 문제를 풀 수 있는 경우만 입력으로 주어진다.

출력　주어진 조건을 만족하는 문제를 푸는 순서를 출력한다.

제약 $1 \le N \le 32{,}000$

      $1 \le M \le 100{,}000$

입력 예	출력 예
4 2 4 2 3 1	3 1 4 2

11400번 단절선

제한 시간: 1초 | **메모리 제한**: 256MB | **정답률**: 40.11%

그래프가 주어졌을 때, 단절선을 모두 구해 출력하는 프로그램을 작성하시오.

  단절선이란 그 간선을 제거했을 때, 그래프가 두 개 또는 그 이상으로 나누어지는 간선을 말한다. 즉, 제거했을 때 그래프의 연결 요소의 개수가 증가하는 간선을 말한다.

입력 첫째 줄에 두 정수 V, E가 주어진다. 이는 그래프가 V개의 정점과 E개의 간선으로 이루어져 있다는 의미이다. 다음 E개의 줄에는 간선에 대한 정보를 나타내는 두 정수 A, B가 주어진다. 이는 A번 정점과 B번 정점이 연결되어 있다는 의미이며, 방향은 양방향이다.

그래프는 항상 연결되어 있으며, 같은 간선이 두 번 이상 들어오는 경우는 없다. 또, A와 B가 같은 경우도 없다.

그래프의 정점은 1부터 V까지 자연수이다.

출력 첫째 줄에 단절선의 개수 K를 출력한다.

둘째 줄부터 K개 줄에는 단절선을 사전순으로 한 줄에 하나씩 출력한다. 간선은 'A B' 형식으로 출력해야 하고, $A < B$를 만족해야 한다. 같은 간선은 한 번만 출력하면 된다. 즉, 'A B'를 출력한 경우에 'B A'는 출력할 필요가 없다.

제약 $1 \le V \le 100{,}000$

      $1 \le E \le 1{,}000{,}000$

입력 예

```
7 8
1 4
4 5
5 1
1 6
6 7
2 7
7 3
2 3
```

출력 예

```
2
1 6
6 7
```

16장

계산 기하학

계산 기하학(computational geometry)은 기하학 문제를 컴퓨터로 풀기 위한 효율적인 알고리즘과 자료 구조를 연구하는 학문입니다. 컴퓨터 그래픽과 지리 정보 시스템 등 굉장히 다양한 분야에 응용됩니다. 프로그래밍 대회에서도 중요한 주제로 다루며 다양한 문제에서 사용됩니다.

이번 장에서는 계산 기하학과 관련된 기본적인 스킬들을 소개하고, 이를 응용하는 고전적인 문제를 풀어보겠습니다.

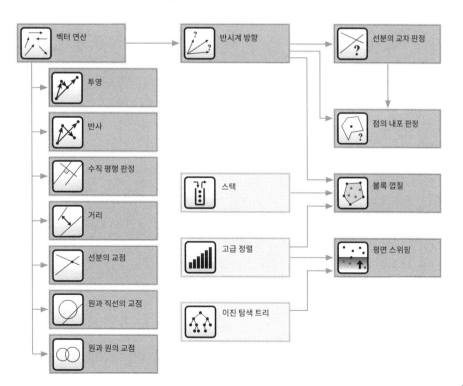

이번 장에서는 일단 벡터 계산과 관련된 내용을 살펴봅니다. 삼각 함수 등의 기본적인 수학 지식이 있으면 좋습니다. 또한 후반부의 문제를 풀려면 스택, 정렬 알고리즘, 이진 탐색 트리를 응용할 수 있는 프로그래밍 스킬이 필요합니다.

16.1 기하학 객체의 기본 요소와 표현

기하학 알고리즘을 프로그램으로 구현하려면 수학과 관련된 지식이 필요합니다. 특히 평면 기하학 문제를 풀려면 도형, 벡터, 삼각 함수 등의 고등학교 수준 수학 지식이 반드시 필요합니다.

문제를 해결하기 위한 알고리즘을 구현하려면, 기하학 객체(점과 선분 등)와 이와 관련된 처리를 할 수 있는 라이브러리를 만들어야 합니다. 이번 장에서는 기하학 객체와 이와 관련된 처리를 함께 구현해 보겠습니다.

16.1.1 점과 벡터

기하학 객체를 프로그램 자료 구조로 어떻게 표현할지 생각해 봅시다. 가장 널리 사용되는 방법은 벡터라는 양을 사용하는 것입니다.

크기와 함께 방향을 갖는 양을 '벡터(vector)'라고 부릅니다. 반면, 크기만 갖는 양을 '스칼라(scalar)'라고 부릅니다. 벡터를 프로그램 자료 구조로 표현하려면, 다음과 같이 원점 $O(0, 0)$에서 대상 $P(x, y)$를 향하는 선분으로 생각하면 됩니다.

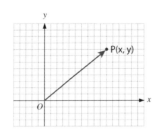

그림 16.1 벡터

벡터를 그림으로 나타내면, 단순하게 평면 위에 있는 선분을 나타내는 것처럼 보입니다. 하지만 벡터에서 중요한 것은 크기와 방향입니다. 따라서 벡터로 선분을 나타내려면, 선분의 시작점을 나타내는 별도의 정보가 필요합니다.

평면 기하학의 가장 기본이 되는 점 (x, y)는 구조체 또는 클래스로 다음과 같이 구현할 수 있습니다.

프로그램 16.1 점을 나타내는 구조체

```
1   struct Point { double x, y; };
```

벡터도 하나의 점으로 생각할 수 있으므로, 다음과 같은 점(point) 자료 구조를 사용하면 됩니다. typedef는 C/C++ 언어에서 기존의 자료형에 새로운 이름(별칭)을 붙이는 키워드입니다. Point와 Vector가 모두 같은 자료 구조로 표현되지만, 함수와 변수의 의미를 확실하게 구분하기 위해서 typedef로 다른 이름을 붙여서 사용하는 것이 좋습니다.

프로그램 16.2 벡터를 나타내는 구조체

```
1   typedef Point Vector;
```

16.1.2 선분과 직선

선분은 시작점 $p1$과 끝점 $p2$라는 2개의 점을 가진 구조체 또는 클래스로 다음과 같이 구현합니다.

프로그램 16.3 선분을 나타내는 구조체

```
1   struct Segment {
2     Point p1, p2;
3   };
```

참고로, 선분과 직선은 확실하게 구분해야 합니다. 다음 그림과 같이 선분(segment)이란 두 끝점을 갖는 길이를 갖는 객체를 나타내고, 직선(line)은 두 점을 지나는 길이가 정의되지 않은 객체를 의미합니다.

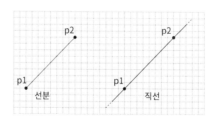

그림 16.2 선분과 직선

직선도 선분과 같은 방법으로 구현할 수 있지만, 다음과 같이 선분과 같은 자료 구조를 활용해서도 나타낼 수 있습니다.

프로그램 16.4 직선을 나타내는 구조체

```
1   typedef Segment Line;
```

16.1.3 원

원은 중심 c와 반지름 r를 가지는 구조체 또는 클래스로 나타낼 수 있습니다.

프로그램 16.5 원을 나타내는 클래스

```
1   class Circle {
2   public:
3     Point c;
4     double r;
5     Circle(Point c = Point(), double r = 0.0): c(c), r(r) {}
6   };
```

16.1.4 다각형

다각형은 점의 집합이므로 다음과 같이 나타낼 수 있습니다.

프로그램 16.6 다각형을 나타내는 구조체

```
1   typedef vector<Point> Polygon;
```

16.1.5 벡터의 기본 연산

벡터에 적용할 수 있는 몇 가지 기본 연산을 살펴봅시다. 2개의 벡터는 합(sum) $a + b$, 차(difference) $a - b$를 적용할 수 있습니다. 그리고 1개의 벡터와 1개의 스칼라 곱(scalar multiplication) ka를 적용할 수 있습니다. 각각의 의미를 그림으로 나타내면 다음과 같습니다.

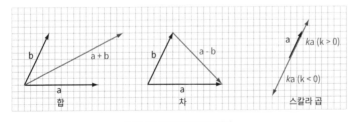

그림 16.3 벡터의 기본 연산

그림에서 벡터 a와 같은 방향으로 크기를 k배 한 벡터를 ka로 표현하며, 이를 벡터 a의 스칼라 곱이라고 합니다.

이러한 연산을 함수로 정의할 수도 있지만, Point 객체의 연산자로서 정의해 두면, 직관적으로 처리할 수 있어서 좋습니다. C++에서는 연산자 오버로드를 사용해서 다음과 같이 구현합니다.

프로그램 16.7 점과 벡터에 대한 연산자 정의

```
1  double x, y;
2  Point operator + (Point &p) {
3    return Point(x + p.x, y + p.y);
4  }
5
6  Point operator - (Point &p) {
7    return Point(x - p.x, y - p.y);
8  }
9
10 Point operator * (double k) {
11   return Point(x * k, y * k);
12 }
```

x, y는 해당 클래스가 가진 점을 나타내며, p는 다른 점을 나타냅니다.

연산자를 정의해 두면 벡터들의 연산을 다음과 같은 형태로 작성할 수 있습니다.

프로그램 16.8 벡터 연산 예

```
1  Vector a, b, c, d;
2  c = a - b;    // 벡터의 뺄셈
3  d = a * 2.0;  // 벡터의 스칼라 곱
```

16.1.6 벡터의 크기

벡터 $a = (a_x, a_y)$의 크기는 $|a|$라고 표현하며, 이를 a의 절댓값(absolute)이라고 부릅니다. 벡터의 크기는 벡터를 나타내는 점까지의 거리가 됩니다. 또한 벡터의 크기를 제곱한 것을 노름(norm)이라고 부릅니다.

벡터를 매개변수로 받아서 크기와 노름을 리턴하는 함수는 다음과 같은 형태로 구현할 수 있습니다.

프로그램 16.9 벡터의 노름과 크기

```
1  double norm(Vector a) {
2    return a.x * a.x + a.y * a.y;
3  }
4
5  double abs(Vector a) {
6    return sqrt(norm(a));
7  }
```

벡터의 크기를 나타내는 함수를 abs라는 이름으로 정의했는데, 이는 C/C++ 언어에서 기본 수학 함수에서 숫자의 절댓값을 리턴하는 abs 함수와는 다른 함수라는 것을 기억해 주세요. 이후에 두 함수를 구별할 때는 매개변수로 무엇을 전달하는지를 갖고 구분하기 바랍니다.

abs와 norm과 같은 기본적인 연산은 클래스의 멤버 함수로 구현해도 좋습니다.

16.1.7 Point 클래스와 Vector 클래스

다음 프로그램은 지금까지 설명한 내용을 포함한 Point 클래스(Vector 클래스)입니다.

프로그램 16.10 Point 클래스

```
1   #define EPS (1e - 10)
2   #define equals(a, b) (fabs((a) - (b)) < EPS)
3
4   class Point {
5     public:
6     double x, y;
7
8     Point(double x = 0, double y = 0): x(x), y(y) {}
9
10    Point operator + (Point p) { return Point(x + p.x, y + p.y); }
11    Point operator - (Point p) { return Point(x - p.x, y - p.y); }
12    Point operator * (double a) { return Point(a * x, a * y); }
13    Point operator / (double a) { return Point(x / a, y / a); }
14
15    double abs() { return sqrt(norm());}
16    double norm() { return x * x + y * y; }
17
18    bool operator < (const Point &p) const {
19      return x != p.x ? x < p.x : y < p.y;
20    }
21
22    bool operator == (const Point &p) const {
23      return fabs(x - p.x) < EPS && fabs(y - p.y) < EPS;
24    }
25  };
26
27  typedef Point Vector;
```

점의 대소 관계를 확인하기 위한 <와 == 연산자도 정의했습니다. 이때 주의해야 하는 것이 있다면, 부동소수점 비교입니다. 부동소수점 수는 정확한 값이 아니므로, 약간의 오차가 발생할 수밖에 없습니다. 따라서 계산 결과를 다른 계산에 사용하는

경우 주의해야 합니다. 예를 들어 x와 p.x가 같은지 확인하고자 단순하게 x == p.x 를 사용하면, 오차로 인해서 같은 값인데 같지 않다는 결과가 나올 수 있습니다. 그래서 앞의 코드에서는 '두 값의 차이가 매우 작은 오차 범위 EPS보다 작은지' 확인하는 코드를 활용했습니다. 마찬가지로 범용적인 equals(a, b) 함수를 정의한다면, fabs((a) - (b)) < EPS 형태로 정의합니다.

16.1.8 벡터의 내적

벡터의 내적과 외적이라는 기하학적 성질을 사용하면, 계산 기하학과 관련된 다양한 문제를 해결할 수 있습니다.

벡터 a, b의 내적(dot product) $a \cdot b$는 a, b가 이루는 각을 $\theta(0 \leq \theta \leq 180)$라고 할 때, $a \cdot b = |a||b|\cos\theta$로 정의할 수 있습니다.

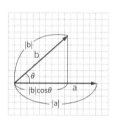

그림 16.4 벡터의 내적

두 벡터를 $a = (a_x, a_y), b = (b_x, b_y)$라는 성분으로 나타내면, 코사인 법칙에 의해서

$$\cos\theta = \frac{|a|^2 + |b|^2 - |b - a|^2}{2|a||b|}$$

$$a \cdot b = \frac{|a|^2 + |b|^2 - |b - a|^2}{2} = a_x \times b_x + a_y \times b_y$$

가 됩니다. 이를 내적 공식에 적용하면, 2차원 평면 위에 있는 두 벡터 a, b의 내적은 다음과 같습니다.

$$a \cdot b = |a||b|\cos\theta = a_x \times b_x + a_y \times b_y$$

다음 프로그램은 벡터 a, b의 내적을 구하는 프로그램입니다. 내적 dot()의 리턴 값은 double 자료형입니다.

프로그램 16.11 벡터 a와 b의 내적

```
1    double dot(Vector a, Vector b) {
2        return a.x * b.x + a.y * b.y;
3    }
```

16.1.9 벡터의 외적

벡터 a와 b의 외적(cross product) $a \times b$의 크기는 a와 b가 이루는 각을 θ라고 할 때

$$|a \times b| = |a||b|\sin\theta$$

로 정의합니다.

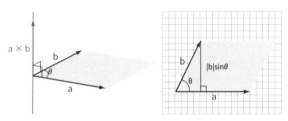

그림 16.5 벡터의 외적

두 벡터 a와 b의 외적은 크기와 방향을 가진 벡터입니다. 그림처럼 외적의 방향은 a, b를 포함하는 평면과 수직합니다. 방향은 벡터의 오른손 법칙[1]으로 구할 수 있습니다. 외적의 크기는 두 벡터가 만드는 평행사변형의 면적과 같습니다.

2개의 벡터를 $a = (a_x, a_y, a_z), b = (b_x, b_y, b_z)$처럼 성분 분석하면 a와 b의 외적은

$$|a \times b| = (a_y \times b_z - a_z \times b_y, a_z \times b_x - a_x \times b_z, a_x \times b_y - a_y \times b_x)$$

로 정의할 수 있습니다(행렬식을 사용해서 도출할 수 있습니다).

z축의 값으로 0을 할당하면, 2차원 평면 위의 두 벡터 a와 b의 외적 크기는

$$|a \times b| = |a||b|\sin\theta = a_x \times b_y - a_y \times b_x$$

로 나타낼 수 있습니다.

1　벡터의 오른손 법칙이란 다음 그림과 같이 오른손 모양을 만들고 검지를 a, 중지를 b에 맞췄을 때 엄지의 방향이 외적의 방향이라는 법칙입니다.

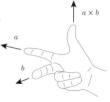

다음 프로그램은 벡터 a, b의 외적 크기를 구하는 프로그램입니다. cross()의 리턴값은 벡터의 크기를 나타내는 실수(double)입니다.

프로그램 16.12 벡터 a와 b의 외적(크기)

```
1   double cross(Vector a, Vector b) {
2     return a.x*b.y - a.y*b.x;
3   }
```

16.2 직선의 직교와 평행 판정

CGL_2_A Parallel/Orthogonal

제한 시간: 1초 | **메모리 제한**: 65536KB | **정답률**: 75.44%

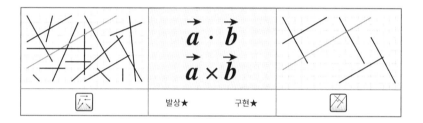

선분 $s1$과 $s2$가 주어질 때 두 선분이 평행하면 '2', 직교하면 '1', 이외의 경우에는 '0'을 출력하세요. $s1$은 점 $p0$와 $p1$으로, $s2$는 점 $p2$와 $p3$로 표현됩니다.

입력 1번째 줄에 쿼리의 수 q가 주어집니다. 이어지는 q개의 줄에 q개의 쿼리가 주어집니다. 각 쿼리에서는 점 $p0$, $p1$, $p2$, $p3$의 좌표가 다음과 같은 형식으로 주어집니다. 입력은 모두 정수로 주어집니다.

$$x_{p0} \; y_{p0} \; x_{p1} \; y_{p1} \; x_{p2} \; y_{p2} \; x_{p3} \; y_{p3}$$

출력 각각의 쿼리에 대해서 '2', '1', '0'을 한 줄씩 출력합니다.

제약 $1 \le q \le 1{,}000$

$-10{,}000 \le x_{pi}, y_{pi} \le 10{,}000$

$p0$와 $p1$은 같지 않습니다.

$p2$와 $p3$는 같지 않습니다.

<table>
<tr><td>

입력 예

```
3
0 0 3 0 0 2 3 2
0 0 3 0 1 1 1 4
0 0 3 0 1 1 2 2
```

</td><td>

출력 예

```
2
1
0
```

</td></tr>
</table>

해설

벡터 내적의 기하학적 의미를 생각해 봅시다. $\cos\theta$는 θ가 90도 또는 −90도일 때 0이 됩니다.

따라서 "두 벡터 a, b가 직교한다"라는 말은 곧 "두 벡터 a, b의 내적이 0이다"라는 말과 같습니다.

이처럼 벡터의 내적은 직교 판정에 응용할 수 있습니다. 다음 프로그램은 벡터 a, b의 직교 판정을 하는 예입니다.

프로그램 16.13 벡터 a와 b의 직교 판정

```
1    bool isOrthogonal(Vector a, Vector b) {
2      return equals(dot(a, b), 0.0);
3    }
4
5    bool isOrthogonal(Point a1, Point a2, Point b1, Point b2) {
6      return isOrthogonal(a1 − a2, b1 − b2);
7    }
8
9    bool isOrthogonal(Segment s1, Segment s2) {
10     return equals(dot(s1.p2 − s1.p1, s2.p2 − s2.p1), 0.0);
11   }
```

이어서 벡터 외적의 기하학적 의미를 생각해 봅시다. $\sin\theta$는 θ가 0도 또는 180도일 때 0이 됩니다.

따라서 "두 벡터 a, b가 평행하다"라는 말은 곧 "두 벡터 a, b의 외적이 0이다"라는 말과 같습니다.

이처럼 벡터의 외적은 평행 판정에 응용할 수 있습니다. 다음 프로그램은 벡터 a, b의 평행 판정을 하는 프로그램 예입니다.

프로그램 16.14 벡터 a와 b의 평행 판정

```
1    bool isParallel(Vector a, Vector b) {
2      return equals(cross(a, b), 0.0);
3    }
```

```
4
5   bool isParallel(Point a1, Point a2, Point b1, Point b2) {
6     return isParallel(a1 - a2, b1 - b2);
7   }
8
9   bool isParallel(Segment s1, Segment s2) {
10    return equals(cross(s1.p2 - s1.p1, s2.p2 - s2.p1), 0.0);
11  }
```

16.3 투영

CGL_1_A Projection

제한 시간: 1초 | **메모리 제한**: 65536KB | **정답률**: 59.14%

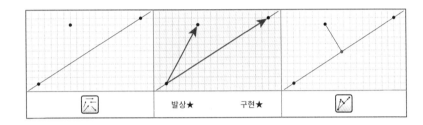

3개의 점 $p1$, $p2$, p가 주어집니다. '선분(또는 직선) $s = p1p2$'와 's와 수직하면서 점 p를 지나는 직선'의 교점 x를 구하세요.

입력 입력은 다음과 같은 형식으로 주어지며, 모두 정수입니다.

$x_{p1} \ y_{p1} \ x_{p2} \ y_{p2}$

q

$x_{p_0} \ y_{p_0}$

$x_{p_1} \ y_{p_1}$

$\cdots$

$x_{p_{q-1}} \ y_{p_{q-1}}$

1번째 줄에 $p1$과 $p2$의 좌표가 주어집니다. p의 좌표로서 q개의 쿼리가 주어집니다.

출력 각각의 쿼리에 대해 교점 x의 좌표를 한 줄씩 출력합니다. 출력은 0.00000001 이하의 오차를 포함해도 괜찮습니다.

제약 $1 \le q \le 1{,}000$

$$-10,000 \le x_i, y_i \le 10,000$$

$p1$과 $p2$는 같지 않습니다.

입력 예

```
0 0 3 4
1
2 5
```

출력 예

```
3.1200000000 4.1600000000
```

해설

'선분(또는 직선) $s = p1p2$'와 's와 수직하면서 점 p를 지나는 직선'의 교점 x를 p의 투영(projection)이라고 표현합니다.

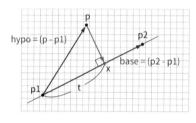

그림 16.6 투영

그림처럼 $s.p2 - s.p1$ 벡터를 $base$, $p - s.p1$을 벡터 $hypo$, 점 $s.p1$과 점 x의 거리를 t라고 합시다. 이때 $hypo$와 $base$가 만드는 각도를 θ라고 하면,

$$t = |hypo| \cos \theta, \ hypo \cdot base = |hypo| \cdot |base| \cos \theta$$

가 됩니다. 두 식을 정리하면

$$t = \frac{hypo \cdot base}{|base|}$$

가 됩니다. t와 $|base|$의 비율 $r = \dfrac{t}{|base|}$를 사용해서 x를 나타내면,

$$x = s.p1 + base \ \frac{t}{|base|} = s.p1 + base \ \frac{hypo \cdot base}{|base|^2}$$

를 유도할 수 있습니다.

다음 프로그램은 선분(직선) s에 점 p를 투영한 점을 구하는 프로그램입니다.

프로그램 16.15 선분 *s*에 점 *p*를 투영한 점 구하기

```
1   Point project(Segment s, Point p) {
2       Vector base = s.p2 - s.p1;
3       double r = dot(p - s.p1, base) / norm(base);
4       return s.p1 + base * r;
5   }
```

16.4 반사

CGL_1_B Reflection

제한 시간: 1초 | **메모리 제한**: 65536KB | **정답률**: 87.04%

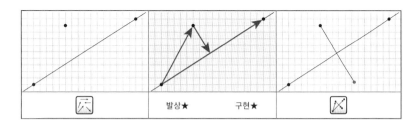

3개의 점 $p1$, $p2$, p가 있을 때 점 $p1$과 $p2$를 관통하는 직선을 대칭축으로 점 p와 선대칭 위치에 있는 점 x를 구하세요(직선 $p1p2$를 기반으로 점 p를 반사한 결과).

입력 입력은 다음과 같은 형식으로 주어지며, 모두 정수입니다.

x_{p1} y_{p1} x_{p2} y_{p2}

q

x_{p_0} y_{p_0}

x_{p_1} y_{p_1}

...

$x_{p_{q-1}}$ $y_{p_{q-1}}$

1번째 줄은 $p1$과 $p2$의 좌표를 나타냅니다. 그리고 p의 좌표로 q개의 쿼리가 주어집니다.

출력 각각의 쿼리에 대해 점 x의 좌표를 한 줄에 출력합니다. 출력은 0.00000001 이하의 오차를 포함해도 괜찮습니다.

제약 $1 \leq q \leq 1,000$

$-10,000 \leq x_i, y_i \leq 10,000$

$p1$과 $p2$는 절대로 같지 않습니다.

입력 예

```
0 0 3 4
3
2 5
1 4
0 3
```

출력 예

```
4.2400000000  3.3200000000
3.5600000000  2.0800000000
2.8800000000  0.8400000000
```

해설

선분(또는 직선) $s = p1p2$를 대칭축으로 점 p와 선 대칭 위치에 있는 점 x를 p의 반사(reflection)라고 부릅니다.

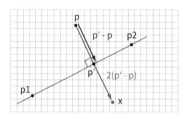

그림 16.7 반사

일단 점 p에서 선분 $p1p2$에 투영한 점 p'을 구합니다. 이어서 p에서 p'까지의 벡터 $(p' - p)$를 스칼라 2배합니다. 최종적으로 점 p에 이러한 벡터를 더하면 x를 구할 수 있습니다.

다음 프로그램은 선분 s를 대칭축으로 하는 점 p의 선 대칭점 x를 구하는 프로그램입니다.

프로그램 16.16 선분 s를 대칭축으로 하는 점 p의 선 대칭점

```
1  Point reflect(Segment s, Point p) {
2    return p + (project(s, p) - p) * 2.0;
3  }
```

16.5 거리

CGL_2_D Distance

제한 시간: 1초　|　**메모리 제한**: 65536KB　|　**정답률**: 65.22%

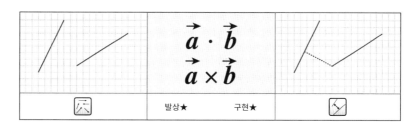

선분 $s1$, $s2$가 주어질 때, 두 선분의 거리를 출력하세요. $s1$의 끝점을 $p0$ $p1$, $s2$의 끝점을 $p2$ $p3$라고 합니다.

입력　1번째 줄에 쿼리 수 q가 주어집니다. 이어지는 q개의 줄에 q개의 쿼리가 주어집니다. 각 쿼리에는 선분 $s1$, $s2$의 끝점 좌표가 다음과 같은 형식으로 주어집니다. 입력은 모두 정수로 주어집니다.

x_{p0} y_{p0} x_{p1} y_{p1} x_{p2} y_{p2} x_{p3} y_{p3}

출력　각각의 쿼리별로 거리를 한 줄에 출력합니다. 출력은 0.00000001 이하의 오차를 포함해도 괜찮습니다.

제약　$1 \leq q \leq 1,000$

$-10,000 \leq x_{p_i}, y_{p_i} \leq 10,000$

$p0$와 $p1$은 같지 않습니다.

$p2$와 $p3$는 같지 않습니다.

입력 예

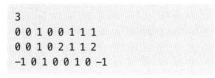

```
3
0 0 1 0 0 1 1 1
0 0 1 0 2 1 1 2
-1 0 1 0 0 1 0 -1
```

출력 예

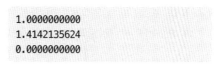

```
1.0000000000
1.4142135624
0.0000000000
```

해설

이번 절에서는 '점과 점', '점과 선분'의 거리에 대해서 설명하겠습니다.

16.5.1 두 점의 거리

점 a와 점 b의 거리는 벡터 $a - b$ 또는 $b - a$의 절댓값입니다. 다음 프로그램과 같은 형태로 구현할 수 있습니다.

프로그램 16.17 점 a와 점 b의 거리

```
1  double getDistance(Point a, Point b) {
2    return abs(a - b);
3  }
```

16.5.2 점과 직선의 거리

'점 p와 직선 $p1p2$의 거리'를 d라고 합시다. '직선 $p1p2$ 위의 벡터'를 $a = p2 - p1$, 'p와 $p1$이 이루는 벡터'를 $b = p - p1$이라고 하면, '벡터 a와 b가 이루는 평행사변형의 높이'가 d입니다. 따라서 a와 b의 외적 벡터의 크기(평행사변형의 면적)를 $|a|$(a의 크기)로 나누면, 높이 d가 구해집니다. 공식으로 나타내면

$$d = \frac{|a \times b|}{|a|} = \frac{|(p2 - p1) \times (p - p1)|}{|p2 - p1|}$$

가 됩니다.

다음 프로그램은 직선 l과 점 p의 거리를 구하는 프로그램입니다.

프로그램 16.18 직선 l과 점 p의 거리

```
1  double getDistanceLP(Line l, Point p) {
2    return abs(cross(l.p2 - l.p1, p - l.p1) / abs(l.p2 - l.p1));
3  }
```

16.5.3 점과 선분의 거리

점 p와 선분 $p1p2$의 거리 d는 다음과 같은 세 가지 상황으로 구분할 수 있습니다.

1. '벡터 $p2 - p1$'과 '벡터 $p - p1$'이 이루는 각도 θ가 90도보다 크면(또는 -90도보다 작으면), d는 '점 p와 점 $p1$의 거리'가 됩니다(그림에서 p'의 경우).

2. '벡터 $p1 - p2$'와 '벡터 $p - p2$'가 이루는 각도 θ가 90도보다 크면(또는 -90도보다 작으면), d는 '점 p와 점 $p2$의 거리'가 됩니다(그림에서 p''의 경우).

3. 이외의 위치에 있는 경우, d는 '점 p와 선분 $p1p2$의 거리'가 됩니다.

θ가 90도보다 클 때 $\cos\theta < 0$이 되므로, 1과 2의 상황은 두 벡터의 내적이 음수인지 여부를 확인하면 됩니다.

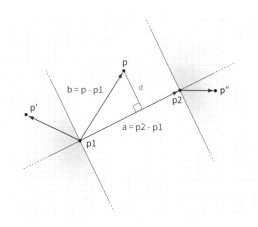

그림 16.8 점과 선분의 거리

다음 프로그램은 선분 s와 점 p의 거리를 구하는 프로그램입니다.

프로그램 16.19 선분 s와 점 p의 거리

```
1  double getDistanceSP(Segment s, Point p) {
2    if(dot(s.p2 - s.p1, p - s.p1) < 0.0) return abs(p - s.p1);
3    if(dot(s.p1 - s.p2, p - s.p2) < 0.0) return abs(p - s.p2);
4    return getDistanceLP(s, p);
5  }
```

16.5.4 선분과 선분의 거리

선분 $s1$과 선분 $s2$의 거리는 다음과 같은 네 가지 중에서 가장 짧은 것을 나타냅니다.

1. '선분 $s1$'과 '선분 $s2$의 끝점 $s2.p1$'의 거리
2. '선분 $s1$'과 '선분 $s2$의 끝점 $s2.p2$'의 거리
3. '선분 $s1$'과 '선분 $s1$의 끝점 $s1.p1$'의 거리
4. '선분 $s2$'과 '선분 $s1$의 끝점 $s1.p2$'의 거리

다만 2개의 선분이 교차되는 경우는 거리가 0입니다.

다음 프로그램은 선분 $s1$과 선분 $s2$의 거리를 구하는 프로그램입니다.

프로그램 16.20 선분 $s1$과 선분 $s2$의 거리

```
1  double getDistance(Segment s1, Segment s2) {
2    if(intersect(s1, s2)) return 0.0;
3    return min(min(getDistanceSP(s1, s2.p1), getDistanceSP(s1, s2.p2)),
```

```
4                    min(getDistanceSP(s2, s1.p1), getDistanceSP(s2, s1.p2)));
5   }
```

여기에서 두 선분의 교차 판정에 사용한 intersect는 16.7절에서 자세하게 설명하겠습니다.

16.6 반시계 방향

CGL_1_C Counter-Clockwise

제한 시간: 1초 ｜ **메모리 제한**: 65536KB ｜ **정답률**: 55.56%

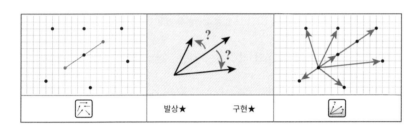

점 $p0$, $p1$, $p2$가 주어질 때 다음과 같이 출력하는 프로그램을 작성하세요.

선분 $p0p1$의 반시계 방향에 $p2$가 배치되어 있는 경우(1)   COUNTER_CLOCKWISE

선분 $p0p1$의 시계 방향에 $p2$가 배치되어 있는 경우(2)   CLOCKWISE

점 $p2$, $p0$, $p1$ 순서로 일직선 위에 있는 경우(3)   ONLINE_BACK

점 $p0$, $p1$, $p2$ 순서로 일직선 위에 있는 경우(4)   ONLINE_FRONT

점 $p2$가 선분 $p0p1$ 위에 있는 경우(5)   ON_SEGMENT

입력 $x_{p0}\ y_{p0}\ x_{p1}\ y_{p1}$

q

$x_{p2_0}\ y_{p2_0}$

$x_{p2_1}\ y_{p2_1}$

...

$x_{p2_{q-1}}\ y_{p2_{q-1}}$

1번째 줄에 $p0$와 $p1$의 좌표가 주어집니다. $p2$의 좌표로 q개의 쿼리가 주어집니다. 입력은 모두 정수로 주어집니다.

출력 각각의 쿼리에 앞의 상태를 한 줄씩 출력합니다.

제약 $1 \le q \le 1{,}000$

$-10{,}000 \le x_i,\, y_i \le 10{,}000$

$p0$와 $p1$은 같지 않습니다.

입력 예	출력 예
0 0 2 0	COUNTER_CLOCKWISE
5	CLOCKWISE
-1 1	ONLINE_BACK
-1 -1	ON_SEGMENT
-1 0	ONLINE_FRONT
0 0	
3 0	

해설

선분 $p0p1$과 점 $p2$의 위치 관계는 다음과 같이 분류할 수 있습니다.

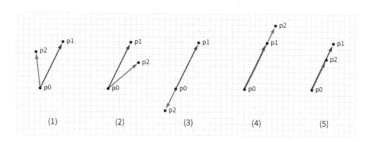

그림 16.9 벡터와 점의 위치 관계

(1) $p0 \rightarrow p1$ 반시계 방향에 $p2$

(2) $p0 \rightarrow p1$ 시계 방향에 $p2$

(3) $p2 \rightarrow p0 \rightarrow p1$ 순서로 직선 위에 $p2$

(4) $p0 \rightarrow p1 \rightarrow p2$ 순서로 직선 위에 $p2$

(5) $p0 \rightarrow p2 \rightarrow p1$ 순서로 선분 위에 $p2$

$p0$에서 $p1$으로 향하는 벡터를 a, $p0$에서 $p2$로 향하는 벡터를 b라고 할 때, 각각의 판정 방법은 다음과 같습니다.

(1) 외적의 크기 $cross(a, b)$가 양수라면, b는 a의 반시계 방향 위치에 있다고 판정합니다.

(2) 외적의 크기 $cross(a, b)$가 음수라면, b는 a의 시계 방향 위치에 있다고 판정합니다.

(3) (1)과 (2)에 해당하지 않으면, $p2$는 직선 $p0p1$ 위에 있습니다(선분 $p0p1$ 위에 있다고는 할 수 없습니다). $\cos\theta$는 θ가 90도보다 크고 −90도보다 작을 때 음수입니다. 따라서 a와 b의 내적 $dot(a, b)$가 음수라면 $p2$는 선분 $p0p1$의 뒤쪽, $p2 \rightarrow p0 \rightarrow p1$의 위치에 있다고 판정할 수 있습니다.

(4) (3)에 해당하지 않는 경우, $p2$는 $p0 \rightarrow p1 \rightarrow p2$ 또는 $p0 \rightarrow p2 \rightarrow p1$의 위치에 있습니다. 따라서 b의 크기가 a의 크기보다 크면 $p0 \rightarrow p1 \rightarrow p2$의 위치에 있다고 판정할 수 있습니다.

(5) (4)에 해당하지 않는 경우, $p2$는 선분 $p0p1$ 위에 있다고 판정할 수 있습니다.

다음 프로그램은 3개의 점 $p0$, $p1$, $p2$를 매개변수로 받고, $p0$에서 $p1$으로 향하는 벡터를 기준으로 하는 점 $p2$의 위치를 리턴합니다. 위치는 그림 16.9에서 분류했던 형태로 리턴합니다.

프로그램 16.21 반시계 회전 CCW

```
1   static const int COUNTER_CLOCKWISE = 1;
2   static const int CLOCKWISE = -1;
3   static const int ONLINE_BACK = 2;
4   static const int ONLINE_FRONT = -2;
5   static const int ON_SEGMENT = 0;
6
7   int ccw(Point p0, Point p1, Point p2) {
8     Vector a = p1 - p0;
9     Vector b = p2 - p0;
10    if(cross(a, b) > EPS) return COUNTER_CLOCKWISE;
11    if(cross(a, b) < -EPS) return CLOCKWISE;
12    if(dot(a, b) < -EPS) return ONLINE_BACK;
13    if(a.norm() < b.norm()) return ONLINE_FRONT;
14
15    return ON_SEGMENT;
16  }
```

16.7 선분 교차 판정

CGL_2_B Intersection

제한 시간: 1초 | 메모리 제한: 65536KB | 정답률: 38.89%

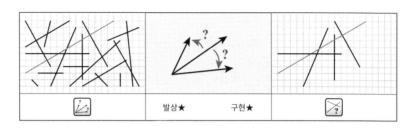

선분 $s1$, $s2$가 주어질 때, 두 선분이 교차되는 경우에는 '1', 교차되지 않는 경우에는 '0'을 출력하세요.

$s1$의 끝점을 $(p0, p1)$, $s2$의 끝점을 $(p2, p3)$라고 합니다.

입력   1번째 줄에 쿼리 수 q가 주어집니다. 이어지는 q개의 줄에 q개의 쿼리가 주어집니다. 각 쿼리에는 선분 $s1$, $s2$의 끝점 좌표가 다음과 같은 형식으로 주어집니다. 입력은 모두 정수로 주어집니다.

$x_{p0}\ y_{p0}\ x_{p1}\ y_{p1}\ x_{p2}\ y_{p2}\ x_{p3}\ y_{p3}$

출력   각각의 쿼리에 '1' 또는 '0'을 한 줄씩 출력합니다.

제약 $1 \leq q \leq 1{,}000$

$-10{,}000 \leq x_{p_i}, y_{p_i} \leq 10{,}000$

$p0$와 $p1$은 같지 않습니다.

$p2$와 $p3$는 같지 않습니다.

입력 예

```
3
0 0 3 0 1 1 2 -1
0 0 3 0 3 1 3 -1
0 0 3 0 3 -2 5 0
```

출력 예

```
1
1
0
```

해설

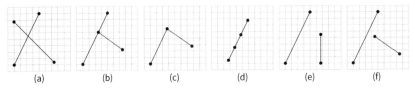

그림 16.10 선분의 교차 판정

그림 16.10의 (a), (b), (c), (d)는 2개의 선분이 교차하는 예를 나타냅니다. 선분의 끝점이 다른 선분의 끝점에 있는 경우(b), 두 선분의 끝점이 한 점에서 모이는 경우 (c), 선분이 평행하게 중첩되는 경우(d)도 교차한다고 볼 수 있습니다. (e)와 (f)는 두 선분이 교차하지 않는 예를 나타냅니다.

점과 선분의 위치 관계를 확인하는 ccw를 활용하면, 두 선분의 교차 판정을 간단 하게 할 수 있습니다.

두 선분이 있을 때, 한쪽 선분을 기준으로 다른 선분의 끝점이 각각 반시계 방향 과 시계 방향에 있다면, 두 선분이 교차하고 있다고 판정할 수 있습니다. 예를 들어 다음 그림 16.11처럼 선분 $p1p2$를 기준으로 $p3$와 $p4$가 다른 쪽에 있고, 선분 $p3p4$ 를 기준으로 $p1$과 $p2$가 다른 쪽에 있다면, 두 선분은 교차합니다.

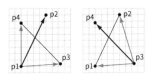

그림 16.11 선분의 교차 판정 조건

선분 $p1p2$와 선분 $p3p4$의 교차 판정을 하는 프로그램은 다음과 같습니다.

프로그램 16.22 선분 $p1p2$와 선분 $p3p4$의 교차 판정

```
1   bool intersect(Point p1, Point p2, Point p3, Point p4) {
2     return (ccw(p1, p2, p3) * ccw(p1, p2, p4) <= 0 &&
3             ccw(p3, p4, p1) * ccw(p3, p4, p2) <= 0);
4   }
5
6   bool intersect(Segment s1, Segment s2) {
7     return intersect(s1.p1, s1.p2, s2.p1, s2.p2);
8   }
```

이 프로그램은 4개의 점 $p1$, $p2$, $p3$, $p4$를 매개변수로 받아서, 선분 $p1p2$와 선분

$p3p4$의 교차 판정을 하고, 교차하는 경우 true를 리턴합니다.

ccw(p1, p2, p3) * ccw(p1, p2, p4)는 선분 $p1p2$를 기준으로 점 $p3$와 $p4$가 반대 쪽에 있는지를 확인하고, 결과를 곱합니다. ccw의 리턴값은

```
COUNTER_CLOCKWISE = 1;
CLOCKWISE = -1;
ON_SEGMENT = 0
```

로 정의합니다. ccw(p1, p2, p3) * ccw(p1, p2, p4) 값은 $p3$와 $p4$가 다른 쪽에 있는 경우 −1, $p3$ 또는 $p4$가 선분 $p1p2$ 위에 있는 경우에는 0이 됩니다. 선분 $p3p4$를 기준으로 점 $p1$과 $p2$의 위치 관계도 마찬가지의 방법으로 계산합니다. 그리고 채점 결과가 모두 0이라면, 선분 $p1p2$와 선분 $p3p4$가 교차한다고 판정할 수 있습니다.

16.8 선분의 교점

CGL_2_C Cross Point

제한 시간: 1초 | **메모리 제한**: 65536KB | **정답률**: 82.61%

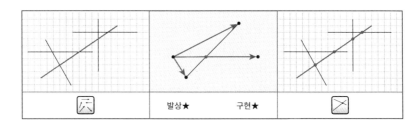

선분 $s1$, $s2$가 주어질 때, 교점의 좌표를 출력하세요.

$s1$의 끝점을 $(p0, p1)$, $s2$의 끝점을 $(p2, p3)$라고 합니다.

입력 1번째 줄에 쿼리 수 q가 주어집니다. 이어지는 q개의 줄에 q개의 쿼리가 주어 집니다. 각 쿼리에는 선분 $s1$, $s2$의 끝점 좌표가 다음과 같은 형식으로 주어집 니다. 입력은 모두 정수로 주어집니다.

$x_{p0} \ y_{p0} \ x_{p1} \ y_{p1} \ x_{p2} \ y_{p2} \ x_{p3} \ y_{p3}$

출력 각각의 쿼리별로 거리를 한 줄에 출력합니다. 출력은 0.00000001 이하의 오 차를 포함해도 괜찮습니다.

제약 $1 \le q \le 1{,}000$

$-10{,}000 \le x_{p_i}, y_{p_i} \le 10{,}000$

$p0$와 $p1$은 같지 않습니다.

$p2$와 $p3$는 같지 않습니다.

$s1$, $s2$는 교점을 가지며, 선분이 중첩되지는 않습니다.

입력 예

```
3
0 0 2 0 1 1 1 -1
0 0 1 1 0 1 1 0
0 0 1 1 1 0 0 1
```

출력 예

```
1.0000000000 0.0000000000
0.5000000000 0.5000000000
0.5000000000 0.5000000000
```

해설

외적의 크기를 사용해서 2개의 선분 $s1$, $s2$의 교점 x를 구할 수 있습니다.

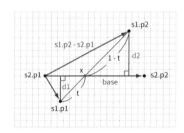

그림 16.12 선분의 교점

일단 선분 $s2$를 벡터 $s2.p2 - s2.p1 = base$로 합니다. 이어서 '$s2.p1$과 $s2.p2$를 통과하는 직선'과 '선분 $s1$의 끝점(2개)'까지의 거리 $d1$, $d2$를 구합니다. 예를 들어 $s1.p1 - s2.p1$을 벡터 $hypo$라고 하면, $base$와 $hypo$가 이루는 평행사변형의 면적은 $base$와 $hypo$의 외적($base \times hypo$) 크기와 같습니다. 따라서 $d1$은 이 면적을 $base$의 크기로 나누어서 구할 수 있으므로,

$$d1 = \frac{|base \times hypo|}{|base|}$$

가 됩니다. $d2$도 같은 방법으로 구합니다.

$$d1 = \frac{|base \times (s1.p1 - s2.p1)|}{|base|}$$

$$d2 = \frac{|base \times (s1.p2 - s2.p1)|}{|base|}$$

추가로 선분 $s1$의 길이와 점 $s1.p1$을 기반으로 교점 x까지의 거리를 비례로 구한다면,

$$d1 : d2 = t : (1 - t)$$

이므로

$$t = d1 \, / \, (d1 + d2)$$

가 됩니다. 따라서 교점 x는

$$x = s1.p1 + (s1.p2 - s1.p1) \times t$$

가 됩니다.

선분 $s1$과 선분 $s2$의 교점을 구하는 프로그램은 다음과 같습니다.

프로그램 16.23 선분 $s1$과 선분 $s2$의 교점

```
1   Point getCrossPoint(Segment s1, Segment s2) {
2     Vector base = s2.p2 - s2.p1;
3     double d1 = abs(cross(base, s1.p1 - s2.p1));
4     double d2 = abs(cross(base, s1.p2 - s2.p1));
5     double t = d1 / (d1 + d2);
6     return s1.p1 + (s1.p2 - s1.p1) * t;
7   }
```

이 프로그램에서는 $d1$, $d2$의 계산에서 $|base|$는 t를 계산할 때 약분되어 사라집니다.

16.9 원과 직선의 교점

CGL_7_D Cross Points of a Circle and a Line

제한 시간: 1초 | **메모리 제한**: 65536KB | **정답률**: 85.11%

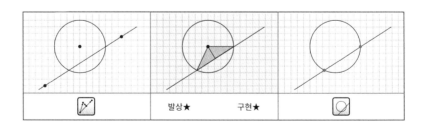

원 c와 직선 l의 교점을 구하세요.

입력 입력은 다음과 같은 형식으로 주어집니다.

$cx\ cy\ r$

q

$Line_1$

$Line_2$

:

$Line_q$

1번째 줄에 원의 중심 좌표 cx, cy, 반지름 r이 주어집니다. 2번째 줄에 쿼리수 q가 주어집니다.

이어지는 q개의 줄에 쿼리로 q개의 직선 $Line_i$가 다음 형식으로 주어집니다.

$x_1\ y_1\ x_2\ y_2$

직선은 직선이 지나는 2개의 점 p_1, p_2로 표시되며, x_1, y_1은 $p1$의 좌표, x_2, y_2은 $p2$의 좌표를 나타냅니다. 입력은 모두 정수로 주어집니다.

출력 각각의 쿼리별로 교점의 좌표를 출력합니다.

2개의 교점 좌표를 다음 규칙에 따라 공백으로 구분해서 출력합니다.

▶ 교점이 1개 있는 경우에는 같은 좌표를 두 번 출력합니다.

▶ x좌표가 작은 것부터 먼저 출력하고, x좌표가 같을 경우에는 y좌표가 작은 것부터 출력합니다.

출력은 0.000001 이하의 오차를 포함해도 괜찮습니다.

제약 $p1$과 $p2$는 같지 않습니다.

원과 직선은 교점이 무조건 존재합니다.

$1 \le q \le 1{,}000$

$-10{,}000 \le cx, cy, x_1, y_1, x_2, y_2 \le 10{,}000$

$1 \le r \le 10{,}000$

입력 예

```
2 1 1
2
0 1 4 1
3 0 3 3
```

출력 예

```
1.000000 1.000000 3.000000 1.000000
3.000000 1.000000 3.000000 1.000000
```

해설

일단 문제의 제약에 있는 '원과 직선은 교점이 무조건 존재합니다'라는 조건을 생각해 봅시다. 이는 원의 중심과 직선까지의 거리가 r 이하인지 확인해서 판정할 수 있습니다(이번 문제에서는 필요 없지만, 다른 문제에서는 필요할 수도 있으므로 기억해 두세요).

원과 직선의 교점은 다양한 방법으로 구할 수 있습니다. 이번에는 다음 그림과 같이 벡터를 사용한 방법을 소개하겠습니다.

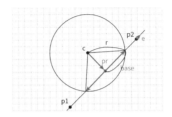

그림 16.13 원과 직선의 교점

일단 원의 중심 c를 직선 l에 투영한 점 pr을 구합니다. 이어서 직선 l 위의 단위 벡터(크기가 1인 벡터) e를 구합니다. e는 다음과 같이 벡터를 그 크기로 나누어서 구할 수 있습니다.

$$e = \frac{(p2 - p1)}{|p2 - p1|}$$

이어서 r, pr의 크기를 사용해서 원에 포함되는 선분의 길이 절반 $base$를 구합니다. 이전에 구한 단위 벡터 e에 $base$를 곱하면, $base$와 같은 크기(길이)로 직선 l 위의 벡터를 나타낼 수 있습니다. 이 벡터를 양의 방향, 음의 방향으로 pr에 더하면, 원과 직선의 교점(좌표)이 구해집니다.

원 c와 직선 l의 교점을 구하는 프로그램은 다음과 같습니다.

프로그램 16.24 원 *c*와 직선 *l*의 교점

```
1  pair<Point, Point> getCrossPoints(Circle c, Line l) {
2      assert(intersect(c, l));
3      Vector pr = project(l, c.c);
4      Vector e = (l.p2 - l.p1) / abs(l.p2 - l.p1);
5      double base = sqrt(c.r * c.r - norm(pr - c.c));
6      return make_pair(pr + e * base, pr - e * base);
7  }
```

16.10 원과 원의 교점

CGL_7_E Cross Points of Circles

제한 시간: 1초 | **메모리 제한**: 65536KB | **정답률**: 50.00%

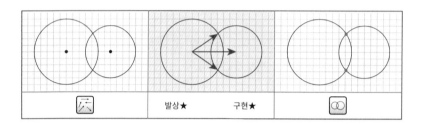

2개의 원 $c1$, $c2$의 교점을 구하세요.

입력 입력은 다음 형식으로 주어집니다.

$c1x$ $c1y$ $c1r$

$c2x$ $c2y$ $c2r$

$c1x$, $c1y$, $c1r$은 1번째 원의 x좌표, y좌표, 반지름을 나타냅니다. 마찬가지로 $c2x$, $c2y$, $c2r$은 2번째 원의 x좌표, y좌표, 반지름을 나타냅니다. 입력은 모두 정수로 주어집니다.

출력 교점 $p1$, $p2$의 좌표 $(x1, y1)$, $(x2, y2)$를 다음 규칙에 따라 공백으로 구분해서 출력합니다.

▶ 교점이 1개 있는 경우에는 같은 좌표를 두 번 출력합니다.

▶ x좌표가 작은 것부터 먼저 출력하고, x좌표가 같을 경우에는 y좌표가 작은 것부터 출력합니다.

출력은 0.000001 이하의 오차를 포함해도 괜찮습니다.

제약 2개의 원은 교점을 가지며, 중심 좌표는 다릅니다.

$-10,000 \le c1x, c1y, c2x, c2y \le 10,000$

$1 \le c1r, c2r \le 10,000$

입력 예
```
0 0 2
2 0 2
```

출력 예
```
1.0000000 -1.7320508 1.0000000 1.7320508
```

해설

원과 원의 교점을 구하는 방법은 굉장히 많습니다. 이 중에서 벡터 연산과 코사인 법칙을 사용하는 알고리즘을 소개하겠습니다. 일단 다음 그림과 같이 2개의 원 $c1$, $c2$의 중심 사이의 거리 d를 구합니다. 이는 $c1.c$에서 $c2.c$로 향하는(또는 반대로 향하는) 벡터의 크기가 됩니다.

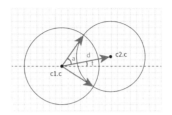

그림 16.14 원과 원의 교점

2개의 원의 중심과 교점 하나가 만드는 삼각형의 세 변 길이가 각각 $c1.r$, $c2.r$, d가 될 것이므로, 코사인 법칙을 사용하면 벡터 $c2.c - c1.c$(또는 $c1.c$)에서 교점으로 향하는 벡터의 각도 a를 구할 수 있습니다. 또한 벡터 $c2.c - c1.c$와 x축이 이루는 각도 t도 구할 수 있습니다.

최종적으로 구하려는 교점은 중심 $c1.c$를 시작점으로 크기가 $c1.r$, 각도가 각각 $t + a$와 $t - a$인 벡터가 됩니다.

원 $c1$과 $c2$의 교점을 구하는 프로그램은 다음과 같습니다.

프로그램 16.25 원 $c1$과 $c2$의 교점

```
1   double arg(Vector p) { return atan2(p.y, p.x); }
2   Vector polar(double a, double r) { return Point(cos(r) * a, sin(r) * a); }
3
4   pair<Point, Point> getCrossPoints(Circle c1, Circle c2) {
5     assert(intersect(c1, c2));
6     double d = abs(c1.c - c2.c);
7     double a = acos((c1.r * c1.r + d * d - c2.r * c2.r) / (2 * c1.r * d));
8     double t = arg(c2.c - c1.c);
9     return make_pair(c1.c + polar(c1.r, t + a), c1.c + polar(c1.r, t - a));
10  }
```

16.11 점의 내포

CGL_3_C Polygon-Point Containment

제한 시간: 1초 | **메모리 제한:** 65536KB | **정답률:** 43.75%

다각형 g와 점 p가 주어질 때, p가 g에 포함되면 '2', p가 g의 변 위에 있다면 '1', 이 외의 경우에는 '0'을 출력하세요.

다각형 g는 이웃한 점 p_i와 $p_{i+1}(1 \leq i \leq n-1)$을 연결하는 선이 변이 되는 p_1, $p_2, \cdots, p_n$ 형태로 표현됩니다. 점 p_n과 p_1을 연결하는 선도 다각형 g의 변입니다.

g는 볼록 다각형이 아닐 수도 있으므로 주의하세요.

입력 입력은 다음과 같은 형식으로 주어집니다.

g(다각형을 나타내는 점의 집합)

q(쿼리 수)

1st query

2nd query

…

qth query

g는 점의 집합 $p_1, \cdots, p_n$으로 다음과 같은 형식으로 주어집니다.

n

$x_1\ y_1$

$x_2\ y_2$

…

$x_n\ y_n$

1번째 줄에 있는 n은 점의 수를 의미합니다. 점 p_i의 좌표는 2개의 정수 x_i와 y_i로 주어집니다. 점은 다각형의 이웃한 점을 반시계 방향으로 방문하는 순서로 주어집니다.

각 쿼리별로 하나의 점 p 좌표가 주어집니다. 좌표는 정수 x와 y로 주어집니다.

출력 각각의 쿼리에 대한 답을 '2', '1', '0'으로 한 줄씩 출력합니다.

제약 $3 \leq n \leq 100$

$1 \leq q \leq 1,000$

$-10,000 \leq x_i, y_i, x, y \leq 10,000$

다각형 점의 좌표는 모두 다릅니다.

다각형의 변은 공유하는 끝점만 교차합니다.

입력 예

```
4
0 0
3 1
2 3
0 3
3
2 1
0 2
3 2
```

출력 예

```
2
1
0
```

해설

'주어진 점 p를 시작점으로 x축과 평행하고, 양의 방향으로 무한하게 연장한 반직선'과 '다각형 g의 변'이 교차하는 횟수를 기반으로 교차를 판정할 수 있습니다. 반직선은 실제로 생성할 필요는 없으며, 다음과 같은 알고리즘으로 판정할 수 있습니다.

다각형의 각 변을 이루는 선분 $g_i g_{i+1}$을 기반으로 $g_i - p$와 $g_{i+1} - p$라는 벡터 a와 b를 생성합니다. $g_i g_{i+1}$ 위에 점 p가 있는지 없는지는 ccw와 같은 방법으로 확인할 수 있습니다. a와 b가 동일 직선 위에 있는지와 a와 b가 반대 방향을 향하는지 확인합니다. 따라서 'a와 b의 외적 크기가 0'인지와 'a와 b의 내적이 0 이하'인지 확인하면 됩니다.

반직선과 선분 $g_i g_{i+1}$가 교차하는지는 a와 b가 만드는 평행사변형의 면적의 부호, 즉 a와 b의 외적 크기로 판정합니다. 일단 2개의 벡터 a와 b가 있을 때, y의 값이 작은 것이 a가 되게 조정합니다. 이 상태에서 a와 b의 외적 크기가 양수(a에서 b로 반시계 방향 회전) 또는 a와 b(의 끝점)가 반직선을 넘는 쪽에 있을 때 교차하고 있다고 판정할 수 있습니다. 여기서 g_ig_{i+1}의 끝점과의 교차는 제외해야 하므로 경계 조건을 주의해야 합니다.

교차 횟수가 홀수라면 '포함', 짝수라면 '포함하지 않음'이라고 판정합니다. 다만 각 선분의 교차 판정 때 선분 위라고 판정되면 즉시 '선분 위'를 리턴합니다.

다각형의 점 내포 관계를 조사하는 프로그램은 다음과 같습니다.

프로그램 16.26 점의 내포

```
1   /*
2     IN 2
3     ON 1
4     OUT 0
5   */
6   int contains(Polygon g, Point p) {
7     int n = g.size();
8     bool x = false;
9     for(int i = 0; i < n; i++) {
10      Point a = g[i] - p, b = g[(i + 1) % n] - p;
11      if(abs(cross(a, b)) < EPS && dot(a, b) < EPS) return 1;
12      if(a.y > b.y) swap(a, b);
13      if(a.y < EPS && EPS < b.y && cross(a, b) > EPS) x = !x;
14    }
15    return (x ? 2 : 0);
16  }
```

16.12 볼록 껍질

CGL_4_A Convex Hull

제한 시간: 1초 | **메모리 제한**: 65536KB | **정답률**: 33.90%

2차원 평면 위의 점 집합 P가 주어질 때, 볼록 껍질(convex hull)을 구하세요. 볼록 껍질은 점 집합 P의 모든 점을 포함하는 가장 작은 볼록 다각형을 의미합니다. P의 볼록 껍질을 나타내는 볼록 다각형의 변과 점 위에 있는 모든 점을 출력하세요.

입력 1번째 줄에 점의 수 n이 주어집니다. 이어지는 n개의 줄에 i번째 점 p_i의 좌표가 2개의 정수 $x_i\ y_i$ 형태로 주어집니다.

출력 1번째 줄에 볼록 껍질을 나타내는 볼록 다각형의 점 수를 출력합니다. 이어지는 줄에 볼록 다각형의 점 좌표를 (x, y) 형식으로 출력합니다. 볼록 다각형의 점 중에서 가장 왼쪽에 있는 점부터 반시계 방향으로 출력합니다.

제약 $3 \leq n \leq 100{,}000$

$-10{,}000 \leq x_i, y_i \leq 10{,}000$

모든 점의 좌표는 다릅니다.

입력 예

```
7
2 1
0 0
1 2
2 2
4 2
1 3
3 3
```

출력 예

```
5
0 0
2 1
4 2
3 3
1 3
```

해설

볼록 껍질은 못이 박힌 판자 위에서 못들을 고무줄로 묶을 때 얻을 수 있는 다각형에 해당합니다. 계산 기하학 분야에서는 볼록 껍질을 구하기 위한 다양한 알고리즘들이 개발되어 왔습니다. 그중에서 쉽게 배울 수 있는 앤드류 알고리즘(Andrew's algorithm)을 소개하겠습니다.

⊞ 앤드류 알고리즘

1. 주어진 점 집합을 x축으로 오름차순으로 정렬합니다. x가 같은 경우에는 y가 작은 것을 우선해서 정렬합니다.

2. 볼록 껍질 윗부분을 다음과 같은 과정으로 만듭니다.

   ▶ 정렬한 점 x를 작은 순서로 볼록 껍질 U에 포함시킵니다. 다만 점을 포함했을 때, U의 볼록이 사라지는 경우, 해당 시점까지 U에 포함한 점을 U가 볼록할 때까지 역순으로 제거합니다.

---

3. 볼록 껍질 아랫부분을 다음과 같은 과정으로 만듭니다.

   ▶ 정렬한 점 x를 작은 순서로 볼록 껍질 L에 포함시킵니다. 다만 점을 포함시켰을 때, L의 볼록이 사라지는 경우, 해당 시점까지 L에 포함된 점을 L이 볼록해질 때까지 역순으로 제거합니다.

그림 16.15는 앤드류 알고리즘으로 볼록 껍질 윗부분을 계산하는 과정을 나타낸 것입니다. 각 점에 붙어 있는 숫자는 x축 방향으로 정렬했을 때의 인덱스입니다.

입력으로 주어진 점 집합을 S, S의 i번째 점을 S_i, 볼록 껍질 윗부분의 점 집합을 U라고 하겠습니다. 그림에서는 U가 나타내는 볼록 껍질을 굵은 선으로 표시했습니다.

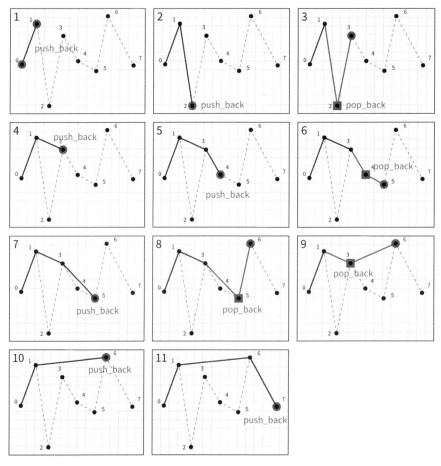

그림 16.15 앤드류 알고리즘으로 볼록 껍질 만들기

1단계에서는 처음 두 점을 볼록 껍질 U에 포함시킵니다. 현재 볼록 껍질에 점을 포함하는 조작을 push_back이라고 부르겠습니다. 2단계 이후에서는 S의 점을 인덱스 순서로 볼록 껍질 U에 push_back합니다. 다만 점 S_i를 볼록 껍질에 포함시키기 전에 다음과 같은 처리를 반복합니다.

▶ 현재까지의 볼록 껍질 U에서 '뒤에서 2번째 점'과 '뒤에서 1번째 점'이 이루는 벡터에 대해 현재 포함시키는 점 S_i가 반시계 방향에 위치한 경우, U의 '뒤에서 1번째 점'을 볼록 껍질 U에서 제거합니다. 이처럼 점을 제거하는 조작을 pop_back이라고 부르겠습니다.

예를 들어 그림 16.15에서 8, 9, 10단계를 주목해 봅시다. 8단계에서 S_6를 볼록 껍질 U에 포함시키려고 합니다. 그런데 볼록 껍질 U에서 '뒤에서 2번째 점'과 '뒤에서 1번째 점'이 이루는 벡터에 대해 현재 포함시키려는 점 S_6가 반시계 방향에 위치하므로, S_5를 U에서 제거해야 합니다. 그림에서는 제거해야 하는 점을 사각형으로 표시했습니다. 마찬가지로 9단계에서 S_3를 U에서 제거해야 합니다. 10단계에서는 볼록 껍질 조건을 충족하므로 제거 처리(pop_back)를 하지 않습니다.

조금 더 생각해 보기

앤드류 알고리즘은 스택 조작을 사용해서 볼록 껍질을 생성하는 데 이론적으로 $O(n)$만큼의 복잡도가 필요합니다. 다만 점 집합 S를 정렬하는 데에도 계산이 필요하므로 전체적으로 $O(n \log n)$ 알고리즘이 됩니다.

해답 예

다음 프로그램은 C++로 앤드류 알고리즘을 구현한 예입니다.

프로그램 16.27 앤드류 알고리즘

```
1   Polygon andrewScan(Polygon s) {
2     Polygon u, l;
3     if(s.size() < 3) return s;
4     sort(s.begin(), s.end());  // x, y를 기준으로 오름차순 정렬
5     // x가 작은 것부터 2개를 u에 추가
6     u.push_back(s[0]);
7     u.push_back(s[1]);
8     // x가 큰 것부터 2개를 l에 추가
9     l.push_back(s[s.size() - 1]);
10    l.push_back(s[s.size() - 2]);
```

```
11
12    // 볼록 껍질 윗부분 만들기
13    for(int i = 2; i < s.size(); i++) {
14      for(int n = u.size(); n >= 2 && ccw(u[n-2], u[n-1], s[i]) != CLOCKWISE; n--) {
15        u.pop_back();
16      }
17      u.push_back(s[i]);
18    }
19
20    // 볼록 껍질 아랫부분 만들기
21    for(int i = s.size() - 3; i >= 0; i--) {
22      for(int n = l.size(); n >= 2 && ccw(l[n-2], l[n-1], s[i]) != CLOCKWISE; n--) {
23        l.pop_back();
24      }
25      l.push_back(s[i]);
26    }
27
28    // 시계 방향에 있을 수 있게 볼록 껍질 점 배열을 생성
29    reverse(l.begin(), l.end());
30    for(int i = u.size() - 2; i >= 1; i--) l.push_back(u[i]);
31
32    return l;
33  }
```

보충 설명: 볼록 껍질의 변 위에 있는 점도 포함해야 한다면, 14, 22번째 줄에 있는 != CLOCKWISE를 == COUNTER_CLOCKWISE로 변경합니다.

16.13 선분 교차 문제

CGL_6_A Segment Intersections: Manhattan Geometry

제한 시간: 1초 | **메모리 제한**: 65536KB | **정답률**: 33.90%

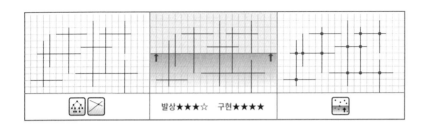

x축 또는 y축과 평행한 n개의 선분이 주어집니다. 이들의 교점 수를 출력하세요.

입력 1번째 줄에 선분의 수 n이 주어집니다. 이어지는 n개의 줄에 n개의 선분이 주어집니다. 각 선분은 다음과 같은 형식으로 주어집니다.

$x_1 \; y_1 \; x_2 \; y_2$

이는 선분의 끝점 좌표입니다. 입력은 모두 정수로 주어집니다.

출력 교점의 수를 1번째 줄에 출력합니다.

제약 $1 \le n \le 100{,}000$

서로 평행한 2개 이상의 선분의 선분 일부와 점이 중첩되는 경우는 없습니다. 교점의 수는 1,000,000을 넘지 않습니다.

$-1{,}000{,}000{,}000 \le x_1, y_1, x_2, y_2 \le 1{,}000{,}000{,}000$

입력 예

```
6
2 2 2 5
1 3 5 3
4 1 4 4
5 2 7 2
6 1 6 3
6 5 6 7
```

출력 예

```
3
```

해설

선분 n개의 교점은 2개를 선택한 조합을 모두 탐색해서 확인할 경우, $O(n^2)$ 알고리즘이 됩니다. 따라서 이렇게 구하면 n이 클 경우 시간이 굉장히 많이 걸립니다.

선분이 축과 평행한 경우, 교차 문제(맨해튼 기하)는 평면 스위핑(plane sweeping)이라는 방법으로 빠르게 구할 수 있습니다. 평면 스위핑은 x축(또는 y축)과 평행한 직선을 위(또는 오른쪽) 방향으로 평행 이동하면서 교점을 찾는 알고리즘입니다. 이러한 선을 스위핑 선 또는 기준 선이라고 부릅니다.

스위핑 선을 이동하는 과정에서 스위핑 선과 접하는 수직선(y축과 평행)을 저장해 두고, 스위핑 선과 수평 선분(x축과 평행)이 겹칠 때 해당 평행 선분의 범위 내에 수직 선분이 존재하면, 해당 지점이 교점이 됩니다. 이러한 탐색을 빠르게 하려면, 스위핑 선과 접한 수직 선분을 저장할 때 이진 탐색 트리를 응용합니다. 선분 교차 문제를 평면 스위핑으로 푸는 알고리즘을 정리하면, 다음과 같습니다.

> ### 📋 평면 스위핑
>
> 1. 입력된 선분의 끝점을 y좌표를 기준으로 오름차순 정렬하고, 리스트 EP에 넣습니다.
>
> 2. 이진 탐색 트리 T를 빈 상태로 초기화합니다.
>
> 3. EP의 끝점을 차례대로 추출하면서(스위핑 선을 아래부터 위로 이동하는 처리에 해당합니다), 다음과 같은 처리를 반복합니다.
>
>   ▶ 추출한 끝점이 수직 선분의 위 끝점이라면, 해당 선분의 x좌표 값을 T에서 제거합니다.
>
>   ▶ 추출한 끝점이 수직 선분의 아래 끝점이라면, 해당 선분의 x좌표 값을 T에 삽입합니다.
>
>   ▶ 추출한 끝점이 수평 선분의 왼쪽 끝점이라면(스위핑 선이 수평 선분과 겹칠 때), 해당 수평 선분 양쪽 끝점의 x좌표를 탐색 범위로, T에 포함되는 값(따라서 수직 선분의 x좌표)을 출력합니다.

예를 들어 7개의 선분 a, b, c, d, e, f, g가 주어질 때, 그림으로 평면 스위핑 과정을 나타내면 그림 16.16과 같습니다.

스위핑 선은 선분 a의 아래 끝점부터 시작해서 위를 향해 이동합니다.

1. a의 아래 끝점과 만날 때, 이진 탐색 트리 T에 a의 x좌표를 삽입합니다(선분 a를 삽입한다는 형태로 생각하면 쉽게 이해할 수 있습니다).

2. 이어서 스위핑 선은 선분 b와 겹칩니다. 이때 선분 b의 양쪽 끝점을 범위로 이진 탐색 트리 T에서 값을 찾습니다. 이때 선분 b와 수직 선분 a의 교점이 검출됩니다.

3~5. 이어지는 단계에서는 선분 c의 아래 끝점, 선분 d의 아래 끝점, 선분 e의 아래 끝점과 만날 때, 이러한 점들의 x좌표를 이진 탐색 트리 T에 삽입합니다.

6. 이어서 스위핑 선이 선분 f와 겹칩니다. 이때 선분 f의 양쪽 끝점을 범위로 이진 탐색 트리 T에서 값을 찾습니다. 이때 선분 f와 수직 선분 a, e, c의 교점이 검출됩니다.

7. 이어서 a의 위 끝점과 만날 때, 이진 탐색 트리에서 선분 a의 x좌표 값을 제거합니다.

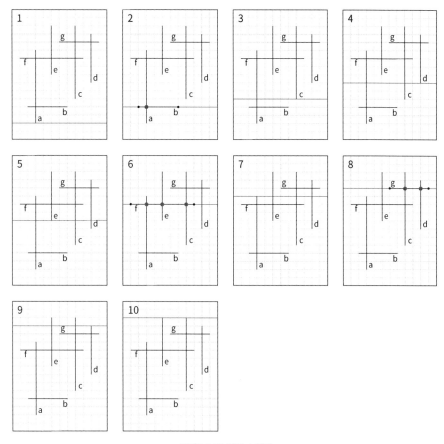

그림 16.16 평면 스위핑

이후에도 마찬가지로 평면 스위핑이 이어집니다.

조금 더 생각해 보기

자가 균형 이진 탐색 트리를 사용하면, 탐색 작업 한 번은 $O(\log n)$으로 할 수 있습니다. 이는 $2n$보다도 작으므로, 이진 트리의 복잡도는 $O(n \log n)$이 됩니다. 전체 복잡도는 교점의 수 k에도 의존하므로, 이번 절에서 소개한 평면 스위핑은 $O(n \log n + k)$인 알고리즘이 됩니다.

참고로 이번 문제는 세그먼트 트리를 응용하면, 더 효율적으로 문제를 풀 수 있습니다.

해답 예

평면 스위핑으로 선분의 교차를 검출하는 프로그램은 다음과 같습니다.

프로그램 16.28 평면 스위핑

```
1   // 끝점의 종류
2   #define BOTTOM 0
3   #define LEFT 1
4   #define RIGHT 2
5   #define TOP 3
6
7   class EndPoint {
8   public:
9     Point p;
10    int seg, st;              // 입력 선분의 ID, 끝점의 종류
11    EndPoint() {}
12    EndPoint(Point p, int seg, int st): p(p), seg(seg), st(st) {}
13
14    bool operator < (const EndPoint &ep) const {
15      // y좌표가 작은 순서로 정렬
16      if(p.y == ep.p.y) {
17        return st < ep.st;  // y가 같으면 아래 왼쪽 오른쪽 위 끝점 순서로 정렬
18      } else return p.y < ep.p.y;
19    }
20  };
21
22  EndPoint EP[2 * 100000];  // 끝점 리스트
23
24  // 선분 교차 문제: 맨해튼 기하
25  int manhattanIntersection(vector<Segment> S) {
26    int n = S.size();
27
28    for(int i = 0, k = 0; i < n; i++) {
29      // 끝점 p1, p2가 왼쪽 아래를 기준으로 정렬되게 조정
30      if(S[i].p1.y == S[i].p2.y) {
31        if(S[i].p1.x > S[i].p2.x) swap(S[i].p1, S[i].p2);
32      } else if(S[i].p1.y > S[i].p2.y) swap(S[i].p1, S[i].p2);
33
34      if(S[i].p1.y == S[i].p2.y) {    // 수평 선분을 끝점 리스트에 추가
35        EP[k++] = EndPoint(S[i].p1, i, LEFT);
36        EP[k++] = EndPoint(S[i].p2, i, RIGHT);
37      } else {                        // 수직 선분을 끝점 리스트에 추가
38        EP[k++] = EndPoint(S[i].p1, i, BOTTOM);
39        EP[k++] = EndPoint(S[i].p2, i, TOP);
40      }
41    }
42
43    sort(EP, EP + (2 * n)); // 끝점의 y좌표를 기반으로 오름차순으로 정렬
44
45    set<int> BT;            // 이진 탐색 트리
46    BT.insert(1000000001);  // 센티넬 배치
47    int cnt = 0;
48
```

```
49    for(int i = 0; i < 2 * n; i++) {
50      if(EP[i].st == TOP) {
51        BT.erase(EP[i].p.x);   // 위 끝점 제거
52      } else if(EP[i].st == BOTTOM) {
53        BT.insert(EP[i].p.x); // 아래 끝점 제거
54      } else if(EP[i].st == LEFT) {
55        set<int>::iterator b = BT.lower_bound(S[EP[i].seg].p1.x);  // O(log n)
56        set<int>::iterator e = BT.upper_bound(S[EP[i].seg].p2.x);  // O(log n)
57        cnt += distance(b, e);  // b와 e의 거리(점의 수)를 더함, O(k)
58      }
59    }
60
61    return cnt;
62  }
```

이러한 평면 스위핑 알고리즘 구현에서는 어떤 스위핑 선 위에서 여러 번의 처리가 이루어질 경우, 교점을 빠뜨리지 않도록 처리 순서에 주의해야 합니다. 위의 프로그램에서는 어떤 스위핑 선 위에서 선분(x좌표 값)의 제거, 삽입, 탐색이 동시에 이루어지는 경우, 끝점 정렬 기준의 우선순위를 변경(17번째 줄)함으로써 이러한 문제를 해결하고 있습니다.

16.14 그 밖의 문제

이 책에서 다루지 않은 계산 기하학 문제를 추가로 소개하겠습니다.

▶ CGL_5_A: Closest Pair

평면 위의 점 n개가 주어질 때, 가장 가까운 두 점의 거리를 구하는 문제입니다. 분할 정복을 응용하면 굉장히 빠르게 풀 수 있습니다.

▶ CGL_4_B: Diameter of a Convex Polygon

볼록 다각형의 지름(직경)을 구하는 문제입니다. 볼록 다각형에서 가장 먼 점의 거리를 지름이라고 부릅니다. 볼록 다각형의 지름은 캘리퍼스 알고리즘(Calipers algorithm)으로 빠르게 구할 수 있습니다.

▶ CGL_4_C: Convex Cut

볼록 다각형과 직선이 주어지고, 직선으로 볼록 다각형을 자르는 문제입니다. ccw(시계 반대 방향)와 직선 교점 검출 등을 응용하면, 비교적 쉽게 해결할 수 있습니다.

16.15 백준 온라인 저지 문제

17387번 선분 교차 2

제한 시간: 0.25초 | **메모리 제한**: 512MB | **정답률**: 29.15%

2차원 좌표 평면 위의 두 선분 L_1, L_2가 주어졌을 때, 두 선분이 교차하는지 아닌지 구해보자. 한 선분의 끝 점이 다른 선분이나 끝 점 위에 있는 것도 교차하는 것이다. L_1의 양 끝 점은 (x_1, y_1), (x_2, y_2), L_2의 양 끝 점은 (x_3, y_3), (x_4, y_4)이다.

입력 첫째 줄에 L_1의 양 끝 점 x_1, y_1, x_2, y_2가, 둘째 줄에 L_2의 양 끝 점 x_3, y_3, x_4, y_4가 주어진다.

출력 L_1과 L_2가 교차하면 1, 아니면 0을 출력한다.

제약 $-1{,}000{,}000 \leq x_1, y_1, x_2, y_2, x_3, y_3, x_4, y_4 \leq 1{,}000{,}000$

$x_1, y_1, x_2, y_2, x_3, y_3, x_4, y_4$는 정수

입력 예 1

```
1 1 5 5
1 5 5 1
```

출력 예 1

```
1
```

입력 예 2

```
1 1 5 5
6 10 10 6
```

출력 예 2

```
0
```

20150번 선분 교차 4

제한 시간: 1초 | **메모리 제한**: 512MB | **정답률**: 20.97%

2차원 좌표 평면 위의 선분 N개가 주어졌을 때, 교차하는 두 선분이 존재하는지 아닌지 구해보자. 한 선분의 끝 점이 다른 선분이나 끝 점 위에 있는 것도 교차하는 것이다.

입력 첫째 줄에 선분의 개수 N이 주어진다. 둘째 줄부터 N개의 줄에 선분의 양 끝 점 (x_1, y_1), (x_2, y_2)를 의미하는 네 정수 x_1, y_1, x_2, y_2가 주어진다.

출력 교차하는 두 선분이 존재하면 1, 아니면 0을 출력한다.

제약 $1 \leq N \leq 200{,}000$

$$-10^9 \le x_i, y_i \le 10^9$$

x_i, y_i는 정수

입력 예 1

```
4
1 1 5 5
3 3 1 3
6 10 10 6
5 6 2 4
```

출력 예 1

```
1
```

입력 예 2

```
3
1 1 2 2
3 3 4 4
5 5 6 6
```

출력 예 2

```
0
```

2261번 가장 가까운 두 점

제한 시간: 1초 | **메모리 제한**: 256MB | **정답률**: 15.89%

2차원 평면상에 n개의 점이 주어졌을 때, 이 점들 중 가장 가까운 두 점을 구하는 프로그램을 작성하시오.

입력 첫째 줄에 자연수 n이 주어진다. 다음 n개의 줄에는 차례로 각 점의 x, y좌표 가 주어진다.

출력 첫째 줄에 가장 가까운 두 점의 거리의 제곱을 출력한다.

제약 $2 \le n \le 100{,}000$

각각의 좌표는 절댓값이 10,000을 넘지 않는 정수이다.

여러 점이 같은 좌표를 가질 수도 있다.

입력 예

```
4
0 0
10 10
0 10
10 0
```

출력 예

```
100
```

3392번 화성 지도[2]

제한 시간: 1초 | **메모리 제한**: 128MB | **정답률**: 35.85%

변이 축에 평행한 직사각형 N개가 주어졌을 때, 모두 합쳤을 때의 면적을 구하는
프로그램을 작성하시오.

입력 첫째 줄에 직사각형의 개수 N이 주어진다. 다음 N개의 줄에는 직사각형의
정보를 나타내는 네 정수 $x1, y1, x2, y2$가 주어진다. $(x1, y1)$과 $(x2, y2)$는 직
사각형의 왼쪽 아래 좌표와 오른쪽 위 좌표이다.

출력 첫째 줄에 직사각형을 모두 합쳤을 때, 그 면적을 출력한다(직사각형을 모두
합쳤을 때 면적).

제약 $1 \le N \le 10,000$

$0 \le x1 < x2 \le 30,000, 0 \le y1 < y2 \le 30,000$

변은 항상 x축과 y축에 평행하다.

입력 예

```
2
10 10 20 20
15 15 25 30
```

출력 예

```
225
```

---

2 이 문제는 BOI 2001의 5번 문제를 변형한 문제입니다.

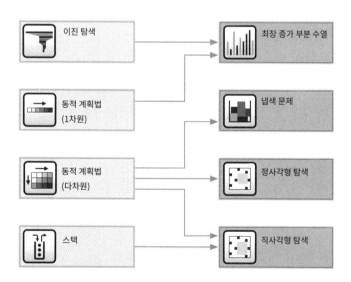 for Programming Contest —

17장

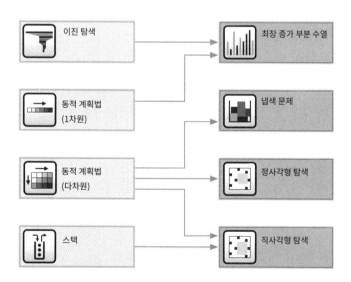 Algorithms and Data Structures for Programming Contest

동적 계획법 활용

11장에서는 동적 계획법의 기본적인 개념과 몇 가지 대표적인 문제를 풀어보았습니다. 동적 계획법은 특정 문제를 풀기 위한 알고리즘이 아니라 범용적인 프로그래밍 설계 기법 중 하나이므로, 프로그래밍 대회에서도 다양한 형태로 많이 출제됩니다. 이번 장에서는 동적 계획법과 관련된 조금 더 복잡한 고전적인 문제를 풀어보겠습니다.

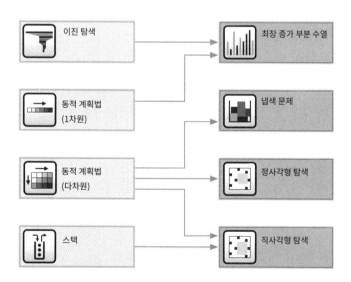

이번 장의 문제를 풀려면 기본적인 동적 계획법, 이진 탐색, 스택과 관련된 알고리즘과 자료 구조를 응용할 수 있는 프로그래밍 스킬이 필요합니다.

17.1 동전 문제

DPL_1_A Coin Changing Problem

제한 시간: 1초 | **메모리 제한**: 65536KB | **정답률**: 30.26%

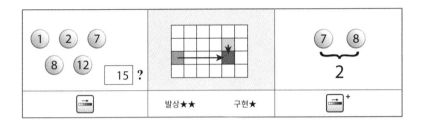

금액이 $c_1, c_2, \cdots, c_m$원에 해당하는 동전 m가지를 사용해서, n원을 지불할 때 필요한 동전의 최소 수를 구하세요. 각 종류의 동전은 몇 개를 사용해도 상관없습니다.

입력 $n\ m$

$c_1\ c_2 \cdots c_m$

1번째 줄에 정수 n과 정수 m이 1개의 공백으로 구분되어 주어집니다.

2번째 줄에 각 동전의 가치가 1개의 공백으로 구분되어 주어집니다.

출력 동전의 최소 수를 1번째 줄에 출력합니다.

제약 $1 \le n \le 50,000$

$1 \le m \le 20$

$1 \le$ 동전의 가치 $\le 10,000$

가치는 모두 다릅니다. 가치가 1인 동전은 반드시 포함됩니다.

입력 예

```
15 6
1 2 7 8 12 50
```

출력 예

```
2
```

해설

가상의 동전 가치를 대충 1, 5, 10, 50, 100, 500으로 정하고, 주어진 가치 n원을 지불한다면, 가치가 큰 것부터 빼서(나누어서), 동전의 최소 수를 구할 수 있습니다. 이처럼 해당 시점에서 최적의 답(방법)을 선택하는 알고리즘을 탐욕법(greedy method)이라고 부릅니다.

그런데 일반적인 동전 문제는 단순한 탐욕법으로 정답을 구할 수 없습니다. 예를 들어 가치가 1, 2, 7, 8, 12, 50인 동전이 있을 때 15원을 지불해야 한다면, 탐욕법은 3개의 동전, 즉 12, 2, 1을 선택합니다. 하지만 실제 답은 2개, 즉 8, 7입니다.

동적 계획법을 활용하면, 답을 구할 수 있습니다. 일단 다음과 같은 변수를 준비합니다.

$C[m]$	$C[i]$는 i번째 동전의 가치를 나타냅니다.
$T[m][n+1]$	$T[i][j]$는 i번째까지의 동전을 사용해서 j원을 지불할 때 동전의 최소 수를 나타냅니다.

코인의 수를 i, i를 사용한 지불 금액 j를 증가시키면서 $T[i][j]$를 변경합니다. $T[i][j]$는 i번째 동전을 사용하지 않았을 경우와 사용했을 경우의 동전 수를 비교해서, 작은 것을 선택합니다. 점화식으로 표현한다면 다음과 같습니다.

$$T[i][j] = min(T[i-1][j], T[i][j-C[i]] + 1)$$

i번째 동전을 사용하지 않은 경우, 해당 위치까지 계산한 j원을 지불하는 최적의 답은 $T[i][j]$가 됩니다. 반면 사용한 경우, 현재 금액 j에서 $C[i]$를 뺀 금액을 지불하는 최적의 답에 1개의 동전을 더한 값이 됩니다.

구체적인 예를 살펴봅시다. $C = \{1, 2, 7, 8, 12\}$, $n = 15$라고 하면, $T[i][j]$는 다음과 같이 됩니다.

		T	0	1	2	3	4	5	6	7	8	9	10	11	12	13	14	15
C			0	INF	INF	INF	INF	INF	INF	INF	INF	INF	INF	INF	INF	INF	INF	INF
0	1		0	1	2	3	4	5	6	7	8	9	10	11	12	13	14	15
1	2		0	1	1	2	2	3	3	4	4	5	5	6	6	7	7	8
i 2	7		0	1	1	2	2	3	3	1	2	2	3	3	4	4	2	3
3	8		0	1	1	2	2	3	3	1	1	2	2	3	3	4	2	2
4	12		0	1	1	2	2	3	3	1	1	1	2	2	1	2	2	2

예를 들어 3개의 동전(가치 8원)까지를 사용해서 15원을 지불하는 최적의 답은 $min(T[2][15], T[3][15-8] + 1)$로 2개입니다. 이는 3개의 동전을 사용해서 7원을 지불하는 최적의 답에 1(개)을 더한 것입니다.

표에서 알 수 있는 것처럼 동전 가치별로 최적의 수를 기록할 필요가 없으므로, j원을 지불하는 동전의 최소 수는 1차원 배열의 $T[j]$를 활용해 다음과 같이 구할 수 있습니다.

$$T[j] = min(T[j], T[j - C[i]] + 1)$$

동전 문제를 동적 계획법으로 해결하는 알고리즘은 다음과 같습니다.

프로그램 17.1 동적 계획법을 사용한 동전 문제 해답

```
1   getTheNumberOfCoin()
2     for j = 0 to n
3       T[j] = INF
4     T[0] = 0
5
6     for i = 0 to m - 1
7       for j = C[i] to n
8         T[j] = min(T[j], T[j - C[i]] + 1)
9
10    return T[n]
```

조금 더 생각해 보기

이중 반복문을 사용하므로, 동적 계획법을 사용한 동전 문제는 $O(nm)$의 알고리즘으로 풀 수 있다는 것을 확인할 수 있습니다.

해답 예

C++

```
1   #include<iostream>
2   #include<algorithm>
3
4   using namespace std;
5
6   static const int MMAX = 20;
7   static const int NMAX = 50000;
8   static const int INFTY = (1 << 29);
9
10  main() {
11    int n, m;
12    int C[MMAX + 1];
13    int T[NMAX + 1];
14
15    cin >> n >> m;
16
17    for(int i = 1; i <= m; i++) {
18      cin >> C[i];
19    }
20
21    for(int i = 0; i <= NMAX; i++) T[i] = INFTY;
22    T[0] = 0;
```

```
23    for(int i = 1; i <= m; i++) {
24      for(int j = 0; j + C[i] <= n; j++) {
25        T[j + C[i]] = min(T[j + C[i]], T[j] + 1);
26      }
27    }
28
29    cout << T[n] << endl;
30
31    return 0;
32  }
```

17.2 냅색 문제

DPL_1_B 0-1 Knapsack Problem

제한 시간: 1초 | **메모리 제한**: 65536KB | **정답률**: 48.98%

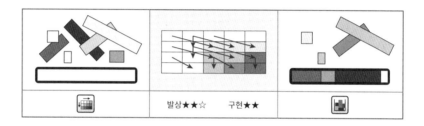

가치가 v_i, 무게가 w_i인 N개의 물건과 무게 W만큼 담을 수 있는 가방(냅색)이 있습니다. 다음 조건에 따라서 물건을 선택해서 가방에 넣습니다.

▶ 물건 가치의 합계를 최대한 크게 선택합니다.
▶ 물건의 총합이 W를 넘지 않게 선택합니다.

가치 합계의 최댓값을 구하세요.

입력 1번째 줄에 정수 N과 W가 1개의 공백으로 구분되어 주어집니다. 이어지는 N개의 줄에 i번째 물건의 가치 v_i와 무게 w_i가 공백으로 구분되어 주어집니다.

출력 가치 합계의 최댓값을 1번째 줄에 출력합니다.

제약 $1 \le N \le 100$
$1 \le v_i \le 1,000$
$1 \le w_i \le 1,000$
$1 \le W \le 10,000$

입력 예	출력 예
4 5 4 2 5 2 2 1 8 3	13

해설

이번 문제는 각각의 제품을 '선택할 것인가' 또는 '선택하지 않을 것인가'의 조합을 구하는 문제로, 0-1 냅색 문제라고 부릅니다. N번째 제품을 '선택할 것인가' 또는 '선택하지 않을 것인가'라는 조합을 모두 탐색하는 알고리즘을 사용한다면, 복잡도는 $O(2^N)$이 되어 버립니다.

제품의 무게 w, 가방의 크기 W가 모두 정수라면, 0-1 냅색 문제는 동적 계획법을 사용해서 $O(NW)$의 복잡도로 구할 수 있습니다.

다음과 같은 변수를 사용합니다.

$items[N + 1]$	$items[i].v$, $items[i].w$는 i번째 물건의 가치와 무게를 나타냅니다 ($items$는 1차원 배열).
$C[N + 1][W + 1]$	i번째까지의 물건을 허용량이 W인 가방에 넣은 경우의 가치 합계 최댓값을 나타냅니다(C는 2차원 배열).

'넣을 물건 수 i'와 '가방의 크기 w'를 늘리면서, $C[i][w]$의 값을

1. $C[i - 1][w - 물건\ i의\ 무게] + 물건\ i의\ 가치$
2. $C[i - 1][w]$

중에서 큰 것으로 변경합니다. 1은 해당 시점에서 물건 i를 선택한 것이고, 2는 해당 시점에서 물건 i를 선택하지 않은 경우를 나타냅니다. 다만 1의 경우 물건 i의 무게가 w를 넘지 않아야 합니다.

입력 예로 구체적인 처리 흐름을 살펴봅시다.

item[N+1]   C[N+1][W+1]

	v	w		0	1	2	3	4	5
0	✕	✕		0	0	0	0	0	0
1	4	2		0					
2	5	2		0					
3	2	1		0					
4	8	3		0					

가방의 크기 w가 0 또는 물건의 수 i가 0개라면 가치 합계가 0이므로, $w = 0$과 $i = 0$에 해당하는 C의 요소를 0으로 초기화합니다.

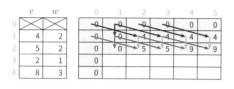

크기가 1인 가방에 물건 1을 넣을 수 없으므로, $C[1][1]$은 0이 됩니다. 크기가 2인 가방에는 물건 1을 넣을 수 있습니다. 선택하는 경우 $0 + 4 = 4$(대각선 화살표), 선택하지 않은 경우 0(세로 화살표)이 됩니다. 둘 중에 큰 4를 $C[1][2]$에 기록합니다. 가방의 크기가 3, 4, 5인 경우도 마찬가지입니다.

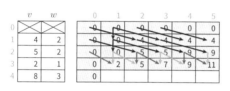

크기가 1인 가방에 물건 2를 넣을 수 없으므로, $C[2][1]$은 0이 됩니다. 크기가 2, 3, 4, 5인 가방에는 물건 2를 넣을 수 있습니다. $C[2][4]$에는 '$C[1][2]$ + 물건 2의 가치($= 4 + 5$)'와 '$C[1][4](= 4)$' 중에 큰 것을 설정합니다.

크기가 1~5인 가방에 물건 3을 넣을 수 있습니다. 마찬가지로 물건을 선택하는 경우와 선택하지 않는 경우를 구분하고, 둘 중에서 더 적합한 것을 선택합니다.

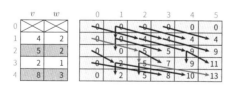

크기가 1, 2인 가방에 물건 4를 넣을 수 없습니다. 용량을 넘는 경우는, 대각선 화살표가 배열을 벗어나는 경우입니다. 크기가 3, 4, 5인 가방에는 물건 4를 넣을 수 있습니다. 마찬가지 방법으로 적합한 것을 선택합니다.

$C[N][W]$가 가치의 최댓값이 됩니다. 그리고 $C[N][W]$에서 화살표를 반대로 타고 올라가면, 어떤 물건을 선택했는지 알 수 있습니다(대각선 화살표가 물건을 선택한 경우를 나타냅니다).

물건의 선택 상태를 배열 $G[i][w]$에 기록해 두면, 최적의 답이 나왔을 때, 화살표를 추적해서 어떤 물건을 선택한 것인지 쉽게 알 수 있습니다. 예를 들어 $G[i][w]$에는 물건 i를 선택한 경우 DIAGONAL[1], 선택하지 않은 경우 TOP이라고 기록합니다.
화살표를 타고 올라가는 과정에서 이를 활용하면 선택한 물건(DIAGONAL)만 출력
하면 됩니다

동적 계획법으로 냅색 문제를 푸는 알고리즘은 다음과 같습니다.

프로그램 17.2 동적 계획법을 사용한 0-1 냅색 문제의 해답

```
1   knapsack()
2     // C와 G 초기화
3     for i = 1 to N
4       for w = 1 to W
5         if items[i].w <= w
6           if items[i].v + C[i-1][w - items[i].w] > C[i-1][w]
7               C[i][w] = items[i].v + C[i-1][w - items[i].w]
8               G[i][w] = DIAGONAL    // i번째 제품 선택
9           else
10            C[i][w] = C[i-1][w]
11            G[i][w] = TOP           // i번째 제품을 선택하지 않음
12        else
13          C[i][w] = C[i-1][w]
14          G[i][w] = TOP            // i번째 제품을 선택할 수 없음
```

해답 예

C++

```
1   #include<iostream>
2   #include<vector>
3   #include<algorithm>
4   #define NMAX 105
5   #define WMAX 10005
6   #define DIAGONAL 1
7   #define TOP 0
8
9   using namespace std;
10
11  struct Item {
12    int value, weight;
13  };
14
15  int N, W;
16  Item items[NMAX + 1];
17  int C[NMAX + 1][WMAX + 1], G[NMAX + 1][WMAX + 1];
18
```

---

1 (옮긴이) DIAGONAL은 대각선을 의미합니다. 즉, 그림에서 화살표가 대각선으로 그려진 위치를 표현
   하는 것입니다.

```
19 void compute(int &maxValue, vector<int> &selection) {
20   for(int w = 0; w <= W; w++) {
21     C[0][w] = 0;
22     G[0][w] = DIAGONAL;
23   }
24
25   for(int i = 1; i <= N; i++) C[i][0] = 0;
26
27   for(int i = 1; i <= N; i++) {
28     for(int w = 1; w <= W; w++) {
29       C[i][w] = C[i - 1][w];
30       G[i][w] = TOP;
31       if(items[i].weight > w) continue;
32       if(items[i].value + C[i - 1][w - items[i].weight] > C[i - 1][w]) {
33         C[i][w] = items[i].value + C[i - 1][w - items[i].weight];
34         G[i][w] = DIAGONAL;
35       }
36     }
37   }
38
39   maxValue = C[N][W];
40   selection.clear();
41   for(int i = N, w = W; i >=1; i--) {
42     if(G[i][w] == DIAGONAL) {
43       selection.push_back(i);
44       w -= items[i].weight;
45     }
46   }
47
48   reverse(selection.begin(), selection.end());
49 }
50
51 void input() {
52   cin >> N >> W;
53   for(int i = 1; i <= N; i++) {
54     cin >> items[i].value >> items[i].weight;
55   }
56 }
57
58 int main() {
59   int maxValue;
60   vector<int> selection;
61   input();
62   compute(maxValue, selection);
63
64   cout << maxValue << endl;
65
66   return 0;
67 }
```

17.3 최장 증가 부분 수열

DPL_1_D Longest Increasing Subsequence

제한 시간: 1초 | **메모리 제한**: 65536KB | **정답률**: 26.21%

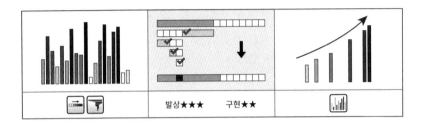

수열 $A = a_0, a_1, \cdots, a_{n-1}$의 최장 증가 부분 수열(Longest Increasing Subsequence, LIS)의 길이를 구하세요. 수열 A의 증가 부분 수열은 $0 \leq i_0 < i_1 < \cdots < i_k < n$과 $a_{i_0} < a_{i_1} < a_{i_k}$를 만족하는 부분 수열 $a_{i_0}, a_{i_1}, \cdots, a_{i_k}$입니다. 최장 증가 부분 수열은 수열 중에서 k가 가장 큰 것입니다.

입력   1번째 줄에 수열 A의 길이를 나타내는 정수 n이 주어집니다. 이어지는 n개의 줄에 수열의 각 요소 a_i가 주어집니다.

출력   최장 증가 부분 수열의 길이를 1번째 줄에 출력합니다.

제약 $1 \leq n \leq 100,000$

   $0 \leq a_i \leq 10^9$

입력 예

```
5
5
1
3
2
4
```

출력 예

```
3
```

해설

길이가 n인 수열 A의 부분 수열 조합은 2^n가지 나옵니다. 최장 증가 부분 수열(LIS)은 동적 계획법을 활용해 효율적으로 구할 수 있습니다. 두 가지 알고리즘을 소개하겠습니다.

다음 변수를 사용하는 동적 계획법부터 살펴봅시다. 입력 수열의 첫 번째 요소를 $A[1]$이라고 합니다.

$L[n+1]$	$L[i]$는 $A[1]$부터 $A[i]$까지의 요소를 사용해 $A[i]$를 마지막으로 선택할 때의 LIS 길이를 의미합니다.
$P[n+1]$	$P[i]$는 $A[1]$부터 $A[i]$까지의 요소를 사용해 $A[i]$를 마지막으로 선택할 때의 LIS 의 끝에서 두 번째 요소의 위치를 의미합니다(만들 수 있는 최대 증가 부분 수열에서 각 요소 하나 앞의 요소를 기록).

이러한 변수를 사용한 동적 계획법으로 LIS를 구하는 알고리즘은 다음과 같습니다.

프로그램 17.3 동적 계획법으로 최장 증가 부분 수열을 구하는 알고리즘

```
1   LIS()
2     L[0] = 0
3     A[0] = 0      // A[1]부터 A[n]의 어떤 값보다 작은 값으로 초기화
4     P[0] = -1
5     for i = 1 to n
6       k = 0
7       for j = 0 to i - 1
8         if A[j] < A[i] && L[j] > L[k]
9           k = j
10      L[i] = L[k] + 1   // A[j] < A[i]를 만족하는 L[j]이 최대인 j가 k
11      P[i] = k          // LIS에서 A[i] 하나 앞의 요소가 A[k]
```

입력 $A = \{4, 1, 6, 2, 8, 5, 7, 3\}$이라면 L의 값은 다음과 같습니다.

	0	1	2	3	4	5	6	7	8
A	-1	4	1	6	2	8	5	7	3
L	0	1	1	2	2	3	3	4	3
P	-1	0	0	1	2	3	4	6	4

예를 들어 $L[6]$는 $A[j](j = 1, 2, \cdots, 5)$ 중에서 $A[j] < A[6](= 5)$를 만족하는 $L[j]$의 최댓값 $L[4](= 2)$에 1을 더한 값이 됩니다. 이는 LIS가 $A[6](= 5)$를 포함할 경우, LIS에서 4의 하나 앞에 $A[4] = 2$가 있다는 것을 나타냅니다. 이 요소의 위치 4는 LIS를 생성하기 위한 $P[6]$에 기록합니다.

이 동적 계획법은 $O(n^2)$ 알고리즘이라 $n = 100,000$과 같은 문제는 제한 시간 내에 풀 수 없습니다. 따라서 더 효율적인 방법을 생각해 봅시다.

최장 증가 부분 수열은 동적 계획법과 이진 탐색을 조합해서 더 효율적으로 구할 수 있습니다. 이 알고리즘은 다음과 같은 변수를 사용합니다.

$L[n]$	$L[i]$는 길이가 $i + 1$일 때의 최장 증가 부분 수열의 마지막 요소의 최솟값을 나타냅니다.
$length_i$	i번째 요소까지를 사용한 최장 증가 부분 수열의 길이를 나타내는 정수입니다.

예를 들어 $A = \{4, 1, 6, 2, 8, 5, 7, 3\}$을 입력으로 하면, L의 값은 다음과 같습니다 (이번에는 A가 $A[0]$부터 시작하므로 주의하세요).

첫 요소 $A[0](= 4)$만 고려한 LIS의 길이는 1이며, $L[0]$의 값은 4가 됩니다. 다음 요소 $A[1](= 1)$을 고려하면 LIS의 길이는 1 그대로가 되며, 마지막 요소 값을 보다 작은 1로 변경할 수 있습니다.

다음 요소 $A[2](= 6)$는 현재 LIS 마지막 요소보다 크므로, LIS 마지막 요소를 $A[2](= 6)$로 $L[1]$에 설정합니다. LIS 길이 $length$는 1만큼 증가시킵니다.

최종적인 $length$의 값이 최장 증가 부분 수열의 길이가 됩니다. $L[j]$에는 값이 오름차순으로 기록되므로 $L[j](j = 0$부터 $length - 1$까지) 중에서 $A[i]$ 이상의 첫 값 j는 이진 탐색으로 빠르게 구할 수 있습니다. 이처럼 이진 탐색과 동적 계획법을 사용한 알고리즘의 복잡도는 $O(n \log n)$이며, 다음과 같이 구현할 수 있습니다.

프로그램 17.4 동적 계획법과 이진 탐색으로 최장 증가 부분 수열을 구하는 알고리즘

```
1  LIS()
2    L[0] = A[0]
3    length = 1
4    for i = 1 to n-1
5      if L[length] < A[i]
6        L[length++] = A[i]
7      else
8        L[j] (j = 0, 1, ..., length-1)_중_에서_A[i]_이상이_되는_첫_요소_j의_위치 = A[i]
```

해답 예

C++

```cpp
1   #include<iostream>
2   #include<algorithm>
3   #define MAX 100000
4   using namespace std;
5
6   int n, A[MAX+1], L[MAX];
7
8   int lis() {
9     L[0] = A[0];
10    int length = 1;
11
12    for(int i = 1; i < n; i++) {
13      if(L[length-1] < A[i]) {
14        L[length++] = A[i];
15      } else {
16        *lower_bound(L, L + length, A[i]) = A[i];
17      }
18    }
19
20    return length;
21  }
22
23  int main() {
24    cin >> n;
25    for(int i = 0; i < n; i++) {
26      cin >> A[i];
27    }
28
29    cout << lis() << endl;
30
31    return 0;
32  }
```

17.4 가장 큰 정사각형

DPL_3_A Largest Square

제한 시간: 1초 | **메모리 제한:** 65536KB | **정답률:** 50.00%

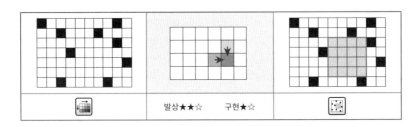

그림처럼 한 변이 1cm인 타일이 $H \times W$개 배치되어 있습니다. 타일은 검은색이 칠해진 타일과 아무것도 칠해지지 않은 타일로 구분되어 있습니다.

아무것도 칠해지지 않은 타일을 사용해서 만들 수 있는 정사각형 크기의 최댓값을 구하세요.

입력 $H\,W$

$c_{1,1}\ c_{1,2} \cdots, c_{1,W}$

$c_{2,1}\ c_{2,2} \cdots, c_{2,W}$

:

$c_{H,1}\ c_{H,2} \cdots, c_{H,W}$

1번째 줄에 2개의 정수 H, W가 공백으로 구분되어 주어집니다.

이어지는 H개의 줄에 타일을 나타내는 $H \times W$개의 정수 c_{ij}가 주어집니다. c_{ij}가 1이라면 검은색이 칠해진 타일, 0이라면 아무것도 칠해지지 않은 타일을 나타냅니다.

출력 면적 최댓값을 1번째 줄에 출력합니다.

제약 $1 \le H, W \le 1{,}400$

입력 예

```
4 5
0 0 1 0 0
1 0 0 0 0
0 0 0 1 0
0 0 0 1 0
```

출력 예

```
4
```

해설

일단 생각나는 기본적인 알고리즘은 정사각형을 찾고, 내부에 1이 포함되지 않는 지를 확인하는 것입니다. 예를 들어 정사각형의 왼쪽 위를 결정하고($O(HW)$), 이를 기반으로 너비를 1부터 가능한 많은 범위까지 결정하고, 내부를 판정하는 방법은 $O(HW \times min(H,W)^3)$의 알고리즘이 됩니다.

이 문제는 다음과 같은 동적 계획법을 사용해서, 더 효율적인 $O(HW)$로 풀 수 있습니다. 작은 부분 문제의 해를 기록하기 위한 기억 영역(변수)를 dp[H][W]로 dp[i][j]에 타일 (i, j)부터 왼쪽 위로 뻗을 수 있는 가장 큰 정사각형 타일 수를 기록합니다. 예를 들어 그림으로 나타낸다면, 다음과 같습니다.

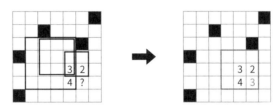

그림 17.1 가장 큰 정사각형 탐색

위 그림의 왼쪽 시점에서는 변의 길이가 각각 3, 2, 4인 정사각형이 발견되어 기록되었습니다. 이러한 기록을 사용해서 ?의 값을 구하는 것입니다.

dp[i][j]의 값은 해당 타일 왼쪽 위, 위, 왼쪽의 요소 중에서 가장 작은 값보다 1만큼 큰 값입니다. 위의 그림에서 ? 위치의 왼쪽 위, 위, 왼쪽 요소 중에서 가장 작은 요소는 2이므로, 2 + 1 = 3보다 큰 정사각형은 만들어질 수 없다는 것을 알 수 있습니다.

다음과 같이 각 행을 왼쪽부터 오른쪽으로 탐색하는 처리를 위에서 아래로 차례대로 하면, dp[i][j]를 계산할 때 왼쪽 위, 위, 왼쪽의 요소가 이미 탐색되어 있는 상태이므로 이번 문제에 유용하게 활용할 수 있습니다.

프로그램 17.5 동적 계획법으로 가장 큰 정사각형을 구하는 알고리즘

```
1   for i = 1 to H-1
2     for j = 1 to W-1
3     if G[i][j]가_검은색이라면
4       dp[i][j] = 0
5     else
6       dp[i][j] = min(dp[i-1][j-1], min(dp[i-1][j], dp[i][j-1])) + 1
7       maxWidth = max(maxWidth, dp[i][j])
```

해답 예

C++

```cpp
1   #include<cstdio>
2   #include<algorithm>
3   using namespace std;
4   #define MAX 1400
5
6   int dp[MAX][MAX], G[MAX][MAX];
7
8   int getLargestSquare(int H, int W) {
9     int maxWidth = 0;
10    for(int i = 0; i < H; i++) {
11      for(int j = 0; j < W; j++) {
12        dp[i][j] = (G[i][j] + 1) % 2;
13        maxWidth |= dp[i][j];
14      }
15    }
16
17    for(int i = 1; i < H; i++) {
18      for(int j = 1; j < W; j++) {
19        if(G[i][j]) {
20          dp[i][j] = 0;
21        } else {
22          dp[i][j] = min(dp[i - 1][j - 1], min(dp[i - 1][j], dp[i][j - 1])) + 1;
23          maxWidth = max(maxWidth, dp[i][j]);
24        }
25      }
26    }
27
28    return maxWidth * maxWidth;
29  }
30
31  int main(void) {
32    int H, W;
33    scanf("%d %d", &H, &W);
34
35    for(int i = 0; i < H; i++) {
36      for(int j = 0; j < W; j++) scanf("%d", &G[i][j]);
37    }
38
39    printf("%d\n", getLargestSquare(H, W));
40
41    return 0;
42  }
```

17.5 가장 큰 사각형

※ 이번 문제는 조금 어렵습니다. 너무 어렵게 느껴진다면 일단 건너뛰고, 실력을 쌓은 후에 다시 도전하기 바랍니다.

DPL_3_B Largest Rectangle

제한 시간: 1초 | **메모리 제한**: 65536KB | **정답률**: 50.00%

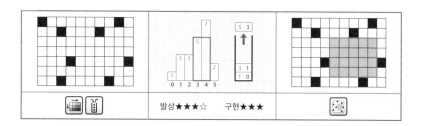

그림처럼 한 변이 1cm인 타일이 $H \times W$개 배치되어 있습니다. 타일은 검은색이 칠해진 타일과 아무것도 칠해지지 않은 타일로 구분되어 있습니다.

아무것도 칠해지지 않은 타일을 사용해서 만들 수 있는 사각형 크기의 최댓값을 구하세요.

입력 $H\ W$

        $c_{1,1}\ c_{1,2}\ \cdots,\ c_{1,W}$

        $c_{2,1}\ c_{2,2}\ \cdots,\ c_{2,W}$

        :

        $c_{H,1}\ c_{H,2}\ \cdots,\ c_{H,W}$

        1번째 줄에 2개의 정수 H, W가 공백으로 구분되어 주어집니다.

        이어지는 H개의 줄에 타일을 나타내는 $H \times W$개의 정수 c_{ij}가 주어집니다. c_{ij}가 1이라면 검은색이 칠해진 타일, 0이라면 아무것도 칠해지지 않은 타일을 나타냅니다.

출력   면적 최댓값을 1번째 줄에 출력합니다.

제약 $1 \leq H, W \leq 1,400$

입력 예

```
4 5
0 0 1 0 0
1 0 0 0 0
0 0 0 1 0
0 0 0 1 0
```

출력 예

```
6
```

해설

문제의 제한을 보면 H, W가 크므로, 모두 탐색하는 알고리즘으로는 시간 내에 문제를 해결할 수 없습니다. 또한 이전의 가장 큰 정사각형 문제에서 사용한 알고리즘도 적용할 수 없으므로, 다른 방법을 생각해야 합니다.

일단 다음과 같은 그림처럼 모든 요소에 위로 뻗을 수 있는 깨끗한 타일이 몇 개 연속되는지 기록하는 테이블 T를 만듭니다. 이는 열별로 간단하게 동적 계획법으로 계산할 수 있습니다.

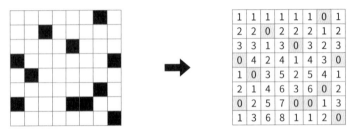

그림 17.2 가장 큰 직사각형 검출: 전처리

이러한 테이블의 각 행을 하나의 히스토그램으로 생각해 보면, 이번 문제는 히스토그램에 포함되는 가장 큰 직사각형을 구하는 문제로 생각해 볼 수 있습니다. 따라서 이제 히스토그램 내부에서 만들 수 있는 가장 큰 직사각형의 면적을 구하는 알고리즘을 생각해 봅시다. 일단 히스토그램의 끝점(너비를 구하기 위한 정보)을 모두 탐색하고, 해당 범위의 최솟값을 높이로 하는 직사각형의 면적 최댓값을 찾는 알고리즘으로 생각할 수 있습니다. 다만 이를 문제에 적용하면 $O(HW^2)$ 또는 $O(H^2W)$ 알고리즘이 되어 버리므로, 조금 더 생각해 봅시다.

이번 문제에서는 부분 문제의 답을 단순한 배열이 아니라, 스택에 저장하는 방법을 사용해서 효율적으로 최적의 답을 구할 수 있습니다.[2] 스택에는 '더 확장될 가능성이 있는 직사각형의 정보(이를 $rect$라고 하겠습니다)'를 기록합니다. $rect$는 해당 직사각형의 높이 height와 끝점의 위치 pos 정보를 갖게 합니다. 일단 스택을 비우고, 히스토그램 각각의 값 $h_i(i = 0, 1, \cdots W - 1)$을 기반으로 해당 값 h_i를 높이, 인덱스 i를 왼쪽 끝 위치로 하는 직사각형 $rect$를 만들고, 차례대로 다음과 같은 처리를 반복합니다.

---

2 이러한 점에서 이번 장의 주제인 '동적 계획법'보다는 '자료 구조 응용'이 문제 해결의 중요한 포인트입니다.

1. 스택이 빈 경우:

   스택에 *rect*를 추가합니다.

2. 스택 탑에 있는 직사각형의 높이가 *rect*의 높이보다 낮은 경우:

   스택에 *rect*를 추가합니다.

3. 스택 탑에 있는 직사각형의 높이가 *rect*의 높이와 같은 경우:

   아무것도 하지 않습니다.

4. 스택 탑에 있는 직사각형의 높이가 *rect*의 높이보다 높은 경우:

   ▶ 스택이 비어 있지 않고, 스택의 정점에 있는 직사각형의 높이가 *rect*의 높이 이상이라면, 스택에서 직사각형을 제거하고, 해당 면적을 계산해서 최댓값을 변경합니다. 직사각형 너비의 길이는 현재 위치 *i*라고 기록된 왼쪽 끝점의 위치 *pos*로 계산할 수 있습니다.

   ▶ 스택에 *rect*를 추가합니다. 다만 *rect* 왼쪽 끝의 위치 *pos*는 마지막으로 스택에서 꺼낸 직사각형 *pos*의 값이 됩니다.

예를 들어 히스토그램이 {1, 3, 3, 5, 7, 2}라면 다음과 같이 됩니다.

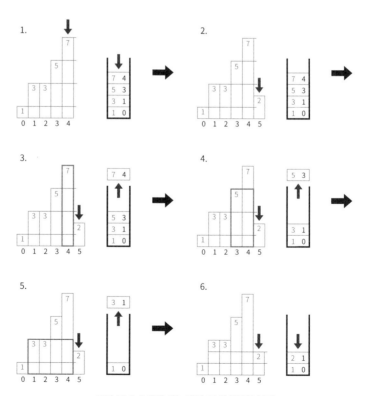

그림 17.3 스택에 있는 가장 큰 직사각형 찾기

1번에서 볼 수 있는 것처럼 히스토그램 0~4번까지를 확인하면, 4개의 직사각형 (*rect*)이 만들어집니다. 이를 스택에 넣습니다. 이러한 아직 완성되지 않은 직사각형의 높이와 왼쪽 끝의 위치가 모두 스택에 기록된 시점에서 오른쪽 끝의 위치는 $i = 4$가 됩니다.

이어서 2번에서 5번째 데이터($i = 5$)에 있는 높이 2의 직사각형을 추가합니다. 이 시점에 이미 스택에 있던 직사각형 중 '완성'되는 직사각형이 발생합니다. 3번에서 5번까지 2보다 높이가 큰 직사각형을 스택에서 차례대로 꺼내면서 면적을 계산합니다. 마지막(6번)에서는 5번에서 꺼낸 높이 3의 직사각형의 왼쪽 끝 위치가 1이므로, 현재 추가하려는 높이 2의 직사각형은 왼쪽 끝의 위치를 1로 기록합니다. 이 시점에서 스택에는 높이가 1과 2인 아직 완성되지 않은 직사각형이 기록되어 있습니다.

조금 더 생각해 보기

각 히스토그램에서 스택에 직사각형을 추가하고 제거하는 조작은 $O(W)$입니다. 직사각형 탐색 문제라 이를 각 행으로 확장해야 하므로, 가장 큰 직사각형을 구하는 문제는 $O(HW)$의 알고리즘으로 확장됩니다.

해답 예

C++

```
1   #include<stdio.h>
2   #include<iostream>
3   #include<stack>
4   #include<algorithm>
5   #define MAX 1400
6
7   using namespace std;
8
9   struct Rectangle { int height; int pos; };
10
11  int getLargestRectangle(int size, int buffer[]) {
12    stack<Rectangle> S;
13    int maxv = 0;
14    buffer[size] = 0;
15
16    for(int i = 0; i <= size; i++) {
17      Rectangle rect;
18      rect.height = buffer[i];
19      rect.pos = i;
```

```
20      if(S.empty()) {
21        S.push(rect);
22      } else {
23        if(S.top().height < rect.height) {
24          S.push(rect);
25        } else if(S.top().height > rect.height) {
26          int target = i;
27          while(!S.empty() && S.top().height >= rect.height) {
28            Rectangle pre = S.top(); S.pop();
29            int area = pre.height * (i - pre.pos);
30            maxv = max(maxv, area);
31            target = pre.pos;
32          }
33          rect.pos = target;
34          S.push(rect);
35        }
36      }
37    }
38    return maxv;
39 }
40
41 int H, W;
42 int buffer[MAX][MAX];
43 int T[MAX][MAX];
44
45 int getLargestRectangle() {
46   for(int j = 0; j < W; j++) {
47     for(int i = 0; i < H; i++) {
48       if(buffer[i][j]) {
49         T[i][j] = 0;
50       } else {
51         T[i][j] = (i > 0) ? T[i - 1][j] + 1 : 1;
52       }
53     }
54   }
55
56   int maxv = 0;
57   for(int i = 0; i < H; i++) {
58     maxv = max(maxv, getLargestRectangle(W, T[i]));
59   }
60
61   return maxv;
62 }
63
64 int main() {
65   scanf("%d %d", &H, &W);
66   for(int i = 0; i < H; i++) {
67     for(int j = 0; j < W; j++) {
68       scanf("%d", &buffer[i][j]);
69     }
```

```
70    }
71    cout << getLargestRectangle() << endl;
72
73    return 0;
74  }
```

17.6 그 밖의 문제

이 책에서 다루지 않은 동적 계획법 문제를 추가로 소개하겠습니다.

▶ DPL_1_C: Knapsack Problem

0-1 Knapsack Problem에서는 물건을 선택할지 또는 선택하지 않을지의 조합을 사용했습니다. 이 문제는 같은 물건을 여러 개 선택할 수도 있는 문제입니다.

▶ DPL_1_E: Edit Distance (Levenshtein Distance)

두 문자열의 편집 거리를 구하는 문제입니다. 하나의 문자를 삽입, 제거, 변경해서 다른 문자열로 만드는 과정의 최소 횟수를 동적 계획법으로 구하면 됩니다.

▶ DPL_2_A: Traveling Salesman Problem

외판원 문제라고 부르는 문제입니다. 가중치 그래프의 어떤 노드에서 출발해서, 모든 노드를 적어도 한 번 지나 다시 출발점으로 가는 사이클의 최단 거리를 구하는 문제입니다. 해당 문제는 노드의 수가 적으므로, 비트 DP라는 테크닉으로 풀 수 있습니다.

▶ DPL_2_B: Chinese Postman Problem

중국 우편 배달부 문제라고 부르는 문제입니다. 가중치 그래프의 어떤 노드에서 출발해서, 모든 에지를 적어도 한 번 지나 다시 출발점으로 가는 사이클의 최단 거리를 구하는 문제입니다. 해당 문제는 노드의 수가 적으므로, 비트 DP라는 테크닉으로 풀 수 있습니다.

17.7 백준 온라인 저지 문제

1495번 기타리스트

제한 시간: 2초 | **메모리 제한**: 128MB | **정답률**: 34.07%

기타리스트가 공연에서 N개의 곡을 연주하려고 한다. 각각의 곡이 시작하기 전에는 볼륨을 바꾸고 연주해야 한다. i번째 곡을 연주하기 전에는 $V[i]$만큼 곡을 연주해야 한다.

예를 들어, 현재 볼륨이 P이고, 지금이 i번째 곡을 연주하기 전이라면, i번 곡은 $P + V[i]$나 $P - V[i]$로 연주해야 한다. 하지만 0보다 작은 값으로 볼륨을 바꾸거나, M보다 큰 값으로 볼륨을 바꿀 수는 없다.

곡의 개수 N, 시작 볼륨 S, 그리고 M이 주어졌을 때, 마지막 곡을 연주할 수 있는 볼륨 중 최댓값을 구하는 프로그램을 작성하시오.

입력 첫째 줄에 N, S, M이 주어진다. 둘째 줄에는 각 곡이 시작하기 전에 줄 수 있는 볼륨의 차이가 주어진다.

출력 첫째 줄에 가능한 마지막 곡의 볼륨 중 최댓값을 출력한다. 만약 마지막 곡을 연주할 수 없다면 (중간에 볼륨 조절을 할 수 없다면) −1을 출력한다.

제약 $1 \leq N \leq 100$

$1 \leq M \leq 1{,}000$

$0 \leq S \leq M$

볼륨의 차이는 1보다 크거나 같고, M보다 작거나 같다.

입력 예	출력 예
3 5 10 5 3 7	10

2098번 외판원 순회

제한 시간: 1초 | **메모리 제한**: 128MB | **정답률**: 29.06%

1번부터 N번까지 번호가 매겨져 있는 도시가 있고, 일부 도시들 사이에는 길이 있다. 한 도시에서 출발해 N개의 도시를 모두 거쳐 다시 원래의 도시로 돌아오는 순회 여행 경로를 계획하려고 한다. 단, 한 번 갔던 도시로는 다시 갈 수 없다(맨 마지막에 여행을 출발했던 도시로 돌아오는 것은 예외). 이런 여행 경로는 여러 가지가 있을 수 있는데, 가장 적은 비용을 구해보자.

$W[i][j]$는 도시 i에서 도시 j로 가기 위한 비용을 나타낸다. 0인 경우는 갈 수 없는 것이며, $W[i][i]$는 항상 0이다.

입력 첫째 줄에 도시의 수 N, 다음 N개의 줄에는 비용 행렬이 주어진다. 항상 순회할 수 있는 경우에만 입력으로 주어진다.

출력 최소 여행 비용을 출력한다.

제약 $2 \le N \le 16$

각 행렬의 성분은 1,000,000 이하의 양의 정수이다.

입력 예

```
4
0 10 15 20
5 0 9 10
6 13 0 12
8 8 9 0
```

출력 예

```
35
```

1562번 계단 수

제한 시간: 2초 │ **메모리 제한**: 128MB │ **정답률**: 47.75%

인접한 모든 자리의 차이가 1이 나는 수를 계단 수라고 한다. 예를 들어, 45656, 232, 56789는 계단 수이고, 45545, 233, 57293은 계단 수가 아니다.

N이 주어졌을 때, 길이가 N이면서 0부터 9까지 숫자가 모두 등장하는 계단 수가 총 몇 개 있는지 구하는 프로그램을 작성하시오. 0으로 시작하는 수는 계단 수가 아니다.

입력 첫째 줄에 N이 주어진다.

출력 첫째 줄에 길이가 N이면서 0부터 9까지 숫자가 모두 등장하는 계단 수의 개수를 1,000,000,000으로 나눈 나머지를 출력한다.

제약 $1 \le N \le 100$

입력 예

```
10
```

출력 예

```
1
```

1648번 격자판 채우기

제한 시간: 2초 │ **메모리 제한**: 128MB │ **정답률**: 55.99%

세로 크기가 N이고, 가로 크기가 M인 격자판을 2×1 크기의 도미노를 이용해 빈 공간이 없도록 채우는 방법의 수를 구하는 프로그램을 작성하시오.

도미노는 회전시켜 1×2 크기로 채울 수 있다.

입력 첫째 줄에 격자판의 세로 크기 N, 가로 크기 M이 주어진다.

출력 주어진 크기의 격자판을 2×1 크기의 도미노로 빈 공간이 없도록 채우는 방법의 수를 9901로 나눈 나머지를 출력한다.

제약 $1 \leq N, M \leq 14$

입력 예	출력 예
3 6	41

1750번 서로소의 개수

제한 시간: 2초 | **메모리 제한**: 128MB | **정답률**: 46.29%

어떤 수열 S가 주어진다. 이때 한 개 이상을 선택했을 때, 선택한 수의 최대공약수가 1이 되는 것의 개수를 구하는 프로그램을 작성하시오.

입력 첫째 줄에 수열의 크기 N이 주어진다. 둘째 줄부터 N개의 줄에 수열의 각 원소 S_i가 주어진다. 같은 수가 들어올 수도 있다.

출력 첫째 줄에 정답을 10,000,003으로 나눈 나머지를 출력한다.

제약 $1 \leq N \leq 100, 1 \leq S_i \leq 100,000$

입력 예	출력 예
3 2 4 3	3

17411번 가장 긴 증가하는 부분 수열 6

제한 시간: 2초 | **메모리 제한**: 512MB | **정답률**: 33.92%

수열 A가 주어졌을 때, 가장 긴 증가하는 부분 수열과 개수를 구하는 프로그램을 작성하시오.

예를 들어, 수열 $A = \{10, 20, 10, 30, 20, 50\}$인 경우에 가장 긴 증가하는 부분 수열은 $A = \{10, 20, 10, 30, 20, 50\}$이고, 길이는 4이고, 1개이다. $A = \{10, 20, 30, 10, 20, 30\}$인 경우에는 가장 긴 증가하는 부분 수열의 길이는 3이고, 4개가 있다.

입력 첫째 줄에 수열 A의 크기 N이 주어진다.

둘째 줄에는 수열 A를 이루고 있는 A_i가 주어진다.

출력 첫째 줄에 수열 A의 가장 긴 증가하는 부분 수열의 길이와 개수를 출력한다.

개수는 매우 커질 수 있기 때문에 $10^9 + 7$로 나눈 나머지를 출력한다.

제약 $1 \le N \le 1,000,000$

$-1,000,000,000 \le A_i \le 1,000,000,000$

입력 예 1

```
6
10 20 30 10 20 30
```

출력 예 1

```
3 4
```

입력 예 2

```
10
3 2 1 6 5 4 10 9 8 7
```

출력 예 2

```
3 36
```

18장

정수론

정수의 성질에 대해서 연구하는 수학 분야를 정수론이라고 부릅니다. 정수론은 정보의 암호화 등에서 중요하게 사용됩니다. 정수론을 기반으로 수많은 알고리즘이 고안되었습니다. 이번 장에서는 정수와 관련된 몇 가지 문제를 풀어보겠습니다.

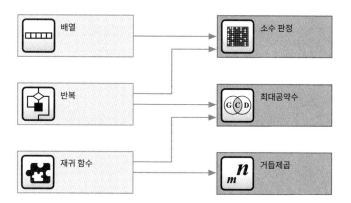

이번 장의 문제를 풀려면 배열, 반복 처리, 재귀 함수 등의 기본적인 프로그래밍 스킬이 필요합니다. 알고리즘 및 자료 구조와 관련된 특정 사전 지식은 필요하지 않습니다.

18.1 소수 판정

ALDS_1_C Prime Numbers

제한 시간: 1초 | **메모리 제한**: 65536KB | **정답률**: 25.84%

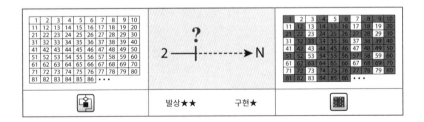

약수가 1과 자신밖에 없는 자연수를 소수(prime number)라고 부릅니다. 예를 들어 작은 수부터 8개의 소수를 나열해 보면 2, 3, 5, 7, 11, 13, 17, 19입니다. 참고로 1은 소수가 아닙니다.

n개의 정수를 읽어 들인 뒤, 그중에서 소수가 몇 개인지를 출력하는 프로그램을 작성하세요.

입력 1번째 줄에 n을 전달하고, 이어지는 n개의 줄에 n개의 소수를 전달합니다.

출력 입력에 포함된 소수의 수를 1번째 줄에 출력합니다.

제약 $1 \leq n \leq 10{,}000$

$2 \leq$ 주어지는 정수 $\leq 10^8$

입력 예

```
6
2
3
4
5
6
7
```

출력 예

```
4
```

해설

정수 x가 소수인지 판정하는 가장 기본적인 알고리즘은 다음과 같습니다.

프로그램 18.1 소수를 판정하는 기본적인 알고리즘

```
1   isPrime(x)
2       if x <= 1
```

```
3        return false
4
5     for i = 2 to x-1
6        if x % i == 0
7           return false
8
9     return true
```

이 알고리즘은 주어진 정수 x가 2부터 $x - 1$까지의 정수로 나누어지는지 차례대로 확인합니다. 따라서 숫자 하나를 확인할 때는 $O(x)$, 전체 $x_i(i = 1, 2, \cdots, n)$를 확인할 때는 그 수만큼의 복잡도가 필요합니다. 이는 제한 시간 내에 문제를 풀 수 없습니다. 어떻게 하면 복잡도를 줄일 수 있을지 생각해 봅시다.

일단 2 이외의 짝수는 소수가 아닙니다. 또한 x의 절반 위치까지만 계산해도 소수라는 것을 알 수 있다는 것까지 알면, 복잡도를 반의 반으로 줄일 수 있습니다. 하지만 이렇게 해도 $O(x)$ 알고리즘이라는 것은 변하지 않습니다.

소수 판정에서는 '합성수[1] x는 $p \leq \sqrt{x}$를 만족하는 소인수 p를 갖는다'라는 성질이 사용됩니다. 예를 들어 31이 소수인지 판정하려면, 2부터 6까지의 수로 나누어지는지만 확인하면 충분합니다. 만약 7부터 30까지의 수 중에서 31을 나눌 수 있는 수가 존재한다면, 이미 2에서 6까지의 수에서 31을 나눌 수 있는 수가 발견됩니다. 따라서 6을 넘는 숫자는 따로 확인하지 않아도 괜찮습니다.

이를 사용하면 2부터 $x - 1$까지가 아니라, 2부터 $\sqrt{x}$까지만으로 나누어 보면 됩니다. 따라서 $O(\sqrt{x})$ 알고리즘으로 개선할 수 있습니다. 이는 x가 1,000,000이라고 할 때, $\sqrt{x} = 1,000$이므로 이전 알고리즘보다 1,000배 빠릅니다.

이러한 소수 판정 알고리즘을 구현하면 다음과 같습니다.

프로그램 18.2 소수 판정 알고리즘

```
1    isprime(x)
2      if x == 2
3        return true
4
5      if x < 2 or x가_짝수
6        return false
7
8      i = 3
9      while i <= x의_제곱근
10       if x가_i로_나누어지면
11          return false
```

---

1 합성수는 소수가 아닌 수를 의미합니다.

```
12      i = i + 2
13
14    return true
```

소수와 관련된 문제를 풀 때는 주어진 하나의 정수 x가 소수인지 아닌지 판정하는 것보다 소수 수열 또는 소수 표를 미리 만들어 두고 이를 활용하는 것이 효율적인 경우가 많습니다.

에라토스테네스의 체(sieve of Eratosthenes)는 주어진 범위 내부의 모든 소수를 구하는 효율적인 알고리즘으로, 다음과 같은 방식으로 소수 표를 생성합니다.

⊞ 에라토스테네스의 체

1. 2 이상의 정수를 나열합니다.

2. 최소 숫자인 2를 남기고, 2의 배수를 모두 제거합니다.

3. 남아 있는 숫자 중에서 최소 숫자인 3을 남기고, 3의 배수를 모두 제거합니다.

4. 남아 있는 숫자 중에서 최소 숫자인 5를 남기고, 5의 배수를 모두 제거합니다.

5. 마찬가지로 남아 있는 숫자 중에서 최소 숫자를 남기고, 그 배수를 모두 제거합니다.

다음은 2부터 차근차근 4개의 소수를 구하는 예입니다.

에라토스테네스의 체는 다음과 같이 구현할 수 있습니다.

프로그램 18.3 에라토스테네스의 체

```
1   void eratos(n)
2     // 소수 후보 수열 생성
3     for i = 0 to n
4       isprime[i] = true
5     // 0과 1을 제거
6     isprime[0] = isprime[1] = false
7     // i를 남기고 i의 배수를 제거
8     for i = 2 to n의_제곱근
9       if isprime[i]
10        j = i + i
11        while j <= n
12          isprime[j] = false
13          j = j + i
```

bool 자료형의 배열 isprime이 소수 표를 나타내며, isprime[x]가 true라면 x가 소수, false라면 x가 합성 수라는 것을 의미합니다.

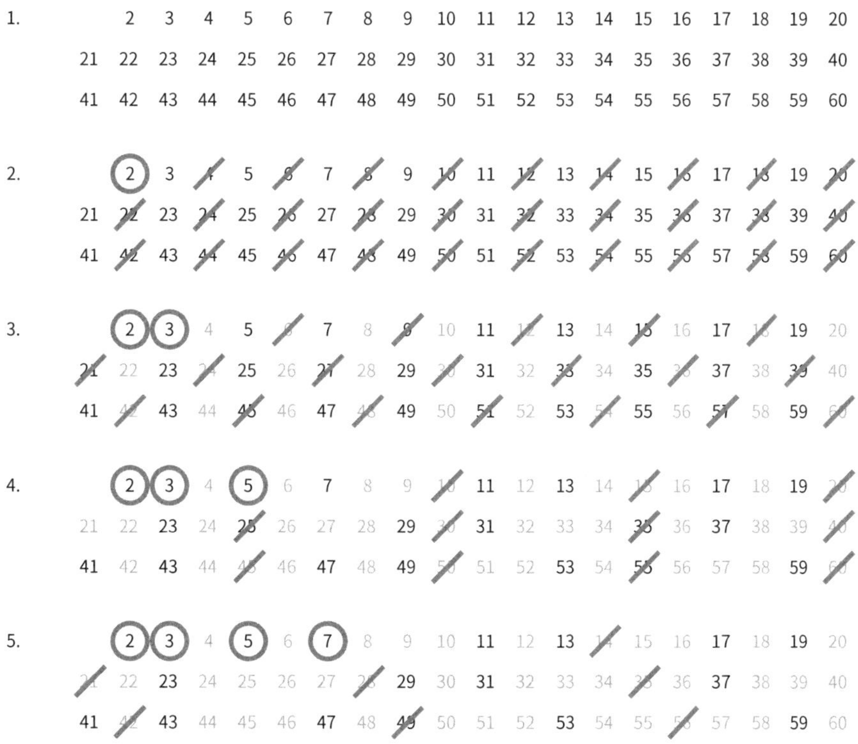

그림 18.1 에라토스테네스의 체

조금 더 생각해 보기

빠른 소수 판정 함수를 사용하면, 문제 ALDS1_1_C는 $O(\sum_{i=1}^{n} \sqrt{x_i})$로 해결할 수 있습니다.

에라토스테네스의 체는 소수인지 확인하려는 정수의 최댓값 N과 비례하는 메모리 영역이 필요하다는 단점이 있지만, $O(N \log \log N)$ 알고리즘으로 굉장히 빠른 알고리즘입니다.

해답 예

C

```c
#include<stdio.h>
/* 소수 판정 */
int isPrime(int x) {
  int i;
  if(x < 2) return 0;
  else if(x == 2) return 1;      /* 2는 소수 */
  if(x % 2 == 0) return 0;       /* 짝수는 소수가 아님 */
  for(i = 3; i*i <= x; i+=2) {   /* i를 3부터 x의 제곱근 이하까지 반복 */
```

```
 9       if(x % i == 0) return 0;
10    }
11    return 1;
12 }
13
14 int main() {
15    int n, x, i;
16    int cnt = 0;
17    scanf("%d", &n);
18    for(i = 0; i < n; i++) {
19      scanf("%d", &x);
20      if(isPrime(x)) cnt++;
21    }
22   printf("%d\n", cnt);
23
24    return 0;
25 }
```

18.2 최대공약수

ALDS1_1_B Greatest Common Divisor

제한 시간: 1초 | **메모리 제한**: 65536KB | **정답률**: 47.41%

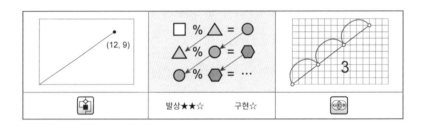

2개의 자연수 x와 y가 주어질 때, 이들의 최대공약수를 구하는 프로그램을 작성하세요.

2개의 정수 x와 y가 있을 때 $x \div d$, $y \div d$의 나머지가 모두 0인 것 중에서 가장 큰 값을 x와 y의 최대공약수(Greatest Common Divisor, GCD)라고 부릅니다. 예를 들어 35와 14의 최대공약수 $gcd(35, 14)$는 7입니다. 이는 35의 약수 $\{1, 5, 7, 35\}$와 14의 약수 $\{1, 2, 7, 15\}$의 공약수 $\{1, 7\}$에서 공통이면서 가장 큰 값입니다.

입력 x와 y가 하나의 공백으로 구분되어 1번째 줄에 주어집니다.

출력 최대공약수를 1번째 줄에 출력합니다.

제약 $1 \le x, y \le 10^9$

힌트   정수 x와 y가 있을 때 $x \geq y$라면, x와 y의 최대공약수는 y와 x % y의 최대공
약수와 같습니다. 이때 x % y는 x를 y로 나눈 나머지를 의미합니다.

입력 예

147 105

출력 예

21

해설

최대공약수를 구하는 기본적인 알고리즘은 다음과 같습니다.

프로그램 18.4 최대공약수를 구하는 기본적인 알고리즘

```
1   gcd(x, y)
2       n = (x와_y_중에서_작은_것)
3       for d를_n부터_1까지
4           if d가_x와_y의_약수라면
5               return d
```

이 알고리즘은 n을 x와 y 중에 작은 것으로 초기화하고, d를 n부터 1까지 감소시켜
반복하면서 d로 x와 y를 나눌 수 있는지 확인합니다. 올바른 답을 출력하지만, 최
악의 경우 n번의 나눗셈을 해야 하므로 큰 숫자가 주어지는 경우, 시간 내에 답을
구할 수 없습니다.

유클리드 호제법은 '$x \geq y$일 때 $gcd(x, y)$와 $gcd(y, x$를 y로 나눈 나머지)가 같다'
라는 정리를 사용해서 최대공약수를 빠르게 구하는 알고리즘입니다.

예를 들어 74와 54의 최대공약수는 다음과 같이 구할 수 있습니다.

$$gcd(74, 54)$$
$$= gcd(54, 74 \% 54) = gcd(54, 20)$$
$$= gcd(20, 54 \% 20) = gcd(20, 14)$$
$$= gcd(14, 20 \% 14) = gcd(14, 6)$$
$$= gcd(6, 14 \% 6) = gcd(6, 2)$$
$$= gcd(2, 6 \% 2) = gcd(2, 0)$$
$$= 2$$

$gcd(a, b)$에서 b가 0이 될 때 a가 정수 x와 y의 최대공약수가 됩니다.

왜 a, b의 공약수와 $b, r(a$ % b를 r이라고 나타내겠습니다)의 공약수가 같은지 확
인해 봅시다. d를 a와 b의 공약수라고 하면 자연수 l, m을 사용해서 $a = ld, b =$

md라고 나타낼 수 있습니다. $a = bq + r$에 $a = ld$를 대입하면, $ld = bq + r$을 얻을 수 있습니다. 여기에 $b = md$를 대입하면, $ld = mdq + r$이며, 이를 정리하면 $r = (l - mq)d$를 얻을 수 있습니다. 이 식은 d가 r의 약수라는 의미입니다. 또한 d는 b를 정수로 나눌 수 있으므로, d는 b와 r의 공약수가 됩니다. 같은 방법으로 d'이 b와 r의 공약수라면, d'은 a와 b의 공약수라는 것을 알 수 있습니다. 따라서 a와 b의 공약수 집합과 b와 r의 공약수 집합이 같으며, 최대공약수도 같습니다.

유클리드 호제법 알고리즘은 다음과 같이 구현할 수 있습니다.

프로그램 18.5 유클리드 호제법

```
1   gcd(x, y)
2     if x < y
3       x >= y가_되게_x와_y를_스왑
4
5     while y > 0
6       r = x % y          // x를 y로 나눈 나머지
7       x = y
8       y = r
9
10    return x
```

조금 더 생각해 보기

유클리드 호제법의 복잡도를 간단하게 계산해 봅시다. 예를 들어 74와 54에 gcd를 적용하면 $a = bq + r$은

$$74 = 54 \times 1 + 20(= r_1)$$
$$54 = 20 \times 2 + 14(= r_2)$$
$$20 = 14 \times 1 + 6(= r_3)$$
$$14 = 6 \times 2 + 2(= r_4)$$
$$6 = 2 \times 3 + 0(= r_5)$$
$$\vdots$$

가 됩니다. 여기에서 gcd를 적용해서 만들어지는 수열 $b = r_1, r_2, r_3, \cdots$가 어떤 형태로 감소되는지를 생각해 봅시다. $a = bq + r(0 < r < b)$라고 하면, $r < \frac{a}{2}$로, $r_{i+2} < \frac{r_i}{2}$가 성립됩니다. 따라서 유클리드 호제법은 최악의 경우에도 $2\log_2(b)$로 완료된다는 것을 알 수 있으므로, $O(\log b)$로 복잡도를 짐작해 볼 수 있습니다.

해답 예

C

```c
1   #include<stdio.h>
2
3   /* 재귀 함수를 사용한 최대공약수 구하기 */
4   int gcd(int x, int y) {
5     return y ? gcd(y, x % y) : x;
6   }
7
8   int main() {
9     int a, b;
10    scanf("%d %d", &a, &b);
11    printf("%d\n", gcd(a, b));
12
13    return 0;
14  }
```

C++

```cpp
1   #include<iostream>
2   #include<algorithm>
3   using namespace std;
4
5   // 반복을 사용한 최대공약수 구하기
6   int gcd(int x, int y) {
7     int r;
8     if(x < y) swap (x, y);   // y < x 상태로 만들기
9
10    while(y > 0) {
11      r = x % y;
12      x = y;
13      y = r;
14    }
15    return x;
16  }
17
18  int main() {
19    int a, b;
20    cin >> a >> b;
21    cout << gcd(a, b) << endl;
22
23    return 0;
24  }
```

18.3 거듭제곱

NTL_1_B Power

제한 시간: 1초 | **메모리 제한**: 65536KB | **정답률**: 38.53%

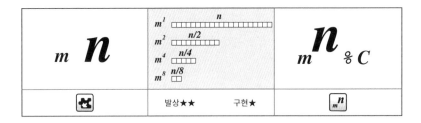

2개의 정수 m과 n이 주어질 때, m^n을 1,000,000,007로 나눈 나머지를 구하세요.

입력   2개의 정수 m과 n이 공백으로 구분되어 1번째 줄에 주어집니다.

출력 m^n을 1,000,000,007로 나눈 나머지를 한 줄에 출력합니다.

제약 $1 \le m \le 100$

$1 \le n \le 10^9$

입력 예	출력 예
5 8	390625

해설

x^n을 간단하게 계산하면, $n - 1$번의 곱셈이 필요하므로 $O(n)$의 알고리즘이 됩니다. x의 거듭제곱은 반복 자승법으로 보다 빠르게 구할 수 있습니다. x^n은 $(x^2)^{\frac{n}{2}}$과 같다는 것을 사용하는 것입니다. 반복 자승법 알고리즘은 다음과 같은 재귀 함수로 구현할 수 있습니다.

$$pow(x, n) = \begin{cases} 1 & (n\text{이 0일 때}) \\ pow\,(x^2, n/2) & (n\text{이 짝수일 때}) \\ pow\,(x^2, n/2) \times x & (n\text{이 홀수일 때}) \end{cases}$$

예를 들어 3^{21}의 계산을 전개하면 다음과 같습니다.

$$3^{21} = (3 \times 3)^{10} \times 3$$

$$9^{10} = (9 \times 9)^5$$

$$81^5 = (81 \times 81)^2 \times 81$$

$$6561^2 = (6561 \times 6561)^1$$

20회 필요했던 계산이 대충 6번으로 구해집니다. 추가로

a를 M으로 나눈 나머지와 몫을 각각 ar, aq

b를 M으로 나눈 나머지와 몫을 각각 br, bq라고 할 때

$$a \times b = (aq \times M + ar) \times (bq \times M + br)$$
$$= aq \times bq \times M^2 + ar \times bq \times M + aq \times br \times M + ar \times br$$
$$= (aq \times bq \times M + ar \times bq + aq \times br) \times M + ar \times br$$

라는 내용을 활용하면, 다음과 같은 식을 도출할 수 있습니다.

$$(a \times b) \% M = ar \times br$$
$$= a \% M \times b \% M$$

반복 자승법으로 x^n을 M으로 나눈 나머지를 구하는 알고리즘은 다음과 같이 구현할 수 있습니다.

프로그램 18.6 반복 자승법

```
1  pow(x, n)
2    if n == 0
3      return 1
4    res = pow(x * x % M, n / 2)
5    if n이_홀수일_때
6      res = res * x % M
7    return res
```

조금 더 생각해 보기

반복 자승법은 재귀 함수의 매개변수 n이 반으로 줄어드므로 $O(\log n)$ 알고리즘입니다.

해답 예

C++

```
1   #include<iostream>
2   #include<cmath>
3
4   using namespace std;
5   typedef unsigned long long ullong;
6
7   ullong power(ullong x, ullong n, ullong M){
8     ullong res = 1;
9     if(n > 0){
10      res = power(x, n / 2, M);
11      if(n % 2 == 0) res = (res * res) % M;
12      else res = (((res * res) % M) * x) % M;
13    }
14    return res;
15  }
16
17  main(){
18    int m, n;
19    cin >> m >> n;
20
21    cout << power(m, n, 1000000007) << endl;
22
23    return 0;
24  }
```

18.4 그 밖의 문제

이 책에서 다루지 않은 정수론 문제를 추가로 소개하겠습니다.

▶ NTL_1_A: Prime Factorize

주어진 정수 n을 소인수 분해하는 문제입니다. 소수 테이블을 만들지 않고 소수
판정하는 방법으로도 소인수 분해를 효율적으로 할 수 있다는 것을 기억하세요.

▶ NTL_1_C: Least Common Multiple

주어진 정수 n개의 최소공배수(Least Common Multiple, LCM)를 구하는 문제입
니다. 정수 2개의 최소공배수는 유클리드 호제법으로 구할 수 있는 최대공약수
를 사용해 구할 수 있습니다.

▶ NTL_1_D: Euler's Phi Function

양의 정수 n이 주어질 때, 1부터 n까지의 자연수 중에서 n과 서로소인 것의 수
를 구하는 문제입니다. 오일러 피 함수라는 것을 사용하면 됩니다.

▶ NTL_1_E: Extended Euclid Algorithm

2개의 정수 a와 b가 주어질 때, $ax + by = gcd(a, b)$의 해 (x, y)를 구하는 문제입니다. 유클리드 알고리즘을 확장하면 구할 수 있습니다.

18.5 백준 온라인 저지 문제

1929번 소수 구하기

제한 시간: 2초 | **메모리 제한**: 256MB | **정답률**: 27.12%

M 이상 N 이하의 소수를 모두 출력하는 프로그램을 작성하시오.

입력 첫째 줄에 자연수 M과 N이 빈 칸을 사이에 두고 주어진다.

출력 한 줄에 하나씩 증가하는 순서대로 소수를 출력한다.

제약 $1 \leq M \leq N \leq 1,000,000$

M 이상 N 이하의 소수가 하나 이상 있는 입력만 주어진다.

입력 예

```
3 16
```

출력 예

```
3
5
7
11
13
```

4149번 큰 수 소인수분해

제한 시간: 1초 | **메모리 제한**: 128MB | **정답률**: 14.49%

큰 수를 소인수분해 하는 프로그램을 작성하시오.

입력 입력은 한 줄로 이루어져 있고, 소인수분해 해야 하는 수가 주어진다.

출력 입력으로 주어진 양의 정수를 소인수분해 한 뒤, 모든 인수를 한 줄에 하나씩 증가하는 순서로 출력한다.

제약 입력으로 주어지는 수는 1보다 크고, 2^{62}보다 작다.

입력 예

```
18991325453139
```

출력 예

```
3
3
13
```

```
179
271
1381
2423
```

11661번 해의 개수

제한 시간: 1초 | **메모리 제한**: 256MB | **정답률**: 17.28%

방정식 $Ax + By + C = 0$의 해의 개수를 구하는 프로그램을 작성하시오.

A, B, C, x, y는 모두 정수이고, $x1 \leq x \leq x2$, $y1 \leq y \leq y2$인 해의 개수를 구해야 한다.

입력 첫째 줄에 $A, B, C, x1, x2, y1, y2$가 주어진다.

출력 첫째 줄에 입력으로 주어진 방정식의 해의 개수를 출력한다.

제약 모든 정수는 -10^8보다 크거나 같고, 10^8보다 작거나 같은 정수이다.

입력 예 1

```
1 1 1 -20 20 -30 30
```

출력 예 1

```
41
```

입력 예 2

```
20 30 40 50 60 70 80
```

출력 예 2

```
0
```

10830번 행렬 제곱

제한 시간: 1초 | **메모리 제한**: 256MB | **정답률**: 34.23%

크기가 $N*N$인 행렬 A가 주어진다. 이때 A의 B제곱을 구하는 프로그램을 작성하시오. 수가 매우 커질 수 있으니, A^B의 각 원소를 1,000으로 나눈 나머지를 출력한다.

입력 첫째 줄에 행렬의 크기 N과 B가 주어진다.

둘째 줄부터 N개의 줄에 행렬의 각 원소가 주어진다.

출력 첫째 줄부터 N개의 줄에 걸쳐 행렬 A를 B제곱한 결과를 출력한다.

제약 $2 \leq N \leq 5$, $1 \leq B \leq 100{,}000{,}000{,}000$

행렬의 각 원소는 1,000보다 작거나 같은 자연수 또는 0이다.

입력 예 1

```
2 5
1 2
3 4
```

출력 예 1

```
69 558
337 406
```

입력 예 2

```
3 3
1 2 3
4 5 6
7 8 9
```

출력 예 2

```
468 576 684
62 305 548
656 34 412
```

11689번 GCD(n, k) = 1

제한 시간: 1초 ｜ **메모리 제한**: 256MB ｜ **정답률**: 34.96%

자연수 n이 주어졌을 때, $GCD(n, k) = 1$을 만족하는 자연수 $1 \leq k \leq n$의 개수를 구하는 프로그램을 작성하시오.

입력 첫째 줄에 자연수 n이 주어진다.

출력 $GCD(n, k) = 1$을 만족하는 자연수 $1 \leq k \leq n$의 개수를 출력한다.

제약 $1 \leq n \leq 10^{12}$

입력 예 1

```
1
```

출력 예 1

```
1
```

입력 예 2

```
5
```

출력 예 2

```
4
```

입력 예 3

```
10
```

출력 예 3

```
4
```

11688번 최소공배수 찾기

제한 시간: 1초 ｜ **메모리 제한**: 256MB ｜ **정답률**: 35.37%

세 정수 a, b, L이 주어졌을 때, $LCM(a, b, c) = L$을 만족하는 가장 작은 c를 찾는 프로그램을 작성하시오. $LCM(a, b, c)$는 a, b, c의 최소공배수이다.

입력 첫째 줄에 a, b, L이 주어진다.

출력 첫째 줄에 c를 출력한다. 만약 가능한 c가 없으면 -1을 출력한다.

제약 $1 \leq a, b \leq 10^6$

$\qquad$ $1 \leq L \leq 10^{12}$

입력 예 1

```
2 3 6
```

출력 예 1

```
1
```

입력 예 2

```
2 3 7
```

출력 예 2

```
-1
```

입력 예 3

```
2 3 30
```

출력 예 3

```
5
```

19장

휴리스틱 탐색

어떤 문제를 분석적으로 해결하기 어려운 경우 또는 효율적인 알고리즘을 찾기 힘든 경우에는 여러 시행착오를 반복하면서 답을 찾아야 합니다. 하지만 탐색해야 하는 공간이 너무 방대하고, 어떻게 답까지 도달할 수 있는지 경로를 확실하게 알기 어려운 경우가 있습니다. 이런 경우에는 최대한 불필요한 탐색을 피하면서, 빠르게 답을 찾을 수 있게 노력해야 합니다.

이번 장에서는 고전적인 퍼즐과 관련된 문제를 풀어보면서 상태 공간 내부를 체계적으로 탐색하는 알고리즘을 소개하겠습니다.

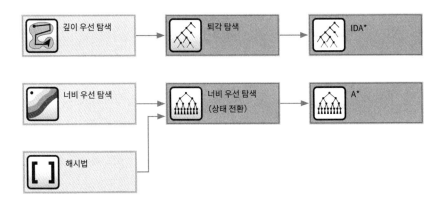

이번 장의 문제를 풀려면 깊이 우선 탐색 및 너비 우선 탐색과 관련된 지식이 필요합니다. 또한 해시법과 이진 탐색을 응용할 수 있는 프로그래밍 스킬이 필요합니다.

19.1 8퀸 문제

ALDS1_13_A 8 Queens Problem

제한 시간: 3초 | **메모리 제한**: 65536KB | **정답률**: 50.00%

8퀸 문제는 8 × 8칸으로 이루어진 체스판에서 어떠한 퀸도 다른 퀸을 공격하지 못하게 8개의 퀸을 배치하는 문제입니다. 체스에서 퀸은 다음 그림과 같이 8방향에 있는 칸을 공격할 수 있습니다.

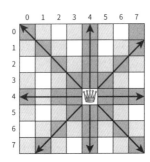

그림 19.1 퀸의 공격 범위

체스판 위에 이미 k개의 퀸이 배치되어 있을 때, 이미 배치된 k개의 퀸을 합쳐서 8개의 퀸을 배치하는 체스판 상태를 출력하는 프로그램을 작성하세요.

입력 1번째 줄에 정수 k가 주어집니다. 이어서 k개의 줄에 퀸이 배치되어 있는 칸이 2개의 정수 r c 형태로 주어집니다. r과 c는 0-기반으로 체스판 위의 행과 열 번호를 나타냅니다.

출력 퀸이 배치되어 있는 칸은 'Q', 배치되어 있지 않은 칸은 '.'으로 나타낸 8 × 8의 문자열로 출력합니다.

제약 답은 단 한 개만 존재합니다.

입력 예

```
2
2 2
5 3
```

출력 예

```
......Q.
Q.......
..Q.....
.......Q
.....Q..
...Q....
.Q......
....Q...
```

해설

이 문제를 해결하는 가장 기본적인 방법은 8개의 퀸을 배치하는 모든 조합을 구하고, 조건을 만족하는지 확인하는 것입니다. $8 \times 8 = 64$칸이므로 8개를 선택하는 조합은 $_{64}C_8 = 4,426,165,368$가지가 나옵니다. 그런데 2개 이상의 퀸을 같은 행에 배치할 수는 없으므로, 한 행에 하나의 퀸만 배치하는 경우를 가정하면 $8^8 = 16,777,216$가지가 됩니다. 마찬가지로 2개 이상의 퀸을 같은 열에 배치할 수도 없습니다. 이것까지 고려하면 $8! = 40,320$가지까지 줄일 수 있습니다.

그런데 사실 위의 방법보다, 다음과 같은 퇴각 탐색 전략을 사용하면 더 효율적으로 8퀸 문제를 해결할 수 있습니다.

▶ 1번째 행 위에 있는 임의의 칸에 퀸을 배치합니다.

▶ 2번째 행 위에서 '1번째 행 위에 배치된 퀸이 공격할 수 없는 위치'에 퀸을 배치합니다.

▶ …

▶ 각각의 퀸이 다른 퀸을 공격하지 않게, i개의 퀸을 i행까지 배치한 상태입니다. 이어서 i개의 퀸의 공격을 받지 않게 $(i + 1)$번째 행에 퀸을 배치합니다.

   ▶ 만약 그러한 $(i + 1)$번째 퀸이 존재하지 않으면, i번째 행으로 돌아가서 '공격 받지 않는 칸을 찾는 처리'를 반복합니다. 여기에서도 그런 칸이 없다면 $(i - 1)$번째 행으로 돌아가서 반복합니다.

이처럼 가능성이 있는 상태를 체계적으로 테스트해 보면서 확인하고, 해당 상태에서는 답을 얻을 수 없다는 것을 깨달으면, 하나 이전 단계로 돌아가서 다른 상태를 탐색해 보는 방법을 퇴각 탐색(backtrack)이라고 부릅니다. 퇴각 탐색은 그래프의 깊이 우선 탐색을 기반으로 하는 알고리즘입니다.

8퀸 문제에서는 (i, j) 칸이 다른 퀸에 의해 공격을 받는지 여부를 기록할 수 있게, 다음과 같은 배열 변수를 사용합니다. 현재 문제에서는 $N = 8$입니다.

변수	대응하는 상태
$row[N]$	$row[x]$가 NOT_FREE라면, 행 x는 공격 받음
$col[N]$	$col[x]$가 NOT_FREE라면, 열 x는 공격 받음
$dpos[2N-1]$	$dpos[x]$가 NOT_FREE라면, 왼쪽 아래 방향의 열 x는 공격 받음
$dneg[2N-1]$	$dneg[x]$가 NOT_FREE라면, 오른쪽 아래 방향의 열 x는 공격 받음

여기에서 각 변수의 (i, j)와 x의 대응 관계를 나타내면 다음과 같습니다.

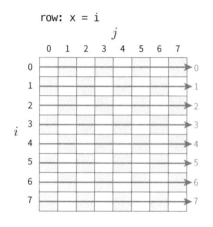

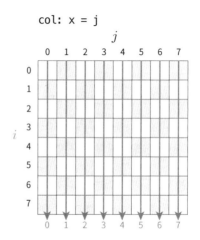

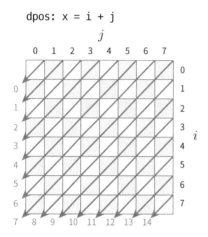

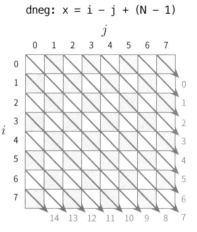

그림 19.2 8퀸 문제: 공격 받을 수 있는지 여부를 나타내는 배열 변수

$row[i], col[j], dpos[i + j], dneg[i - j + N - 1]$ 중에 하나가 NOT_FREE이면, (i, j) 칸이 공격을 받습니다. 따라서 $row[i], col[j], dpos[i + j], dneg[i - j + N - 1]$가 모두 FREE일 때 퀸을 배치할 수 있습니다.

해답 예

C++

```cpp
1   #include<iostream>
2   #include<cassert>
3   using namespace std;
4
5   #define N 8
6   #define FREE -1
7   #define NOT_FREE 1
8
9   int row[N], col[N], dpos[2 * N - 1], dneg[2 * N - 1];
10
11  bool X[N][N];
12
13  void initialize() {
14    for(int i = 0; i < N; i++) { row[i] = FREE, col[i] = FREE; }
15    for(int i = 0; i < 2 * N - 1; i++) { dpos[i] = FREE; dneg[i] = FREE; }
16  }
17
18  void printBoard() {
19    for(int i = 0; i < N; i++) {
20      for(int j = 0; j < N; j++) {
21        if(X[i][j]) {
22          if(row[i] != j) return;
23        }
24      }
25    }
26    for(int i = 0; i < N; i++) {
27      for(int j = 0; j < N; j++) {
28        cout << ((row[i] == j) ? "Q" : ".");
29      }
30      cout << endl;
31    }
32  }
33
34  void recursive(int i) {
35    if(i == N) { // 퀸 배치 성공
36      printBoard(); return;
37    }
38
39    for(int j = 0; j < N; j++) {
40      // (i, j)가 다른 퀸에 공격 받을 경우에는 무시
```

```
41     if(NOT_FREE == col[j]  ||
42        NOT_FREE == dpos[i + j]  ||
43        NOT_FREE == dneg[i - j + N - 1]) continue;
44     // (i, j)에 퀸을 배치
45     row[i] = j; col[j] = dpos[i + j] = dneg[i - j + N - 1] = NOT_FREE;
46     // 다음 줄을 확인
47     recursive(i + 1);
48     // (i, j)에 배치되어 있는 퀸 제거
49     row[i] = col[j] = dpos[i + j] = dneg[i - j + N - 1] = FREE;
50   }
51   // 퀸 배치 실패
52 }
53
54 int main() {
55   initialize();
56
57   for(int i = 0; i < N; i++)
58     for(int j = 0; j < N; j++) X[i][j] = false;
59
60   int k; cin >> k;
61   for(int i = 0; i < k; i++) {
62     int r, c; cin >> r >> c;
63     X[r][c] = true;
64   }
65
66   recursive(0);
67
68   return 0;
69 }
```

19.2 8퍼즐

ALDS1_13_B 8 Puzzle

제한 시간: 3초 | **메모리 제한**: 65536KB | **정답률**: 50.00%

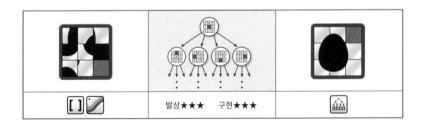

8퍼즐은 그림처럼 하나의 공백을 포함하는 3×3의 칸 위에 8장의 패널이 배치되어 있고, 공백을 사용해서 패널을 위 아래 왼쪽 오른쪽으로 이동해서 그림 모양을 맞

추는 퍼즐입니다.

　이 문제에서는 다음과 같이 공백을 0, 패널들을 1~8의 번호로 붙여 나타냅니다.

```
1  3  0
4  2  5
7  8  6
```

1회 조작으로 공백 방향으로 1개의 퍼즐을 이동할 수 있으며, 목표는 다음과 같이 패널을 배치하는 것입니다.

```
1  2  3
4  5  6
7  8  9
```

8퍼즐의 초기 상태가 주어질 때, 목표까지의 최단 이동 횟수(최소 조작 횟수)를 구하는 프로그램을 작성하세요.

입력　입력은 패널의 숫자와 공백을 나타내는 3 × 3개의 정수입니다. 공백으로 구분된 3개의 정수가 3줄로 주어집니다.

출력　최단 이동 횟수를 1번째 줄에 출력합니다.

제약　주어지는 퍼즐은 모두 풀 수 있는 것들입니다.

입력 예

```
1 3 0
4 2 5
7 8 6
```

출력 예

```
4
```

해설

이러한 퍼즐 문제는 '상태 전환'을 반복해서 목표를 발견할 때까지 탐색하는 알고리즘으로 풀 수 있습니다. 일반적으로 탐색 알고리즘은 주어진 초기 상태에서 최종 상태(목표)까지의 상태 변화 열을 생성합니다. 8퍼즐 문제는 이러한 상태 변화 열 중에서 가장 짧은 열을 찾으면 됩니다.

　대부분의 탐색 알고리즘은 한번 생성한 상태를 다시 생성하지 않게 트리 구조로 탐색합니다. 예를 들어 다음 그림의 트리(또는 그래프)에서 노드가 상태를 나타내며, 에지가 상태 전환을 나타냅니다.

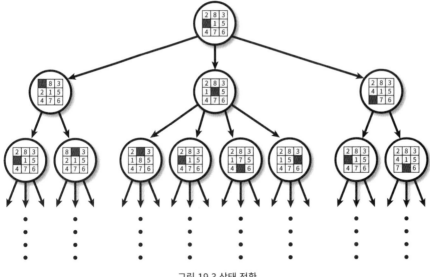

그림 19.3 상태 전환

8퍼즐에서는 각 퍼즐과 공백의 위치 정보가 '상태'가 되고, 패널을 위 아래 왼쪽 오른쪽으로 이동하는 것이 '상태 전환'에 해당합니다. 각각의 상태의 생성을 효율적으로 관리하려면, 해시법 또는 이진 탐색을 응용해야 합니다.

8퍼즐처럼 상태의 총 수가 많지 않다면, 간단하게 깊이 우선 탐색 또는 너비 우선 탐색으로 답을 구할 수 있습니다.

깊이 우선 탐색

깊이 우선 탐색은 그래프에서의 깊이 우선 탐색과 마찬가지로 동작하며, 초기 상태에서 최종 상태에 도달할 때까지 가능한 전환을 반복합니다. 다만 다음과 같은 경우에는 탐색을 중단하고 이전 상태로 돌아갑니다. 즉, 퇴각 탐색을 합니다.

▶ 현재 상태에서 추가적인 상태 전환이 불가능한 경우
▶ 상태 전환이 이전에 발견했던 상태를 생성한 경우
▶ 문제의 성질에 의해서 더 이상 탐색하는 것이 의미 없는 일이라고 단정할 수 있는 경우

참고로 퇴각 탐색에서 탐색을 더 이상 하지 않게 트리의 에지를 자르는 행위를 '트리의 에지를 자른다' 또는 '가지치기'라고 표현하기도 합니다.

깊이 우선 탐색 알고리즘에서 깊이에 제한을 두는 방법을 깊이 제한 탐색이라고

부릅니다. 이번 알고리즘은 다음과 같이 탐색의 깊이(트리의 깊이)가 정해진 limit 에 도달할 때 탐색을 중단합니다. 이처럼 문제의 성질에 따라서 깊이를 제한할 수 있다면, 탐색을 더 빠르게 만들 수 있습니다.

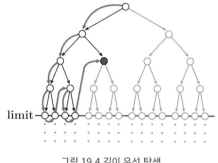

그림 19.4 깊이 우선 탐색

단순한 깊이 우선 탐색 알고리즘은 다음과 같은 특징을 갖습니다.

▶ 가장 짧은 답(최단 거리 등)을 찾는 것이 아닙니다.
▶ 쓸데없는 탐색을 할 수 있으므로, 복잡도가 큽니다.
▶ 에지를 잘라내지 않으면, 최악의 경우(해가 없는 경우 등)까지 전부 탐색해 버립니다.

너비 우선 탐색

너비 우선 탐색은 그래프에서의 너비 우선 탐색과 마찬가지로 동작하며, 다음 그림 처럼 너비를 기준으로 상태를 전환합니다.

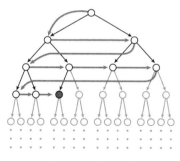

그림 19.5 너비 우선 탐색

현재 상태에서 가능한 모든 상태 전환으로 새로운 상태를 만듭니다. 탐색을 체계적 으로 할 수 있게, 상태 전환으로 만들어지는 새로운 상태를 큐에 추가하고, 큐에서 새로운 상태를 하나씩 꺼내면서 같은 과정을 반복합니다. 한번 생성한 상태를 다시 반복하는 경우를 막으려면, 생성한 상태를 메모리에 기록하고 있어야 합니다.

너비 우선 탐색은 메모리가 많이 필요하지만, 문제에 답이 있다면 초기 상태에서 최종 상태까지의 최단 경로를 비교적 간단하게 구할 수 있습니다.

해답 예

C++

```
1   #include<iostream>
2   #include<cmath>
3   #include<string>
4   #include<map>
5   #include<queue>
6   using namespace std;
7   #define N 3
8   #define N2 9
9
10  struct Puzzle {
11    int f[N2];
12    int space;
13    string path;
14
15    bool operator < (const Puzzle &p) const {
16      for(int i = 0; i < N2; i++) {
17        if(f[i] == p.f[i]) continue;
18        return f[i] > p.f[i];
19      }
20      return false;
21    }
22  };
23
24  static const int dx[4] = {-1, 0, 1, 0};
25  static const int dy[4] = {0, -1, 0, 1};
26  static const char dir[4] = {'u', 'l', 'd', 'r'};
27
28  bool isTarget(Puzzle p) {
29    for(int i = 0; i < N2; i++)
30      if(p.f[i] != (i + 1)) return false;
31    return true;
32  }
33
34  string bfs(Puzzle s) {
35    queue<Puzzle> Q;
36    map<Puzzle, bool> V;
37    Puzzle u, v;
38    s.path = "";
```

```
39    Q.push(s);
40    V[s] = true;
41
42    while(!Q.empty()) {
43      u = Q.front(); Q.pop();
44      if(isTarget(u)) return u.path;
45      int sx = u.space / N;
46      int sy = u.space % N;
47      for(int r = 0; r < 4; r++) {
48        int tx = sx + dx[r];
49        int ty = sy + dy[r];
50        if(tx < 0 || ty < 0 || tx >= N || ty >= N) continue;
51        v = u;
52        swap(v.f[u.space], v.f[tx * N + ty]);
53        v.space = tx * N + ty;
54        if(!V[v]) {
55          V[v] = true;
56          v.path += dir[r];
57          Q.push(v);
58        }
59      }
60    }
61
62    return "unsolvable";
63  }
64
65  int main() {
66    Puzzle in;
67
68    for(int i = 0; i < N2; i++) {
69      cin >> in.f[i];
70      if(in.f[i] == 0) {
71        in.f[i] = N2; // set space
72        in.space = i;
73      }
74    }
75    string ans = bfs(in);
76    cout << ans.size() << endl;
77
78    return 0;
79  }
```

19.3 15퍼즐

ALDS1_13_C 15 Puzzle

제한 시간: 3초 | **메모리 제한**: 65536KB | **정답률**: 50.00%

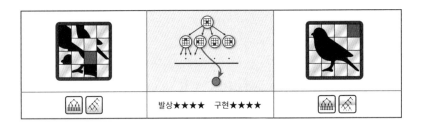

15퍼즐은 그림처럼 하나의 공백을 포함하는 4 × 4의 칸 위에 15장의 패널이 배치되어 있고, 공백을 사용해서 패널을 위 아래 왼쪽 오른쪽으로 이동해서 그림 모양을 맞추는 퍼즐입니다.

이 문제에서는 다음과 같이 공백을 0, 패널들을 1~15의 번호로 붙여 나타냅니다.

```
1  2  3  4
6  7  8  0
5 10 11 12
9 13 14 15
```

1회 조작으로 공백 방향으로 1개의 퍼즐을 이동할 수 있으며, 목표는 다음과 같이 패널을 배치하는 것입니다.

```
1  2  3  4
5  6  7  8
9 10 11 12
13 14 15  0
```

15퍼즐의 초기 상태가 주어질 때, 목표까지의 최단 이동 횟수(최소 조작 횟수)를 구하는 프로그램을 작성하세요.

입력 입력은 패널의 숫자와 공백을 나타내는 4 × 4개의 정수입니다. 공백으로 구분된 4개의 정수가 4줄로 주어집니다.

출력 최단 이동 횟수를 1번째 줄에 출력합니다.

제약 주어진 퍼즐은 45번의 조작 안에 답을 구할 수 있습니다.

입력 예	출력 예
1 2 3 4 6 7 8 0 5 10 11 12 9 13 14 15	8

해설

이번 문제는 상태 수가 굉장히 방대하므로, 8퍼즐 문제를 풀 때 사용했던 단순한 깊이 우선 탐색과 너비 우선 탐색 알고리즘으로는 시간 내에 문제를 풀 수 없습니다. 따라서 상태 수가 방대한 문제를 풀 수 있는 고급 탐색 알고리즘을 소개하겠습니다.

반복적 깊이 심화 탐색

단순한 깊이 우선 탐색은 초기 상태에서 최종 상태까지의 최단 경로를 찾는 것이 불가능합니다. 하지만 깊이를 제한한 깊이 우선 탐색(깊이 제한 탐색)을 반복하면 최단 경로를 찾을 수 있습니다. 깊이의 제한 limit를 증가시키면서 답을 찾을 때까지 깊이 제한 탐색을 반복한다는 것입니다(그림 19.6). 이런 알고리즘을 반복적 깊이 심화 탐색(iterative deepening)이라고 부릅니다.

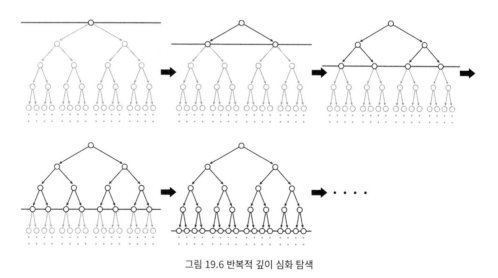

그림 19.6 반복적 깊이 심화 탐색

일반적으로 반복적 깊이 심화 탐색은 탐색을 빠르게 할 수 있게, 이전에 탐색한 상태를 메모리에 기록하지 않습니다. 다만 하나 앞의 상태로 돌아가지 않게 만들 수 있는 다른 장치들이 필요합니다.

IDA*

반복적 깊이 심화 탐색에서 추정값을 사용해서 트리의 에지를 잘라내는 알고리즘을 반복적 깊이 심화 A*(에이 스타) 또는 IDA*라고 부릅니다. 이때 추정값은 휴리스틱(heuristic)이라고도 부르며, 목표까지의 하한 값을 추정값으로 사용합니다.

15퍼즐에서 현재 상태에서 최종 상태까지의 최단 비용 h를 추정(어림짐작)할 수 있다면, 가지를 잘라낼 수 있습니다. 따라서 현재 상태의 깊이 g에 '여기서부터 앞으로 최소한 h번의 상태 전환이 필요한 것이다'라는 비용 h를 추가한 값이 깊이의 제한 d를 넘는 경우, 곧바로 탐색을 중단할 수 있습니다.

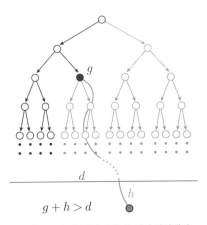

그림 19.7 휴리스틱을 사용한 에지 잘라내기

h는 추정값일 뿐이므로 정확할 필요는 없습니다. h의 값이 크면 클수록 탐색이 빨라지지만, 너무 크게 잡으면 답을 찾지 못할 가능성이 있으므로 주의해야 합니다.

그림 8퍼즐을 기반으로 추정값에 대해서 생각해 봅시다(15퍼즐에서도 마찬가지로 적용할 수 있다고 예측할 수 있습니다).

• 추정 1: 최종 상태의 위치가 아닌 패널 수를 추정값 $h1$으로 한다.

예를 들어 다음 상태에서 최종 상태의 위치가 아닌 패널 수는 7개입니다.

그림 19.8 8퍼즐의 추정값(1)

• 추정 2: 모든 패널이 최종 상태까지 이동해야 하는 맨해튼 거리의 합을 추정값 $h2$로 한다.

맨해튼 거리는 '대각선으로 이동하지 않고, 위 아래 왼쪽 오른쪽으로만 이동해서 도달할 수 있는 거리'를 의미합니다. 예를 들어 다음 상태를 생각해 봅시다.

그림 19.9 8퍼즐의 추정값(2)

패널 1, 2, …, 8이 최종 위치까지 이동하기 위한 맨해튼 거리는 2, 1, 1, 3, 2, 3, 1, 0 입니다. 따라서 전체 합은 13이 됩니다.

$h1$과 $h2$를 모두 추정값(하한값)으로 사용할 수 있지만, $h2$가 $h1$보다 크므로, $h2$를 사용하는 것이 더 좋습니다.

A*

IDA*에서 살펴보았던 추정값은 우선순위 큐를 사용한 데이크스트라 알고리즘(또는 너비 우선 탐색)에도 활용할 수 있습니다. 이를 A*(에이스타) 알고리즘이라고 부릅니다. 상태를 우선순위 큐로 관리하고, '시작 위치에서 현재 위치까지의 비용 + 현재 위치에서 목표까지의 추정값'이 가장 작은 상태를 우선적으로 탐색해서 빠르게 답을 찾는 것입니다.

해답 예

C++(IDA*를 사용한 탐색)

```
1   // Iterative Deepening
2   #include<stdio.h>
3   #include<iostream>
4   #include<cmath>
5   #include<string>
6   #include<cassert>
7   using namespace std;
8   #define N 4
9   #define N2 16
```

```
10  #define LIMIT 100
11
12  static const int dx[4] = {0, -1, 0, 1};
13  static const int dy[4] = {1, 0, -1, 0};
14  static const char dir[4] = {'r','u','l','d'};
15  int MDT[N2][N2];
16
17  struct Puzzle { int f[N2], space, MD; };
18
19  Puzzle state;
20  int limit; /* 깊이 제한 */
21  int path[LIMIT];
22
23  int getAllMD(Puzzle pz) {
24    int sum = 0;
25    for(int i = 0; i < N2; i++) {
26      if(pz.f[i] == N2) continue;
27      sum += MDT[i][pz.f[i] - 1];
28    }
29    return sum;
30  }
31
32  bool isSolved() {
33    for(int i = 0; i < N2; i++) if(state.f[i] != i + 1) return false;
34    return true;
35  }
36
37
38  bool dfs(int depth, int prev) {
39    if(state.MD == 0) return true;
40    /* 현재 깊이와 휴리스틱을 기반으로 가지치기 */
41    if(depth + state.MD > limit) return false;
42
43    int sx = state.space / N;
44    int sy = state.space % N;
45    Puzzle tmp;
46
47    for(int r = 0; r < 4; r++) {
48      int tx = sx + dx[r];
49      int ty = sy + dy[r];
50      if(tx < 0 || ty < 0 || tx >= N || ty >= N) continue;
51      if(max(prev, r)-min(prev, r) == 2) continue;
52      tmp = state;
53      /* 맨해튼 거리 차이를 계산하면서 스왑 */
54      state.MD -= MDT[tx * N + ty][state.f[tx * N + ty] - 1];
55      state.MD += MDT[sx * N + sy][state.f[tx * N + ty] - 1];
56      swap(state.f[tx * N + ty], state.f[sx * N + sy]);
57      state.space = tx * N + ty;
58      if(dfs(depth + 1, r)) { path[depth] = r; return true; }
59      state = tmp;
```

```
60    }
61
62    return false;
63  }
64
65  /* 반복 심화 */
66  string iterative_deepening(Puzzle in) {
67    in.MD = getAllMD(in); /* 초기 맨해튼 거리 */
68
69    for(limit = in.MD; limit <= LIMIT; limit++) {
70      state = in;
71      if(dfs(0, -100)) {
72        string ans = "";
73        for(int i = 0; i < limit; i++) ans += dir[path[i]];
74        return ans;
75      }
76    }
77
78    return "unsolvable";
79  }
80
81  int main() {
82    for(int i = 0; i < N2; i++)
83      for(int j = 0; j < N2; j++)
84        MDT[i][j] = abs(i / N - j / N) + abs(i % N - j % N);
85
86    Puzzle in;
87
88    for(int i = 0; i < N2; i++) {
89      cin >> in.f[i];
90      if(in.f[i] == 0) {
91        in.f[i] = N2;
92        in.space = i;
93      }
94    }
95    string ans = iterative_deepening(in);
96    cout << ans.size() << endl;
97
98    return 0;
99  }
```

C++(A*를 사용한 탐색)

```
1   #include<cstdio>
2   #include<iostream>
3   #include<cmath>
4   #include<map>
5   #include<queue>
6
7   using namespace std;
```

```
 8   #define N 4
 9   #define N2 16
10
11   static const int dx[4] = {0, -1, 0, 1};
12   static const int dy[4] = {1, 0, -1, 0};
13   static const char dir[4] = {'r','u','l','d'};
14   int MDT[N2][N2];
15
16   struct Puzzle {
17     int f[N2], space, MD;
18     int cost;
19
20     bool operator < (const Puzzle &p) const {
21       for(int i = 0; i < N2; i++) {
22         if(f[i] == p.f[i]) continue;
23         return f[i] < p.f[i];
24       }
25       return false;
26     }
27   };
28
29   struct State {
30     Puzzle puzzle;
31     int estimated;
32     bool operator < (const State &s) const {
33       return estimated > s.estimated;
34     }
35   };
36
37   int getAllMD(Puzzle pz) {
38     int sum = 0;
39     for(int i = 0; i < N2; i++) {
40       if(pz.f[i] == N2) continue;
41       sum += MDT[i][pz.f[i] - 1];
42     }
43     return sum;
44   }
45
46   int astar(Puzzle s) {
47     priority_queue<State> PQ;
48     s.MD = getAllMD(s);
49     s.cost = 0;
50     map<Puzzle, bool> V;
51     Puzzle u, v;
52     State initial;
53     initial.puzzle = s;
54     initial.estimated = getAllMD(s);
55     PQ.push(initial);
56
57     while(!PQ.empty()) {
```

```
58      State st = PQ.top(); PQ.pop();
59      u = st.puzzle;
60
61      if(u.MD == 0) return u.cost;
62      V[u] = true;
63
64      int sx = u.space / N;
65      int sy = u.space % N;
66
67      for(int r = 0; r < 4; r++) {
68        int tx = sx + dx[r];
69        int ty = sy + dy[r];
70        if(tx < 0 || ty < 0 || tx >= N || ty >= N) continue;
71        v = u;
72
73        v.MD -= MDT[tx * N + ty][v.f[tx * N + ty] - 1];
74        v.MD += MDT[sx * N + sy][v.f[tx * N + ty] - 1];
75
76        swap(v.f[sx * N + sy], v.f[tx * N + ty]);
77        v.space = tx * N + ty;
78        if(!V[v]) {
79          v.cost++;
80          State news;
81          news.puzzle = v;
82          news.estimated = v.cost + v.MD;
83          PQ.push(news);
84        }
85      }
86    }
87    return -1;
88  }
89
90  int main() {
91    for(int i = 0; i < N2; i++)
92      for(int j = 0; j < N2; j++)
93        MDT[i][j] =  abs(i / N - j / N) + abs(i % N - j % N);
94
95    Puzzle in;
96
97    for(int i = 0; i < N2; i++) {
98      cin >> in.f[i];
99      if(in.f[i] == 0) {
100        in.f[i] = N2;
101        in.space = i;
102      }
103    }
104    cout << astar(in) << endl;
105
106    return 0;
107 }
```

19.4 백준 온라인 저지 문제

1208번 부분수열의 합 2

제한 시간: 1초 ｜ **메모리 제한**: 256MB ｜ **정답률**: 22.42%

N개의 정수로 이루어진 수열이 있을 때, 크기가 양수인 부분수열 중에서 그 수열의 원소를 다 더한 값이 S가 되는 경우의 수를 구하는 프로그램을 작성하시오.

입력　첫째 줄에 정수의 개수를 나타내는 N과 정수 S가 주어진다. 둘째 줄에 N개의 정수가 빈 칸을 사이에 두고 주어진다.

출력　첫째 줄에 합이 S가 되는 부분수열의 개수를 출력한다.

제약　$1 \leq N \leq 40, |S| \leq 1{,}000{,}000$

　　　주어지는 정수의 절댓값은 100,000을 넘지 않는다.

입력 예

```
5 0
-7 -3 -2 5 8
```

출력 예

```
1
```

9663번 N-Queen

제한 시간: 10초 ｜ **메모리 제한**: 128MB ｜ **정답률**: 51.51%

N-Queen 문제는 크기가 $N \times N$인 체스판 위에 퀸 N개를 서로 공격할 수 없게 놓는 문제이다.

　N이 주어졌을 때, 퀸을 놓는 방법의 수를 구하는 프로그램을 작성하시오.

입력　첫째 줄에 N이 주어진다.

출력　첫째 줄에 퀸 N개를 서로 공격할 수 없게 놓는 경우의 수를 출력한다.

제약　$1 \leq N < 15$

입력 예

```
8
```

출력 예

```
92
```

부록

이 책에서 설명하는 스킬 목록

기본 정렬	선형 탐색	이진 탐색
스택	큐	리스트
해시법	재귀 함수	고급 정렬
분할 정복 알고리즘	파티션	트리 구조
트리 순회	이진 트리	이진 탐색 트리
완전 이진 트리	힙	우선순위 큐
동적 계획법 (1차원)	동적 계획법 (다차원)	최장 공통 부분 수열
연쇄 행렬 곱셈	최장 증가 부분 수열	정사각형 탐색
직사각형 탐색	냅색 문제	유니온 파인드
소수 판정	최대공약수	거듭제곱
영역 탐색	퇴각 탐색	너비 우선 탐색
A*	IDA*	

위의 카드들은 이 책의 문제에서 설명하는 스킬 목록입니다. 알고리즘, 자료 구조, 전형적인 문제와 관련된 내용을 아이콘으로 표현했습니다.

참고문헌

- Algorithms in C, Parts 1-4: Fundamentals, Data Structures, Sorting, Searching, Robert Sedgewick, Addison-Wesley.
- Algorithms in C, Part 5: Graph Algorithms, Robert Sedgewick, Addison-Wesley.
- The C++ Standard Library: A Tutorial and Reference, Nikolai M. Josuttis, Addison-Wesley.
- Introduction to Algorithms, Thomas H. Cormen, Charles E. Leiserson, Ronald L. Rivest, Cliford Stein, Second Edition, The MIT Press.
- Algorithm Design, Jon Kleinberg, Eva Tardos, Pearson.
- An Introduction to Mathematical Cryptography, Jeffrey Hoffstein, Jill Pipher, Joseph H. Silverman, Springer.

찾아보기